Rolf Beyer
Die Königin von Saba

Rolf Beyer

Die Königin von Saba

Engel und Dämon

ALBATROS

© 1987 Verlagsgruppe Lübbe GmbH & Co. KG, Bergisch Gladbach

Bibliographische Information der Deutschen Nationalbibliothek

Die Deutsche Nationalbibliothek verzeichnet diese Publikation
in der Deutschen Nationalbibliographie;
detaillierte bibliographische Daten sind im Internet
über http://dnb.d-nb.de abrufbar.

Lizenzausgabe mit Genehmigung der
Verlagsgruppe Lübbe GmbH & Co. KG, Bergisch Gladbach
für Patmos Verlag GmbH & Co. KG / Albatros Verlag, Düsseldorf
Alle Rechte vorbehalten.
Umschlaggestaltung: butenschoendesign.de
Umschlagmotiv:
Credit: The Queen of Sheba by Ernst, Rudolphe (1854–1932)
Private Collection/© Whitford & Hughes, London, UK/The Bridgeman Art
Library
Printed in Germany
ISBN 978-3-491-96186-9
www.patmos.de

Inhaltsverzeichnis

Vorwort
7

1. Eine namenlose Königin
8

2. Das goldene Saba
14

3. Die Dämonin Lilith
27

4. Königin Gänsefuß
41

5. Bilqis, die islamische Herrscherin
49

6. Die Herrin der Tiere
85

7. Frauenrätsel
100

8. Die unbeschuhte Dämonin
109

9. Semiramis
121

10. Makeda, die Äthiopierin
127

11. Das honigschleckende Mädchen
135

12. Der Sohn der Königin
162

13. Der Schlangenkampf
175

14. Auf den Spuren Parzivals
181

15. Seelenbringerin und Friedensbraut
190

16. Prophetin des Kreuzes
209

17. Die sibyllinische Seherin
222

18. Mittelpunkt höfischer Pracht
249

19. Die Verführerin
262

20. Schwarze Befreiungskönigin
269

Anmerkungen
279

Literaturverzeichnis
287

Abbildungsverzeichnis
299

Register
300

VORWORT

Bevor dieses Buch dem Leser übergeben wird, liegt mir daran, denen zu danken, die zu seiner Entstehung beigetragen haben. Daß es vorgelegt werden kann, verdanke ich ganz besonders Herrn Dr. Axel v. Blomberg, der während seiner ärztlichen Tätigkeit in Addis Abeba mit der äthiopischen Königin von Saba in Berührung kam. Seit den siebziger Jahren hat er eine einmalige Bild- und Textsammlung zusammengetragen, auf der ich aufbauen konnte. Ein Teil der umfangreichen Bildsammlung wird hier zum ersten Mal einer breiteren Öffentlichkeit zugänglich gemacht. Zu danken habe ich auch Herrn Günter Gastrock, der das Buch initiierte und die Kontakte zum Verlag herstellte. Namentlich danken möchte ich auch Herrn Markus Grau und Frau Dr. Brigitte Lymant für ihre kritische und produktive Mitarbeit. Frau Christiane Landgrebe hat mir vom Verlag aus immer wieder Mut gemacht, nicht nur wenn Quellen- und Bildbeschaffung vor fast unüberwindlichen Schwierigkeiten standen.

Heidelberg, im Februar 1987   Rolf Beyer

1. Eine namenlose Königin

Eher einem Roman als der wirklichen Geschichte scheint die Königin von Saba zu entstammen. Weniger der historischen Erinnerung verdankt sie ihren Ruhm als vielmehr der Phantasie, die sie in allen Künsten geweckt hat: Hundertfältig lebt sie in Bildern und Skulpturen, in Legenden und Volkssagen fort; Romane werden ihr gewidmet[1]; Komponisten lassen sich von ihr zu Musik inspirieren[2]; Gina Lollobrigida verkörperte sie im Film[3].

Überall begegnet sie uns: im jüdischen Kulturkreis ebenso wie im arabischen, in Persien wie in Äthiopien, in der christlichen Überlieferung wie in afro-amerikanischen Befreiungsbewegungen der Gegenwart. Aus mythischer Vorzeit auftauchend, überschreitet sie die Grenzen zwischen den unterschiedlichen Religionen, Kulturen, Rassen und Sprachen, verwandelt sich in immer neue Gestalten, auf einmalige Weise Hoffnungen und Ängste, höchste Verehrung und tiefste Demütigung auf sich ziehend.

Dabei steht am Anfang der faszinierenden, fast dreitausend Jahre alten Geschichte der Königin von Saba ein auf den ersten Blick geradezu spröder und knapper Bericht, der mehr Fragen aufwirft als Fakten bietet. Er handelt vom Besuch der Königin bei Salomo und ist bis heute die einzige antike Quelle, die von der Königin weiß:

> Die Königin von Saba, die die Kunde von Salomo und die Kunde von dem Hause vernahm, das Salomo für den Namen Jahwes gebaut hatte, kam, um ihn mit Rätseln auf die Probe zu stellen.
> Sie kam nach Jerusalem mit sehr schwerem Aufgebot, mit Kamelen, die Balsame und sehr viel Gold und kostbare Steine trugen, sie kam zu Salomo und sagte zu ihm alles, was sie sich überlegt hatte.
> Salomo aber konnte ihr Bescheid geben auf alle ihre Worte; nichts war dem König verborgen, auf das er ihr nicht hätte Auskunft geben können.
> Als die Königin von Saba die ganze Weisheit Salomos und das Haus, das er gebaut hatte, gesehen hatte, und die Speisen auf seinem Tisch und die Art, wie seine Untergebenen saßen und wie seine Diener standen, und deren Gewänder und seine Getränke und sein Brandopfer, das er im Hause Jahwes darbrachte, da geriet sie ganz außer Atem und sagte zu dem König: »Wahrheit ist die Erzählung gewesen, die ich in meinem Lande über dich und über deine Weisheit gehört habe.
> Ich wollte den Erzählungen nicht glauben, bis ich nun gekommen bin und meine eigenen Augen es gesehen haben; und es stellt sich

heraus, daß mir nicht einmal die Hälfte mitgeteilt worden ist; du hast noch mehr an Weisheit und Wohlstand über das Gerücht hinaus, das ich gehört habe.

Glücklich zu preisen deine Männer, glücklich zu preisen deine Untergebenen, die ständig vor dir stehen, die deine Weisheit hören.

Jahwe, dein Gott, sei gepriesen, der an dir Wohlgefallen hat, so daß er dich auf den Thron Israels gesetzt hat, weil Jahwe Israel für immer lieb hat; er hat dich als König eingesetzt, damit du Recht und Gerechtigkeit walten läßt.«

Und sie schenkte dem König 120 Talente Goldes und sehr viele Balsame und kostbare Steine; niemals mehr ist an Menge so viel Balsam hereingekommen wie dieser, den die Königin von Saba dem König Salomo schenkte.

Die Schiffe Hirams, die das Gold aus Ophir beförderten, brachten aus Ophir auch sehr viele Almuggim-Hölzer und kostbare Steine.

Und der König ließ die Almuggim-Hölzer verarbeiten zu Ausstattungsstücken für das Jahwe-Haus und das Königshaus und zu Zithern und Harfen für die Sänger; so viel an Almuggim-Hölzern ist nicht mehr hereingekommen und nicht mehr gesehen worden bis zum heutigen Tage.

Der König Salomo seinerseits schenkte der Königin von Saba alles, was sie sich wünschte, was sie erbeten hatte, abgesehen von dem, was er ihr von sich aus gab. Dann brach sie auf und zog mit ihren Untergebenen in ihr Land.[4]

Mag dieser Text geschichtliche Elemente enthalten, ein historischer Bericht ist er sicher nicht. Dafür sprechen einige wichtige Indizien: Der Name der bedeutenden Königin wird nicht mitgeteilt; ungeklärt bleibt, in welcher Sprache sich König und Königin unterhalten, das Herkunftsland der Königin bleibt ebenso unbeschrieben wie ihr Reiseweg. Überhaupt, die geographischen Hinweise passen schlecht zusammen: Einerseits wird eine Karawanenreise zu Lande vorausgesetzt (die Königin kommt mit Kamelen), andererseits wird eine Notiz eingeschoben, die vom Seeweg ins legendäre Goldland Ophir handelt. Dort ist allerdings überhaupt nicht von der Königin, sondern vom König Hiram aus Tyrus die Rede. Diese Stelle ist also ganz ungeschickt in den Text hineingearbeitet und stört den Erzählfluß beträchtlich.

Als farbige, exotische Erzählung taugt dieser Bericht ebensowenig. Alles, was eine solche Erzählung spannend machen würde, fehlt. Nicht einmal die Rätselfragen der Königin, geschweige die Antworten Salomos werden vorgeführt. Das blieb späteren Erzählern vorbehalten. Etliche Rätselsammlungen sind überliefert, in denen es fast immer um »weibliches« Wissen, um die Mysterien der Geschlechtlichkeit, um Kosmetik und Haushaltswissen geht.[5]

Karg bleibt der Text auch, was den Empfang der Königin betrifft. Die meisten Übersetzer sprechen lapidar vom »Kommen« der Königin. Doch »Kommen« bedeutet im Alten Testament an etlichen Stellen soviel wie »Eingehen« und wird als Ausdruck des sexuellen Verkehrs verwendet.[6]

Rätselhaft und vieldeutig bleibt auch der letzte Vers der Erzählung. Salomo macht der Königin Gegengeschenke und gibt ihr von sich aus Dinge, die sie gar nicht erbeten hatte. Was mochte das gewesen sein? Die Unbestimmtheit öffnete sexuell-erotischen Deutungen und Spekulationen Tür und Tor. Immer wieder wurde das sexuelle »Eingehen« wortreich umschrieben oder verschwiegen; und das entweder mit höchster Sympathie oder mit kältester Ablehnung. Ob dämonische Beischläferin oder Stammutter des äthiopischen Herrscherhauses,[7] ob als bösartige Reinkarnation der ersten Frau Adams[8] oder als vorbildliche muslimische Herrscherin[9], ob als Braut Christi oder Prototyp der Maria[10] — das sexuell-erotische Interesse hat die Figur der Königin von Saba verklärt oder verteufelt, ein erhabenes oder düsteres Bild von ihr gezeichnet.

Nicht minder zwiespältig gedachte man der Folgen des königlichen Beischlafs, mal geht aus dieser Verbindung ein gelähmter Sohn hervor[11], mal ist es der verhaßte Zerstörer Israels, Nebukadnezar[12], mal der Begründer der äthiopischen Königsdynastie, der illustre Menelik[13].

Der Text sagt auch nichts über das Aussehen der Königin. Das liegt an sich ganz auf der Linie biblischer Texte, die selten bei der Beschreibung einer Person verweilen. Da hatten spätere Erzähler weitaus mehr zu berichten. In der jüdischen Legende z. B. besaß die Königin eine sonst nur Dämonen eigene Fuß- und Beinbehaarung; islamische Legenden wissen von einem Eselshuf, der die Königin verunziert haben soll; in äthiopischen Erzählungen wurde ihr ein Ziegenfuß zugedacht. Selbst die christliche Überlieferung nimmt das Motiv auf und stattet die Königin mit einem Gänsefuß aus.[14]

Die biblische Geschichte vom Besuch der Königin ist weder ein historischer Bericht noch eine farbig ausgemalte Legende. Sie ist eine zum Ruhme König Salomos gestaltete Erzählung, in welcher auch die Universalität Jahwes, des Gottes Israels, hervorgehoben wird. Eine aus exotischer Ferne herbeigereiste Königin preist in Jerusalem Salomo, seine Weisheit und seinen Reichtum und den Gott Jahwe, der seinen exklusiven Anspruch, seine Weltfeindschaft und Weltflucht aufgegeben hat. Jahwes Herrlichkeit verbindet sich hier mit der politischen Herrlichkeit des Salomonischen Königtums.

Allerdings weiß die Erzählung nichts von einer Konversion der Königin von Saba zum Jahweglauben. Diese bezeugt ihre Hochachtung vor dem Gott Israels und kehrt dann in ihre Heimat zurück.

Spätere Erzähler haben den biblischen Text mit Bekehrungslegenden ergänzt. Aber auch außerhalb der Bibel entstanden Erzählungen von einer Bekehrung der Königin. So weiß die bereits im *Koran* erzählte islamische Legende, daß die Königin Bilqis (der moslemische Name der Königin von Saba) vom Sonnenkult zur Verehrung des unsichtbaren Schöpfergottes konvertiert war.[15] Das gilt auch für das äthiopische Erzählgut.[16] Und die christliche Überlieferung treibt es noch weiter, indem sie die Königin von Saba zu einer Prophetin des Kreuzes Christi, ja zur sibyllinischen Seherin erhöht[17]: eine grandiose, kosmopolitisch ausgreifende, alle Hochreligionen umfassende »Karriere« wurde ihr damit vorgezeichnet.

Die Legendenbildung der jeweiligen Religionen verfolgte die Tendenz, die Gestalt der Königin rückhaltlos und exklusiv für sich zu vereinnahmen, einerlei, ob das Interesse in einer Dämonisierung oder Verklärung lag. Und so begegnet uns die Königin von Saba sozusagen gleichzeitig als Braut Christi[18] bzw. weltentsagende Gläubige wie in der persischen Mystik[19] oder als Inkarnation der vorbildlichen Herrscherin schlechthin, die mit Salomo gemeinsam auf einem Thron sitzt.[20]

Doch sie kann auch ganz anders auftreten. Selbstbewußt-militante Züge eignen ihr als »Tyrannenmörderin« in der moslemischen Tradition; in der äthiopischen Volkslegende überrascht sie als Drachentöterin.[21] Wie war das möglich? Gibt vielleicht unser Bibeltext Hinweise auf militantkriegerische Eigenschaften? Tatsächlich kommt sie »mit schwerem Aufgebot« zu Salomon. »Aufgebot« heißt hebräisch *chajil* und wird fast ausnahmslos als »militärische Macht« verstanden[22], was die christliche Legende allerdings ignorierte: Sie gestaltet das Bild einer Friedenskönigin[23], und das nicht ohne Grund. Unter Salomo erlebte Israel eine Epoche des Friedens, die für das Land niemals wiederkehren sollte.

Friedliche Beziehungen wurden durch eine umsichtige Heiratspolitik gefestigt, z. B. durch die Eheanbahnung mit einer ägyptischen Prinzessin. Die wirtschaftlichen Beziehungen blühten wegen weitreichender Kooperationsverträge, so etwa der berühmte Flottenvertrag mit dem syrischen König Hiram aus Tyrus.[24] Durch den Aufbau einer Handelsflotte florierte

Israels Handel mit anderen Ländern weitab vom palästinensischen Stammland am Golf von Akaba[25]. Salomos Beziehungen zu fremden Ländern, seine Politik der Öffnung nach außen bilden die Kulisse, vor der die Königin von Saba erscheint. Daß möglicherweise weitreichende Handelsbeziehungen den Besuch der Königin veranlaßten, verschweigt die Erzählung der Bibel allerdings.[26]

Die Goldgeschenke der Königin, ein Schatz von ungeheurem Wert, haben die Phantasie der Ausleger und Erzähler immer wieder zu kühnen Spekulationen ermuntert. Wurde das Gold zum Tempelbau eingesetzt, bestand möglicherweise der Thron Salomos aus sabäischem Gold? Die Königin von Saba preist diesen Thron. Jüdische Gelehrte, die es in der Regel mit der Königin von Saba nicht gut meinten, legten einen Teil des Goldes zum Tempelschatz. Und niemand anderer als der Verräter Jesu, Judas Ischarioth, soll seinen Lohn, die dreißig Silberlinge, aus dem sabäischen Teil des Tempelschatzes erhalten haben.[27]

Nicht Münzgold, sondern einen Kelch überreicht die Königin von Saba dem König in der äthiopischen Kirche – ihn benutzt Jesus beim letzten Abendmahl. Andere christliche Legenden lassen sogar die Geschenke der Heiligen Drei Könige aus dem Schatz der Sabäischen Königin stammen.[28]

Nicht überall spielt der Reichtum eine so wichtige Rolle. Besonders persische Mystiker werten den Reichtum der beiden Herrscher ab.[29] Diese Tendenz ist auch in der Bibel spürbar, und zwar in dem Parallelbericht der Besuchsgeschichte im zweiten *Chronikbuch*[30], der erst im 5. Jh. v. Chr. entstand, also etwa 450 Jahre später als der Text aus dem 1. Buch der Könige. Darin preist die Königin nicht den irdischen Thron Salomos, sondern »Jahwes ewigen Thron« (V. 8). Sie lobt auch nicht seinen Reichtum, sondern ausschließlich seine Weisheit (V. 5–7). Ursache dieser deutlichen Umdeutung ist die Katastrophe von 587 v. Chr. – die Eroberung Jerusalems durch Nebukadnezar, die Zerstörung des Tempels und die Verschleppung der jüdischen Oberschicht in die siebzig Jahre währende Babylonische Gefangenschaft. Den biblischen Erzählern erschien es nicht mehr sinnvoll, die politische Herrschaft und den weltlichen Reichtum Salomos rühmen zu lassen – der König wurde spiritualisiert und mit ihm die Königin von Saba. Ganz anders im Salomonischen Zeitalter:

Hier harmonieren religiöser Jahweglaube und weltliches Königtum in seiner Pracht miteinander – eine Frau aus der Fremde verbindet sie durch ihre Lobpreisungen. Ein Zug von Lebensfreude und Weltoffenheit kennzeichnet diese Gestalt, die ihrerseits ein Kind jenes Zeitalters ist, das man treffend als »Salomonische Aufklärung« bezeichnet hat.[31]

In bisher nicht gekannter Weise wendet sich der religiöse Mensch von damals den weltlichen Bereichen des Lebens zu. Die Naturkunde wird gepflegt, und Salomo gilt als ihr bester Kenner. Es entwickelt sich eine weltliche Rechtsprechung, von der das berühmte »Salomonische Urteil« zeugt.[32] Geschichtsschreibung und Literatur blühen; so fand z. B. die großartige Josephsnovelle ihre Form in dieser Zeit. Eine Sammlung von Lebensweisheiten aus verschiedensten Quellen nannte man Sprüche Salomos; vor allem aber wurde dem König das ursprünglich rein weltliche Hohelied der Liebe zugeschrieben.

Eine *Historienbibel* des fünfzehnten Jahrhunderts läßt etwas vom Geist dieser glänzenden Epoche Israels unter Salomo spürbar werden. Salomo wird dort mit all seinen Fähigkeiten vorgeführt (Abb. 39). Zweimal erscheint er als Prediger, einmal als der weise, gerechte Richter bei dem berühmten »Salomonischen Urteil« — dem Streit zweier Frauen um ein Kind. Da beide behaupten, die wahre Mutter zu sein, befiehlt Salomo, das Kind zu teilen und jeder Frau eine Hälfte zu geben. Die falsche Mutter stimmt dem Befehl zu, die wahre verzichtet, um das Leben des Kindes zu retten. Am Glanz und dem Ruhm Salomos hat, wie die Miniatur zeigt, auch die Königin von Saba Anteil.

Im Geiste der »Salomonischen Aufklärung« können sich der Friedenskönig und die gebildete Königin aus Saba durchaus als gleichberechtigte Partner begegnen. Kein Wort fällt über Salomos Vielweiberei, den siebenhundert Haupt- und dreihundert Nebenfrauen wird die Königin von Saba nachweislich nicht zugerechnet. Vielmehr tauschen die beiden Herrscher ihr Wissen und ihre Weisheit aus; ihre Begegnung wird ganz ohne die üblichen Unterwerfungsrituale der Frau dargestellt.

Dieses »aufgeklärte« Frauenbild war jedoch vielen Auslegern ein Dorn im Auge und führte zu verschiedenen Erzählversionen, welche die Verhältnisse umkehrten. Das Gegeneinander eines positiven und negativen Bildes der Königin und die daraus resultierende Spannung bestimmen die zahlreichen Variationen in der Darstellung der Königin von Saba in den drei großen Traditionskreisen von Judentum, Islam und Christentum. Zur Ruhe kam dieses faszinierende, schillernde Wechselspiel nie.

Daß ihr Bild zwischen Ikonisierung und Dämonisierung schwankte, wird auch spürbar, wenn wir näher betrachten, wie Jesus zur Königin von Saba stand. Er scheint viel von ihr gehalten zu haben, das jedoch auf recht ambivalente Weise. Immerhin taucht die Königin von Saba in einem merkwürdig dunklen Spruch auf, der mit ziemlicher Sicherheit von Jesus selbst geäußert und ihm nicht nur zugeschrieben wurde. Es heißt dort:

»Die Königin vom Süden wird auftreten beim Gericht mit diesem Geschlecht und wird es verdammen, denn sie kam vom Ende der Welt, Salomos Weisheit zu hören . . .«[33]

Jesus läßt die Königin aus der Ferne als »Zeugin« des Jüngsten Gerichts auftreten, ihr Amt ist kein heiteres Unterfangen. Als endzeitliche Richtergestalt erscheint sie, und damit ist ihr weltliches Ambiente – ihr Reichtum, ihre Geschenkfreude, ihre Neugierde und Rätselweisheit – auf erschreckende Weise verflüchtigt. Jeglicher Charme des Exotischen ist von ihr abgefallen. Wie ist das zu erklären? Kannte Jesus vielleicht Überlieferungen, die so positiv von der Königin nicht mehr sprachen? Wir wissen es nicht und müssen uns an die späteren Zeugnisse halten. Darin jedenfalls bleibt das Bild der Königin unauflösbar zweideutig, wechselt zwischen Verteufelung und Verklärung und ist so ein Spiegelbild dessen, was an Ängsten und Hoffnungen die Geschichte der Frauen seit jeher bestimmt hat.

2. Das goldene Saba

Ein biblischer Text und eine namenlose Königin auf der einen Seite, blühende Legendenwirklichkeit, in der die Königin von Saba eine unendliche Vielschichtigkeit und irritierende Widersprüchlichkeit offenbart, auf der anderen – wer war sie wirklich, diese Königin, die, wie wir sehen werden, von Arabien nach Persien und Byzanz, von Äthiopien nach Spanien, vom apulischen Otranto bis ins englische Canterbury, von Bad Teinach im Schwarzwald bis ins alemannische Wohnzimmer, ja sogar bis in die Ghettos der Schwarzen von Harlem gewandert ist? Wann, wo und wie mag sie tatsächlich gelebt und geliebt, gehofft und gelitten haben? So hell und klar, so profiliert und markant sie in den Überlieferungen der Völker auftritt, so vage und unbestimmt werden ihre Spuren, wenn wir nach historischen Tatsachen suchen.

Dabei ist uns ihr Heimatland nicht unbekannt.

Es ist das im südwestlichen Teil der arabischen Halbinsel gelegene einstige Saba, in etwa das Gebiet des heutigen Nordjemen.[1] In diesem südlichen Teil Arabiens, im Westen durch das Rote Meer begrenzt, im Süden durch den Golf von Aden, im Osten übergehend in die undurchdringliche Wüste des arabischen Hochlandes, blühte einst eine der reichsten und üppigsten Kulturen der antiken Welt.

Gewaltige Bergketten mit über dreitausend Meter hohen Gipfeln türmen sich an der südlichen Küste und entlang des Roten Meeres auf, durchbrochen von gewaltigen Einschnitten, dann abfallend in endlos sich hinziehende Hügelketten. Nur in der Nähe der Küste fällt genug Regen, nur dort gibt es fruchtbare Böden. Im Südwesten finden sich Oasenstädte wie z. B. Sana, die heutige Hauptstadt des Jemen, oder Marib, die antike Hauptstadt Sabas, in der die Königin von Saba residiert haben soll. Hier konnte sich eine üppige Pflanzenwelt entwickeln, und für den antiken Menschen mochte hier auch das Paradies gelegen haben, der Garten mit dem geheimnisvollen Namen Eden, der bis heute im Städte- und Landschaftsnamen Aden nachklingt.[2]

»Arabia felix«, »glückliches Arabien« — so nannten antike Autoren dieses Land, das seinen Reichtum vor allem dem Handel mit Weihrauch, Myrrhe und anderem Räucherwerk verdankte.[3] Auf mehreren Karawanenstraßen, u. a. der Weihrauchstraße, gelangten diese Räucheressenzen von Südwestarabien an die Küste des Roten Meeres und des Mittelmeeres. Von dort wurden sie nach Ägypten, Persien und auch nach Europa verschifft.

Die Bedeutung von Räucherwerk für den antiken Menschen kann von uns kaum noch nachvollzogen werden.[4] Bei den zahllosen Opferritualen und Kultfesten war Weihrauch ebenso notwendig wie begehrt als anregendes und illuminierendes Aromamittel zur Medidation und Ekstase.

Räucheressenzen vertrieben obendrein die weniger angenehmen Düfte, die angesichts fehlender Kanalisation oder auch bei Leichenverbrennungen Städte und Siedlungen überzogen. Im Sonnenkult und bei Totenfesten in Ägypten wurde Räucherwerk verschwenderisch eingesetzt; den Babyloniern diente Weihrauch zur Einholung von Orakeln. Die Griechen glaubten, mit seiner Hilfe böse Dämonen abwehren zu können.

Unvorstellbar erscheint der Verbrauch von Räuchermitteln aller Art im antiken Rom. Der römische Gelehrte Plinius Secundus d. Ä. hat mit Sorge und Verwunderung festgehalten, welcher Reichtum aus Rom besonders in die arabischen Länder floß:

Arabien nennt sich das »glückliche«, im Irrtum und undankbar hinsichtlich seines Beinamens, indem es denselben als eine Gabe der oberen Götter ansieht, während es weit mehr den unteren Göttern Dank dafür schuldet. Die Üppigkeit der Menschen macht es selbst durch den Tod noch reich, indem sie bei der Bestattung der Toten Dinge verbrennen, die, wie die Araber wohl gesehen haben, ursprünglich für die Götter geschaffen waren. Sachkundige versichern, daß Arabien in einem ganzen Jahr nicht soviel Weihrauch hervorbringe, als Kaiser

Nero am Todestag seiner Poppaea verbrannte. Man berechne nun die Zahl der Begräbnisse eines einzelnen Jahres und die massenweise zur Ehre von Leichen zusammengehäufte Menge eines Stoffes, der den Göttern in kleinen Brocken dargebracht wird. Und dennoch waren diese den Flehenden bei Gaben von Mehl und Salz nicht minder gnädig, ja offenbar noch gnädiger!

Noch glücklicher aber ist das Meer Arabiens, denn aus ihm sendet es uns die Perlen zu, und nach der geringsten Berechnung entziehen Indien, die Serer und diese Halbinsel unserem Reich in jedem Jahr hundert Millionen Sesterzen. Soviel kosten unsere Genüsse und die Frauen! Und so frage ich, wieviel kommt davon an die oberen, wieviel an die unteren Götter?[5]

Auch der Leichnam Jesu wurde in myrrhegetränktes Leinen einbalsamiert;[6] die ägyptische Königin Hatschepsut verwandte Myrrheöl als Körperkosmetikum.[7] Bevor die jüdische Heldin Esther in den Harem des persischen Königs Ahasver treten sollte, mußte sie ihren Körper sechs Monate lang mit Myrrheöl »vorbereiten«.[8] Daß die spätere Legende der Königin von Saba Kosmetikrätsel in den Mund legt, versteht sich beinahe von selbst.[9] Ob, wie der griechische Historiker Herodot zu wissen glaubte, Weihrauch in Saba selbst aus Baumharzen gewonnen wurde oder ob die Sabäer lediglich als Zwischenhändler auftraten, ist nicht eindeutig geklärt.[10] Wahrscheinlich aber wurde das Räucherwerk in Indien und im afrikanischen Somalia angebaut und von Saba aus in alle Welt umgeschlagen.[11]

Im Dunkeln liegen auch die Anfänge des sabäischen Reichs. Die zahlreichen Inschriften reichen nicht weiter als bis in das achte Jahrhundert v. Chr. zurück.[12] Salomo regierte jedoch im zehnten Jahrhundert. Eine sabäische Königin scheint also in so früher Zeit gar nicht existiert zu haben. Es fehlen etwa einhundertfünfzig Jahre, die die Forschung bisher nicht überbrücken konnte.

Auch aus späterer Zeit hat sich bis heute keine Inschrift gefunden, die von einer Königin von Saba zeugt. In den ersten beiden Jahrhunderten Sabas herrschten nicht einmal Könige, geschweige denn Königinnen, sondern Priesterfürsten (Mukarribe) über das Land. Nach einer Folge von zwölf Priesterfürsten erst tritt ein sabäischer König auf, am Ende des siebten Jahrhunderts.[13]

Das heißt nun nicht unbedingt, daß für eine sabäische Königin jede historische Grundlage fehlt. Denn das ehemalige Reich von Saba ist Alles in

Allem auch heute noch eine Terra incognita. Bis in die sechziger Jahre dieses Jahrhunderts waren Expeditionen dorthin entweder ganz verboten oder mit außerordentlichen Strapazen und Gefahren verbunden.[14] Erst seit Beendigung des Bürgerkrieges im Jahr 1969 hat der Jemen seine Grenzen ausländischen Wissenschaftlern, Archäologen und Geographen geöffnet. Es steht daher noch lange nicht fest, was der Wüstensand an Inschriften und anderen Dokumenten preisgeben wird. Es ist nicht auszuschließen, daß Spuren einer Königin von Saba entdeckt werden.

Aber selbst ohne Inschriften braucht an der Existenz einer sabäischen Königin nicht gezweifelt zu werden. Denn seit dem ersten Auftreten von Arabern in Inschriften aus der Zeit von 800 bis 600 v. Chr. werden mehr arabische Königinnen als Könige genannt.[15] In ihrer Frühgeschichte scheinen die Araber eindeutig den Frauen Vorrang gegeben zu haben, wenn es um politische Herrschaft ging. Berühmt ist ein Hinweis in den Annalen des assyrischen Königs Tiglatpileser III. (745−727 v. Chr.):

... im dritten Jahr seiner Regierungszeit erhob er Steuern von Zazibi, der Königin der Araber; im neunten Jahr empfing er den Tribut von Shamsyya, der Königin der Araber, die er zuvor unterworfen hatte.[16]

Aus der Zeit Sargons II. (722−705 v. Chr.) werden ebenfalls Tributleistungen einer arabischen Königin erwähnt; tributpflichtig war ebenfalls ein sabäischer Mukarrib mit Namen Yatha amar. »Zölle und Tribute in Gold, Edelstein und Elfenbein, Weihrauch und Kostbarkeiten sowie Waren und Erzeugnisse aus den Bergen« waren zu liefern. Um 688 v. Chr. wird in den Annalen des assyrischen Königs Sanherib »Adumu, die Festung Arabien« erwähnt, der die Königin Telkhun vorstand. Sie hatte sich mit den Babyloniern gegen den Assyrerkönig verbündet, war jedoch in Gefangenschaft geraten. Auch der Mukarrib Karibil hatte Tribute an die Assyrer zu entrichten.

In diesem Zusammenhang ist besonders ein Keilinschrifttext aus der Zeit Sargons II. interessant. Darin ist die Rede von »It'amra, der Sabäerin«.[17] Ist vielleicht diese Herrscherin aus der Frühgeschichte Sabas als Königin von Saba in die Zeit Salomos »zurückversetzt« worden? Wie dem auch sei, es ist sicher, daß weibliche Herrschergestalten im arabischen Raum eine wichtige Rolle spielten; erst der Islam scheint dieser Hochschätzung allgemein ein Ende bereitet zu haben.

Es gibt noch eine weitere Möglichkeit, einer in Inschriften nicht bezeugten Königin von Saba näher zu kommen. Aller Wahrscheinlichkeit nach haben die Sabäer vor ihrer Seßhaftwerdung in Arabien als Nomaden gelebt. Daß es sich dabei um kriegerische Stämme gehandelt hat, zeigt folgender Text des Buches *Hiob*:

> Da kam ein Bote zu Hiob und meldete: Die Rinder waren beim Pflügen, daneben weideten die Esel. Da fielen die aus Saba herein und nahmen sie und schlugen die Knechte mit der Schärfe des Schwertes.[18]

Steht hinter der Königin von Saba vielleicht die Anführerin eines kriegerischen sabäischen Nomadenstammes? Das würde erklären, warum keine inschriftlichen Zeugnisse gefunden wurden, denn nomadische Kulturen verfügten in der Regel über keine Schrift. Traditionen wurden mündlich weitergegeben. Späteren Auslegern des *Hiob*-Buches muß eine ähnliche Auffassung vorgeschwebt haben. Sie lassen die »Königin Lilith von Smaragd« mit ihrem kriegerischen Gefolge die Familie Hiobs überfallen. Diese Königin wurde mit der Königin von Saba gleichgesetzt.[19]

Nach den assyrischen Inschriften scheinen diese Nomaden in Nordarabien gelebt zu haben; dafür spricht auch die unheilvolle Begegnung Hiobs mit den Sabäern. Einige Beobachtungen aus der Legendenbiographie ergänzen diese Vermutungen. In äthiopischen Überlieferungen wird erzählt, die Königin habe die Stadt Gaza von Salomo als Geschenk erhalten.[20] Diese Stadt war die letzte Station der Weihrauchstraße, die von Südwestarabien über Marib nach Mekka und Medina[21] und weiter über Petra, der späteren Hauptstadt des Nabatäerreiches, nach Südpalästina führte.[22]

Eine arabische Legende aus dem neunten Jahrhundert erscheint noch aufschlußreicher. Sie erzählt, die Königin von Saba sei nicht in ihrer Residenzstadt Marib begraben worden, sondern in der weit entfernten syrischen Stadt Tadmur, die in der Antike Palmyra hieß.[23] Nach dem Zeugnis des Alten Testaments soll sie von König Salomo in der Wüste gebaut worden sein[24], tatsächlich handelt es sich aber um eine weitaus ältere Karawanenstadt, deren Bedeutung seit jeher unumstritten war. Palmyra war Endstation der aus Indien herbeiführenden Seidenstraße und Durchgangsort für Händler, die von der Weihrauchstraße kamen, um weiter nach Persien, Indien und China zu ziehen. Die Stadt war also wie geschaffen für die Begegnung verschiedener Völker und nomadisierender Stämme.

Noch ein weiteres Indiz dafür, daß die Königin von Saba über ein Nomadenvolk herrschte, läßt sich anführen. Fast alle späteren islamischen und äthiopischen Überlieferungen erwähnen die Religiosität der Königin von Saba. Nach einigen Zeugnissen soll sie eine Sonnenanbeterin gewesen sein, nach anderen stand sie in besonderer Beziehung zur Mondgottheit 'Almaqa, die an der Spitze des alten sabäischen Pantheons stand. 'Almaqa war umgeben von der Sonnengottheit Schams und von Attar, der Gottheit des Planeten Venus.[25] 'Almaqa wurde später zum Beinamen der Königin;[26] einer ursprünglichen Nomadenkönigin mochte es in besonderer Weise zukommen, mit einer an sich nomadischen Gottheit auch auf diese Weise in Verbindung gebracht zu werden.

Denn die besondere Verehrung des Mondes ist charakteristisch für Nomaden, wandern sie doch nicht am Tage in der Gluthitze der Sonne, sondern in der Kühle der Nacht. Daher spielte der Sonnengott Schams eine eher untergeordnete Rolle, anders als bei den seßhaften Bauernkulturen am Nil oder an Euphrat und Tigris.

Auch nachdem die Sabäer seßhaft geworden waren, verehrten sie weiter die Mondgottheit. Der monumentalste und bedeutendste Tempel in Südwestarabien war der 'Almaqa-Tempel in Marib (Abb. 3).[27] Er heißt heute *Mahram Bilqis*, Tempel der Bilqis, Bilqis jedoch ist der islamische Name der Königin von Saba.

Der islamische Gelehrte Al-Bakri will nun wissen, daß der Tempel zur Zeit Salomos für die Königin von Saba gebaut wurde.[28] Archäologische Forschungen datieren die Bauzeit jedoch in das achte bis siebte Jahrhundert v. Chr.; die Fundamente sind aber möglicherweise älter. 1951 wurden Teile des Bilqis-Tempels von Frank Albright unter großen Strapazen freigelegt. Trotz des vorzeitigen Abbruchs der Grabungen wegen eines Unfalls und politischer Auseinandersetzungen konnten die Ruinen eines elliptisch geformten Rundtempels mit Mauern von neun Metern Höhe und vier Metern Breite freigelegt werden.[29] Vor dem Tempel befand sich eine Säulenhalle. Die ganze Anlage ist beeinflußt von babylonischer Architektur. Als eindrucksvollster Rest des 'Almaqa-Tempels ragen heute acht riesige Monolithpfeiler auf, wohl die bemerkenswertesten Zeugnisse für den Sternenkult in Marib, der erst abbrach, als im vierten Jahrhundert n. Chr. ein himjaritischer Herrscher zum Christentum übertrat.

Ausgegraben wurden auch Stufen unter mehreren Torbögen, auf denen beachtliche Spuren von Kupferoxyd gefunden wurden, Hinweis auf eine Verkleidung mit Bronzeplatten. Besonders wertvoll waren die Inschrifttafeln, abgefaßt in der protoarabischen Sprache des Sabäischen. Allerdings – der Name der Königin von Saba erscheint darauf nicht.

Im Zuge des Seßhaftwerdens und der Ausbildung einer hochtechnisierten Kultur nahm die sabäische Gestirnsreligion auch Elemente der Bauernreligion auf. Den Gottheiten Mond, Sonne und Venus wurde z. B. das Mysterium der Fruchtbarkeit zugeordnet. 'Almaqa wurde als männlich, Schams als weiblich und Attar vielleicht als zweigeschlechtlich angesehen, wodurch die ursprünglich recht »abstrakte« Astralreligion der Nomaden immer stärker von den Fruchtbarkeitsriten, vom Wechsel von Saat und Ernte, Blühen und Reifen, von Sterben und Wiederauferstehen der Natur geprägt wurde. Muttergottheiten ähnliche Frauenstatuetten fand man im Wüstensand. Mitunter tragen sie vogelähnliche Köpfe, manchmal sind die Figuren langhalsig, z. T. sind es üppige sitzende Mutterfiguren aus gebranntem Ton, mal nackt, mal bekleidet oder mit Schmuck versehen.[30] Die arabischen Legenden bringen die Königin von Saba aber nie in Beziehung zu den bäuerlichen Mutterkulten, sondern immer nur zum nomadischen Astralkult, was den Eindruck verfestigt, daß die Königin einst in besonderer Weise mit der nomadischen Lebensweise verbunden war. Letzte Sicherheit ist freilich nicht zu erreichen, denn alle schriftlichen Traditionen gehen davon aus, daß die Königin von Saba über ein seßhaftes Volk herrschte.

Wenn es bis heute auch keine nachweisbaren Spuren der Königin von Saba gibt — das Reich, dem sie entstammen soll, beginnt immer lebendiger zu werden. Obwohl die Erforschung der sabäischen Kultur noch in den Anfängen steckt, läßt sich mit Sicherheit sagen: In Saba blühte im Jahrtausend vor der Islamisierung eine hochentwickelte Kultur, in der sich vielfältige Einflüsse mischten — charakteristisch für ein Volk, das dem Handel mit aller Welt seinen Reichtum verdankte.

Eine einzigartige Leistung erbrachten die Sabäer in der Bewässerungstechnik. Flüsse mit »ewigem« Wasser wie Nil, Euphrat oder Tigris gab es in diesem Land nicht; nur wenige Wadis führten für einige Wochen im Jahr reißendes Wasser; den Großteil des Jahres über lagen sie ausgetrocknet da. Den Sabäern gelang es, durch Kanalsysteme hohe Terrassen zu bewässern und der Wüste fruchtbares Land abzugewinnen. Als Weltwunder galt der sechshundert Meter lange Staudamm von Marib.[32] Der Damm bestand aus dicht gefugten Steinquadern, die mit Eisenklammern verbunden waren (Abb. 4). Das gewaltige Stau- und Schleusensystem regulierte das Wasser des Wadi Dhana und bewässerte mit Speicheranlagen, Überlaufmauern und Kanälen insgesamt etwa 1600 Hektar Wüste. Fast selbstverständlich erkor die spätere islamische Legende die Königin von Saba zur Bauherrin des Staudamms von Marib.[33]

Die einst prachtvolle Residenz Marib an der Weihrauchstraße ist heute ein unbedeutender Wüstenort (Abb. 1). Einst zählte die Bevölkerung Zehntausende von Menschen, heute fristen einige hundert Halbnomaden ein karges Leben. Ausgrabungen in Marib sind bislang ins achte Jahrhundert v. Chr. vorgedrungen. Vergeblich hat man nach dem Palast der Königin, der auch als Festung diente, gesucht. Möglicherweise befindet er sich unter dem Trümmerhügel, auf dem das heutige Marib liegt.

Dieser Palast soll auf Salomos Geheiß von guten Dschinnen erbaut worden sein, ebenso wie weitere Palastanlagen dieser Art.[34] So vermutet man den Palast Ghumdan – ebenfalls der Königin von Saba zugeschrieben – in der heutigen Hauptstadt des Jemen, in Sana. Zwanzig Stockwerke soll dieser riesige Wohnturm gezählt haben und an allen vier Seiten mit schwarzen, weißen, grünen und roten Steinen verkleidet gewesen sein. Auf einer Dachterrasse erhob sich wohl ein weiteres Stockwerk, so wie man es noch heute an vielen Wohntürmen in Sana sehen kann. An den vier Ecken des Palastes sollen sich bronzene Löwenköpfe befunden haben; die Legende erzählt, daß die Löwenhäupter bei starkem Wind zu brüllen begannen.

Wahrscheinlich wurde diese Königsfestung schon kurz nach der Islamisierung zerstört. Im zehnten Jahrhundert n. Chr. soll von der ganzen Anlage nur noch eine einzige Mauer gestanden haben, und zwar in der Nähe der Großen Moschee. Manche Forscher gehen allerdings davon aus, daß sich der Palast unter dem Gasr, der heutigen Festung im Osten der Altstadt Sanas, befinden muß.[35]

Verschwunden ist inzwischen auch die Königsburg von Al-Baun, die wahrscheinlich im sechsten Jahrhundert n. Chr. von den Äthiopiern zerstört wurde. Das alte Al-Baun/Bainun ist heute ein riesiges Ruinenfeld, das seit der deutschen Jemenexpedition unter W. W. Müller erforscht wird.[36]

Alte Volküberlieferungen im Jemen haben jedoch die Erinnerung an die Blütezeit des Landes bewahrt und gedenken auch der Königin von Saba. Im zwölften Jahrhundert n. Chr. verfaßte der arabische Chronist Nashwan Ibn Sa'id die *Himjarische Kasideh*,[37] eine teilweise romanhaft ausgeschmückte Genealogie der sabäischen Könige. Die Königin von Saba trägt hier ihren islamischen Namen Bilqis und wird in den Stammbaum der Sabäerkönige eingereiht. Sie soll sich mit dem sabäischen Fürsten Du Taba, mit anderem Namen Manheb-El, vermählt haben, der im Jemen mehrere Schlösser gebaut hat.

Andere Chronisten sind sogar der Meinung, daß Salomo selbst Bilqis zur Frau nahm. Es heißt dort:

Nach der Verheiratung hat er sie sehr geliebt und den guten Dschinnen befohlen, ihr im Jemen drei Schlösser zu bauen, derengleichen die Menschen an Pracht und Schönheit noch nie gesehen hätten. Jeden Monat hat er sie einmal besucht, nachdem er sie in ihr Königreich zurückgeschickt hatte und hat immer drei Tage bei ihr verweilt.[38]

Eine dritte Tradition versucht, beide einander widersprechenden Überlieferungen miteinander zu verbinden. Danach hat Salomo Bilqis geheiratet, aber nach einiger Zeit in den Jemen zurückgeschickt und sie dort mit dem sabäischen Fürsten Du Taba verheiratet.

Die *Himjarische Kasideh* verbindet die Königin obendrein eng mit dem Herrscherhaus der Tobba-Könige, deren Herrschaft das »heroische Zeitalter« der sabäischen Geschichte verkörpert.[39] Der Ahnherr der Dynastie, Rais I. Seded, gelangte auf seinen Feldzügen angeblich bis nach Indien, spätere Herrscher sogar bis nach China. Das Volk der Tibeter ist nach dieser Überlieferung aus einer Kolonistengruppe sabäischer Soldaten hervorgegangen. Auf den Sohn des Rais, Abraheh, folgte König Ifrikis, der auf seinen Westfeldzügen bis Tanger gelangt sein soll. Dann tauchte Hadhad auf, der Vater der Bilqis, die nach ihm das Königsamt übernahm. Ihre Regierungszeit wird sehr unterschiedlich angegeben. Al-Mas'udi läßt sie einmal einhundertzwanzig Jahre regieren, einige Seiten später spricht er in seinen *Goldenen Wiesen* nur noch von sieben Jahren.[40] Wie dem auch sei – der Tobba-König Asad führt die Königin von Saba als eine seiner Vorfahren auf und kann sie nicht genug rühmen. In der *Himjarischen Kasideh* stimmt er ein unvergleichliches Loblied an:

> Mich zeugten Könige, die von Königen stammen,
> diademgeschmückte Fürsten von hohem Mut;
> es herrschte über sie Bilqis durch siebzig Jahre
> mit Männern voll Kraft und gewaltigem Mut.
> Und gekrönte Frauen wie Bilqis
> und Sems und Lemis zähle ich zu meinen Ahnen.
> Ihr Thronhimmel ist ein Sitz von siebzig Ellen;
> ihn zierte sie mit Juwelen und Kleinoden,
> mit Perlen faßte sie ihn ein und Saphiren,
> mit Rubinen in schönster Anordnung.
> Sie hatte zwei Gärten, die von zwei Quellen bewässert wurden,
> welche am aufgebauten Damm emporsprudelten.
> Sie kümmerte sich nicht, ob des Suheils Regenguß eintreffe oder nicht,

denn zu ihr strömte der Fluß aus weiter Ferne.
Wäre es möglich für Menschen, ewig zu leben,
sei es durch List oder Macht oder Zahl,
oder durch Herrschergewalt, so würden wir nicht dahingegangen sein,
und wir wären von allen Königen die ewig Lebenden . . .
Mir baute meine Muhme
einen Thronhimmel über einem festen Königssitz.
Dort lebt sie ihre Tage in der Herrschaft Genuß
und wurde durch den Wiedehopf vorgeladen.
Sie lebte dort siebzig Jahre und unterjochte
den Irak bis zur Wüste Seihed [Chaldäa].[41]

Ob es sich bei der hier gerühmten Bilqis mit ihrem grandiosen Königsthron und ihren kriegerischen Fähigkeiten tatsächlich um eine Tobba-Königin handelt, läßt sich nicht beantworten, solange man keine originalen Quellen in Saba findet. Doch die Legendenphantasie gehorcht anderen Gesetzen als historisch-kritisches Bewußtsein. In der südarabischen Legende klingt sogar noch Trauer nach, die aus dem Untergang des Sabäerreiches herrührt und die auch die Erinnerung an die sagenhafte Königin überschattet. Die *Himjarische Kasideh* spricht das große »Vergeblich« allen Lebens aus:

Auch Hadhad, ihr Vater, ist längst vergangen,
und zertrümmert sind die Festen seines wohlbewässerten Reiches.
Oder wo ist Bilqis, deren Thron hochberühmt ist,
wo ihr Palast, der alle Paläste überragte?
Sie besuchte den Propheten Salomo in Tadmur;
von Marib aus kam sie in Frömmigkeit, nicht mit Heiratsgedanken;
mit tausendmal Gewappneten aus ihrem Volk,
nicht nahte sie sich mit abgemagerten Kamelen.
Sie kam, um den Islam zu bekennen,
sobald sie sein Schreiben empfangen hatte,
womit er sie einlud durch den geschwätzigen Wiedehopf.
Sie sank zur Erde, verehrte ihren allmächtigen Schöpfer,
nachdem sie früher die Sonne angebetet hatte.[42]

Auch diese Passage enthält Elemente, welche die biblische Geschichte nicht kennt. Die Königin kommt mit einem Heer zu Salomo; wiederum wird der Wiedehopf erwähnt — und sie bekennt sich, selbstverständlich für den muslimischen Gläubigen, zu Allah. Doch über allem schwebt die Klage der

Vergänglichkeit, die uns weiterführt zu der Frage, warum die so hochgerühmte sabäische Kultur zusammenbrach.

Im Dammbruch von Marib sah der Prophet Mohammed den eigentlichen Anlaß für den Untergang dieses blühenden Staates. Etliche Dammbrüche lassen sich nachweisen, aber als Menetekel wurde der Bruch im Jahre 542 n. Chr. angesehen. Mohammed lebte nur wenige Jahrzehnte nach der Katastrophe; das Ende Sabas hat er in der Sure 34 des Koran festgehalten:

[15]Die Sabäer hatten doch seinerzeit an ihrem Wohnort ein Zeichen, das sie hätten beherzigen sollen: zwei Gärten, einen zur Rechten und einen zur Linken. Und es wurde ihnen gesagt: »Eßt von dem, was euer Herr euch beschert hat, und dankt ihm dafür! Es ist ein gutes Land, in dem ihr wohnt, und der euch gebietet, ist bereit zu vergeben.

[16]Aber sie wandten sich ab, statt sich dankbar zu zeigen. Da sandten wir die Dammflutkatastrophe über sie und tauschten ihnen gegen ihre beiden fruchtbaren Gärten zwei andere ein, in denen es nur Dornbuschfrüchte, Tamarisken und einige wenige Zizyphusbäume gab.

[17]So vergalten wir ihnen dafür, daß sie undankbar waren. Wir bestrafen ja doch nur jemand, der undankbar ist.

[18]Und zwischen den Sabäern und den Städten, die wir gesegnet haben, legten wir weithin sichtbare Städte an. Und wir bestimmten, daß sie in ihnen umherziehen sollten, um Handel zu treiben: »Zieht mit euren Karawanen in ihnen bei Tag und Nacht in Sicherheit und Frieden umher!«

[19]Sie aber sagten in ihrem Übermut: »Herr! Vergrößere die Wegstrecken unserer Reisen!« Sie frevelten damit gegen sich selber. Da machten wir sie und das Strafgericht, das über sie hereinbrach, zu Geschichten, über die man allerorts spricht. Und wir ließen sie alle umkommen und zersetzten sie vollständig. Darin liegen doch Zeichen für jeden, der Geduld übt und sich dankbar erweist.[43]

In unserer Koranpassage klingen Erinnerungen an die Fruchtbarkeit des bewässerten Landes, die »gesegneten« Städte und den Handelsreichtum der Bewohner an. Doch mit all dem waren die Sabäer angeblich unzufrieden. Sie dehnten ihre Handelsbeziehungen so expansiv aus, daß der Dammbruch als göttliches Strafgericht folgte. Diese religiös inspirierte Deutung vom Untergang der hybriden Sabäer vereinfacht die Ursachen; die Gründe für das Ende des Reiches waren in Wahrheit viel komplizierter.[44]

Die Sabäer hatten ihr Reich einst gegen die Minäer im Norden errichtet, durchsetzen mußten sie sich jedoch immer wieder gegen die Katabanen im Süden und die Bewohner von Hadramaut im Osten Südwestarabiens. Die Vorherrschaft Sabas war keineswegs unumstritten. Kein Wunder, daß die Römer die anhaltenden Wirren zu ihren Gunsten auszunutzen versuchten. Unter dem Kommando des Aelius Gallus wurde 25/24 v. Chr. ein römisches Heer ausgeschickt, um das Königreich von Saba dem römischen Imperium zu unterwerfen. Doch Marib war nicht einzunehmen. Angeblich führten Wassermangel, falsche Wegweiser, Verrat und Krankheit zum Scheitern des Feldzuges.

Die Sabäer waren andrerseits beim Feldzug der ägyptischen Königin Kleopatra gegen Caesar dabei. Doch ungeachtet der römischen Intervention gingen die inneren Auseinandersetzungen weiter. Erst die himjaritische Machtergreifung brachte eine gewisse Konsolidierung. Nur hieß die Hauptstadt nicht mehr Marib, sondern Zafar; die Stadt lag weiter südlich, näher an den Küstengebieten des Golfes von Aden. Im dritten Jahrhundert n. Chr. scheint das himjaritische Reich seine größte Ausdehnung gehabt zu haben. Im Jahre 275 wurde Hadramaut unterworfen, und die Könige beherrschten das Königreich von Saba, Dhu Raydan (Kataban), Hadramaut und Yemnat, das Gebiet der Nomaden.

Folgenschwer für die sabäische Geschichte war eine andere Entwicklung. Schon im sechsten Jahrhundert v. Chr. setzten Sabäer über das Rote Meer und gründeten in Äthiopien eine sabäische Kolonie. Seitdem hat sich das Bewußtsein der Zusammengehörigkeit beider Länder immer stärker verfestigt. Die Bibel beispielsweise benutzt die Namen »Saba« und »Sheba« und bezeichnet mit ihnen sowohl Südwestarabien als auch Äthiopien.[45] Für die Königin von Saba bedeutete das schließlich, daß sie auch als Königin von Äthiopien angesehen wurde.

Der jüdische Historiker Josephus Flavius ist der erste, der von einer sabäisch-äthiopischen Königin berichtet. Er nennt sie Nikaule und läßt sie über Ägypten und Äthiopien herrschen.[46] In Äthiopien kommt es zur wohl monumentalsten Ausgestaltung der Sabalegende.[47]

Seit dem zweiten Jahrhundert n. Chr. versuchten die Äthiopier, Teile Sabas zu besetzen. Sie konnten zwar zeitweise zurückgedrängt werden, aber auf Dauer waren ihnen die Himjariten nicht gewachsen. Mit den Äthiopiern gelangte das Christentum nach Südwestarabien. Unter wesentlicher Beteiligung des äthiopischen Missionars Frumentius gelang es dem Erzbischof Theophilos in den Jahren 352 bis 360, das ganze Land zu christianisieren.

Auch das Judentum gewann maßgeblichen Einfluß, nachdem im Jahre 70 n. Chr. Jerusalem von Kaiser Titus erobert worden war und die Juden sich in alle Welt zu zerstreuen begannen. Zwischen Christen, Juden und heidnischen Sabäern begann ein bisweilen mörderischer Kampf um die Vorherrschaft.

So wird von einem gewissen 'Amr aus dem ersten Drittel des vierten Jahrhunderts berichtet, der den Beinamen Salomo führte, wohl um seine Nähe zum Judentum zu bekunden. Er soll ein Waisenkind gewesen sein und regierte nur kurze Zeit. Nach seinem Tod übernahm seine Witwe die Herrschaft. Diese Frauengestalt führte zwei Namen – den islamischen der Königin von Saba, Bilqis, und den äthiopischen, Makeda.[48] Ihr Vater soll Hudhud oder Hadhad geheißen haben; die Überlieferung macht sie zur »Herrin der Tiere«, aber auch zur »Tyrannenmörderin«, denn ihren Mann 'Amr-Salomo soll sie mit Gewalt beseitigt haben. Das alles sind Merkmale, die auch mit der Königin von Saba in engem Zusammenhang stehen.[49]

Der vorletzte himjaritische König Dhu Nuwas trat zum jüdischen Glauben über und entfesselte im Jahre 523 eine vernichtende Christenverfolgung, die sich jedoch vor allem gegen die äthiopische Vorherrschaft richtete. Der überlebende himjaritische Fürst Dawas Dhu Thaluban bat daraufhin den byzantinischen Kaiser Justinian um Hilfe, der den äthiopischen König Kaleb veranlaßte, ein Heer von angeblich 70 000 Soldaten nach Südwestarabien zu senden. Geduldet wurden fortan nur noch sabäische Schattenkönige unter der Regentschaft eines äthiopischen Vizekönigs. Das einst mächtige Reich, das seit dem achten Jahrhundert v. Chr. bestand, hatte seine Unabhängigkeit für immer verloren.

Der Bruch des Staudamms 542 n. Chr. besiegelte endgültig das politische Schicksal Sabas. Invasionen persischer Sassaniden folgten, bis es Mohammed im siebenten Jahr seiner Flucht nach Medina gelang, auch Saba unter die Vorherrschaft des Islam zu bringen. Zu der ideologisch-politischen Instabilität mag als Ursache für das Ende Sabas auch noch die Verlagerung der Handelswege in Frage kommen. Seitdem zunehmend die Seewege von und nach Indien durch das Rote Meer genutzt wurden, verloren die traditionellen Karawanenstraßen ihre Bedeutung. Viele Sabäer verließen ihr Stammland; die übrigen scheinen so gelebt zu haben wie vielleicht einst ihre Ahnherrin, die Königin von Saba – als Nomaden oder Halbnomaden, im Umkreis der Handelsstädte, nicht immer friedlich und ohne jeden politischen Einfluß. Der arabische Schriftsteller Al-A'sa schrieb:

Das mag ein Beispiel sein für den,
der sich ein Beispiel nehmen will,
und Marib, das man durch den Damm deckte.
Aus Marmor hatten ihn die Himjar gebaut,
die Wasser bedeckten die Äcker und Weingärten,
nach Stunden war das Wasser verteilt.
So lebten die Sabäer in glücklichem Überfluß,
bis sie ein reißender Strom davontrug.
Da flüchteten ihre Fürsten und die Befehlshaber
in eine Wüste, die der Wüstennebel bedeckte.[50]

Wie die Sabäer sich zerstreuten, so begann auch die Kunde von der Königin von Saba in unterschiedlichste Kulturkreise auszuwandern, ungeachtet geographischer Grenzen und religiöser Barrieren. Symbolisch zeigt sich das auf einer bedeutenden Weltkarte des späten Mittelalters, dem *Katalanischen Weltatlas*, der 1375 von Abraham Cresques und seinem Sohn Jafuda geschaffen wurde (Abb. 27 u. 28). Auf vier Doppelseiten werden alle damals bekannten Teile der Erde abgebildet, wenn auch mit vielen weißen Flecken, immerhin aber reicht die Karte bis nach China. Auch Arabien ist verzeichnet, obwohl z. B. damals der Handel mit Moslems unter Androhung des päpstlichen Bannes verboten war. Mitten in der arabischen Wüste, die heute als Rub'al-khali bezeichnet wird, thront nun auf einem Schemel die Königin von Saba, einen Herrscherapfel in der erhobenen Hand. Als ob Minnelieder sie umwürben, umspielt ein mildes Lächeln ihr Antlitz; wie finster dagegen die königlichen Repräsentanten anderer Länder und Erdteile, die ansonsten den Atlas bevölkern! Strahlenförmig gehen von ihr Linien aus, die — einer Seefahrerkarte gemäß — Windrichtungen angeben. Einer der Strahlen fällt auf die Heiligen Drei Könige, die auf das Zentrum der Weltkarte zureiten, dorthin, wo der Stern von Bethlehem scheint. Die Fülle der Strahlen mag den Wunsch symbolisieren, Liebreiz und Charme der Königin in alle Welt weiterzutragen.

3. DIE DÄMONIN LILITH

Die Königin von Saba in der jüdischen Tradition — das ist ein Kapitel voller Überraschungen. Erstaunlich zunächst, wie lieblos der Besuch der Königin bei Salomo behandelt wird. Der *Talmud*, das riesige Kommentarwerk des nachbiblischen Judentums, verschweigt einfach die Gestalt — ihrem Partner Salomo hingegen widmet er vielfältige legendarische Erzählungen. An der rätselhaften Gestalt der Königin von Saba entzündete sich der vielgerühmte rabbinische Scharfsinn nicht.

Doch damit nicht genug. Eine Stelle im Babylonischen Talmud läßt sogar vermuten, daß die Gestalt der Königin von Saba überhaupt aus dem Alten Testament getilgt werden sollte. Die Rede ist von einer Auslegung des Rabbi Jochanan im Traktat *Bawa Bathra* (Letztes Tor, fol. 15b):

> Wer sagt, die Königin von Saba sei eine Frau gewesen, befindet sich im Irrtum. Das Wort Königin, *malkath,* muß Königreich, *malkuth,* — das Köngreich von Saba — gelesen werden.

Diese Interpretation macht sich das ursprünglich vokallose Alphabet des Hebräischen zunutze. Durch die einfache Veränderung des Vokals von *a* zu *u* (was grundsätzlich möglich wäre) war die Königin auf elegante Weise aus dem Text hinauskomplimentiert.[1]

Das Verfahren des Rabbis verlangt nach einer Erklärung. Sie liegt in der Abwertung der Königin von Saba zu einer dämonischen Gestalt. Aus der aufgeklärten, weltoffenen Frauenfigur ist ein gespensterhaftes, dämonisches und satanisches Weib geworden — eine Kindeswürgerin. Zur Erklärung dieser Dämonisierung tragen die Talmudkommentare allerdings nicht bei, sondern nur Überlieferungen, Legenden und Zeugnisse, die neben dem orthodoxen Judentum umliefen. Vieles an dieser »Untergrundliteratur« ist immer noch rätselhaft, und besonders die Verbindungsglieder zwischen den einzelnen Überlieferungen müssen mit gleichsam detektivischem Spürsinn erschlossen werden.

Da gibt es ein kleines aramäisches Buch, das *Targum Scheni*, das zweite Targum zum Buch *Esther*.[2] Das Buch überschreitet die engen Grenzen einer Übersetzung und weitet sich aus zu einer eigenständigen Novelle. Seine Entstehungszeit ist umstritten: es stammt aus dem dritten Jahrhundert n. Chr., oder aus dem siebten oder gar dem elften.[3] Thema der Erzählung ist das Schicksal der vielbewunderten Esther zur Zeit des persischen Königs Ahasverus (Xerxes). Aber auch eine Geschichte vom Besuch der Königin von Saba bei Salomo ist in das *Targum* eingearbeitet. Anlaß ist ein großes Fest, das der persische König gibt und zu dem »die Könige aus Ost und West« kommen. Dies wird mit dem Fest Salomos verglichen.

> Als Herr der Tiere versammelt Salomo Vögel, Feldtiere, Ungeziefer, Geister, Winde und Hexen [Liliths] um sich, die vor ihm tanzen und

seine Größe bekunden. Bei dem großen Tiertreffen wird jedoch der Wiedehopf, der königliche Botenvogel, vermißt. Der zornige König läßt ihn, unter Androhung der Todesstrafe, suchen. Als der Wiedehopf endlich zurückkehrt, berichtet er von seinem Besuch bei der Königin von Saba in der Weihrauchstadt Kitor. Was er erzählt, versetzt den König in Erstaunen.

Der Sand dort sei wertvoller als Gold und Silber und liege wie Dung auf den Straßen. Bäume seien dort gepflanzt, wie sie bei der Weltschöpfung geschaffen wurden. Die Menschen tränken paradiesisches Wasser. Kriege gäbe es dort nicht; das Bogenspannen sei unbekannt.

Der Wiedehopf schlägt vor, die unermeßlich reiche Königin in Ketten vor den König zu holen. Salomo, neugierig, schickt den Botenvogel mit einem Sendbrief zur Königin.

Begleitet von einem riesigen Vogelgefolge trifft der Wiedehopf in Kitor die Königin, die gerade zur Anbetung der Sonne niedergesunken ist. Die einfallende Vogelschar verdunkelt die Sonne; Finsternis überzieht das Land. Verzweifelt zerreißt die Königin ihre Kleider. Da nähert sich ihr der Wiedehopf. Die Königin löst den Brief aus seinen Flügeln und beginnt zu lesen:

»Von mir, König Salomo, Friede Dir und Deinen Ministern! Du weißt, daß der allmächtige Gott mich zum König der Feldtiere, Vögel, Geister, Winde und Hexen gekrönt hat. Alle Könige aus allen vier Windrichtungen sind mir unterworfen und kommen zu mir. Wenn Ihr wollt und zu mir kommt und mich nach meinem Befinden befragt, werde ich Euch die größte Ehre vor allen anderen Königen erweisen. Sollte das nicht der Fall sein, schicke ich Euch Könige, Truppen und Soldaten. Ihr fragt, wer diese sind, die dem König Salomo gehören? Die Feldtiere sind die Könige, die Euch auf dem Feld töten werden; die Vögel sind die Reiter, die das Fleisch von Eurem Körper reißen werden; die Winde, Geister und Hexen sind die Soldaten, die Euch zu Hause auf Eurem Bett ersticken werden.«

Nach der Lektüre des Briefes zerreißt die Königin zum zweiten Mal ihre Kleider. Sie berät sich mit ihrem Thronrat, der ihr ausdrücklich abrät, sich in Jerusalem zu unterwerfen. Doch die Königin macht sich trotzdem auf die Reise, beladen mit Zypressen, Perlen und wertvollen Edelsteinen. Es gelingt ihr, Jerusalem in drei statt in sieben Jahren zu erreichen.

Kurz vor ihrer Ankunft in der Stadt trifft sie auf den königlichen Gesandten Benajahu, dessen Schönheit sie tief beeindruckt. Schön wie der Morgenstern, wenn der Tag anbricht, herrlich wie der Abendstern, der alle anderen Gestirne überstrahlt und liebreizend wie die Lilie an den Wasserbächen — so sieht ihn die Königin und ist so beeindruckt, daß sie Benajahu für den König Salomo selbst hält.

Nach Aufkärung dieses Mißverständnisses geleitet Benajahu die Königin in den Palast Salomos. Er hat sich in seinem Thronsaal niedergelassen, der aus Glas gebaut ist. Die Königin wird deshalb von einer Sinnestäuschung befallen. Sie glaubt, Salomos Thron stehe im Wasser. Deshalb rafft sie ihr Kleid hoch, um durch das vermeintliche Wasser zum König zu waten. Ihre Beine werden sichtbar, und siehe da — sie sind über und über behaart. Das veranlaßt Salomo zu der wenig galanten Bemerkung: »Deine Schönheit ist die einer Frau; deine Haare sind die eines Mannes. Die Haare sind des Mannes Schönheit, aber eine Schande für die Frau!«[4]

Diese abfälligen Worte sind das Ende von Salomos Begrüßung und der Beginn unserer Nachforschungen. Das Motiv der Beinbehaarung wird im *Targum Scheni* nicht weiter verfolgt. Andere Überlieferungen haben sich freilich mit ihm beschäftigt. Das *Alphabetum Siracidis,* eine Sprüchesammlung aus dem elften Jahrhundert, weiß, daß der ganze Körper der Königin behaart war.[5]

Nun ist seit alters her langes Haar ein Zeichen und Privileg aristokratisch-männlicher Lebensweise gewesen, auch im christlichen Kulturkreis. Kleider- und Haarordnungen überwachten im Mittelalter die Einhaltung geziemender Haarlängen, je nach sozialem Rang. Karolingische Adlige schnitten ihren feindlichen Gegenspielern einfach das Haar ab oder skalpierten ihre Opfer ganz, um ihnen die Adelswürde zu entreißen.[6] In Israel gab es die Nasiräer, die u. a. das Gelübde ablegten, sich nie, oder doch für eine bestimmte Zeit nicht, das Haar zu scheren. Zu ihnen gehörte als bekannteste Gestalt Simson, der seine gewaltige Körperkraft verlor, als seine Geliebte Delila ihm das lange Haupthaar abschnitt.[7] Der Prophet Samuel,[8] die Sekte der Rekabiter,[9] vielleicht Johannes der Täufer und nicht zuletzt der Apostel Paulus[10] legten das Nasiräatsgelübde ab.

Und nun eine Königin mit starkem Haarwuchs an den Beinen! Eine ungewöhnliche Erscheinung, die für die Einschätzung dieser Dame nicht ohne Folgen bleiben kann. Tatsächlich schwindet ihr guter Ruf, was zwar im *Targum Scheni* noch nicht ausdrücklich geschieht, doch sehr wohl in späteren Überlieferungen. Im Jahre 1702 bezeichnet der jemenitische Jude Ben Joseph sie explizit als Dämonin.[11]

Die Charakterisierung der Königin von Saba als haarige Dämonin widerspricht radikal ihrer Verehrung als Königin Bilqis in der islamischen und als Königin Makeda in der äthiopischen Tradition. Offensichtlich gehört die Dämonisierung der Figur zu den Merkmalen einer polemischen Resonanzlegende gegenüber den positiven Legendenbildungen der anderen Kulturkreise, mit denen Juden konkurrierend in Berührung kamen.

In einer Erzählung des *Alphabetum Siracidis*[12] begnügt sich Salomo nicht mit einer abfälligen Bemerkung über die Beinbehaarung der Königin. Er läßt durch seine Hofzauberer eine Hautsalbe herstellen, mit der die Haare entfernt werden. Diese kosmetische Hilfeleistung geschieht aber nicht aus reiner Nächstenliebe, sondern weil Salomo mit der Königin schlafen will, was auch geschieht. Allerdings ist die Folge wenig erfreulich! Das Kind, das aus dieser Verbindung hervorgeht, ist nämlich niemand anderer als Nebukadnezar, der Schreckensherrscher der altisraelitischen Geschichte, verhaßt als Zerstörer des Salomonischen Tempels und Urheber des Babylonischen Exils der Israeliten. Die Königin von Saba wird gleichsam zur Stammutter dieses Verderben bringenden Königs degradiert. Ihren dämonischen Charakter hat sie also trotz der salomonischen Zaubersalbe nicht verloren.

Deutlicher wird die Ursache für die Dämonisierung, wenn wir uns noch einmal vergegenwärtigen, daß im *Targum Scheni* im Unterschied zum *Alten Testament* Salomo als Herrscherfigur schlechthin gilt, dem sich die Königin scheinbar selbstverständlich zu unterwerfen hat. Aber es geht um mehr, nämlich um den Geschlechterkampf zwischen Mann und Frau. Darauf weist zunächst die Begegnung mit dem königlichen Boten Benajahu. Während die Königin mit der abscheulichen Körperbehaarung behaftet ist, erscheint Benajahu als der »schöne« Mensch schlechthin. Seine Schönheit trägt gleichsam göttliche Züge – es ist die Schönheit des Morgen- und Abendsterns, Symbol der Schönheit schlechthin. Die Königin selbst überträgt das höchste weibliche Schönheitsideal auf den Jüngling, der damit feminisiert wird;[13] der Königin bleibt nur die maskuline Behaarung, die Salomo im *Targum Scheni* ausdrücklich als männliches Merkmal bestätigt. Ein Rollentausch findet statt: Der Mann wird verweiblicht, was seinem Schönheitsanspruch entgegenkommt und keineswegs als Schande empfunden wird; die Frau wird vermännlicht – das aber ist ein Einbruch in die Welt der Männer, was mit der »Verbannung« in das Reich der Dämonen bestraft wird.

Verwirrender noch als die Gleichsetzung der Königin von Saba mit einer behaarten Dämonin ist die mit einer von alters her berüchtigten weiblichen Dämonengestalt, der Lilith.[14]

Die Lilithgestalt hatte schon eine bewegte, über zweitausend Jahre währende Vorgeschichte hinter sich, ehe sie mit der Königin von Saba in der jüdischen Tradition verschmolz. Schon die sumerische Hochkultur im Zweistromland zwischen Euphrat und Tigris hat im *Gilgamesch-Epos* eine Lilithgeschichte überliefert:

> Inanna/Ischtar, die Göttin des Krieges und der Liebe in den altorientalischen Kulturen, hat den Chaluppu-Baum, wahrscheinlich eine Eiche, unter ihren Schutz genommen. Sie versetzt ihn in ihren herrlichen Garten zu Uruk, der Hauptstadt des alten Sumererreiches, um sich aus seinem Holz einen Thron und ein Ruhebett herstellen zu lassen. Doch der Baum kann nicht gefällt werden, denn unter seiner Wurzel hat sich die Schlange eine Höhle gebaut, und in seinen Zweigen haust die böse Dämonin Lilitu. Inanna/Ischtar beginnt zu weinen. Da bietet ihr der Held Gilgamesch seine Hilfe an. Die Schlange wird getötet, Lilitu wird aus dem Baum in die Wüste vertrieben. Dort haust sie seitdem und lauert Männern auf.[15]

Lilitu/Lilith stellte man sich als Wüstendämonin vor – hier lagen die Berührungspunkte mit der Königin von Saba. Die Wüste, das war seit Urzeiten der Ort der Dämonen. So wurde Jesus in der Wüste von Dämonen versucht, ebenso der als Eremit lebende hl. Antonius; Judas, der Verräter, erhängte sich in der Wüste; die dämonisch Besessenen flohen dorthin. Die Königin, die aus der Wüste kam – wie leicht konnten ihr die Eigenschaften einer Wüstendämonin angedichtet werden!

Nachweislich geschieht die Gleichsetzung der Königin mit der Lilithdämonin in einer aramäischen Übersetzung des Buches *Hiob*. Der biblische Text berichtet vom Überfall der Sabäer, die aramäische Version jedoch übersetzt: »Plötzlich fiel Lilith, die Königin von Smaragd, über sie her und schleppte sie von dannen.«[16] Viel Kopfzerbrechen hat die Bezeichnung Liliths als *Königin von Smaragd* bereitet. Vielleicht hatte man den sprichwörtlichen Reichtum der Königin vor Augen und erwähnte dafür stellvertretend den Edelstein. Vielleicht las der Übersetzer aber auch statt *Saba* das hebräische Wort *sebo*. Mit diesem Wort wurde einer der Edelsteine auf der Losorakeltasche des israelitischen Hohenpriesters bezeichnet. In dieser Brusttasche, der *chochän*, befanden sich zwei Losorakel, die bei wichtigen Anlässen ausgeworfen wurden und als magisches Gottesurteil Gültigkeit hatten. Als Königin von Smaragd sollte die Königin von Saba möglicherweise als Königin der Magie charakterisiert werden. Bis heute ist der

Smaragd mit seiner grünglitzernden Farbe ein wichtiges Requisit bei magischen Praktiken. Schon seine Herkunft ist mysteriös – er soll aus der Stirn Luzifers, des abtrünnigen Gottesengels, herausgefallen sein. Seinem funkelnden Schein sprach man geheimnisvolle Kräfte zu. Einer der großen Magier des 15. Jahrhunderts, Hermes Trismegistos, Berater von Kaiser und Königen, hatte eines seiner magischen Hauptwerke mit *Smaragd-Tafel* betitelt.

Doch haben wir überhaupt richtig gelesen? Ist tatsächlich von Lilith als der Königin von Smaragd die Rede, oder heißt es nicht vielmehr »Königin von Samarkand«? Auch diese Lesart nämlich ergäbe einen Sinn.[17] Bereits in der *Himjarischen Kasideh* trifft man auf Samarkand, Name der berühmten Juwelenstadt in Mittelasien. Da wird z. B. von einem der nächsten Nachfahren der Königin von Saba berichtet, Semmer, der auf seinen Kriegszügen bis nach Samarkand vorgedrungen sein soll. Dort hat er der Legende nach einen Stein in die Stadtmauer eingelassen mit der sabäischen Inschrift: »Dies ist der König der Araber und Barbaren, Semmer Ju'is, der mächtige König. Wer bis hierher vordringt, ist mir gleich, wer weiter gelangt als ich, ist besser als ich.«[18]

Was hier dem Nachkommen der Königin von Saba zugesprochen wird, ist die legendenhafte Erinnerung an Ereignisse, die viel später als zur Zeit der Herrschaft Semmers stattgefunden haben, nämlich die Eroberung Samarkands 709/712 n. Chr. durch Muslime.[19] Die Islamisierung Samarkands hat die jüdische Phantasie und Polemik nachhaltig beschäftigt. Die Stadt wurde regelrecht dämonisiert und mit ihr die Vorfahrin Semmers, die Königin von Saba – und zwar gleich als grausigste Dämonin.

Die Identifizierung mit einer dämonischen Zauberin muß aber bereits früher eingesetzt haben. Wahrscheinlich von einem ägyptischen Christen stammt eine Schrift, das *Testament Salomos*, die eine Fülle jüdischen Traditionsguts verarbeitet.[20] Entstanden ist sie zwischen dem ersten und vierten Jahrhundert.[21] Ungeachtet der schwankenden Datierung liegt in ihr das sicherlich älteste Zeugnis vor, das die Königin von Saba als *goes*, als Zauberin bezeichnet.[22] Allerdings erklärt diese Schrift nicht, ob ihr Heidentum möglicherweise der Grund für ihre Dämonisierung gewesen ist. Deren Folgen waren freilich fatal. Angeblich hat die Königin nämlich Salomo die dreißig Silberlinge geschenkt, die später Judas als Lohn für seinen Verrat ausbezahlt wurden.[23]

Wie die Überlieferungen dann weitergetragen wurden, ist von uns im einzelnen nicht mehr rekonstruierbar, fest steht jedoch, daß die »zauberische« Königin von Saba auch eine nicht unwichtige Rolle in der mittelalterlichen Alchemie spielte, wobei jüdische, griechische, arabische und christliche Einflüsse unentwirrbar ineinanderflossen. Sie galt sogar als Verfasserin alchemistischer Traktate, etwa eines Buches, das den Anfang gehabt haben soll: »Nachdem ich auf den Berg gestiegen war . . .«[24] Doch auch in alchemistische Spekulationen ist die Königin von Saba eingegangen, im Unterschied zur jüdischen Dämonisierung jedoch wird sie hier eher positiv charakterisiert, wenn wir die verschlüsselten Hinweise richtig verstehen. Einer der rätselhaften Texte findet sich in dem Traktat *Arca Arcani* des Johannes Grasseus, der als Gewährsmann einen Augustinermönch Degenhard angibt:

> Die Urmaterie der Philosophen — so Grasseus — sei »das Blei, das man auch Blei der Luft nennt, in welchem die strahlende, weiße Taube enthalten ist, welche das Salz der Metalle genannt wird, worin die Meisterschaft des Werkes besteht. Dieses Salz ist jene keusche, weise und reiche Königin von Saba, mit einem weißen Schleier bekleidet, welche sich nur dem König Salomo hingeben wollte. Keines Menschen Herz kann dies alles genügend erforschen.«[25]

Für uns ist kaum mehr nachvollziehbar, was hier in der verschlüsselten Bildsprache der Alchemie geschieht, wird doch die Person der Königin von Saba gleichgesetzt mit der Urmaterie, der materia prima, dem geheimnisvollen Zentrum aller alchemistischen Spekulationen. Diese Urmaterie herzustellen, dafür wurden Schmelzöfen eingerichtet, Kolbenflaschen aufgesetzt, Flüssigkeiten gemischt, Stoffe aufgelöst, Destillationen eingeleitet und Kondensierungen abgelagert. Geglückt ist die Herstellung dieser Ursubstanz niemals, umschrieben wurde sie jedoch in immer neuen Wendungen. Als »Blei der Luft« wird sie in unserem Text bezeichnet, in einem Paradox also werden entgegengesetzte Elemente zusammengeschlossen, und auch das »Salz« darf als belebendes Element nicht fehlen. Dem Chaos gleich sind die Urgegensätze des Schweren und Leichten, des Festen und Flüchtigen, des Stofflichen und Geistigen ungeschieden vereinigt. Diese Urmaterie herzustellen, das wäre »der Stein der Weisen« gewesen, eine Substanz, die ewiges Leben und Vollkommenheit verbürgt hätte. Die Urmaterie umschreibt jedoch keineswegs nur ein materielles Geschehen, wird doch das »Blei der Luft« mit der »strahlenden, weißen Taube« gleichgesetzt, damit die Verwandlung und Aufhebung der materiellen Welt andeutend, den Prozeß der Vergeistigung festbannend. Die Taube als Sinnbild des Geistes wird jedoch auch mit der Königin von Saba zusammengeschlossen. Das Warum dieser Identifizierung erschließt sich uns, wenn wir von der Hingabe der Königin an Salomo hören. Denn das gehörte auch zur alchemistischen Spekulation, nicht allein die Vergeistigung des Materiellen ins Werk zu setzen, sondern auch umgekehrt, das Geistige wieder zu materialisieren, dafür mochte die Vereinigung von Königin und König stehen. Diese Deutung legt ein Text nahe, der sich bei dem Alchemisten Penotus a Portu findet:

> Du hast bereits die Jungfrau Erde, also brauchst du einen Gatten. Sie ist die Königin von Saba, also braucht es einen mit dem Diadem geschmückten König – wo soll man ihn nehmen? Wir sehen, daß die himmlische Sonne den übrigen Körpern ihren Glanz mitteilt, gleicherweise wird auch die irdische Sonne tun, wenn man sie an den ihr zukommenden Himmel setzt, welcher »Königin von Saba« genannt wird, die von den Enden der Welt gekommen ist, um die Herrlichkeit Salomos zu schauen; so hat unser Mercurius seine eigenen Länder verlassen und sich mit den schönsten weißen Gewändern bekleidet und hat sich Salomo unterworfen . . .[26]

In der Hingabe der Königin an Salomo ereignet sich nicht allein ein hochzeitliches Geschehen, es geht um mehr: als irdische Sonne vereinigt sie sich mit Salomo, das Mysterium der Einheit von Himmel und Erde abbildend. Die Vereinigung von Mann und Frau wird in kosmische Dimensionen eingebunden. Identifiziert wird die Königin von Saba jedoch auch mit dem (weiblichen) Mercurius, dieser merkwürdig zwiespältigen Substanz der Alchemisten, die hervorgeht aus der Vergeistigung der festen Materie und sich wieder zu sublimierter Konkretheit zurückverwandelt, manchmal als Taube, als geflügeltes Lebewesen oder als Götterbote Hermes verbildlicht.[27]

Die Einbindung der Königin von Saba in den Kosmos alchemistischer Weltspekulation findet einen Höhepunkt in der Schrift *Aurora consurgens* (Die aufgehende Morgenröte) aus dem 13. Jahrhundert, die fälschlicherweise dem Thomas von Aquin zugeschrieben wurde. In ihr wird die Königin mit der »Weisheit« identifiziert:

> Das ist die Weisheit, die Königin des Südens (regina austri), welche aus dem Orient gekommen sein soll, gleich der aufsteigenden Morgenröte, um die Weisheit Salomos zu hören, zu begreifen und zu sehen, und gegeben ist in ihre Hand Macht, Ehre, Kraft und Herrschaft. Und sie trägt auf ihrem Haupte eine Königskrone aus den Strahlen der zwölf

leuchtenden Sterne, wie eine Braut (sponsa), die für ihren Bräutigam geschmückt ist. Und auf ihren Gewändern hat sie eine goldene Inschrift auf Griechisch, Fremdländisch und Lateinisch: Als Königin werde ich herrschen und meines Reiches ist kein Ende für alle, die mich finden und erforschen mit Scharfsinn, Erfindungsgeist und Beharrlichkeit.[28]

Jetzt eignen der Königin von Saba sogar die Züge einer Strahlenmadonna, jener Frau, die in der Apokalypse des Johannes von einem Drachen verfolgt wird, doch als mit Sternen bekrönte Himmelskönigin überlebt.[29] Im Traktat erscheint sie als Personifikation der Weisheit, die jedoch keineswegs jenseitig bleibt, sondern in der Gestalt der Königin von Saba mit der Welt vermählt wird, die Einheit des Materiellen und Geistigen hervorbringend.

Die Materialisierung des Geistigen wurde in alchemistischen Zusammenhängen jedoch noch kühner und ungewöhnlicher ausgesprochen, das jedenfalls in einem kurzen Text, der sich im *Speculum de Mysteriis* (Spiegel der Geheimnisse) des Honorius von Augsburg befindet. Die Gewagtheit dieses Bildes ist bis heute kaum angemessen ausgedeutet worden:

»Als nämlich die Königin des Südens ihren Körper und ihr Blut ihren Jüngern übergab, da lag Johannes an Jesu Brust und trank da von der Quelle der Weisheit . . .«[30]

Wir haben richtig gelesen: Die Königin von Saba erlebt das Schicksal Jesu Christi, hat sie doch Leib und Blut hingegeben wie einst Jesus. So ist die Königin von Saba zu einer weiblichen Kontrastperson zum männlichen Jesus geworden. Dem Geheimnis der äußersten Selbsthingabe ist eine weibliche Deutung zuteil geworden, die auch in der wechselvollen Geschichte, die der Königin von Saba noch zugeschrieben werden sollte, einzigartig geblieben ist.

So absonderlich uns die alchemistischen Spekulationen erscheinen mögen, an der positiven Deutung der Königin von Saba ist kaum zu zweifeln. Die jüdische Tradition jedoch hat der »zauberischen« Königin ein weniger positives Zeugnis ausgestellt. Da taucht sie etwa in Zauberformularen auf, wird beschworen und angerufen, z. B. in einer Beschwörungsformel aus dem 17. Jahrhundert:

»Will man die Königin von Saba sehen, so besorge man ein halb lot Gold [?] in der apothek; ferner ein wenig Weinessig und ein wenig

Rotwein und knete alles zusammen. Als dann smir es im un sag: »Du, Königin von Saba, komme in . . . eine halb Stunde, ohne Schaden oder irgend einen Verlust zuzufügen. Ich beschwore euch, dich und Malkiiel, im Namen Taftefil. Amen. Selah.«[31]

Ein Zauberformular aus dem achtzehnten Jahrhundert erinnert, wenn auch stark verstümmelt, an magische Séancen, bei denen zwölf Männer um einen Tisch sitzen. Ihnen entsprechen zwölf Gäste an der Tafel der Königin von Saba.[32] Der zum Christentum übergetretene Jude Friedrich Brenz weiß von einer Beschwörung im Jahre 1614 folgendes zu berichten:

> Eine wunderbar gekleidete junge Frau, die sie Königin von Saba nannten, kam mit ihren Begleiterinnen, tanzte und frohlockte und kam zu ihnen.[33]

Wozu sie kam, läßt sich leicht erraten. Als succubus, »Unterliegerin«, also Beischlafdämonin war sie begehrt. Verbotene sexuelle Praktiken – darum ging es wohl bei diesen heimlichen Zaubersitzungen.

Als Succubusdämonin war auch Lilith bekannt. Schon die sumerischen Texte berichten von ihrem unheimlichen Tun in der Wüste.[34] Sie wartet auf Männer, gesellt sich ihnen wie eine Dirne bei, saugt ihnen wie ein Vampir das Blut aus, so daß sie an Entkräftung zugrunde gehen. Was in solchen Geschichten zum Ausdruck kommt, scheint eine immer wieder verschwiegene Einsicht in die stärkere sexuelle »Leistungsfähigkeit« der Frau zu sein. Offen ausgesprochen wurde das nicht. Wer es, wie der griechische Seher Teiresias doch tat, wurde mit Blindheit geschlagen.[35]

Auch nachts war Lilith unterwegs, ermunterte allein schlafende Männer zur Onanie bis zur Selbstzerstörung. Als Nachtdämonin spielte Lilith in der jüdischen Dämonologie eine besondere Rolle. Dafür sorgte schon die klangliche Ähnlichkeit des Namens *Lilith* mit dem hebräischen Wort *layla*, »Nacht«. Luther übersetzte Lilith mit »Nachteule«.[36] Als Dämonin der Onanie, die in alten, unaufgeklärten Zeiten besonders gefürchtet war, machte Lilith vor allem im Ostjudentum des Mittelalters »Karriere«.

So ging der Aberglaube um, daß Lilith aus unfruchtbarem Samen dämonische Schattenwesen schuf, die nicht aus Fleisch und Blut waren und dem Masturbator nachstellten. Spätestens bei seinem Begräbnis konnten sie ihm gefährlich werden. Man befürchtete Rangkämpfe zwischen den Lilithwesen und den ehelichen Nachkommen. Deshalb galt für die leiblichen Nachkommen des Verstorbenen das Verbot, der Beisetzung beizuwohnen.[37]

Aber die Königin von Saba als Lilith begnügt sich nicht allein mit diesem Tun. Aus der Wormser Judengemeinde stammt die Geschichte von der *Königin von Saba in dem Haus zu den sonnen fruher zu den Teufelskopf*:

> Zu einem ehrbaren, aber armen Mann kam eines Tages eine wunderschöne Frau. Niemals zuvor hatte er eine schönere gesehen. Ihr Haar war golden und so lang, daß es zwei Dienerinnen in einer goldenen Schale auffangen und ihr nachtragen mußten. Die Frau war niemand anderes als die Königin von Saba, die dem armen Wormser Bürger Gold und Silber versprach, wenn er sie jeden Tag Punkt zwölf Uhr aufsuchen würde. Sollte er jedoch jemals etwas von diesen heimlichen Treffen ausplaudern, wäre sein Leben verwirkt. Es kam zu vielen Stelldicheins, und der arme Mann trug Reichtümer über Reichtümer nach Hause, so daß seine Ehefrau zunehmend mißtrauischer wurde. Sie drang in ihn, die Quelle seines Reichtums zu offenbaren, doch der Gemahl schwieg und setzte seine heimlichen Kontakte mit der Königin fort.
>
> Jetzt beobachtete ihn seine Frau und stellte fest, daß er jeden Mittag zur gleichen Stunde das Haus verließ. Eines Tages folgte sie ihm und überraschte ihn mit der Königin. Diese erkannte, daß ihr Geheimnis entdeckt war. Sie bedrohte ihren Liebhaber, der jedoch glaubwürdig seine Unschuld beteuerte. Die Königin von Saba verschonte deshalb sein Leben, seine Kinder aber wollte sie erwürgen.
>
> Drei Tage später überquerte der Mann die Rheinbrücke. Da sah er im Strom einen kleinen Kahn vorbeitreiben. Er zog ihn ans Ufer und fand in ihm die Körper seiner Kinder — tot, von der Königin erwürgt.[38]

Ein schrecklicheres Tun konnte man der Königin nicht mehr zuschreiben. Etliche Amulette, die am Kindbett oder im Kindbett aufgehängt wurden, zeigen, wie sehr man die Königin von Saba als Kinderwürgerin Lilith fürchtete, genauer, daß sie die Kinder mit der Würgekrankheit, der Diphtherie, bedrohte (Abb. 6, 7). Die Amulette sollten Lilith von den Säuglingen fernhalten und tragen deshalb die Namen von drei Schutzengeln. Lilith wird meist behaart dargestellt — wie die Königin von Saba, manchmal mit ausgestrecktem Arm, immer ausgestattet mit Abwehrformeln. Gefährlich wurde sie den Jungen am achten Tag, den Mädchen am zwanzigsten Tag nach der Geburt; besonders gefürchtet war ihr Griff nach den nichtehelichen Kindern.

Vor allem im polnischen Judentum hatte man Vorkehrungen gegen die

Würgedämonin getroffen. *Wachnachten* wurden abgehalten, um Lilith während der Beschneidungstage den Zugang zu den Kindbetten zu verwehren. Eine jiddische Erzählung beginnt:

> Auch die wachnachten waren in die vorzeitige joren viel feierlicher und heiliger als in unsere joren, es flegt in sei grause Bewachung gemacht wern wegen die Lilith, was ire natur is awek (Weg) zu rauben kinpet (Kindbett) kinder vum die kinpeterin in die ersten acht tag nach seiner geburt . . . und in die letzte Nacht wos wert ongerufen wachnacht.[39]

Quer durch Europa verbreitete sich die Kunde der Königin von Saba als Kindeswürgerin, immer bedrohlicher wurde ihre Gestalt in den Erzählungen. Moses von Cordoba etwa, ein spekulativer Geist aus der Mitte des sechzehnten Jahrhunderts, erwartet nichts Gutes von ihr. Entsetzliches steht seiner Auffassung nach in den letzten Tagen der Menschheit bevor. Lilith/Saba erwürgt nicht nur die neugeborenen Kinder. Sie schreitet durch die Straßen Roms und verwüstet die Stadt. Erst das Erscheinen des Messias beendet ihr furchtbares Treiben. Gegen Lilith schützt dieser sich durch ein Amulett, beschriftet mit den Worten »Das Gold von Saba«.[40]

Hinter der Gleichsetzung der Königin von Saba mit der aus Sumer stammenden Wüstendämonin Lilitu verbirgt sich ein weiteres Geheimnis: sie führt zurück in die Schöpfungsmythen von Mann und Frau. Die Bibel berichtet zweimal von deren Entstehung. Im 1. Kapitel der Genesis heißt es lapidar: »Und Gott schuf den Menschen ihm zum Bilde, zum Bilde Gottes schuf er ihn. Und er schuf sie, einen Mann und eine Frau.« Im zweiten Kapitel aber lebt Adam zunächst allein. Erst als ihm die Einsamkeit unerträglich wird, bildet Gott aus der Rippe des schlafenden Adam Eva.[41]

Von dieser Frau Adams weiß das *Alphabetum Siracidis* eine ganze Geschichte zu erzählen[42]. Rücken an Rücken habe Gott die beiden erschaffen. Halb männlich, halb weiblich, so präsentierte sich der erste Mensch, ein doppelgeschlechtliches Wesen. Doch diese Einheit hatte keinen Bestand. Es kam zu einem sich täglich wiederholenden Streit — wer sollte wem gehorchen? An diesem Problem zerbrach die doppelgeschlechtliche Einheit, und Gott mußte trennen, was friedlich nicht vereinigt bleiben konnte. So entstanden Adam und Lilith. Doch obwohl jetzt jeder für sich einen Körper hatte, lebten sie auch weiterhin nicht in Frieden. Wer beherrscht die Familie, der Mann oder die Frau? Lilith war die erste Frau, die den Herrschaftsanspruch des Mannes anfocht, doch Adam ließ sich auf keine Diskussion ein.

Auch richtete sich ihr Angriff nicht nur gegen den Mann, sondern auch gegen den Männergott Jahwe, dessen Namen sie ohne Scheu laut auszusprechen wagte, gegen die heilige Regel, den Namen Gottes niemals auszusprechen. Das Ergebnis war zwiespältig. Lilith wuchsen Flügel, mit denen sie sich über die männerbeherrschte Welt erhob und einfach davonflog. Adam jedoch wehklagte und schrie verzweifelt nach Lilith, die ihm soviel Widerstand geleistet hatte. Gott sandte daraufhin drei Engel aus, die Lilith zur Rückkehr zu Adam überreden sollten. Doch Lilith beharrte auf ihrem Entschluß, unabhängig zu bleiben. Sie ließ sich selbst dann nicht umstimmen, als die drei Engel ihr den Kindbettod ihrer Kinder androhten, die sie mit Luzifer hatte – es sollten täglich Hunderte sein. Eher war sie bereit, ins Wasser zu gehen, als zu Adam zurückzukehren und sich seinem Herrschaftsanspruch zu unterwerfen. Das muß sogar die Engel beeindruckt haben. Denn diese räumten ihr die Macht über alle Neugeborenen ein.

Als Ersatz für den vereinsamten Adam schuf Gott Eva, und damit nicht wieder ein Rangstreit ausbräche, wurde sie aus einer Rippe des Mannes geschaffen. Lilith aber war eifersüchtig, und so plante sie mit Luzifer, dem gefallenen Gottesengel, den bekannten paradiesischen Anschlag. Luzifer verführte in Gestalt der Schlange Eva zum verhängnisvollen Biß in den Apfel; doch eine andere Tradition will wissen, daß es die Schlange Lilith gewesen war, die in den Baum der Erkenntnis stieg und Eva zu der verbotenen Tat überredete.

Die christliche Kunst hat sich oft mit diesem Motiv auseinandergesetzt. Auf einem Glasfenster des Marburger Domes reicht Eva Adam einen Apfel, die Schlange als Lilith hält ihr einen zweiten hin (Abb. 5). Die Sündenfallgeschichte stellen die Brüder Limburg im Stundenbuch für den Herzog von Berry dar (Abb. 24). Die langhaarige Schlange reicht Eva die Frucht vom Baum der Erkenntnis; in der zweiten »Szene« bietet Eva den Apfel Adam an. Gott stellt beide wegen ihrer Nacktheit zur Rede – ein feuerroter Engel Gabriel weist die beiden Menschen aus dem Paradies, in dessen Mitte der Brunnen des Lebens steht. Liliths Werk ist vollbracht: Adam und Eva treten durch die Paradiespforte in eine kahle, unwirtliche Welt.

Leicht ließen sich also die verschiedenen Traditionen miteinander verbinden: Lilith als erste Frau Adams, die Königin von Saba als Lilith – so bildete sie einen Gegentypus zu Eva, den Anspruch auf Eigenständigkeit anmeldend und unnachgiebig bereit, die Unterlegenheit der Frau zu bekämpfen. Trotz Liliths Inkarnation als das Böse schlechthin, trotz der Dämonisierung der Königin von Saba – ihr Anspruch auf Gleichberechtigung ließ sich dadurch nicht unterdrücken.

4. Königin Gänsefuss

Als Dämonin präsentiert sich die Königin von Saba in verschiedenster Gestalt. War sie bisher mit der Vampir- und Würgedämonin Lilith gleichgesetzt worden und war sie an Füßen oder Körper behaart, so erscheint sie jetzt mit einer merkwürdigen Fußdeformation. Jetzt verunstaltet die Königin nämlich ein Gänsefuß. Weit verbreitet ist die Gestalt einer »Königin Gänsefuß« besonders im burgundischen Kulturraum und in der Gegend von Toulouse in Südfrankreich. Genannt wurde sie hier die Reine Pédauque (von ital. *piede d'occa* = Krähenfuß). Daß es sich bei der Königin Gänsefuß um die Königin von Saba handelte, war jedoch trotz oder vielleicht sogar wegen der seltsam geheimnisvollen, meist mündlich weitergegebenen Geschichten in Vergessenheit geraten. So konnte es geschehen, daß die Reine Pédauque drei Jahrhunderte lang eine Vielzahl französischer Forscher in Atem hielt. Ja, bis heute hält die Diskussion um die Königin Gänsefuß an.

Es war der bedeutende Kunsthistoriker und Gelehrte Jean Mabillon, der im Jahre 1682 während einer Forschungsreise nach Burgund in die Stadt

Augsburg, 1470. Die gekrönte und geflügelte Lilith als Schlange reicht Eva den Apfel

Dijon kam und dort auch die alte Benediktinerabtei Saint-Bénigne besuchte. Einer der Klosterbrüder machte ihn auf eine der Portalfiguren aufmerksam, die in der rechten Ecke des Westportals stand (Abb. 8)[1]. Es handelt sich um eine weibliche Gestalt mit einer Königskrone, die jedoch anstelle eines menschlichen Fußes mit einer Schwimmflosse versehen war. Diese Figur wurde in Dijon »Reine Pédauque« genannt. Mabillons Neugier war geweckt.

Er stellte genauere Nachforschungen an und fand heraus, daß diese Königin Gänsefuß noch an den Portalen dreier weiterer Kirchen zu finden war, nämlich Saint-Pierre in Nevers/Burgund, Saint-Pourcain-sur-Soule in der Auvergne und Sainte-Marie in Nesle-la-Reposte in der Champagne. Mabillon stellte fest, daß sich vor ihm niemand um die Königin Gänsefuß bemüht hatte. Er versuchte daher, dem Rätsel der Reine Pédauque auf die Spur zu kommen. Denn merkwürdig erschien es ihm, daß ausgerechnet an einer so exponierten Stelle wie dem Kirchenportal lebensgroß und unübersehbar eine solche fußdeformierte Gestalt angebracht war, die schwer in ein biblisches Portalprogramm einzuordnen war.

Wer war diese Reine Pédauque, deren Name den Leuten in Dijon noch geläufig war? Mabillon gab eine etwas vorschnelle Antwort. Er identifizierte die Königin Gänsefuß kurzerhand mit der Königin Clothilde, die den Merowingerkönig Chlodwig zum Christentum bekehrt hatte. Ihre Klugheit und Wachsamkeit sollten ihr den Gänsefuß eingebracht haben, in Erinnerung an die berühmten Gänse des Kapitols, die durch ihr vorzeitiges Schnattern Rom einst vor den Barbaren gerettet hatten. Doch diese Erklärung ließ sich nicht aufrechterhalten. Mabillon hatte die Skulpturen der Portale ins sechste Jahrhundert datiert, in die merowingische Zeit Chlodwigs. Tatsächlich stammten sie jedoch aus dem zwölften Jahrhundert. Noch schwerer wog der Einwand, daß die Königin Chlothilde nicht mit der Gründungsgeschichte der Reine-Pédauque-Kirchen in Einklang gebracht werden konnte.[2]

Eine neue Lösung des Rätsels versuchte ein Abbé namens Lebeuf.[3] In einer gelehrten Mitteilung vom 30. April 1751 griff er die Mabillon-These an, indem er die Identifizierung mit einer historischen Gestalt grundsätzlich in Frage stellte. Für ihn waren die Portalfiguren allegorische Darstellungen des Alten Testaments, die auf den Neuen Bund verweisen sollten. In der Reine Pédauque wollte Lebeuf die Königin von Saba erkennen – als Symbolgestalt der Kirche. Er konnte in der Tat auf eine Reine Pédauque verweisen, die in Toulouse als »Regina Austri«, als »Königin des Ostens« verehrt wurde. Er erkannte in ihr die im Neuen Testament Königin des

Südens genannte Königin von Saba.⁴ Jesus spricht ihr dort eine wichtige Rolle im endzeitlichen Weltgericht zu. Gerichtsmotive und Gerichtsszenen waren als Portalprogramme im Mittelalter besonders bevorzugt. Der gläubige Mensch von damals, im allgemeinen des Lesens und Schreibens unkundig, war auf bildliche Darstellungen angewiesen. Er wurde beim Eintritt in die Kirche an das Gottesgericht am Jüngsten Tag erinnert, eine unübersehbare Warnung, die ihn zur Besinnung und Buße führen sollte. Die Reine Pédauque als richtende Köngin von Saba – das war eine durchaus plausible Erklärung dieser ungewöhnlichen Gestalt.

Doch ungelöst blieb die Frage, warum die Königin jenen Gänsefuß hat, der zu einer endzeitlichen Richterin so gar nicht passen wollte. Lebeuf war nun der erste, der den Gänsefuß in Verbindung brachte mit der jüdischen Legende von den häßlichen Füßen der Königin von Saba, die einst im gläsernen Palast sichtbar geworden waren. Doch der Abbé vergaß offenbar, daß in der jüdischen Legende wohl von einer häßlichen Fußbehaarung, nicht jedoch von einem Gänsefuß die Rede war. So fehlte das Verbindungsglied zwischen »östlicher« und »westlicher« Tradition – Lebeufs Theorie stand im wahrsten Sinne des Wortes auf unsicheren Füßen.

Die Nachforschungen wurden in der Folgezeit schwieriger, weil durch höchst unglückliche Umstände alle vier bekannten Figuren der Reine Pédauque zerstört wurden, jene in Saint-Pierre⁵ schon 1771, die anderen während der Wirren der Französischen Revolution. Der gelehrte Streit konnte aber immer wieder aufflammen, weil die Bilder der zerstörten Portale unzweideutig den Gänsefuß der Königin zeigen, sowohl beim Portal in Dijon (Abb. 8), in Nesle-la-Reposte (Abb. 10)⁶ und Nevers.⁷

Die Suche nach der Reine Pédauque erhielt neuen Auftrieb als Texte bekannt wurden, die ausdrücklich von einer gänsefüßigen Königin von Saba zu erzählen wußten. Der mittelalterliche Theologe Honorius erwähnt in seiner Schrift *De Imagine Mundi* (Vom Bild der Welt) eine Überlieferung, nach der die Königin Gänsefüße gehabt haben soll.⁸ Das behaupten auch ein Nürnberger Handbuch für Maler aus dem 15. Jahrhundert⁹ und ein Gedicht, das im Jahre 1513 gedruckt wurde:

Sie geht durch das Wasser des Flusses,
um das Holz zu ehren und achten,
das über das Wasser gelegt war.
Und da, durch Gottes gütigen Willen,
wurde verwandelt ihr Gänsefuß
in den Fuß eines Menschen . . .¹⁰

Mit diesem Text gelangen wir an einen neuen Abschnitt des legendären Lebenslaufes der Königin von Saba. Es geht um ihre Rolle in der Kreuzauffindungslegende.[11] Sie führt uns in die Situation kurz vor dem Besuch der Königin bei Salomo. Um über den Fluß Kidron zu gelangen, muß sie eine Brücke überqueren. Kurz vor dem Betreten der Brücke wird ihr eine Vision zugeschickt. Sie erkennt in einer Brückenplanke das Kreuzesholz, an das später Jesus genagelt wird. Deshalb betritt sie die Brücke nicht, sondern durchquert das Wasser. Und siehe da, ein Wunder geschieht: Die Königin, mit einem häßlichen Gänsefuß verunstaltet, erfährt eine wundersame Fußheilung. Diese Legende wurde vor allem in Byzanz erzählt und wanderte von dort nach Westen, auch nach Deutschland und Burgund, wo sie an den Portalen verbildlicht wurde. Das Verbindungsglied, das dem Abbé Lebeuf fehlte, wäre also gefunden. Die östliche Legende der beinbehaarten und die westliche von der gänsefüßigen Königin von Saba konnten sich durch die Kreuzauffindungslegende miteinander verbinden. Die Königin von Saba/Reine Pédauque, die aus Ehrfurcht vor dem Heiligen Kreuz nicht über die Brücke schreiten wollte, eignete sich besonders gut als Portalfigur, also postiert an einer Stelle, wo es um den »Übertritt« in den geheiligten Kirchenraum ging.

Nun findet sich die Reine Pédauque allerdings nur an vier Kirchenportalen in Frankreich, und keine dieser Kirchen steht im Norden oder Westen. Alle vier liegen relativ eng beisammen. Um diese geographische Nähe zu erklären, ist es notwendig, einen Blick auf die Profangeschichte zu werfen.

Als Wohltäter der Abteikirche von Saint-Bénigne in Dijon ist der Kapetingerkönig Robert, genannt der Fromme (866–923), bekannt, der im Jahre 895 Bertha von Burgund heiratete. Diese Ehe war aber nach kanonischem Recht nicht statthaft, weil Robert als Vetter vierten Grades mit Bertha verwandt war. Deshalb wurde er von Papst Gregor V. exkommuniziert. Robert blieb nichts anderes übrig, als auf die geliebte Frau zu verzichten. Während des Kirchenbanns gebar Bertha einen Sohn, dessen Illegitimität auch äußerlich sichtbar war – Kopf und Hals waren verformt und zwar erinnerten sie an eine Gans. Damit allen Nachkommen die himmlische Strafe für die Verletzung der kirchlichen Ehegesetze dauernd vor Augen gehalten werden konnte, wurde Bertha als Reine Pédauque zur Warnung aller Gläubigen an Kirchenportalen abgebildet.

Der französische Forscher J. Bullet war begeistert von dieser Deutung, jedoch bestritt er, daß es sich bei der Reine Pédauque um die Königin von Saba handelt.[12] Dabei übersah er jedoch, daß eine Identifizierung der Reine

Pédauque nur möglich ist, wenn sie auch die Königin von Saba darstellt. Es ist nämlich nicht vorstellbar, daß die kapetingisch-robertinische Königsfamilie es zuließ, eine solche »Schmachfigur« wie die gänsefüßige Bertha öffentlich für alle Zeit aufzustellen. Möglich ist, daß sich an die Gestalt der Königin von Saba eine volkstümliche Deutung angeschlossen hätte, die die Gestalt der Bertha von Burgund miteinbezog. Sollte diese Deutung zutreffend sein, erschiene die Königin in dreifacher »Symbolik«: als Königin von Saba, die auf das Kreuz Jesu hinweist; als Richterin, die in diesem Fall kanonisches Recht wahrt, und als historische Bertha von Burgund.

Die Verbindung einer symbolisch-religiösen Gestalt mit einer historischen findet sich noch an einer anderen frühmittelalterlichen Figur. Gemeint ist die Mutter Karls des Großen, Bertha, die bekannt geworden ist unter dem Beinamen *Berthe-au-grand-pied;* Bertha mit dem großen Fuß. Von ihr wird folgende Geschichte erzählt:

> Die Tochter der Königin Blancheflor, die junge Prinzessin Bertha, wurde ihrer Schönheit und Tugend wegen gepriesen. König Pippin hielt deshalb um ihre Hand an. Die Mutter war einverstanden, schickte jedoch die Dienerin Margiste mit auf die weite Reise nach Paris. Diese hatte eine Tochter, Aliste, die Bertha wie einer Schwester glich, bis auf einen kleinen Unterschied: Aliste hatte kurze und breite Füße, Bertha dagegen schmale, feine. Ihre Zehen waren jedoch mit Schwimmhäuten versehen.
>
> Margiste schmiedete einen verderblichen Plan. Sie behauptete, Pippin wolle in der Hochzeitsnacht Bertha töten. Aliste erbot sich, an Berthas Stelle zu treten. Also wurde die Tochter der Dienerin in königliche Gewänder gesteckt, während Bertha wie eine Dienerin gekleidet wurde. Aliste behauptete nun, Bertha trachte nach ihrem Leben. Daraufhin wurde diese in einen Wald geführt, wo sie getötet werden sollte; die Soldaten verschonten sie aber.
>
> Bertha lebte nun allein und verlassen im großen Wald und wurde schließlich von zwei armen Bauern aufgenommen. Niemandem verriet sie ihren Namen und ihre Herkunft. Neun Jahre lebte sie in der Einöde. Das Land jedoch stöhnte unter dem grausamen Regiment der falschen Königin Aliste.
>
> Eines Tages wollte Blancheflor ihre Tochter in Paris besuchen. Sie deckte den Betrug auf. Pippin übte prompte Gerechtigkeit. Margiste wurde bei lebendigem Leib verbrannt, Aliste fand sich in einem Kloster wieder.

Während einer Jagd in einem abgelegenen Wald traf Pippin eine Frau, die trotz ihrer bäuerlichen Kleidung von überwältigender Schönheit war. Der König wollte sie umarmen – da brach Bertha voller Angst ihr Schweigen: »Rühr mich nicht an! Ich bin Bertha, die Königin von Frankreich!« Da erkannte der König seine Frau. Bertha wurde im Triumph nach Paris gebracht; das Volk jubelte ihr zu. König und Königin lebten glücklich zusammen. Ein Sohn wurde geboren, sein Name war – Karl der Große![13]

Was lag näher, als die burgundischen Reine-Pédauque-Portale auch mit Berthe-au-grand-pied in Verbindung zu bringen. Die Portalfiguren des Mittelalters sind häufig eine Mischung verschiedenster Allegorien.

Wie nun der Prozeß der Allegorisierung vor sich ging, ist heute nicht mehr genau auszumachen. Vermutlich steht die ursprüngliche Deutung der Figur als Königin von Saba am Anfang, schließlich verwies die gänsefüßige Saba der Legende auf die Kreuzigung Christi, und dies kommt dem religiösen Charakter eines mittelalterlichen Portals am nächsten. Volkstümliche Deutungen der Figur ließen sich leicht anschließen, das bizarre und ungewöhnliche Motiv des Gänsefußes muß die Phantasie der Betrachter nachhaltig angeregt haben. Die Identifikation mit der verstoßenen Bertha von Burgund war sicher nicht bei der Stiftung vorgesehen, bildete jedoch eine eigene Facette im Bild der Reine Pédauque. Daß die Königin Gänsefuß schließlich auch mit Berthe-au-grand-pied in Verbindung gebracht wurde, mag durch die mit Hilfe einer komplizierten Heiratspolitik geschaffene Verbindung der Kapetinger mit den Karolingern gefördert worden sein.

Als Reine Pédauque überlebte auch eine volkstümliche Gestalt in Toulouse. Auf einem von Jouvin de Rochefort entworfenen Stadtplan aus dem Jahre 1672 finden sich Ruinen, die als *Brücke der Reine Pédauque* gekennzeichnet sind.[14] Diese Brücke war Teil eines Aquäduktes, das in römischer Zeit die Stadt mit Wasser versorgte. Auch ein Bad der Reine Pédauque ist bekannt, die Königin Gänsefuß soll leidenschaftlich gern gebadet haben,[15] was auch den Gänsefuß erklären würde. Angeblich wohnte sie auf Schloß Peyrolade, das einst auf der linken Garonne-Seite, Toulouse gegenüber, lag. Schaute die Königin aus dem Fenster, sah sie auf »ihre« Brücke, die so schmal gewesen sein soll, daß nur eine Gans sie überqueren konnte. Die Volkslegende kennt auch das Grab der Reine Pédauque; in einer Seitennische der Daurade, einer der altertümlichsten Kirchen in Toulouse, stand ein Sarkophag, wohl aus dem 5. Jahrhundert

n. Chr. Das Seitenrelief zeigt die Auferweckung des Jünglings zu Nain (Abb. 9). Am oberen Rahmen des Mittelfeldes befinden sich zwei »Gänseflossen«. Dies genügte, um in diesem Sarkophag die Gebeine der Königin Gänsefuß zu vermuten.[16]

Die Legenden von der Reine Pédauque entfernen sich immer mehr von der Person der Königin von Saba, dennoch erinnert eine in Toulouse gepflegte Sitte noch an die Tradition der Richterin am jüngsten Tage. Es ist überliefert, daß man in Toulouse beim Namen der Reine Pédauque Schwüre leistete.[17] Wer bei der Reine Pédauque schwor, bekräftigte nachdrücklich die Wahrheit seiner Aussage. Ursprung und Bedeutung dieses Brauchs sind bis heute nicht erschöpfend geklärt, es ist jedoch zu vermuten, daß hier die neutestamentliche Vorstellung von der Königin von Saba als Gerichtsperson eine Rolle spielt. Auf diese Weise verbindet sich Volksbrauchtum mit der ursprünglichen Saba-Tradition. Unsere Begegnung mit der Reine Pédauque hat uns eine in vielen Bedeutungen schillernde Gestalt präsentiert.

Mythos, Legende und Geschichte haben sich unauflöslich miteinander verwoben. Neben christlichen Elementen wie Kreuzauffindung und Jüngstem Gericht haben hier wohl auch okkulte Vorstellungen eine Rolle gespielt. Der Gänsefuß nämlich, der, wie unsere Abbildungen zeigen, in den Konsolstein festgekrallt zu sein scheint, läßt uns nicht zur Ruhe kommen. Konsolsteine waren, wie wir durch unzählige Beispiele wissen, mit dämonischen Fabelwesen geradezu erschöpfend bedeckt. Postiert an Portalen und Fenstern, hatten sie die Aufgabe, ihre »realen Artgenossen abzuwehren. Bösartige Dämonen wurden durch ihr Spiegelbild abgeschreckt. Obendrein hatten die geheiligten Großfiguren ihren Fuß auf sie gesetzt und sie dadurch »entmachtet«.

Im Zusammenhang von Konsolsteinen und Dämonologie mag die Reine Pédauque noch in einem weiteren Bedeutungsbereich stehen. In der jüdischen Legende wurde, wie wir wissen, die Königin von Saba mit Lilith, der aus Sumer stammenden Wüstendämonin, identifiziert. Nun existiert ein babylonisches Relief aus Terrakotta, das in der Zeit Hammurabis (1792/1750 v. Chr.) entanden sein dürfte.[18] Dargestellt ist eine nackte Frauengestalt mit hochgewinkelten Armen, die in ihren Händen Meßstab und Meßschnur hält. Auf ihrem Haupt trägt sie eine tiaraähnliche Hörnerkrone, in der altbabylonischen Kunst Merkmal von Göttern und Göttinnen. Sie steht auf einem sphinxartigen Löwenpaar.

Einige Attribute legen es nahe, in dieser Figur die uns schon bekannte Lilitu/Lilith zu erkennen. Sie erscheint als göttliches Mischwesen, ausgestattet mit Flügeln, die an die flankierenden Eulen erinnern. Ihre Beine enden in zwei Vogelkrallen, auch sie ähneln Eulenkrallen – im

Die geflügelte Lilitu mit Vogelkrallen. Mespotamien, babylonisch, 2. Jahrtausend v. Chr.

Gilgamesch-Epos haust Lilitu als Vogeldämonin im Chaluppu-Baum. Die Gestalt wird hier auch als »Königin des Himmels« bezeichnet, das erklärt ihre Hörnerkrone und die Beflügelung. Außerdem wird ihre Fähigkeit zu kreischenden Urlauten hervorgehoben, die sich wie die nächtlichen Schreie der Eule anhören.[19]

Als Sex- und Würgedämonin überlebte die Gestalt in der jüdischen Dämonologie, wurde zur ersten Frau Adams befördert und später mit der Königin von Saba identifiziert. Und jetzt die Königin von Saba, als »Königin Gänsefuß« an burgundischen Kirchenportalen dargestellt – die Dämonin alter Zeiten scheint auferstanden. Sicher, die dämonischen Eigenschaften erscheinen nur noch reduziert, von zwei grausig anmutenden Vogelkrallen ist ein Gänsefuß geblieben; aus der Sexdämonin ist eine verhüllte Portalfigur geworden, doch Dämonisches hat, wenn auch versteckt, offensichtlich in der Reine Pédauque überlebt, selbst wenn die möglichen Zwischenglieder zwischen dem altbabylonischen Relief und der mittelalterlichen Portalfigur fehlen.

So versammeln sich im Bild der Reine Pédauque wie in einem Brennspiegel mannigfaltige Charakterzüge der Königin von Saba, in denen ein schwankendes Gleichgewicht zwischen positiven und negativen Bedeutungen hergestellt wird. Einerseits ist sie die fromme Prophetin des Heiligen Kreuzes, andererseits wiederum die krähenfüßig verformte (Lilith)dämonin, einerseits ist sie historische Gestalt (die beiden Berthen), zurückweisend in die geschichtliche Vergangenheit, andererseits jedoch endzeitliche Richterin (Schwur bei der Reine Pédauque), vorausweisend in die Zukunft des letzten Gerichtstages, einerseits eine spielerisch badende Königin in Südfrankreich, andererseits eine furchterregende Urdämonin. Eindeutig zusammenzuschließen sind diese Bedeutungen nicht, das aber gerade macht diese Frauengestalt faszinierend. So sprach sie immer wieder Hoffnungen und Ängste der Menschen an, konnte als Vorbild verehrt, jedoch auch als weibliche Schreckensgestalt gefürchtet werden. So wird sie einerseits zur heiligen Person idealisiert, andererseits zur Dämonin abgewertet und bleibt so ins Wechselspiel einer das Bild der Frau bis heute bestimmenden Ambivalenz eingebunden.

5. Bilqis, die islamische Herrscherin

Eine völlig andere Aura als in der jüdischen Legende umgibt die Königin von Saba in der arabisch-islamischen Kulturwelt. Vom Zauber der *Märchen aus tausendundeiner Nacht* umfangen, hat sie Generationen von Chronisten und Erzählern in ihren Bann gezogen.

Wie die 34. Sure des *Korans* zeigt,[1] gab es zu Mohammeds Zeiten noch recht lebendige Erinnerungen an das Sabäerreich, sicherlich nicht nur an den Bruch des Staudamms von Marib und dem ihm folgenden Ende des Reiches. Mohammed wanderte 622 n. Chr., auf der Flucht vor Verfolgern und Feinden, von Mekka nach Medina, und gründete hier eine erste kleine islamische Gemeinde, deren Einfluß sich jedoch im Todesjahr des Propheten, 632, über die Hälfte ganz Arabiens erstreckte und dann von hier aus mit unglaublicher Schnelligkeit beinahe die ganze damals bekannte Welt islamisierte.

In Medina kam der Prophet auch mit jüdischen Gläubigen in Berührung.² Diese bildeten in der Oasenstadt die wohl größte jüdische Gemeinde auf der arabischen Halbinsel. Die Gemeinde hatte sich in verschiedene Gruppen aufgeteilt, die auch in verschiedenen Stadtvierteln wohnten. Zwei der Gruppen betrieben Landwirtschaft, die beiden anderen widmeten sich der Goldschmiederei, der Waffenherstellung und dem Handel. Als Mohammed in Medina eintraf, beherrschten die Juden das wirtschaftliche und politische Leben der Stadt.

Das Verhältnis zwischen Juden und Muslims war von Anfang an außerordentlich schwierig. Einerseits begünstigte der jüdische Monotheismus die Durchsetzung des Islam, andererseits erfüllte sich der sehnliche Wunsch Mohammeds nach einer Konversion der Juden nicht, sieht man von einigen Einzelgängern ab. Es kam zu kriegerischen Auseinandersetzungen, die Hauptstämme der Juden wurden nacheinander angegriffen und niedergekämpft. Die jüdische Gruppe der Quraiziten verlor an einem Tag sechshundert Menschen, die grausam getötet wurden. Die »erbeuteten« Frauen wurden verteilt oder gegen Pferde und Waffen verkauft.

Trotz der blutigen Auseinandersetzungen zwischen beiden Gruppen nahm das Judentum großen Einfluß auf den Islam. So wurden etwa die großen Gestalten des Alten Testaments zu Propheten Allahs erhoben. Der biblische Abraham wurde als Bauherr der Kaaba, des islamischen Zentralheiligtums in Mekka, verehrt und mit dem Titel eines Imam versehen. Salomo wurde zum vorbildlichen Muslim, der in allen Dingen ein Vorbild des gerechten und weisen Königs darstellte. Negative Eigenschaften des Königs, die sein Bild im Alten Testament verdunkeln, wie seine maßlose Vielweiberei und seine Idolatrie, wurden eliminiert.

Und die Königin von Saba? Auch von ihr hatte der Prophet Kunde erhalten und ihr in der 27. Sure des *Koran* ein unübersehbares Denkmal gesetzt. Das war keineswegs selbstverständlich, denn nach arabischen Zeugnissen, z. B. von At-Ta'alabi, soll Mohammed den Frauen die Königswürde grundsätzlich abgesprochen haben.³ Der Prophet stützt sich nicht nur auf biblische Nachrichten, sondern offensichtlich auch auf mündlich tradierte Quellen, wie ein Teil der *Ameisen-Sure* zeigt, die von Salomo und der Königin von Saba handelt.

> Als Salomo einst die Vögel musterte, sagte er: »Wie kommt es, daß ich den Hudhud, den Wiedehopf, nicht sehe? Ist er vielleicht abwesend? Wahrlich, ich will ihn schwer bestrafen oder ihn gar töten, es sei denn, er komme mit einer annehmbaren Entschuldigung zu mir.«
>
> Er säumte nicht lange, um sich vor Salomon zu stellen, und sagte:

»Ich habe ein Land gesehen, welches du noch nicht gesehen hast. Ich komme zu dir aus dem Lande Saba mit sicherer Kunde. Ich fand dort eine Frau, die regiert und alles besitzt, was einem Fürsten zukommt, und die auch einen herrlichen Thron hat. Ich fand aber, daß sie und ihr Volk statt Allah die Sonne anbeten. Der Satan hat ihnen ihr Tun bereitet und sie abwendig gemacht vom Weg der Wahrheit; deshalb sind sie nicht eher recht geleitet, als bis sie Allah verehren, der ans Licht bringt, was verborgen ist im Himmel und auf der Erde, und der weiß, was sie heimlich und was sie öffentlich tun.« Allah! Es gibt keinen Gott außer ihm, und er ist der Herr des erhabenen Thrones.

Salomon erwiderte: »Wir wollen sehen, ob du die Wahrheit gesprochen hast oder ob du ein Lügner bist. Flieg hin zu ihr mit diesem Brief, wirf ihn vor sie hin, dann kehr dich zur Seite und sieh, was sie antworten werden!«

Als die Königin den Brief erhalten hatte, sagte sie zu den versammelten edlen Männern: »O ihr Edlen, ein ehrenvolles Schreiben ist zu mir gekommen, es ist von Salomon, sein Inhalt lautet: ›Im Namen Allahs, des allbarmherzigen Gottes, erhebt Euch nicht gegen mich, sondern kommt zu mir und unterwerft Euch!‹«

Sie sagte weiter: »O ihr Edlen, ratet mir nun in dieser meiner Angelegenheit. Ich will nichts beschließen, oder ihr billigt es erst.«

Sie antworteten: »Wir sind zwar mächtig und auch tapfer im Krieg, doch du hast zu befehlen; überlege daher, was du zu befehlen gedenkst.« Darauf sagte sie: »Wenn die Könige feindselig in eine Stadt ziehen, dann zerstören sie dieselbe und demütigen ihre vornehmsten Einwohner. Diese werden ebenso gegen uns handeln. Ich will ihnen daher Geschenke schicken und die Nachricht abwarten, welche mir die Gesandten zurückbringen.«

Als die Gesandten nun zu Salomon kamen, sagte er: »Wollt ihr etwa meinen Reichtum vermehren? Wahrlich, was Allah mir gegeben hat, ist weit besser als das, was er euch gegeben hat. Erfreut euch selbst mit euren Geschenken und kehrt zurück. Wir aber werden zu euch mit einem Heere kommen, dem ihr nicht widerstehen könnt, und wir wollen euch aus der Stadt vertreiben, demütigen und verächtlich machen.« Er sagte ferner: »O ihr Edlen, wer von euch will mir ihren Thron bringen, bevor sie selbst zu mir kommen und sich unterwerfen?«

Da antwortete ein Iphrite, ein böser Geist: »Ich will ihn dir bringen, noch ehe du von deinem Richterstuhl dich erhebst; denn geschickt und redlich genug bin ich dazu.«

Ein Schriftgelehrter aber sagte: »Ich will ihn dir bringen, noch bevor du dein Auge auf einen Gegenstand richten und es wieder zurückziehen kannst.«

Als Salomon nun den Thron vor sich stehen sah, sagte er: »Dies ist eine Gnade meines Herrn, um mich zu prüfen, ob ich dankbar oder undankbar sein werde. Wer aber dankbar ist, der ist es zu seinem eigenen Heil. Ist aber jemand undankbar, so ist mein Herr wahrlich doch reich und herrlich genug.« Er sagte ferner: »Macht ihren Thron unkenntlich für sie, damit wir sehen, ob sie recht geleitet ist oder ob sie zu denen gehört, die nicht recht geleitet sind.«

Als sie nun zu Salomon kam, wurde sie gefragt: »Gleicht dein Thron diesem hier?« Sie antwortete: »So, als wäre es derselbe.« Darauf sagte Salomon: »Uns wurde die Erkenntnis doch früher zuteil als ihr, indem wir Gottergebene geworden sind.« Das, was sie statt Allah verehrt hat, hat sie von der Wahrheit abgelenkt; denn sie gehörte bis jetzt zu einem ungläubigen Volk.

Darauf wurde zu ihr gesagt: »Geh hinein in diesen Palast!« Als sie diesen sah, glaubte sie, es sei ein tiefes Wasser, und entblößte daher ihre Beine. Salomon sagte zu ihr: »Es ist ein Palast, mit Glas belegt.« Darauf sagte die Königin: »Wahrlich, ich war ungerecht gegen mich selbst; aber nun unterwerfe ich mich, mit Salomon, ganz Allah, dem Herrn der Weltenbewohner.«[4]

Schon die erste Lektüre überrascht uns mit vielfältigen Parallelen zur jüdischen Sabalegende, die wir im *Targum Scheni* zum Estherbuch kennengelernt hatten. Auch im *Koran* trägt die Königin keinen Namen, erst später wird sie Bilqis heißen. Hier wie dort erscheint Salomo als der Herr der Dschinnen, der guten und der bösen Geister, sowie der Tiere und Menschen. *Koran* und *Targum Scheni* weisen gleichermaßen scharf die Sonnenanbeterei der Königin zurück, allerdings betont die Sure deutlicher ihre Bekehrung zum Monotheismus — dadurch kann die Königin von Saba zum Prototyp der »frommen Muslimin« aufsteigen.

Dagegen fehlt im *Alten Testament* und im *Targum Scheni* der Hinweis auf den Reichtum der Königin, vor allem aber auf ihren Thron. Nach einer späteren Legende soll der Schriftgelehrte Asaf, der Sohn des Bacharia, das Kunststück fertiggebracht haben, den Thron herbeizuzaubern, indem er den unaussprechlichen Namen Allahs — doch aussprach.[5] Der wichtigste Unterschied zu den jüdischen Traditionen liegt darin, daß die Königin in der Sure ohne dämonische Züge dargestellt wird. Wie im *Targum Scheni* spielt die Besuchsszene zwar im Glaspalast Salomos; ebenfalls wird die Königin von einer Sinnestäuschung befallen, so daß sie ihr Kleid rafft, um durch das vermeintliche Wasser zu gelangen — doch ihre Beine sind weder behaart noch verformt. Sie gehört nicht wie in der jüdischen Legende zum Reich der bösen Dämonen. Eine Dämonisierung der Königin wurde im *Koran* offensichtlich bewußt vermieden. Der Textabschnitt, der die »Spiegeldiagnostik« behandelt, steht, wie es scheint, an der falschen Stelle. Er müßte sich eigentlich vor dem Beginn des Gesprächs zwischen König und Königin befinden. Das weist auf eine spätere Einarbeitung hin, die wohl eine Korrektur der negativen Beschreibung der Saba-Gestalt in der Tradition bewirken sollte.

Entsprechend verfahren, freilich viel direkter, spätere islamische Autoren. So erzählt der Geschichtsschreiber At-Ta'alabi in seinen Prophetengeschichten von bösen Dschinnen, die befürchten, Salomo könnte sich mit der Königin von Saba verheiraten, die jetzt den Namen Bilqis trägt:

> Und die Dschinnen wollten Salomo von ihr abspenstig machen und machten den Ruf der Bilqis bei ihm schlecht, indem sie sagten: »Bilqis ist zwar verständig, doch hat sie als Füße Eselshufe. Auch ist sie stark an den Waden behaart, weil ihre Mutter den Dschinnen angehörte.« Als Bilqis nun des Weges kam, bauten die Dschinnen auf Salomos Befehl hin schnell ein Prunkgemach aus Glas, das so weiß wie Wasser war. Darauf rief Salomo der Bilqis zu: »Tritt ein in mein Prunkgemach!« Als Bilqis aber dessen Boden sah, hielt sie ihn für einen kleinen See und entblößte ihre Waden, um zu Salomo zu waten. Bei dieser Gelegenheit sah Salomo nach, und da waren ihre Füße und Waden gerade so schön wie die der übrigen Menschen, nur war sie an den Waden stark behaart.[6]

Wir erkennen deutlich, daß der Erzähler einiges von den dämonischen Eigenschaften der Königin gehört haben muß. Er kennt die Überlieferung von der Beinbehaarung, sogar das Gerücht einer dämonischen Fußverformung. Doch diese Überlieferungen werden relativiert. Die Eselshufe der Königin erweisen sich als neidische Verleumdung böser Dschinnen. Eine starke Beinbehaarung wird zugestanden, doch Salomo und auch der Erzähler nehmen keinen Anstoß daran. So war alles ein teuflisches Komplott gegen die Königin von Saba. Klüger als die bösen Dschinnen war Salomo, der sich mit Hilfe der raffinierten »Spiegeldiagnostik« von der körperlichen Intaktheit und Unversehrtheit der Königin überzeugte.

Es ist nun spannend zu sehen, wie sich auch moslemische Miniaturmaler mit den Beinen der Königin Bilqis beschäftigten. Besonders die persische Hofmalerei des 16. und 17. Jahrhunderts hat sich diesem Thema zugewandt, vor allem zur Zeit des Schahs 'Abbas (1588–1629), der als wichtigster Repräsentant des Safavidenhauses auch an der kulturellen Blütezeit der persischen Buchmalerei mitgewirkt hat. 'Abbas der Große hatte das Verdienst, das in viele Herrschaften zersplitterte Perserreich zu einem Großreich zusamenzufassen. Seine Toleranz Christen gegenüber und seine weltoffene Handels- und Kulturpolitik werden auch von europäischen Reisenden hervorgehoben, ebenso wie seine Bautätigkeit in Isfahān, die mit ihren Moscheen und Palästen heute zu den schönsten Städten der Welt gehört.

Relativ eigenständig war auch die Rolle der Frau in der Safavidenzeit. Von einer allgemeinen Verschleierung kann z. B. keine Rede sein, trotz aller Versuche der Schiiten, dies als angeblich uralte muslimische Sitte durchzusetzen. Europäischen Reiseberichten kann man sogar entnehmen, daß die persischen Frauen nicht nur unverschleiert, sondern recht freizügig gekleidet waren, was den christlichen Augenzeugen skandalös erschien.[7]

Die Bildnisse der Königin Bilqis, welche immer unverschleiert erscheint, bestätigen diesen Eindruck.[8] Die Szene der Begegnung mit Salomo ist auf diesen Malereien nie in einem Palast angesiedelt, sondern in einem paradiesisch anmutenden Garten. Pflanzen, Tiere, Menschen leben einträchtig miteinander. Den Garten durchfließt ein Bach, der mit einer Glasplatte bedeckt ist.

Auf einer Miniatur, die in Paris aufbewahrt wird, ist der Augenblick dargestellt, in dem die Königin den glasgedeckten Bach überschreitet. (Abb. 13). Salomo, im Strahlenkranz auf seinem Thron residierend, schaut ihr aufmerksam zu. Auch sein Wesir Asaf beobachtet die Szene, im Baum sitzt der Wiedehopf, und ein böser Dschinn starrt auf die Beine der Bilqis. Die aber trägt weiße Söckchen; die Wadenbehaarung brauchte der Künstler nicht zu zeigen, denn er bildet die Königin im Halbprofil ab.[9] So vermeidet er bei seiner Darstellung alle dämonischen Merkmale.

Die Miniaturmaler haben offensichtlich alles darangesetzt, die auch ihnen bekannten Erzählungen von einer dämonischen Beinbehaarung einfach zu übermalen. Das interessanteste Beispiel dafür ist eine Miniatur, die zur Majalis al-ushshag (Versammlung der Liebenden) angefertigt wurde. Im Hintergrund aufgereiht erscheinen die bösen Dschinnen, die die Königin bei Salomo verleumdet haben. Vorne durchschreitet die Königin im

Unterschied zu allen uns bekannten Legenden einen wirklichen Bach, dessen Wasser ihre Füße umspielt. Warum der Maler, der das Bild im Jahre 1552 malte, auf die Darstellung des Glasbodens verzichtete, läßt sich kaum eindeutig erklären. Vielleicht hat jedoch der britische Gelehrte Sir Thomas Arnold recht, dem sich auch der wohl bekannteste Kenner der persischen Buchmalerei, B. W. Robinson, angeschlossen hat. Der Maler habe, so lautet die Erklärung, die Füße der Königin unter Wasser gemalt, um der auch ihn irritierenden Darstellung behaarter Füße enthoben zu sein. Nicht nur wir, auch die Zuschauer auf dem Bild sind über diese positive Wendung erstaunt, insbesondere jedoch der König Salomo, der als Zeichen der Überraschung seine Finger auf die Lippen legt.[10]

Wir haben gesehen, daß die Königin Bilqis in der Miniaturmalerei mit viel Geschick von dämonischen Merkmalen befreit worden ist. Ähnlich positiv sind auch die Darstellungen der thronenden Königin, welche durch die Erzählung im Koran inspiriert wurden. Häufig wird die thronende Königin dem thronenden König Salomo gegenübergestellt wie auf dem Titelblatt zur Khamsa, einer Gedichtsammlung des persischen Dichters Nizami[11] oder auf dem Titelblatt der *Kyllyat*, der Gesammelten Werke des Mystikers Sa'di (Abb. 25). Dort berät sich Salomo mit seinem Wesir Asaf über den Dämonen Sakhr; die Königin von Saba sitzt auf ihrem Thron, bei ihr Salomos Bote, der Wiedehopf.

Schließlich gibt es Miniaturen, auf denen Salomo und Bilqis gemeinsam auf einem Thron sitzen. Voraussetzung für dieses Motiv ist die weitverbreitete Legende von der Hochzeit beider Herrscher, wie sie zum Beispiel in dem volkstümlichen Roman *Die sieben Throne* des persischen Schriftstellers Djami erzählt wird. In dem Kapitel Salaman va Absal findet sich eine kleine Abhandlung über das klassische Thema von der Untreue der Frauen, in der die Königin von Saba eine überaus freizügige und unverkrampfte Auffassung über ihr Liebesleben preisgibt:

Einst saßen auf dem Thron des Gerichts
Suleyman und Bilqis und offenbarten einander Geheimnisse.
Beider Herzen waren der Wahrheit zugewandt,
unbeeinflußt von Lug und Trug.
Es sprach der König des wahren Glaubens, Sulayman:
»Obwohl ich den Ring des Reiches habe,
geht nie ein Tag vorbei und nie einer durch mein Tor,
ohne daß ich seine Hände sehe.
Nur der, der nicht mit leeren Händen kommt,

gewinnt Ehre in meinen Augen.«
Da stammelte Bilqis ein Geheimnis
aus tiefstem Herzen und sprach:
»Nie geht nachts oder morgens ein Jüngling vorbei,
dem ich nicht sehnsüchtig nachblicke
und mir sage,
ach, wenn er doch meine kranke Seele befrieden würde!«[12]

Wir staunen über die Unbefangenheit, mit der sich das höfische Leben in diesem Text darbietet. Salomo begehrt »Geschenke«, Bilqis verzehrt sich nach Liebe und Zuneigung. Doch der Maler dieser Szene gibt diesen »lockeren Gedanken« eine interessante Deutung (vgl. Abb. 26): Der König und die Königin sitzen gleichberechtigt nebeneinander auf einem und demselben Thron. Der böse Geist ist hinter den König in den Garten verbannt, während der König mit einem seiner geflügelten, guten Dschinnen spricht. Aufschlußreicher jedoch ist die Königin Bilqis gestaltet: Kopfhaltung und Blickrichtung der Königin ziehen die gesamte Bewegung des Bildes diagonal hinab auf eine Szene, die sich links unten am Eingang des Palastes abspielt. Dort tritt gerade eine Person ein, die sich leicht umwendet und einem Bettler eine milde Gabe hinstreckt. Wie jedoch ist der junge Mann gestaltet, der sich so freigebig verhält? Er trägt ein Gewand, das dem König Salomos in Farbe und Bestickung ähnelt, und einen roten Umhang hat er umgeworfen ganz wie die Königin Bilqis.

Was dem Maler mit dieser Darstellung gelungen ist, läßt sich am besten als soziale Interpretation des Djami-Textes bezeichnen. Während das Volksbuch zwei selbstbezogene, egoistische Königsgestalten präsentiert, einen König, lüstern nach Geschenken, und eine Königin, begierig nach Liebesgenuß, verbildlicht der Maler die Herrschertugend der Freigebigkeit, die anderen etwas zukommen läßt. Nicht der nehmende König und die nehmende Königin werden dargestellt, sondern der gebende Jüngling, in dem sich bis in die Gewandung und sogar in die Gesichtszüge hinein der König und die Königin »widergespiegelt« finden. Freigebigkeit – so die Botschaft des Bildes – ist die Tugend der Herrscher!

Die Miniatur ist für den Sultan Ibrahim Mirza (1540–1577) angefertigt worden und war wohl als versteckter Appell an die soziale Verantwortung des Herrschers gedacht.[13]

Ungleich härter geht der Dichter Nizami mit den Untugenden Salomos und Bilqis' ins Gericht. In seiner Gedichtsammlung erzählt er von der Heirat und der Geburt eines Kindes, das gelähmt war.[14] Dieses Kind konnte aber nur geheilt werden, wenn das königliche Paar seine heimlichen Wünsche vor Allah offenbarte. Die Königin gestand ein, ihren Gemahl betrügen zu wollen; der König gab zu, trotz seines immensen Reichtums weiterhin begierig nach fremden Gütern zu sein. Nizami bietet eine modern anmutende, psychologische Deutung an: Wer im religiösen Akt bekennt und Geheimes ausspricht, schafft Rettung und Heilung; »Verdrängung« dagegen schafft Lähmung und Krankheit — eine tiefsinnige und für heutiges Denken durchaus plausible Erkenntnis.

Die Königin Bilqis ist nicht nur als Repräsentantin einer höfischen Kultur dargestellt worden. Auf einer Miniatur aus dem Jahre 1590 liegt die Königin, locker auf Kissen aufgestützt, unter einem Baum (Abb. 11).[15] Ihr gegenüber sitzt auf einem Palmbaum der Wiedehopf mit Salomos Brief im Schnabel. Ihr kunstvoll angelegtes Gewand ist über und über mit Rankenwerk überzogen, wird jedoch von zahllosen Menschen- und Tierköpfen durchbrochen, ja, das Rankenwerk scheint aus ihnen hervorzuspießen. Dieses Ineinanderverwobensein von pflanzlichen, animalischen und menschlichen Motiven offenbart nicht allein eine besondere Zuneigung zur natürlichen, kreatürlichen Welt, spürbar wird auch eine Art mystischen Einswerdens, die uns vielleicht überrascht. Wird doch der Islam oft als starre Gesetzesreligion dargestellt, ein Vorurteil angesichts der mystischen Strömungen, die den religiösen und politischen Radikalismus des Islam immer begleitet haben. Hinweisen müssen wir besonders auf die Mystik des Sufismus, zumal das safavidische Herrscherhaus eng mit dieser Richtung der islamischen Religiosität verbunden war.

Ein mystisches Bild der Königin von Saba zeichnete auch der große persische Schriftsteller Djalalo'd-Din Rumi im vierten Buch seines Hauptwerks *Masnawi-ye ma'nawi*, Geistiges Lehrgedicht, ein poetischer Kommentar zum Koran, in sechs Büchern mit fast fünfzigtausend Doppelversen. In Erzählungen, Reflexionen und Allegorien beschwört der Mystiker immer neu die Liebe Gottes und seine Sehnsucht nach dieser Liebe.[16]

In diesem Buch ist von einem Besuch von Gesandten der Königin von Saba bei Salomo die Rede, welche vierzig mit Goldplatten beladene Maulesel mit sich führen. Doch angesichts der Reichtümer Salomos erscheinen diese Geschenke kleinlich und wertlos. Salomo weist die Boten zurecht.

»Ich bitte euch, mir keine Geschenke zu geben; nein, ich bitte euch, der Geschenke würdig zu sein, die ich euch gebe. Denn ich habe seltene Geschenke von dem Unsichtbaren . . . Die Anbetung der Sterne macht Gold; kehrt euer Gesicht zu dem, der die Sterne gemacht hat . . .«[17]

Das wahre Geschenk besteht in der Gottesverehrung und nicht in Gold. Was Salomo deshalb als Gabe der Königin erwartet, ist ihr »reines Herz«, ihr Bekenntnis zum einzigen Schöpfergott. Selbst ihre politische Herrschaft soll sie aufgeben – wer sein Haupt demütig vor Gott neigt, dem gibt dieser hundert Königreiche, die allerdings nicht von dieser Welt sind.

Süßer als zweihundert Königreiche sei nun einmal die Gottesverehrung.[18] Im folgenden freilich gesteht Salomo der Königin zu, daß sie, falls sie ihn, Salomo, »gewinnt«, die Königherrschaft behalten kann.[19] Die Königin folgt Salomos Aufforderung und entsagt ihrer Königswürde und ihrem Reichtum, wie es einer »Liebhaberin Gottes« zukommt; Gärten, Paläste und Gewässer erscheinen ihr nur noch wie ein »Dunghaufen«.[20]

Doch die mystische Entweltlichung hat ihre Grenzen. An einer Sache zumindest hängt das Herz der Königin, das ist ihr Thron. Salomo ahnt das und läßt ihn herbeischaffen. Wird das erzählt, um die Macht Salomos zu zeigen, oder soll der Königin der Verzicht erleichtert werden? Wir erfahren es nicht, denn der eigentliche Besuch wird seltsamerweise nicht beschrieben. Der religiöse Kommentar entfernt sich vollständig von der Geschichte, und übrig bleibt allein der direkte Appell des Mystikers an die Königin: »Erhebe dich, o Bilqis! Komm und sieh dein Königreich! Sammle Perlen an der Küste des Gottesmeeres! Deine Schwestern wohnen im herrlichen Himmel . . .«[21]

Die »wirkliche« Königin interessiert den Dichter überhaupt nicht mehr. Die Gestalt dient ihm lediglich zur mystischen Anrede an alle Leser seines Werkes; Bilqis wird zum Namen jeder Seele, die der Welt entsagt. Ähnlich wie der Mystiker immer mehr der Welt entsagt, so wandelt sich das Bild der Königin von Saba von der Genießerin irdischer Freuden zur demütigen Gläubigen.

Eine erotisch-weltliche Variante zur mystischen Bilqis finden wir in einigen Versen des persischen Dichters Hafis, dessen Name »der den Koran auswendig kann« bedeutet: Dieser Dichter gilt als Meister der in der persischen Literatur besonders gepflegten Versform der Ghasel, eines aus sechs bis fünfzehn Zweizeilern bestehenden Gedichts. In einer bei indischen Moslems verbreiteten Gedichtsammlung finden sich folgende Verse von Hafis:

Diese Schwarzbraune mit aller Süße dieser Welt,
mit dem schwarzen Muttermal,
mit den schönen Augen,
den lachenden Lippen
und dem frohen Herzen!

> Obwohl doch alle Könige sind,
> die wortgewandt sind,
> ist sie der Suleyman ihrer Zeit
> in ihrer Vollendung.
> Sie mit dem schönen Antlitz,
> eine vollendete Schöpfung
> in ihrer Keuschheit.
> Sie mit der Güte und Reinheit dieser und jener Welt —
> doch das schwarze Muttermal
> auf der goldbraunen Haut
> ist das Geheimnis jener Art,
> an das schon Adam sein Herz verlor.
> Freunde, meine Geliebte will verreisen.
> O Gott, was soll ich mit meinem verwundeten Herzen,
> für das sie die Heilsalbe ist?
> Mit wem kann ich davon reden,
> daß die Geliebte mich tötet,
> daß sie mir . . .
> den Leben spendenden Atem nimmt?[22]

Hier werden die Tugenden einer namenlosen Königin aufgezählt, wichtiger aber als diese sind das »schwarze Muttermal« auf ihrer Wange, ihre Augen und Lippen, Zeichen ihres Liebreizes. Und nicht die Trennung der Seele von Gott verursacht Schmerz, sondern der Verzicht auf die geliebte Königin.

In diesem Text wird auf dem Hintergrund mystischer Vorstellungen eine Klage um die geliebte Frau angestimmt. Die mystische Verklärung der Königin ist einer Erotisierung gewichen.

Mit der mystischen Interpretation der Königin Bilqis scheint ihr Bild in der islamischen Tradition eine Vollendung gefunden zu haben. Doch gibt es neben dieser Vorstellung eine weitere, die in krassem Gegensatz zur Verklärung der Königin steht. Gemeint ist die militant-kämpferische Geschichte vom Thronantritt der Königin, von der At-Ta'alabi ausführlich erzählt. Am Anfang ihres Königtums steht nämlich eine umständliche Werbungs- und Hochzeitsgeschichte mit einem allerdings nichtidyllischen Ergebnis, dem Mord am ungerechten Königsrivalen. Die Legende vom »gerechten« Tyrannenmord wird folgendermaßen überliefert:

> Als ihr Vater starb, soll er kein anderes Kind als sie [Bilqis] hinterlassen haben. Sie aber strebte offenbar nach der Herrschaft und bat ihr Volk,

ihr zu huldigen. Ein Teil des Volkes willfahrte ihr auch, ein anderer aber gehorchte ihr nicht. Dieser letztere erwählte einen Mann zum König über sich. So spaltete man sich in zwei Parteien. Eine jede von ihnen bemächtigte sich eines Teils des jemenitischen Bodens. Doch der Mann, den sie über sich zum König gemacht hatten, benahm sich schlecht seinen Untertanen gegenüber. Es kam so weit, daß ihn sein Volk absetzen wollte; jedoch es richtete gegen ihn nichts aus. Als Bilqis dieses wahrnahm, wurde sie unwillig und bot sich ihm durch eine Gesandtschaft zur Frau an. Der König schenkte ihr Gehör und ließ ihr antworten: »Was hindert mich, um dich zu freien, außer ich müßte auf dich nicht zählen können.« Sie ließ ihm ausrichten: »Niemals habe ich das heftige Verlangen nach dir aufgegeben. Du bist wahrlich eine ebenbürtige, edle Partie. Versammle also die Männer meines Volkes und freie bei ihnen um mich!« Der König versammelte nun die Männer ihres Volkes und begehrte von ihnen Bilqis zur Frau. Sie entgegneten ihm aber: »Wir glauben nicht, daß sie darauf eingeht.« Er sprach aber: »Sie ist es ja, die mir gegenüber den Anfang machte; ich wünsche, daß ihr sie hört und euch davon überzeugt.« Die Männer gingen zu Bilqis und benachrichtigten sie von der Werbung des Königs. Bilqis sprach: »Ja, sicher willige ich ein!« Das Volk verheiratete sie daher mit dem Manne. Sie wurde dann als Braut in sein Haus geführt, umgeben von einer großen Dienerschaft und anderen Begleitern, so daß der gesamte Königspalast von ihnen voll ward. Dort angelangt, gab sie ihm Wein zu trinken, so daß er betrunken wurde. Dann hieb sie ihm sein Haupt ab und zog in derselben Nacht wieder in ihre Wohnung zurück. Als nun die Leute frühmorgens erwachten und ihren König tot fanden, da wußten sie, daß jene, die er heiraten wollte, es getan hatte, und es von ihrer Seite ein klug angelegter Betrug gewesen war. Sie versammelten sich bei Bilqis und sprachen zu ihr: »Du bist der Herrschaft am würdigsten.« Bilqis antwortete: »Wenn es keine Schande und keinen Schimpf gäbe, so hätte ich ihn nicht umgebracht. Im Geiste aber sah ich sein böses Tun sich weiter ausbreiten, und ich wurde unwillig und handelte an ihm, wie ich eben gehandelt habe.« Hierauf machten die Männer sie zu ihrer Königin, und ihr Reich befand sich in guter Ordnung.[23]

In dieser Erzählung tritt uns keine mystisch verklärte Frauengestalt entgegen. Wir werden mit einer kämpferischen Frau konfrontiert, der eine wichtige Rolle in der Befreiungsgeschichte des Volkes zugesprochen wird.

Nicht dynastische Ansprüche oder heiratspolitische Erwägungen legitimieren ihre Herrschaft, sondern der »gerechte Tyrannenmord«.

Die Erzählung erinnert an die jüdische Geschichte der Judith, die aus ähnlichen Motiven den persischen Tyrannen Holofernes tötet.[24] Aller Wahrscheinlichkeit nach hat die jüdische Gestalt Modell gestanden für die Tyrannenmörderin Bilqis.

Interessant erscheint uns die Geschichte vom Tyrannenmord auch als Beispiel eines gleichsam »archaischen« Frauenbildes. Von Verzärtelung und Verniedlichung der Frau kann keine Rede sein. Auch als höfische »Zierpflanze« ließ sich die Königin von Saba nicht einfrieden. Der Islam, eine an sich männerorientierte Religion, bewahrte also durchaus die Erinnerung an Frauen, »die ihren Mann standen«. Die Spuren vorislamischer Zeiten, in denen in arabischen Ländern Königinnen dem Gemeinwesen vorstanden, konnten auch im Islam nicht ganz getilgt werden. Der höfisch porträtierten Königin und der mystisch verinnerlichten Frauengestalt trat das Gegenbild der kämpfenden Frau gegenüber, und wir dürfen festhalten, daß in der islamischen Frömmigkeitsgeschichte dieses Bild einer sich selbst behauptenden Frau nicht der Dämonisierung und Verteufelung anheimfiel.

Auf verschlungenen Pfaden gelangte die Kenntnis der »männermordenden« Königin von Saba auch nach Europa und hier, versteckt und verschlüsselt, erscheint sie auf einem Altarbild, dessen Geheimnisse immer wieder Betrachter angezogen und abgestoßen haben. Gemeint ist die *Kabbalistische Lehrtafel der Prinzessin Antonia*,[25] die sich in einer winzigen Kirche in Bad Teinach befindet, versteckt in einem Tal des Nordschwarzwaldes unweit von Calw. Ein merkwürdiges Bildwerk, gestiftet von der württembergischen Prinzessin Antonia, geplant von Johann J. Strölin, Johannes L. Schmidlin und Johann Valentin Andreae, gemalt von dem heute völlig vergessenen Hofmaler Johann Friedrich Gruber, in der Kirche endlich aufgestellt im Jahre 1673 zum 50. Geburtstag der Prinzessin. Merkwürdig vor allem der geistige Hintergrund: Alle Beteiligten waren Protestanten, ursprünglich geprägt von der bilderlosen Frömmigkeit der Reformation, jedoch inzwischen angelangt bei einer mystisch-naturphilosophischen Vertiefung des protestantischen Glaubens.

Um die Prinzessin Antonia hatte sich in Tübingen ein Gelehrtenkreis versammelt, der sich mit kabbalistischen und pansophischen »Geheimwissenschaften« befaßte. Hervorragend war die Bedeutung des Hofpredigers Johann Valentin Andreae, der schon im Jahre 1604 die *Chymische Hoch-*

zeit des Christian Rosenkreutz erscheinen ließ, eine Schrift, die der freigeistigen Rosenkreutzbewegung ungeahnten Auftrieb geben konnte. Die Schrift verursachte beträchtliches Aufsehen. Streng orthodoxe Protestanten zwangen Andreae in einem »Glaubensbekenntnis« (1639) schließlich, seine Schrift zurückzunehmen; doch das änderte nichts an der Popularität der Rosenkreutzerschriften, die vor allem in adligen und hochbürgerlichen Kreisen hohes Ansehen genossen. Bedenkt man, daß zu dieser Zeit der Dreißigjährige Krieg (1618—1648) Deutschland überzogen hatte und das Deutsche Reich zersplittert war und ohne jede Zentralgewalt existierte, wird dies verständlich. Was blieb geistig vitalen und neugierigen Menschen angesichts der politischen und religiösen Wirren anderes übrig, als die »Reise nach innen« anzutreten, sich aufgehoben und geschützt zu wissen in mystischen und spekulativen Gedankengebäuden. Der Gelehrtenkreis um die Prinzessin Antonia hatte sich besonders »unterirdischen« Gedankenströmungen geöffnet, die schon immer die offizielle Religiosität begleitet hatten. Das waren humanistische, kabbalistische und naturphilosophische Traditionen, die kunstvoll und für Nichteingeweihte fast undurchschaubar ineinander verwoben waren.

Die Rosenkreutzerschriften Andreaes gaben wahrscheinlich auch richtungsweisende Impulse für den Altar in der kleinen Teinacher Kirche, die zwischen 1662 und 1665 erbaut wurde, um hochgestellten Kurgästen des Stuttgarter Hofes beschwerliche Kirchgänge zu ersparen. Die Bildwerke des Altars stießen jedoch durchweg auf Unverständnis und auf Ablehnung und versanken schließlich in Vergessenheit. Uns interessiert nun ganz besonders die aufklappbare Außenseite des Flügelaltars (vgl. Abb. 14), auf der in fünf übereinandergesetzten Ebenen zahllose Personen — übrigens ausschließlich Frauen — dargestellt werden, die in endlosen Zügen nach oben streben, der himmlischen Hochzeit entgegen. Jesus ist es, der am Ende einer schönen Jungfrau die Krone aufsetzt. Wer ist diese Frau? Sulamith etwa, die nach der mystischen Interpretation des Hohenliedes dem Bräutigam entgegenzieht? Zumindest ihre kostbaren Kleider weisen darauf hin. Doch eine Agraffe enthält das Monogramm der Prinzessin Antonia, der Stifterin des Altars. Das offenbart ein ausgeprägtes Selbstbewußtsein der Altarstifterin, mag sie auch demütig niederkniend die Krone empfangen. Mit der Prinzessin Antonia werden gleichsam stellvertretend zahllose Frauengestalten aus dem Alten und Neuen Testament in die himmlische Hochzeit mit hineingezogen; fast alle Figurenzüge, bis auf die untere Gruppe, schweben auf Wolken himmelan. Ineinandergedrängt, sich wechselweise berührend, stützend und drängend, bilden sie eine große

Gemeinschaft. Wann ist jemals in der religiösen Kunst des Christentums ein vergleichbarer Altar der Frauen errichtet worden?

Unser besonderes Interesse wird hervorgerufen durch eine Frauenfigur (vgl. Abb. 12), die in der dritten Reihe steht und schon deshalb auffällt, weil es sich um eine schwarze Königin handelt. Diese afrikanische Königin ist nun niemand anderes als die Königin von Saba, sie ist mit kostbarem Schmuck angetan und trägt eine große, goldene Platte mit zahllosen Kostbarkeiten aus Gold und Edelsteinen. Die »Königin aus dem Osten« hat hier ihren Platz in der Gemeinschaft der Frauen gefunden. Was uns jedoch besonders auffällt, ist ihre Nachbarschaft mit einer rechts neben ihr stehenden Frauengestalt, die einen abgeschlagenen Männerkopf in ihren Händen hält. Es handelt sich um Judith, deren Mordtat am Perserkönig Holofernes immer wieder gepriesen wurde. Bis heute wurde von der Forschung nur das äußerliche Zusammenstehen der Königin von Saba und einer jüdischen Heldin bemerkt, der innere Zusammenhang zwischen beiden Frauengestalten ist jedoch bis heute unentdeckt geblieben. Die islamische Legende vom Tyrannenmord der Königin Bilqis, die wir aus der Erzählung Ta'alabis kennen, erlaubt es uns, die Verwandtschaft der beiden Gestalten miteinander zu erkennen: Über das Thema des Tyrannenmordes sind beide Frauen miteinander verbunden.

Wir können vielleicht davon ausgehen, daß die islamische Bilqislegende im Kreis der Prinzessin Antonia bekannt gewesen ist. Auf jeden Fall dürfen wir voraussetzen, daß diese Gruppe für islamisches Gedankengut besonders aufgeschlossen war. So hatte schon der Hofprediger Johann Valentin Andreae in seiner einflußreichen *Chymischen Hochzeit* von einem mehrjährigen Aufenthalt des Christian Rosenkreutz in Arabien berichtet. Rosenkreutz, der nach seiner Rückkehr zu Hause auf Ignoranz und Ablehnung stößt, will sogar nach arabischen und afrikanischen Vorbildern eine »Gelehrtenrepublik« gründen, vielleicht Modell für den Gelehrtenkreis um die Prinzessin Antonia. Daß in solch einem Kreis, der die geheime und verborgene Weisheit aller Völker in einem mystischen Gesamtsystem zusammenfassen wollte, auch Platz war für die Königin von Saba als Tyrannenmörderin, können wir zumindest vermuten.

Vor allem die islamische Legendentradition haben wir für die »militante« Königin von Saba verantwortlich gemacht. Nun finden wir sie in ähnlichem Zusammenhang in der frühesten uns namentlich bekannten »militärwissenschaftlichen« Bilderhandschrift des späten Mittelalters, *Bellifortis*, »Der Kampfstarke« genannt, 1405 von Konrad Kyeser verfaßt. Es ist ein Buch über allerlei Kriegsgerät, über phantastisch anmutende Kampfwagen, über Steigleitern und Wurfmaschinen, über Betäubungsmittel und Schießpulver. Unter zahlreichen farbigen Miniaturen findet sich auch ein Bild der Königin von Saba (Abb. 35), eine der großartigsten Darstellungen der »schwarzen« Königin überhaupt. Auf einer Weltkugel steht sie, in ein grünes, hermelinbesetztes Kleid gewandet, in ihren Händen hält sie Reichsapfel und Zepter, ihr Haupt ziert eine reich mit Edelsteinen besetzte Krone. All diese Atrributte weisen sie als ideale Herrscherin aus. Doch was hat die Königin von Saba in einem Militärhandbuch zu suchen? Was verbindet sie mit den »Biographien« großer Feldherren wie Alexander der Große und Caesar, die ebenfalls bildlich dargestellt werden? Nun wissen wir, daß Konrad Kyeser im Gefolge des späteren ungarischen Königs und Kaisers Siegmund an einem Kreuzzug gegen die Türken teilgenommen hatte, der allerdings am 28. September 1396 bei Nikopolis an der unteren Donau mit einer vernichtenden Niederlage endete. Vielleicht ist es die islamisch-militante Aura gewesen, die zur Aufnahme der Königin von Saba in dieses Militärhandbuch geführt hat.

Interessant ist allerdings, daß die Miniatur, die aus der Prager Malerschule stammt, weit über die kurze Textpassage hinausgeht. Konrad Kyeser ließ sich nämlich faszinieren von der Schwärze der Königin, die er folgendermaßen erklärte:

Schön bin ich und keusch, hier steht mein Bild,
vom Künstler geschaffen.
In ihm mögen die Jünglinge sehen,
was sie wollen.
Und wenn ihre Scheu durch einen Blick verletzt wird,
dann verbirgt sie sich scheu hinter einem Blasebalg
und bläst mit Luft schnell die Schwärze von ihrem Gesicht.
Wenn sie aber wieder da ist, wird sie wie zuvor an Haut und Farbe dastehen.

Weit gefehlt also, die Königin sei mit natürlicher Schwärze beschenkt worden. Den zudringlichen Blicken begehrlicher Jünglinge ausgesetzt, hat sie sich mit Schwarzschminke oder gar einer Rußbemalung unkenntlich gemacht. Hat sie sich den zudringlichen Blicken entzogen, dann stellt sie sich vor einen Blasebalg, der ihr die Schwärze wegbläst. Tritt sie jedoch wieder in aller Öffentlichkeit hervor, hat sie ihr Antlitz wieder geschwärzt, und ihre Bewunderer mögen auf sie projizieren, »was sie wollen«. Konrad

1 (Vorhergehende Seite oben) Marib im Jemen, ehemalige Residenz der Königin von Saba.

2 (Vorhergehende Seite unten) Der Taht-i-Bilqis, »Thron der Bilqis« in Nordpersien.

3 Marib. Ruinen des 'Almaqa-Tempels. 8./7. Jh. v. Chr.

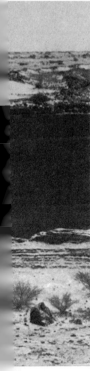

4 Marib. Ruinen des antiken Staudamms.

5 Lilith als Schlange reicht
Eva den Apfel. Glasfenster.
Marburg, St. Elisabeth,
13. Jh.

ergamentamulett zum
tz Neugeborener gegen
therie.

7   Silbernes Amulett zum
Schutz Neugeborener vor
Lilith. Die Inschrift enthält
die ersten Buchstaben aus
4. Mose 6,22–27, (»Aaronitischer Segen«). Die Lilith-Figur umgibt die Inschrift
»Lilith in Ketten gelegt«; in
ihrem Körper ein Kryptogramm des Jahwe-Namens.
Persien, 18. Jh.

8 (Rechts) Portalfiguren mit der Reine Pédauque (rechts) am zerstörten Westportal von St. Bénigne in Dijon. Gegen 1160.

9 (Unten) Das »Grab« der Reine Pédauque. Sarkophag, ursprgl. im ehem. Kloster La Daurade, Toulouse. 5./6. Jh.

10 Portalfiguren mit Salomo und der Reine Pédauque (jeweils Mitte) der ehemaligen Abteikirche Nesle-la-Reposte/Marne. Kupferstich. Um 1160.

11 (Oben) Bilqis mit dem Wiedehopf. Persische Miniatur, 1590.

12 (Rechts) Die Königin von Saba und Judith. Ausschnitt aus dem Teinacher Altar. Öl auf Leinwand (s. Abb. 14).

13 (Rechte Seite) Die Königin von Saba überschreitet den mit Glas bedeckten Bach. Persische Miniatur, 1559.

بگوی ایشان را پس سلیمان بیاید و آبگینه مثل آب دید اندیشید
که آسیب جامهای خود را بالا کشید بلابد چنانکه سلیمان ساقهای

او را بدید و نخواست که دیگر ببیند گفت این آبگینه ایست
آب نیست پای بوشید و پیش سلیمان رفت با خود گفت

14 »Kabbalistische Lehrtafel« der Prinzessin Antonia von Württemberg. Flügelaltar in Bad Teinach.

15 Das Blumenrätsel der Königin von Saba in der Wappenscheibe des Königreichs Spanien. Glasmalerei. Muri/ Aargau, 1580.

16 Die Königin von Saba mit dem Einhorn. Flämische Tapisserie (Ausschnitt), um 1530.

17 Salomo und die Königin von Saba im »hortus conclusus«. Deutsche Tapisserie, 15. Jh.

18 Gebäckmodel mit der Königin von Saba im Blumengarten. Holz. Schweiz, nach 1650.

19 u. 20 (Unten linke und rechte Seite) Regina austri, die Königin von Saba, und Rex Salomon, König Salomo. Zwei Medaillons aus dem Mosaikfußboden in Santa Annunziata, Otranto. 1163/1165.

Die Königin von Saba und das Blumenrätsel. Leinenstickerei, Schweiz, [16]54.

22 (Folgende Seite oben) Israhel van Meckenem: Das Blumen- und Kinderrätsel. Kupferstich, um 1490.

23 (Folgende Seite unten) Die Königin des Südens verletzt ihren Fuß auf dem Weg zum Drachen. Aus einer äthiopischen Bildergeschichte. Deckfarbe auf Leder.

qui sunt filii vel filiam

Kyeser hat unsere schöne und anmutige Königin offensichtlich eingeführt, um die prosaische Funktion eines Blasebalgs zu verdeutlichen. In der Tat folgt auf das Bild der Königin die Abbildung eines Blasebalgs und schon vorher werden alle Arten und Unarten von Ausräucherung beschrieben, und auch die »Räucherung« des Haares wird genannt, um sich den Feinden gegenüber unkenntlich zu machen. Mochte dem Miniaturmaler die ideale Herrscherin vorgeschwebt haben, Konrad Kyeser hat wohl eher eine listige Königin vor Augen gehabt, die sich männlichem Zugriff gerne entzogen hat.

Merkwürdigerweise haben sich die islamischen Gelehrten kaum um die Erklärung des Namens Bilqis gekümmert. Das besorgten um so energischer moderne Gelehrte. *Bilqis* sollte verwandt sein mit dem griechischen *pallakis* und/oder dem hebräischen *piligesh/pilgesh*, womit jedoch die keineswegs schmeichelhaften Bedeutungen »Konkubine«, »Mätresse«, »Nebenfrau« usw. verbunden sind,[26] was durch die Teile der Saba-Legende berechtigt sein mag, die auf die mögliche erotische und sexuelle Beziehung zwischen Salomo und der Königin anspielen. Harmlos nimmt sich dagegen die Erklärung aus, die von einem Lesefehler ausgeht: Der jüdische Historiker Josephus Flavius hatte die Königin mit dem Namen Nikaulis versehen, der in arabischer Umschrift zu *Bilqis* verballhornt werden konnte.[27]

In einigen arabischen Texten erhielt die Königin noch den Namen *Balmaqa* oder *Jalmaqa, Jalammaqa, Illumqu, 'Alqama* u. a.[28] Einige arabische Gelehrte halten den Namen *Balmaqa* sogar für den eigentlichen und *Bilqis* für einen Beinamen.[29]

Der Name *Balmaqa* ist im Gegensatz zu *Bilqis* durchschaubar. In ihm enthalten ist die Namensform einer der wichtigsten sabäischen Gottheiten, die auf vielen Inschriften 'LMQH, d. i. 'Almaqa, genannt wurde.[30] Dieser Gottheit waren viele Tempel geweiht;[31] und das *B* in *Balmaqa* erklärt sich aus der Weiheformel. Es bedeutet soviel wie »zu Ehren . . ., bei . . ., mit Hilfe von 'Almaqa«. In diesem Namen steckt das sabäische Wort für »leuchten«[32] — 'Almaqa ist eine Sternengottheit, die manche mit dem Mondgott identifizieren,[33] andere, so der beste Jemenkenner seiner Zeit, Al-Hamdani, mit der Venusgottheit.[34]

Die islamische Tradition verband diese Gottheit mit der Mustergestalt der frommen Muslimin, Bilqis. Entsprechend heißt der bekannteste 'Almaqa-Tempel, eben der von Marib, heute »Tempel der Bilqis«, allerdings ist lediglich der Name 'Almaqa inschriftlich bezeugt; Bilqis findet sich ausschließlich erst in viel späteren islamischen Zeugnissen.[35]

Für islamische Gläubige mit ihrem konsequenten Monotheismus muß die sichtbare Erinnerung an die vorislamische Vielgötterei, die Verehrung von Sonne, Mond und Sternen, ein Greuel gewesen sein. Es mußte daher alles darangesetzt werden, diese falschen Götter und in Saba besonders die 'Almaqa-Gottheit zu entthronen. Hier bot sich nun die Gestalt der Königin von Saba an, die nach dem Zeugnis des *Koran* von Salomo zum Islam bekehrt worden war. Das Verfahren erscheint einfach: Die alte 'Almaqa-Gottheit wird mit der Königin Bilqis namentlich verbunden – Balmaqa (Bilqis) ist damit eine muslimische Königin geworden. Nicht anders verfuhr die islamische Theologie bei dem Haupheiligtum des Islam, der Kaaba, die durch Umwidmung islamisiert wurde. In Marib gestaltete sich diese »Beerbung« erfolgreich; drei Inschriften bezeugen, daß eine jährliche Wallfahrt zum Balmaqa-Tempel stattfand, vergleichbar der von jedem Muslim ersehnten Pilgerreise nach Mekka.[36]

Bilqis hat nicht nur den 'Almaqa-Tempel in Besitz genommen. Unweit des Tempels stehen mehrere Pfeiler, die bei alten arabischen Autoren als »Thron der Bilqis« bezeichnet werden.[37] Die jemenitische Bevölkerung verehrt bis heute eine Säulenreihe in Sirwah/Haulan, etwa vierzig Kilometer westlich von Marib, ebenfalls als »Thron der Bilqis«, übrigens ganz in der Nähe eines weiteren 'Almaqa-Tempels; diese Säulenreihe weckt auch noch im zwanzigsten Jahrhundert schwärmerische Erinnerungen: »In der Gegend von Sirwah war einst der Paradiesgarten, in dem der Thron der Bilqis stand. Tausend Meter war er ursprünglich hoch . . .«, so ein Jemenit in einer Fernsehsendung im Jahre 1976.[38]

Wie Al-Hamdani berichtet, wurden der Königin Bilqis auch Paläste und Festungen gewidmet:

> Muhammad ibn-Khalid hat überliefert, daß Salomon, der Sohn Davids, mit Bilqis, der Tochter des Ili-Sharha, der Königin von Saba, eine Anzahl Dschinnen gesandt hat, die für sie Festungen bauten . . . Einer der Dämonen schrieb ein Buch, in dem alle Festungen aufgezählt werden, die rund um die Dörfer von Al-Baun gegründet wurden.[39]

Al-Hamdani läßt die Dschinnen auch einen Berg bei Al-Baun durchbrechen für eine Wasserleitung, die jedoch aus nachchristlicher, himjaritischer Zeit stammt. Ihre Reste sind bis heute zu sehen. Nach At-Ta'alabi errichteten die Dschinnen auch in Salhin[40], Ghumdan[41] und noch anderswo Festungen.[42] Ihre Pracht und Schönheit sollen unvergleichlich gewesen sein. Salhin besingen die Dichter nur in melancholischem Ton:

Die Königsfestung hat vernichtet
die Macht des Geschicks, die vernichtende.
Füchse heulen in ihren Mauern,
leer sind jetzt ihre Wohnungen.⁴³

Die Islamisierung vorislamischer Heiligtümer, Kultorte und Bauwerke durch die Verbindung mit der muslimischen Königin Bilqis blieb nicht auf den südarabischen Raum beschränkt. Der Schriftsteller Jaqut berichtet von zwei Thronsäulen, die in Damaskus standen.⁴⁴ In Ankara befindet sich eine über vierzehn Meter hohe Säule, wahrscheinlich von Kaiser Julian Apostata errichtet. Die ihm zu Ehren aufgestellte Säule heißt heute *Belkiz Minaresi*, Minarett der Bilqis.⁴⁵ An der türkischen Südküste, ungefähr vierzig Kilometer östlich von Antalya, findet sich ein Dorf mit Namen Belkis. Eine Bacchusfigur im ehemals römischen Theater heißt *Bal-Kiz*, Honigmädchen, vielleicht eine besonders charmante Anspielung auf die Volkstümlichkeit der Königin von Saba.⁴⁶ Und nahe der syrischen Grenze schließlich befindet sich in der Türkei ein *Tell Belkez*, ein Hügel der Bilqis.⁴⁷

Im kurdischen Teil Persiens, zwischen Täbris und Hamadan, etwa einhundertfünfzig Kilometer südlich des Urmia-Sees gelegen, befindet sich ein schwer zugänglicher, dreitausend Meter hoher Berg, gekrönt von einer Ruine – der *Taht-i-Bilqis*, der Thronsitz der Bilqis (Abb. 2). Angeblich habe Salomo der Königin von Saba empfohlen, hier einen Kuraufenthalt zu nehmen.⁴⁸ Kein Wunder, denn in unmittelbarer Nähe liegt der *Taht-i-Suleiman*.⁴⁹ Von diesem »Thron Salomos« wird folgende Sage erzählt:

> Der König hatte Bilqis geheiratet, doch ihre Liebe vermochte er nicht zu gewinnen. Da sandte er eine Schar Vögel aus, die den kältesten Ort der Erde ausfindig machen sollten. Doch die Vögel kehrten am nächsten Morgen erfolglos zurück. Nur einer kam erst am Abend des folgenden Tages heim. Er habe, so erzählte er den gespannten Zuhörern, einen Gipfel gefunden, der so kalt sei, daß ihm die Flügel am Boden festgefroren seien.
>
> Salomo machte sich daraufhin auf den Weg und schlug sein Lager an diesem kältesten Ort der Erde auf. Die Königin jedoch mußte frieren, so daß sie sich endlich dazu überwand, in das warme Zelt des Königs zu ziehen. Salomo hatte gewonnen! Am nächsten Morgen zauberte er aus dem Berggestein eine warme Quelle hervor, in der die Königin baden konnte!⁵⁰

Bei diesem »Bad der Königin« handelt es sich vielleicht um den Bergsee des Taht-i-Suleiman, an dem sich einst ein Feuerheiligtum befand. Der bald hellgrün, bald marineblau leuchtende See liegt in einem vulkanischen Krater. Wie seinerzeit die Königin, so muß nach der Sage alle tausend Jahre eine Jungfrau darin baden. Sie wird dann einen Sohn zur Welt bringen, dem das Amt des Feuerpriesters zukommt, eine Anspielung auf den altpersischen Feuerkult.[51]

Eine besonders interessante Überlieferung verbindet sich mit Tadmur im heutigen Syrien, dem alten Palmyra.[52] Der Mohammed-Biograph Husain ben Muhammed ben al-Hasan erzählt, daß zur Zeit des Kalifen Walid I. (705–715 n. Chr.) in der Stadt ein Riesensarg gefunden worden sei mit folgender Inschrift:

> Dies ist das Grab und die Bahre der frommen Bilqis, der Gemahlin Salomos, des Davidsohnes. Sie wurde Muslimin im Jahre 20 seiner Regierung, heiratete ihn am Asura-Tag und starb am 2. Tag des Rabia im Jahre 27 seiner Regierung und wurde begraben in einer Nacht unter einer Mauer in Tadmur, ohne daß jemand davon wußte, außer den Totengräbern.[53]

Als man den Sargdeckel abhob, soll die Leiche unverwest gewesen sein. Der Kalif ließ daraufhin einen Marmorbau über dem Grab errichten.

Eine jüdisch-kabbalistische Legende sieht das alles ganz anders. Zwar wird die Königin in Tadmur begraben, doch nicht als fromme Muslimin, sondern als unheilvolle Dämonin – und fortan gilt Tadmur als unheimliche Heimstatt der Dämonen.[54] Die Aversion gegen die syrische Stadt mag aber noch andere Gründe gehabt haben, denn hier residierte von 267 bis 272 n. Chr. die Königin Zenobia[55], die den Juden, nicht ganz zu Unrecht, suspekt war. Diese Königin hatte gewagt, dem römischen Kaiser Paroli zu bieten. Aurelian ließ sie schließlich nach Rom bringen, und dort verbrachte sie ihren Lebensabend in der Nähe der Villa Hadriana bei Tivoli, erstaunlicherweise vom römischen Kaiser verschont. Zenobia hatte unorthodoxe Maßnahmen ergriffen, um ihr Königtum in Palmyra zu festigen. Sie holte gegen die Römer die persischen Parther zu Hilfe. Überdies konvertierte sie zur jüdischen Religion, was der *Talmud* jedoch ausdrücklich bestreitet. Sympathien entwickelte Zenobia auch für Paulus von Samosata, dessen Auslegung des christlichen Glaubens jedoch auf härtesten Widerstand stieß. Er bestritt nämlich die Wesenseinheit Jesu als Mensch und Gott, was die Kirche als »jüdische« Auffassung brandmarkte und bekämpfte.

Für die Juden ergab sich eine zwiespältige Situation. Am besten war es, die mit dem Bischof sympathisierende Königin Zenobia ebenso wie den Bischof Paulus selbst, der angeblich jüdisches Glaubensgut verbreitete, in den Orkus dämonischer Zwitterwesen zu versenken.

Es scheint, daß die Königin von Saba mit der Königin aus Palmyra verbunden wurde, was beider Biographien in vielerlei Hinsicht nahelegen: Beide Frauen sind z. B. machtbewußt, beide repräsentieren Handelskulturen am Rand der zvilisierten Welt.

So negativ die Königin von Saba auch in dieser jüdischen Legende erscheint, der islamischen Frömmigkeit konnte auch hier solche Wertung nichts anhaben. Die vielen Stätten, die ihren Namen tragen, dokumentieren nicht nur ihre Popularität als Königin Bilqis, allein durch die Verbindung mit der »frommen Muslimin« vermochten sie für den Islam »gerettet« werden.

6. Die Herrin der Tiere

Das positive Bild der Königin von Saba in der islamischen Kultur überrascht und fasziniert in seinen vielfältigen Brechungen und Wendungen. Gemeinsam ist den einzelnen Varianten die Leitidee der »frommen Muslimin«. Deshalb konnte und durfte sie als anmutige und höfisch elegante Königin in persischen Buchmalereien erscheinen. An ihrer Verbindung mit dem König Salomo hatte man auch nichts auszusetzen, figurierten doch beide als Urbild und Vorbild muslimischer Herrscherpaare. Liebevoll malte man ihr mystisch-inniges Bild im Sufismus; bewundert wurde sie jedoch auch als kämpferische »Tyrannenmörderin«. Ihre Hochschätzung kam vor allem darin zum Ausdruck, daß sie als »Patronin« vorislamische Kultstätten heiligte und damit vor dem Untergang rettete.

Doch gerade das hatte Dinge zur Folge, die nicht unbedeutende Schatten auf sie werfen sollten. Einerseits diente die Königin Bilqis der Islamisierung vorislamischer Kultstätten, andererseits jedoch färbte das Kolorit der vorislamischen Kulte auch auf sie, die »fromme Muslimin«, nachhaltig ab. Wir erinnern uns an die von At-Ta'alabi überlieferte Legende, in der böse Dschinnen sie beim König Salomo verleumden. Ein Eselsfuß und eine übermäßige Behaarung sollten sie verunzieren –, das behaupteten jene Dämonen. Doch der König Salomo konnte durch die Anwendung seiner »Spiegeldiagnostik« im Glaspalast diese Dschinnenkunde als böswillige Verleumdung nachweisen und widerlegen. So durfte sie trotz aller

Gerüchte und Unterstellungen weiter als »fromme Muslimin« verehrt werden. Wir jedoch fragen uns jetzt, ob hinter der Eselshuflegende vielleicht doch mehr steckt als nur eine Verleumdung böser Dschinnen.

Wir beschäftigen uns deshalb noch mit einigen recht sonderbaren Erzählungen über die Herkunft der Königin Bilqis. At-Ta'alabi berichtet in seiner ausführlichen Bilqis-Geschichte, daß »jemand der Eltern der Bilqis den Genien« (gutartigen Dschinnen) angehört habe. Er beruft sich auf zwei Gewährsmänner, auf Ibn-Maimuna und Abu-Huraira. Letzterer wiederum, so Ta'alabi, soll sich sogar auf eine Aussage der Propheten Mohammed gestützt haben.[1] Eine Durchsicht des Korans und anderer kanonischer Texte, der Haditen, läßt uns allerdings in Stich. Daß Mohammed selbst die Königin Bilqis von Dschinnen abstammen ließ, ist also ziemlich unwahrscheinlich.

Persische Überlieferungen wollen es nun noch genauer wissen. Ihr Vater sei ein Prinz und ihre Mutter eine Peri (gute Dschinnin) gewesen, so heißt es bei Belami, dem Wesir des Sassanidensultans Mansur in der zweiten Hälfte des 10. Jahrhunderts.[2] Wir halten fest: Das Bild der Königin von Saba blieb von dämonischen Zügen nicht unangetastet. Verantwortlich dafür war wahrscheinlich die Nähe der Königin Bilqis zu den dämonisch abgewerteten Heiligtümern der vorislamischen Zeit. Immer jedoch blieb im Islam die Tendenz vorherrschend, die Dämonisierung abzuschwächen. Mag ein Elternteil der Königin Bilqis auch den Dschinnen angehört haben, es war dann eben ein »gutartiger« Dämon gewesen.

In einer südarabischen Sage kommen diese Zusammenhänge besonders gut zum Ausdruck. Sie findet sich vielfach überliefert. Nashwan ibn Said gibt sie in seiner uns schon bekannten *Himjarischen Kasideh* aus dem 12. Jahrhundert folgendermaßen wieder:

El Hadhad liebte die Jagd. Eines Tages hatte er sich auf der Löwenjagd jenseits seiner Reichsgrenzen in die Wüste verirrt, als er vor sich eine Gazelle sah, die von einem Wolf verfolgt wurde. El Hadhad vergaß seine erste Jagdbeute, den Löwen, und verfolgte nunmehr den Wolf, der sich auf der Jagd nach der Gazelle in einer Felsenschlucht am Abhang eines Berges verirrt hatte. Hadhad tötete den Wolf und machte sich darauf an die Verfolgung der Gazelle, die jedoch ihren Vorsprung genutzt hatte und entkommen war. Nach einer ergebnislosen Hetzjagd hatte der König sich weit von seinem Palast entfernt; da gewahrte er mit einemmal vor sich eine große Stadt ganz aus Metall, die auf vier riesenhaften silbernen Säulen errichtet war und aus einem Wald von Dattelpalmen und Obstbäumen der verschiedensten Art emporragte. Verwundert machte der König am Fuße einer der Silbersäulen halt; da öffnete sich die Säule, und heraus trat ein Mann, der ihn grüßte und sprach: »O König, ich sehe dich erstaunt, aber ich werde dir eine Erklärung geben. Dies ist die Stadt Marib, die den gleichen Namen trägt wie deine eigene Hauptstadt und von Geistern und Zauberern bewohnt ist; ich aber bin ihr König, Talab ibn Sab.« — Während sie so sprachen, näherte sich ein Mädchen von großer Schönheit, das, ohne ihnen einen Blick zu schenken, die Stadt betrat. König Hadhad blickte dem Mädchen wie gebannt nach und beeilte sich, den König zu fragen, welch ein Geist dieses Mädchen sei. — »Es ist meine Tochter«, gab der fremde König zurück, »erkennst du sie nicht? Sie ist die Gazelle, die du verfolgtest, nachdem du den Wolf getötet hattest.« — König Hadhad erbat sich das Mädchen auf der Stelle zur Gemahlin, und nachdem ihm König Talab seine Zustimmung gegeben, wurde festgesetzt, daß die Hochzeit nach einer Frist von einem Monat stattfinden sollte, unter Anwesenheit der höchsten Würdenträger und Gefolgsleuten beider Könige. Nach diesem Versprechen wandte sich Hadhad, um sich auf den Rückweg in sein Reich zu begeben; aber bereits nach wenigen Schritten war die Stadt vor seinen Augen verschwunden. Nach der Rückkehr in seinen Palast sprach er zu seinem Hofstaat nicht von dem, was ihm widerfahren war, insgeheim aber bereitete er sich voller Zuversicht auf die Hochzeit vor. Als der festgesetzte Tag herangekommen war, machte sich der König mit seinem Hofstaat und allen Würdenträgern auf den Weg zu der geheimnisvollen Stadt und fand dort zu aller Erstaunen einen gewaltigen Palast ganz aus leuchtendem Gold, dessen große gläserne Fenster wie Diamanten von reinstem Feuer funkelten. Im Inneren des Palastes floß das Wasser durch metallene Kanäle; Palmen, Sträucher und Bäume mit den köstlichsten Früchten verbreiteten einen betäubenden Duft. Der König der Geister empfing Hadhad und sein Gefolge aufs feierlichste in seinem Palast. Sobald sich die Gesellschaft niedersetzte, erschienen wie durch Zauberhand die köstlichsten Speisen und Getränke. Das Innere des Palastes war reich geschmückt mit kostbaren Teppichen und goldenem Zierat. Nach drei Tagen üppiger Feste und Zeremonien wurde die Hochzeit gefeiert; und so vermählte sich König Hadhad mit Harura, der Tochter des Königs Talab ibn Sab. Der Palast wurde der Wohnsitz des Königspaares, und in ihm wurde später die Königin Bilqis geboren.[3]

Andere Erzähler wissen noch mehr. Ibn al-Athir berichtet, Hadhad habe dem Dschinnenkönig als Morgengabe das Meeresufer von Tabrin bis Aden abgetreten.[4] Vor allem aber darf Hadhad seine Gazellengattin nie nach dem Grund ihrer Handlungen fragen, denn das wäre ein Einbruch in ihr Geheimnis. Und Merkwürdiges passiert in der Tat:

> Ein wunderschöner Knabe wird geboren, doch der Vater kann sich seiner nicht erfreuen. Denn die Mutter übergibt das Kind einer zur Tür hereinschwebenden Flamme, die sofort mit ihm entschwindet.
> Die gerade geborene Bilqis wird einer Hündin übergeben. Hadhad unterdrückt mühselig seinen Zorn, bricht jedoch sein Schweigen, als ein drittes, wie der König meint, ebenso unangenehmes Ereignis eintritt: Bei einem Kriegszug gegen Rebellen verschüttet seine Gazellenfrau kostbares Mehl und Wasser.
> Sie rechtfertigt sich, Mehl und Wasser seien vergiftet, Flamme und Hündin aber seien Ammen, die sich Sohn und Tochter angenommen hätten. Die Gazellenfrau geht für immer fort, doch von der Geisterflamme wird Bilqis zurückgebracht, die spätere Königin von Saba.

Das Interessante an der südarabischen Geschichte besteht nicht nur in den märchenhaften Zügen wie z. B. dem Motiv der verbotenen Frage, sondern vor allem in der Abstammung der Königin. Alle mit Bilqis verbundenen Personen, ihr Vater Hadhad, ihre Mutter Harura und ihr Großvater Talab haben eine merkwürdige Nähe zu vorislamischen Kulturen, in denen heilige Tiere eine wichtige Rolle spielten.

Hadhad erinnert schon dem Namen nach an Hudhud, den Wiedehopf, der in der Saba-Legende eine herausragende Rolle spielt. Er »entdeckt« schließlich die Königin von Saba; er ist als einziger in der Lage, Wasserstellen in der Wüste zu finden, anläßlich einer Reise Salomos in den Jemen, von der At-Ta'alabi berichtet.[5] Nach anderen Überlieferungen hatte der Wiedehopf Salomo vor den Strahlen der Sonne zu schützen.[6] Und Hudhud ist es, der den Brief Salomos zustellt:

> Der Wiedehopf nahm das Schreiben, um es Bilqis zu bringen. Diese befand sich in der Gegend, die Maribu heißt und von Saba gegen drei Tagesreisen entfernt liegt. Als der Wiedehopf an ihren Palast kam, waren die Tore schon geschlossen, denn sobald sie sich schlafen legte, schloß Bilqis die Tore. Die Schlüssel legte sie stets unter ihr Haupt. Der Wiedehopf kam hinein, wo sie schlief. Er warf den Brief auf ihren Hals.

Wahb-ibn-Munabbih erzählt, daß gegenüber Bilqis ein Fenster gewesen sei, durch das bei ihrem Aufgang die Sonne schien. Sobald die Sonne schien, wachte Bilqis auf, wandte ihr Gesicht der Sonne zu und betete sie knieend an. Als Hudhud zu diesem Fenster gekommen war, bedeckte er es mit seinen Flügeln, so daß Bilqis den Sonnenaufgang nicht bemerkte. Endlich aber fand sie, daß die Sonne zu spät käme; sie stand auf, um nach ihr zur sehen. In diesem Augenblick warf ihr der Vogel den Brief ins Angesicht.[7]

Die Rolle des Wiedehopfs ist besonders auf den persischen Bilqis-Miniaturen hervorgehoben worden (Abb. 11). Immer wird der Vogel in der Nähe der Königin abgebildet. Einige Miniaturen lassen sich nur deswegen eindeutig thematisch bestimmen, weil die Frauenfigur mit dem Wiedehopf zusammen auftritt.

Hudhuds Popularität mag mit zwei Eigenschaften zusammenhängen. Ihn schmückt ein königlicher Federbusch; sein häufiges »Sich-Verbeugen« wurde im Arabischen sogar sprichwörtlich.[8] Die Stellung und Rolle des Legenden-Vogels an Salomos Hof mag eine Episode beleuchten, die der arabische Schriftsteller Kazwini erzählt:

Hudhud hatte einst Salomo eingeladen, sein Gast zu sein. »Ich allein?« fragte Salomo. »Nein, du und dein ganzes Heer, euch alle lade ich ein, auf der und der Insel mit mir zu speisen.«

Als nun Salomo sich am festgesetzten Tage mit seinem ganzen Heer eingefunden hatte, sprang Hudhud in die Luft, fing eine Heuschrecke, brach sie entzwei, warf einen Teil ins Meer und sagte: »Eßt nun, und wem das Fleisch entgangen ist, dem wird wenigstens die Brühe nicht entgehen.« Salomo und seine Leute lachten, und daher stammt das arabische Sprichwort: »Wenn dir das Fleisch entgangen, so trinke die Brühe!«[9]

Nach Al-Kisa'i soll Hudhud ursprünglich den Wunderstein Schamir besessen haben.[10] Der Wiedehopf hatte sich den Wunderstein in den Schnabel geklemmt und ihn Moses gebracht, der ihn gut gebrauchen konnte, nutzte er ihn doch im Kampf gegen Ug, ein furchterregendes Ungeheuer. Der Schamirstein leistete später Salomo beim Tempelbau wertvolle Dienste. Die Baumeister wußten nicht, womit sie die Steine behauen sollten. Mit dem Wunderstein ging das aber so gut, daß man keine eisernen Werkzeuge benötigte. Angeblich hörte man auch keinen Baulärm.[11] Der Sinn der

Geschichte? Sie behauptet nichts weniger, als daß die Königin von Saba bei höchst sakralen Dingen wie dem Bau des Salomonischen Tempels über ihren legendären Vorfahren Hudhud aufs Hintergründigste ihre Hand mit im Spiel gehabt hatte.

In anderen, weitgehend moslemischen Traditionen, besteht eine noch engere Verbindung zwischen der Königin und dem Wunderstein. Der persische Wesir Belami hat in seiner Bearbeitung der persischen *Weltchronik* des At-Tabari ein merkwürdiges Rätsel der Königin von Saba überliefert:

Salomo befand sich auf einem Eroberungsfeldzug gegen die Ungläubigen im Jemen, als er von Hudhud erfuhr, daß die Königin immer noch die Sonne anbetete.

Die Königin ihrerseits wollte Salomo mit Geschenken in die Irre führen. »Sucht der die Güter dieser Welt«, sprach sie bei sich, »so ist er ein König wie jeder andere und kein Prophet.« Sie schickte ihm daher einen Ziegel aus Gold und einen aus Silber nebst einem goldenen Kästchen, in dem ein undurchbohrter Rubin eingeschlossen war. Salomo erriet jedoch den Inhalt des Kästchens und ließ durch seine dienstbaren Dämonen einen Diamanten holen, um den Rubin damit zu durchbohren.[12]

In anderen arabischen Legenden wird dieses Rätsel etwas anders überliefert. Nach Baidwawi hat die Königin eine undurchbohrte Perle geschickt. Dann wiederum war es ein Onyx, der krumm durchbohrt war und durch den ein Faden gezogen werden sollte. Auf den Rat des Erzengels Gabriel läßt Salomon einen Bohrwurm herbeibringen, ein anderer »weißer Wurm« zieht den Faden durch den Onyx.[13] In dieser Fassung gehören die Rätsel zu den heute noch bekanntesten Rätseln der arabischen Volkskultur.

Doch nicht nur der Wiedehopf Hudhud hängt eng mit der legendarischen Abstammung der Königin von Saba zusammen. In einer von Al-Mas'udi überlieferten Legende trifft Hadhad, der Vater der Bilqis, nicht auf eine Gazelle, sondern auf zwei kämpfende Schlangen, eine schwarze, die die Oberhand gewonnen hat, und eine weiße, die zu unterliegen droht. Hadhad trennt beide, tötet die schwarze, die weiße Schlange aber verschwindet.[14] In einer türkischen Legende entpuppt sich diese Schlange als ein schöner Jüngling, der Salomo befiehlt, seine Schwester zu heiraten, die Mutter von Bilqis.[15]

Die Verbindung zur Schlange in der Herkunft der Königin ist nicht zufällig. Der Schlangenkult spielte in der sabäischen Frühkultur eine wichtige Rolle. Schlangen stehen in enger Verbindung zum 'Almaqa-Kult, oft gemeinsam auf Tempelfriesen und Felsenbildern abgebildet mit Gazellen, Steinböcken und Antilopen. Auch außerhalb Südarabiens galten die Schlangen als »Mondtiere«; häufig treten sie paarweise auf, vielleicht als Sinnbild der unterschiedlichen Mondphasen.[16]

Deutlicher noch als bei Bilqis zeigt sich die enge Verbindung zu den proto-islamischen Tierkulten bei dem legendarischen Schwiegervater Talab. Er ist als Göttergestalt seit dem 3. Jahrhundert v. Chr. bekannt. Sein Name bedeutet wohl »Steinbock«; auch dieses Tier galt im Mondkult als heilig.

Talab war in besonderem Maße »Herr der Tiere«. In seinem Namen wurden kultische Steinbockjagden veranstaltet, wobei man sich an bestimmte Jagdregeln zu halten hatte, die Talab vorgab. Bevor die Jagd stattfand, wurden die Tiere gehegt; die Jagdquote wurde wahrscheinlich festgelegt. Eine Inschrift aus dem ersten Jahrhundert n. Chr. spricht von 2310 erlegten Steinböcken (und Gazellen). Aus Hadramaut sind Steinbocktänze bekannt, bei denen die Tänzer Steinbockhörner auf dem Kopf trugen. Noch heute werden dort an Gebäuden und Gräbern Steinbockhörner angebracht. Erfolgreiche Jagden auf das Tier wurden bis in die jüngste Zeit hinein mit Festen und Tänzen eingeleitet und abgeschlossen.

Talab hat nicht nur zum Steinbockkult enge Beziehungen. Zwei seiner Beinamen, *zbjn* bzw. *ssrm*, bedeuten »Gazelle«. Mit der sind artverwandt die Antilopen; diese wurden als »Attar«-Wild bezeichnet. Attar war der höchste Gott im sabäischen Pantheon — sein heiliges Tier war die Antilope.

Bilqis schließlich erhielt den Beinamen Balmaqa. Die 'Almaqa-Gottheit jedoch wurde in einigen Texten als »Herr der Steinböcke« bezeichnet. In dieser Form wurde 'Almaqa wohl besonders in Sirwah (Haulan) verehrt.[18]

Dem modernen Zeitgenossen mag die kultische Verehrung von Tieren befremdlich vorkommen. Wie schnell sind wir mit Begriffen wie »primitiv« oder »wild« zur Hand, wenn von Tiergöttern die Rede ist. Christianisierung und Islamisierung haben ihr Teil dazu beigetragen, die Tiere aus der Welt des Menschen zu »vertreiben«. Doch das war nicht immer der Fall. In früheren Kulturen hatte sich der »selbstbewußte« Mensch noch nicht vollständig von der Natur »emanzipiert«. Der Abgrenzungsprozeß des Menschen vom Tier hatte sich noch nicht endgültig vollzogen, repräsentierten doch Tiere auch beneidenswerte Eigenschaften, denen der »instinktreduzierte« Mensch gerne teilhaftig werden wollte. Schnelligkeit, Spürsinn, Stärke und Fruchtbarkeit waren solche Eigenschaften, die der

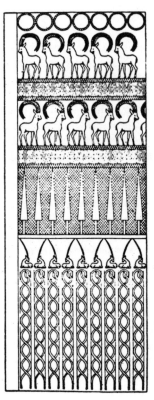

Fries mit Steinböcken, Gazellen und Schlangen aus dem 'Almaqa-Tempel von Karnawu

Mensch nachzuahmen strebte. Tiere zu beherrschen, zu unterwerfen und einfach nur zu »nutzen«, stand nicht im Vordergrund der Frühkulturen. Tierkulte entstanden nur dann, wenn der Mensch sich durch Nachahmung in die Naturwelt einordnete, ja die Prozesse des natürlichen Lebens »wiederholte«. Was in Legenden und Abbildungen auf uns gekommen ist, wurde meist erst durch kultische Tänze zum Leben erweckt. Die uns bezeugten Steinbocktänze führten zu einer Steigerung der Identifizierung, die den tanzenden Menschen mit dem Tier verschmelzen ließ. Kultische Tänze waren jedoch auch ein kollektiver Vorgang, durch den die Menschen unter dem »heiligen« Tier zusammengeschlossen wurden. Nur so wird es verständlich, daß den Tieren eine solch überragende Bedeutung zukommen konnte.

Etwas vom Geist der Gazellenkönigin Bilqis mag eine Tiergeschichte vergegenwärtigen, in deren Mittelpunkt das *Reich der Gazellen* steht. Die Erzählung ist im indischen *Jatakam* überliefert, einer Sammlung von Erzählungen aus früheren Existenzen Buddhas. Verdankt in der sabäischen Tradition Bilqis einer Gazelle ihr Leben, so ist es hier Buddha selbst, der ein neues Leben im Leib einer Gazelle erhält:

Einst, als Brahmadatta zu Benares regierte, empfing der Bodhisattva ein neues Leben im Leib einer Gazelle. Goldfarbig ging er aus dem Schoß der Mutter hervor. Wie Edelsteine waren seine Lichter, wie Silber seine Hörner und das Geäse weich und leuchtend wie rotes Tuch. Dabei glänzten die Hufe wie gelackt, und der Schwanz glich dem eines Yaks, und sein Körper war stattlich wie der eines Füllens. So lebte er als Gazellenkönig Nigrodha, von fünfhundert Gazellen umgeben, im Walde. Nicht weit von ihm weilte ein anderer Gazellenkönig, Sakha genannt. Auch er war goldfarben und führte eine Herde von fünfhundert Gazellen.

Zu jener Zeit war der König von Benares leidenschaftlich der Gazellenjagd ergeben. Dazu ließ er Tag für Tag Städter und Landleute aufbieten, ohne Rücksicht auf ihre Arbeit zu nehmen. Da dachten sich die Leute: »Dieser König stört uns bei unserer Beschäftigung. Wie wäre es, wenn wir im Park Futterplätze für die Gazellen anlegten, Wasser für sie herbeischafften, viele der Tiere in den Park trieben, dann das Tor schlössen und sie so dem König übergäben?« Und so taten sie, gingen darauf zum König und sagten zu ihm: »Herr, wenn ihr uns Tag für Tag für eure Jagden in Anspruch nehmt, richtet ihre unsere Arbeit zugrunde. Wir haben daher die Gazellen aus dem Walde herbeigetrieben und euren Park damit gefüllt. Nehmt von jetzt ab mit diesen Gazellen vorlieb.« Damit verabschiedeten sie sich vom König.

Als er ihre Rede vernommen hatte, begab sich der König in seinen Park und betrachtete die Gazellen. Als er die beiden Goldgazellen sah, gewährte er ihnen Unverletzlichkeit. Seitdem erlegte er manchmal selbst eine Gazelle und nahm sie mit sich, oder er überließ es seinem Koch, dieses zu tun. Sooft aber die Tiere die tödliche Waffe der Jäger sahen, ergriffen sie in Todesfurcht die Flucht. Die aber vom Pfeil getroffen wurden, brachen zusammen und verendeten. Dies berichtete die Gazellenherde dem Bodhisattva. Dieser rief daher Sakha, den anderen Gazellenkönig, zu sich und sprach zu ihm: »Mein Lieber, viele unserer Gazellen gehen zugrunde. Wenn aber schon gestorben werden muß, so sollen die Gazellen wenigstens nicht mehr mit Pfeil und Bogen erlegt werden. Es soll vielmehr eine nach der anderen an die Reihe kommen, einen Tag eine aus meiner Herde, den anderen eine aus deiner. Das durch das Los betroffene Tier mag dann den König oder den Koch am Parkeingang erwarten. Dort soll es sein Haupt zur Erde legen und den Tod erwarten. So ist dann das Leid der Verwundung von den anderen genommen.« Und so geschah es von nun an.

Eines Tages trafen die Jäger auf eine trächtige Gazelle aus der Herde des Sakha. Die Gazelle begab sich zum König und sagte: »Herr! Ich trage ein Junges. Wenn ich es geboren habe, wird auch uns beide einmal das Todeslos erwarten. Verschone mich daher für dieses Mal!« Der Sakha erwiderte: »Es ist unmöglich, dein Los anderen zuteil werden zu lassen. Dir wird widerfahren, was dir beschieden ist. Deshalb geh!« Da sie bei ihm keine Hilfe fand, ging sie zu dem Bodhisattva und klagte ihm ihr Leid. Als er sie angehört hatte, sagte er: »So geh denn! Ich will das Los an dir vorübergehen lassen.« Und er begab sich darauf selbst an das Parktor, ließ sich nieder und beugte sein Haupt zur Schlachtstätte. So fand ihn der Koch, und als er ihn erblickte, dachte er: »Der Gazellenkönig, dem Unverletzlichkeit gewährt ist, harrt des Todes. Wie ist das nur möglich?« Und er berichtete darüber dem König. Sogleich bestieg dieser seinen Wagen und eilte mit dem Gefolge herbei. Als er den Bodhisattva gewahrte, sagte er: »Lieber Gazellenkönig, habe ich dir nicht Schonung gewährt? Warum also liegst du an diesem Platz?« Der Bodhisattva erwiderte: »O großer König, eine trächtige Gazelle kam zu mir und bat, das Los solle einen anderen treffen. Ich aber kann das Todesleid nicht auf einen anderen übertragen. Deshalb gebe ich selbst für sie mein Leben hin.« Darauf sprach der König: »Lieber goldfarbener Gazellenkönig, ich habe noch keinen Menschen gefunden, der so voll Geduld, Freundlichkeit und Mitleid war. Daher bin ich dir gnädig gesinnt. Steh nun auf, denn dir und jener Gazelle gewähre ich Unsterblichkeit.« »Aber was sollen die übrigen tun, o Fürst der Menschen?« »Auch den übrigen gewähren wir Schonung, Herr!«[19]

Schlangen, Gazellen, Antilopen, Steinböcke — das sind die »Ahnentiere« der Königin von Saba. Die Kunde der bösen Dschinnen, Bilqis habe einen Huf anstelle eines Fußes, mag wie eine späte Erinnerung an diese Herkunft erscheinen. Behuft wurde Bilqis allerdings niemals in der islamischen Kunst dargestellt.

Ein einziges Mal ist sie so porträtiert worden — und zwar in einer christlichen Kirche, im Fußbodenmosaik des Domes zu Otranto.[20] Die Stadt liegt in Südpulien. Diese exponierte Lage machte sie von jeher zu einem Schmelztiegel vieler Kulturen,[21] umkämpft vom römischen Papst, vom byzantinischen und deutschen Kaiser. Doch auch arabischen Offensiven war Otranto ausgesetzt, meist vom arabischen Sizilien aus; diese bestimmten über mehrere Generationen das Geschick der Stadt. 982 war Otto II. durch Otranto gezogen, um sich den Sarazenen zu stellen. Der Feldzug endete mit der Katastrophe vom 13. Juli, dem seither so genannten »schwarzen« Tag, als sich der Kaiser nur mit einem Sprung ins Ionische Meer retten konnte. Sehr viele Adlige gerieten in arabische Gefangenschaft; ein Ereignis, von dem noch Generationen später erzählt wurde.

Das Fußbodenmosaik von Otranto ist zwischen 1162 und 1165 entstanden, zur Zeit der Normannenherrschaft.[22] Wilhelm I. hatte 1154 die Regentschaft über Süditalien von seinem Vater, Roger II. (†1166) übernommen. Dieser hatte versucht, im islamischen Afrika Fuß zu fassen, nachdem Roger I. die Sarazenen unterworfen hatte. Die afrikanischen Gebiete gingen unter Wilhelm wieder verloren, unter seiner Herrschaft erlebte das Land aber einen Frieden, der freilich immer wieder bedroht war.

Paradoxerweise pflegte das Normannenreich eine erstaunliche Toleranz in religiösen und kulturellen Dingen. Trotz der politischen Gegnerschaft waren z. B. arabische Gelehrte am Hofe des Normannenkönigs wohlgelitten.

Es war dies auch die Zeit der Kreuzzüge — die Begegnung mit der arabischen Kultur gehört zu den herausragenden Phänomenen dieser Epoche. Islamisches Wissen floß nach Europa, aber auch Mythen, Legenden, theologische Reflexionen wurden bekannt. Ein Beispiel für eine solche Aufnahme islamischer Tradition mag die Darstellung der Königin von Saba in Otranto sein. Das Mosaik stellt eine Art Weltgeschichte dar; unmittelbar vor dem Altarraum finden sich in der Nachbarschaft von Fabeltieren und mythologischen Figuren in zwei Medaillons auch die Königin von Saba und Salomo (Abb. 19, 20). Die Königin hält in ihrer unförmig vergrößerten Hand wahrscheinlich eine goldene Kugel, ein Geschenk, das sie dem König überreichen möchte. Ihr rechter Fuß jedoch ist hufartig verformt.

Daß solch ein Bildnis in einer christlichen Kirche auftaucht, ist keineswegs so ungewöhnlich, wie man denken mag. Dämonische Gestalten waren ein überaus beliebter Kirchenschmuck, der drohende dämonische Einflüsse abwehren sollte. Solche dämonischen Abwehrgestalten nennt man apotropäische Gestalten, die mit Grimassen, Fratzen und grotesken Formen die wirklichen und wirksamen Dämonen zurückschrecken sollten.

Die Königin von Saba als apotropäische Gestalt, so ließe sich die ungewöhnliche Darstellung deuten, und abgewehrt wurden nicht Wind, Wetter, Krankheit und Tod, sondern die islamische Frömmigkeit als solche, die in der Gestalt der Königin von Saba ein Urbild hervorgebracht hatte. So wurde der militärische Kampf gegen den Islam sekundiert durch eine magisch-religiöse Abwehr muslimischen Irrglaubens in einer christlichen Kirche.

Was uns nun besonders interessiert, ist wieder der animalische Stammbaum der eselsfüßigen Königin von Saba, der in Otranto in den Blick kommt, wenn wir die unter dem Sabamosaik befindlichen Medaillons näher betrachten.

Es ist bis heute nicht gelungen, diese Tierbilder in ihrem inneren Zusammenhang zu entschlüsseln. Selbst Walter Haug, der beste Kenner des Mosaiks, scheint angesichts dieser Frage zu resignieren. Doch was sehen wir tatsächlich? Unterhalb der behuften Königin erkennen wir eine Gazelle, ein in christlichen Kirchen in der Tat sehr seltenes Motiv. Für uns jedoch, die wir die islamische Bilqislegende kennengelernt haben, bedeutet diese Gazellendarstellung keine Überraschung mehr, wissen wir doch inzwischen, daß Mutter und Schwiegervater der Königin Bilqis einem Gazellenreich angehörten, ja die Mutter der Bilqis sich einst sogar in einer Gazelle verkörpert hatte. Wir dürfen vielleicht davon ausgehen, daß dem Otrantomeister die arabische Bilqislegende bekannt war, daß er sogar Einblicke in den »vorislamischen« Stammbaum der Königin von Saba genommen hatte.

Ein Rätsel gibt allerdings der dem Gazellenmosaik eingeschriebene Name auf. Dort stehen die Buchstaben GRIS, die sich mit der Gazelle nicht in Verbindung bringen lassen. Vielleicht handelt es sich um ein verstümmeltes ONAGRIS, was »junger Esel« bedeuten würde. Die Inschrift könnte dann auf die behufte Königin im über ihr abgebildeten Mosaik hinweisen. Das wäre dann auch eine schriftliche Interpretation für diejenigen gewesen, denen die islamische Bilqislegende unbekannt geblieben war.

Mysteriös bleibt die Inschrift allemal. Doch wir wollen uns nicht entmutigen lassen und einen eigenen Deutungsvorschlag anbieten. Wir schauen kurz über den Medaillonkreis hinaus und sehen in die ausgesparten Zwickel. Zwischen Gazellen- und Königinmosaik spreizt sich ein Vogel auf, den wir unschwer als einen Wiedehopf identifizieren können. Da ist er wieder, der uns aus der arabischen Legende bekannte Vorfahr und Bote der Königin. Unterhalb des Gazellenmosaiks befindet sich eine weitere Vogelabbildung, ein Kranich, der auf einem Bein steht. Der Kranich heißt in

Die Königin von Saba und eine Gazelle. Fußbodenmosaik im Dom zu Otranto

mittelalterlichen Texten GRUS. Wir könnten also das GRIS im Gazellenmosaik als GRUS = Kranich lesen. Von Hudhud erfuhren wir, daß er einst den Schamirstein in seinem Schnabel trug und ihn dann fallen ließ. Der Kranich jedoch — so heißt es in vielen Volksmärchen — trägt einen Stein in den Krallen seines eingezogenen Fußes. Schläft er ein, so entfällt ihm der Stein und weckt ihn durch sein Geräusch. Der Kranich gilt jedoch auch als Vogel der Weisheit. Daß er deshalb buchstäblich in den Bannkreis der Königin von Saba geriet, versteht sich von selbst. Auch werden des Kranichs Fähigkeiten zur Weissagung hervorgehoben, und diese Nachricht läßt uns erst recht aufmerken, denn auch die Königin von Saba begegnet uns als weissagende Königin.[23] Im Worte GRUS wird vielleicht — das ist unser Deutungsvorschlag — auf die Königin von Saba als das Sinnbild von Weisheit und Weissagung hingewiesen.[24]

Unter dem Gazellenmosaik findet sich ein Dromedar abgebildet, ein Karawanentier, mit dem einst die Königin von Saba beim König Salomo angelangt sein mag. Daß dieses Tier der Königin von Saba zugeordnet werden muß, ergibt sich ganz eindeutig aus dem biblischen Bericht vom Besuch der Königin bei Salomo. Weniger bekannt ist, daß Karawanentiere im altsabäischen Kult verehrt wurden. Besonders der das nördlich von Marib liegende Hochland beherrschende Stamm der Amir war für seine Kamelzuchten berühmt.[25] Die Amir waren früh unter die Herrschaft der sabäischen Könige geraten. Kamele erhielten Eigennamen, die auf Weihinschriften zu finden sind. Auch dem Mondgott 'Almaqa wurden Kamele geweiht. 'Almaqa jedoch wuchs später mit der Königin von Saba zusammen (Balmaqa/Bilqis). Auf Kamelen wurde auch das bei Kriegszügen unerläßliche Stammesheiligtum getragen.

Unter dem Dromedar findet sich ein Stier abgebildet. Auch dieser spielte in der sabäischen Religion eine herausragende Rolle.[26] Seine mondsichelförmigen Hörner machten ihn zu einem der wichtigsten Symboltiere im sabäischen Mondkult. Besonders gern wurde deshalb auf sabäischen Inschriften der Stierkopf abgebildet. Neben mondsichelförmigen Hörnern gibt es auch lyraförmige Hornabbildungen, die wohl eine symbolische Darstellung von »Blitzbündeln« abgeben. Stierköpfe symbolisierten jedoch auch Fruchtbarkeit, wurden als Grabbeigaben verwendet und dienten auch der Dämonenabwehr. Besonders der Mondgottheit 'Almaqa wurde neben dem Steinbock auch der Stier zugeordnet. Und 'Almaqa war es gewesen, der mit der Königin Bilqis zur Balmaqa/Bilqis zusammengewachsen war.

All diese Beobachtungen scheinen unsere Vermutung zu bestätigen, daß die behandelten Tierdarstellungen auf dem Mosaik von Otranto nicht zufällig und ungeordnet angebracht wurden, sondern ausgerichtet waren auf die Königin von Saba, deren animalisch-sabäischer Stammbaum dargestellt werden sollte. Sicher, man kann wie Walter Haug von einem »Bestiarium« sprechen, als ob die Mächte des Chaotischen die geordnete Welt gleichsam »überwältigten«, man mag dabei auch an die »blutige« Geschichte Apuliens in und um Otranto denken, doch der animalische Stammbaum der Königin von Saba scheint in erster Linie auf die menschliche »Vorgeschichte« zu verweisen, als sich das menschliche Selbstbewußtsein noch nicht eindeutig vom Tier geschieden hatte. Das Wissen um diese

Vorgeschichte, eher verdrängt und vergessen, wird in der Königin von Otranto wieder zum Leben erweckt.

Die »tierische« Vorgeschichte der Königin sollte noch einmal eine faszinierende – allerdings einmalig gebliebene – Nachgeschichte erleben. Wir müssen einige Jahrhunderte vorblenden in das Jahr 1530. Auf einem flämischen Wandteppich wird der Empfang der Königin von Saba dargestellt (Abb. 16). Salomo sitzt auf seinem Thron, die Königin steht, bekrönt und kostbar gewandet, mit erhobenen Händen vor ihm. Umrankt wird die Szene von Blättern und Blüten, einem typischen Merkmal der »Minneteppiche«, die sich besonders im 16. Jh. großer Beliebtheit erfreuten. Dieser Teppich bringt die Begegnungen beider Herrscher mit Hochzeitsritualen in Zusammenhang, derartige »Minneteppiche« gehörten zum Brautschatz der Frau.

Gern wird die Königin mit ihrem Gefolge dargestellt. Auf unserem Teppich wurde dem Gefolge das wohl rätselhafteste Tier der Legendengeschichte beigesellt, das geheimnisvolle Einhorn. Haupt und Horn des Tieres befinden sich über dem Haupt der Königin, das spitz hervorragende Horn läuft parallel zur Krone der Königin. Offensichtlich sind beide, die Königin und das Einhorn, aufs engste miteinander verbunden.

Was mochte es mit diesem Tier auf sich haben, das nie existiert hat und dennoch oder vielleicht deshalb die Phantasie vieler Völker und Kulturen gefangengenommen hat?[27] Apotheken führen noch heute seinen Namen, glaubte man doch aus seinem Horn Medikamente und Liebespulver herstellen und giftige Essenzen neutralisieren zu können. Kein Wunder, daß etwa Karl der Kühne immer ein Stück Horn in Reichweite auf seine Speisetafel legten. Von Martin Luther wird berichtet, daß er kurz vor seinem Tode abgeschabtes Einhornpulver zu sich genommen habe, aufgelöst in zwei Löffeln Wein. Doch auch als Monstrum ist das Einhorn bekannt: Gemeinsam mit dem Löwen bedroht es den Gekreuzigten.

Über den *Physiologus* – das verbreitete Naturkundebuch des Mittelalters – gewinnt das Einhorn eine positive Bedeutung. Es wird als »Horn des Heils« verehrt. Wie es gefangen wird? Eine Jungfrau wird in seine Nähe gebracht, es springt in den Schoß der Jungfrau, wird gezähmt und in den Palast eines Königs überführt. So gelangt das Einhorn in den Schoß der Jungfrau Maria – in einem Manneskraft und die Menschwerdung des Menschensohnes symbolisierend. Oder es wird zum mystischen Sinnbild des göttlichen Lammes verklärt, das von den Jägern im Schoße Marias getötet wird. So spaltet sich das Sinnbild des Einhorns in zwei Bedeutungen, einerseits innigsten Frieden und Vertrautheit und andererseits grausame Tötung symbolisierend. Gern ist das Einhorn mit Maria dargestellt worden, oft sogar in ihrem Schoß ruhend, schließlich in demselben auf grausame Weise gemordet.

Und jetzt erscheint sogar die Königin von Saba mit dem Einhorn! Was mag das zu bedeuten haben? Im Volksglauben hatte sich die Überlieferung festgesetzt, das Einhorn verschone nur die wahrhaft jungfräulich Gebliebenen. Hatte jemand aber Jungfräulichkeit nur vorgetäuscht, gab es keinen Schutz vor dem gewaltsamen Eindringen des Einhorns. Auf unserem Bild bleibt die Tugendhaftigkeit der Königin offensichtlich gewahrt. Eine befriedete Welt scheint auf, vergleichbar vielleicht nur der Verschwisterung von Gazelle und Königin in der südarabischen Legende.

7. Frauenrätsel

Betrachtet man die Gesamtheit der Saba-Legenden, so fällt auf, daß ein Motiv in allen Traditionen eine wichtige Rolle spielt, nämlich die außergewöhnliche Klugheit der Königin von Saba. In der biblischen Erzählung ist ihre Lernbegierde der Grund, die Reise nach Jerusalem an den Hof Salomos zu unternehmen. Bei dem Rätselwettstreit zwischen ihr und dem König war sie es, die die Fragen stellte, der König antwortete ihr. Doch sonderbar genug, von den Rätselfragen und den Antworten Salomos wird nichts überliefert. Dasselbe gilt für die Sabalegende im Koran, der uns ebenfalls Rätsel der Königin vorenthält. Warum also die Königin von Salomos Weisheit so tief beeindruckt war, ist für uns genau so wenig nachvollziehbar wie die Rede von der Klugheit der Königin. Mit dieser mageren Ausbeute gaben sich spätere Erzähler nicht mehr zufrieden, und so entstanden umfangreiche Sammlungen von Rätselsprüchen, die der Königin von Saba zugeschrieben wurden. Der *Midrasch Mischle*, eine jüdische Predigtsammlung zum biblischen Buch der Sprüche aus dem 10. oder 11. Jahrhundert, überliefert folgende vier Rätsel:

> Die Königin von Saba sprach zu Salomo: »Ist es wahr, was ich über dich vernommen habe und über dein Reich und über deine Weisheit?« Da der König ihre Frage bejahte, so fuhr sie fort: »Wirst du mir wohl, wenn ich dich etwas frage, eine Antwort geben?« Er sprach zu ihr: »Der Ewige gibt Weisheit.« Darauf die Königin: »Was ist das? Sieben gehen heraus und neun gehen hinein, zwei bereiten den Trank und einer trinkt?« Salomo sprach: »Wahrlich, sieben sind die Tage der Absonde-

rung, neun sind die Monate der Schwangerschaft, zwei Brüste mischen und einer [der Säugling] trinkt.« »Ferner frage ich«, fuhr die Königin fort, »wer ist das? Ein Weib sagte zu ihrem Sohn: Dein Vater ist mein Vater, und dein Großvater ist mein Mann, du bist mein Sohn und ich bin deine Schwester«. Salomo antwortete: »Das sind Lots Töchter.« Und noch etwas Ähnliches machte die Königin mit Salomo. Sie brachte männliche und weibliche Wesen herbei, alle von gleichem Ansehen, gleicher Gestalt und gleicher Kleidung und sprach: »Sondere mir die Männlichen von den Weiblichen!« Salomo winkte sogleich seinen Eunuchen, welche Nüsse und Backwaren brachten, und er teilte sie vor ihnen. Die Männlichen, welche sich schämten, nahmen dieselben in ihre Kleider, die Weiblichen aber, welche schamhaft waren, nahmen sie in ihre Tücher. Darauf sagte Salomo zur Königin: »Jene sind die Männlichen, diese sind die Weiblichen.« Nun sprach die Königin zu Salomo: »Du bist ein großer Weiser.« Sie tat noch etwas Ähnliches, indem sie Beschnittene und Unbeschnittene brachte und zu ihm sprach: »Sondere mir die Beschnittenen von den Unbeschnittenen!« Salomo winkte den Hohenpriester herbei, welcher die Bundeslade öffnete; die Beschnittenen unter ihnen bückten sich nur mit der Hälfte ihres Körpers nieder, und nicht nur das, sondern ihre Gesichter wurden erfüllt vom Glanze der göttlichen Gegenwart [*Schechina*], die Unbeschnittenen dagegen fielen auf ihr Angesicht. Nun sagte Salomo: »Jene sind beschnitten, diese nicht.« »Woher weißt du das?« fragte die Königin. »Das weiß ich von Bileam«, versetzte er, »von dem geschrieben steht: Er fiel nieder enthüllten Auges, was sagen will, wenn er nicht niedergefallen wäre, hätte er überhaupt nichts gesehen.«[1]

Wir erkennen sofort, daß die Rätsel der Königin von Saba nicht wahllos aneinandergereiht, sondern thematisch geordnet sind. Immer handelt es sich um Themen der Sexualität und Geschlechtlichkeit. So handelt das erste Rätsel eindeutig und klar erkennbar von Menstruation, Schwangerschaft, Stillung und Säugung. Eine noch detailliertere Fassung hat das Schwangerschaftsrätsel in einer Rätselsammlung gefunden, die im jemenitischen Judentum bekannt war, dem *Midrasch ha-Hefiz* aus dem 14. Jahrhundert:

Da ist ein Gehege mit zehn Türen. Wenn eins offen ist, sind neun geschlossen; wenn neun offen sind, ist eins geschlossen. Die Antwort: Das Gehege ist der Mutterleib. Die zehn Türen sind die zehn Öffnungen des Menschen, seine Augen, Ohren, Nüstern, Mund, After, Blase und der Nabel. Wenn das Kind noch ein Embryo ist, steht der Nabel offen und die anderen Öffnungen sind geschlossen; doch wenn er den Mutterleib verläßt, wird der Nabel geschlossen und die anderen werden geöffnet.[2]

Um »Öffnungen« geht es auch in einem arabischen Rätsel, das der Königin von Saba zugeschrieben wird. Danach soll die Königin nach dem »durststillenden Wasser« gefragt haben, das weder vom Himmel noch von der Erde kommt. Salomo, der vom Erzengel Gabriel vorab informiert wurde, löst das *Wasserrätsel*.[3] Es sei der Schweiß des Rosses, der einzig tierische Schweiß, der den Durst stillt, weil er süß ist. Allerdings, die rätsellösende Antwort Salomos erscheint nicht weniger rätselhaft als das Rätsel selbst. Sicher, die Schweißabsonderung von Pferden ist stärker als bei anderen Tieren. Doch es ist ganz ausgeschlossen, daß Pferde soviel Schweiß absonderten, daß er aufgefangen und getrunken werden konnte. Was in Wahrheit hinter diesem Rätsel steht, ist eine scharfsinnige Beobachtung des Pferdeverhaltens, wenn sie schwitzen. Auch dann nämlich wird keineswegs die Fellpflege bei Pferden unterbrochen. Pferde pflegen sich selbst und auch gegenseitig das Fell so durchzuarbeiten, daß es dem Außenstehenden scheinen könnte, sie tränken ihren Schweiß. Daß der Pferdeschweiß nun trinkbar, weil süß gewesen sei, ist ebenfalls eine rätselhafte Aussage Salomos. Bekanntlich enthalten Schweißabsonderungen Harnsäuren, die salzig schmecken. Doch Pferde strömen, wenn sie schwitzen, einen süßlichen Geruch aus. Dem Außenstehenden mochte es nun scheinen, daß die ihr Fell pflegenden Pferde ihren Schweiß deshalb »tranken«, weil er einen süßen Geschmack haben mochte.

Gehen wir jetzt über zum zweiten Rätsel des *Midrasch Mischle*, so stehen nicht mehr die gleichsam naturwüchsigen Formen von Sexualität und »Ausscheidungen« im Vordergrund, sondern eine bestimmte »archaische« Praxis weiblicher Sexualität, die erinnert wurde, wenn von Lots Töchtern die Rede war. Nach der Zerstörung Sodoms und Gomorrhas zog Lot mit seinen beiden Töchtern ins Gebirge. Da sie keinen Mann finden konnten, machten sie ihren Vater trunken und ließen sich von ihm schwängern.[4] Der biblische Bericht läßt zwar gewisse »moralische« Vorbehalte erkennen – schließlich entstammten die Israelfeinde Moab und Ammon dieser inzestuösen Verbindung –, doch ursprünglich handelte es sich um eine positive Stammuttergeschichte. Die Töchter Lots wurden jenseits von Gut und Böse als listige »Gründungsmütter« bewundert und verehrt. Und diese bis heute übrigens gern verschwiegenen Frauengestalten waren Gegenstand eines Rätsels der Königin von Saba.

In der schon erwähnten Rätselsammlung aus dem Jemen, dem *Midrasch ha-Hefiz*, findet sich ein anderes Rätsel, das ebenfalls an eine »archaische« Frauengestalt erinnert.[5] Das Rätsel lautet:

> Eine Frau war mit zwei Männern verheiratet, und gebar zwei Söhne, doch diese vier hatten einen Vater. Wer ist das? Die Antwort Salomos lautete: Das ist Thamar!

Viele von uns werden nun fragen: Wer war Thamar? Hier ihre Geschichte[6]: Juda, einer der Söhne Jakobs, verheiratete seinen Sohn mit Thamar. Doch dieser Sohn, Ger mit Namen, starb, weil er, wie es kurz und lapidar heißt, »böse« war. Nach altorientalischer Sitte sollte Onan, der Bruder Gers, jetzt Thamar übernehmen. Doch dieser weigerte sich, indem er tat, was nach ihm benannt wurde, er betrieb »Onanie«. Auch er mußte sterben, weil er Thamar verschmähte. Diese blieb weiterhin allein, obwohl ihr vom Schwiegervater Juda ein weiterer Bruder zugesagt worden war. Doch Juda hielt sich nicht an dieses Versprechen, und deshalb verfiel Thamar auf eine List. Mit einem Schleier verhüllt, erwartete sie ihren Schwiegervater in der Nähe von Timna. Juda näherte sich ihr, im Glauben, sie sei eine Prostituierte. Timna war als babylonische Tempelstadt bekannt; und dort wurde kultische Prostitution betrieben. Das war durchaus kein unehrenhaftes Gewerbe, denn in der kultischen Prostitution vollzog man die »heilige Hochzeit«, das heilige Mysterium von Begattung und Fruchtbarkeit, wie es babylonische Götter den Menschen einst vorgemacht hatten. Der symbolische Nachvollzug der mythischen Verbindung von Urmutter Erde und Urvater Himmel sollte die kosmische Ordnung aufrechterhalten.

Thamar bediente sich der anonymen kultischen Prostitution, um Juda für sein gebrochenes Versprechen zu bestrafen, da ihr der jüngste Sohn widerrechtlich vorenthalten wurde und sie zur Unfruchtbarkeit verdammt war. Sie ließ sich von Juda vor dem »Vollzug« der »kultischen« Vereinigung mit Pfändern ausstatten, mit einem Spiegel, einer Schnur und einem Stab. Es kam, wie es kommen sollte. Thamar wurde schwanger, und ihr Schwiegervater Juda wollte sie wegen vollendeter Unzucht mit dem Verbrennungstod strafen lassen. Da offenbarte Thamar ihren »väterlichen« Beischläfer, indem sie die Erkennungspfänder vorwies. Juda mußte nachgeben und seitdem lebt Thamar, die Prostituierte, als »kluge« Frau weiter in der »Untergrundgeschichte« nicht nur des jüdischen Volkes. Schließlich ging sie sogar, und das ist weitgehend unbekannt, in den Stammbaum Jesu ein.[7] Was an der Thamargeschichte besonders fasziniert, ist das vollständige Fehlen eines erhobenen Zeigefingers — weder eine moralische noch eine religiöse Zensur fand statt und damit überlebte eine Frauengestalt, die einmal eindeutig die Männerwelt dominiert hatte. Das Thamar-Rätsel der Königin von Saba vermittelt das Bild einer Frau, deren Sexualverhalten noch nicht durch die männlichen Vorstellungen von »Anstand und Sitte« gezähmt worden war.

Das dritte Rätsel im *Midrasch Mischle* ist kein Wort-, sondern ein »Taträtsel«. Der König Salomo soll gleichgekleidete Mädchen und Jungen nach ihrem Geschlecht unterscheiden. Das geschieht dadurch, daß Salomo die unterschiedlichen Körperbewegungen beim Aufsammeln von Nüssen studiert. Die Jungen stecken die Nüsse direkt in ihre Kleidertaschen, die Mädchen hingegen sammeln sie in ihre Kopftücher. In der islamischen Fassung wird die Lösung des »Unterscheidungsrätsels« in einer etwas anderen Form vorgetragen. Danach unterzieht Salomo Jungen und Mädchen einer Waschprobe. Die Mädchen lassen dargereichtes Wasser von einer Hand in die andere fließen, bevor sie ihr Gesicht benetzen, die Jungen hingegen, zupackender als die Mädchen, fangen das Wasser mit beiden Händen auf und führen es direkt dem Gesicht zu.[8] Nach Belami nahmen die Mädchen das Wasser in die hohle Hand, die Jungen empfingen es auf den Handrücken.[9]

Was die Geschlechtsunterscheidungsrätsel miteinander verbinden, berührt nicht nur feinsinnige Bewegungsstudien, sondern weist auch hin auf eine merkwürdige Bekleidungspraxis, die uns besonders aus der assyrischen Frauenkultur überliefert wird. Zur Zeit der Königin Semiramis im 9. Jahrhundert v. Chr. waren Männer und Frauen verpflichtet, dieselben Kleider zu tragen.[10] Semiramis, ausgezeichnet als amazonenhafte Kriegerin, brachte ihre Herrschaft über Männer offensichtlich auch in Kleidungsvorschriften zum Ausdruck. Männer sollten die Möglichkeit verlieren, ihre maskulinen Eigenschaften in passender Bekleidung darzustellen. Hinter dem Bekleidungsrätsel der Königin von Saba mögen also Erinnerungen stehen an einen Brauch, der bezeichnend war für eine frauenrechtlich bestimmte Gesellschaft.

Eine etwas andere Fassung hat das Kleiderrätsel bei dem islamischen Autor Husein erhalten.[11] Er berichtet nicht von der gleichen Bekleidung der Knaben und Mädchen, sondern behauptet, die Knaben hätten weibliche und die Mädchen hätten männliche Kleidung getragen. Ein Kleidertausch sei also vorgenommen worden. Die Aufgabe der natürlichen Geschlechtsrolle durch Kleidertausch verweist auf weitverbreitete altorientalische Sitten. Es waren vor allem Männer, die ihre männliche Geschlechtsrolle abzugeben begehrten, um zumindest symbolisch Frauen zu werden. Solcher Transvestismus wurde in religiösen Kulthandlungen, die auch zur Zeit der Königin Semiramis stattfanden, betrieben. Er war nicht allein Ausdruck einer Frauenkultur, sondern dokumentierte auch den tief verankerten Wunsch von Männern, teilzuhaben an der ihnen geheimnisvollen Welt der Frauen. Wie das Schwangerschaftsrätsel verweist also auch das Bekleidungsrätsel der Königin von Saba auf eine einst blühende Frauenkultur, die zumindest in der Rätselweisheit überlebte. Viele Ausleger haben diesen Charakter der Rätsel im *Midrasch Mischle* nicht klar erkannt. Immerhin haben einige gemeint, die Rätsel der Königin in die Reihe der Brautwerberätsel einordnen zu können.[12] Auf den ersten Blick erscheint diese Einordnung plausibel, wurde doch schon immer von einem »sexuellen« Eingehen der Königin bei Salomo spekuliert. Doch unsere Vermutung geht in eine etwas andere Richtung, wenn wir noch das vierte Rätsel im Midrasch Mischle betrachten. Jetzt soll Salomo Beschnittene von Unbeschnittenen unterscheiden. Salomo läßt die Bundeslade, das Behältnis, in dem die Zehn Gebote aufbewahrt werden, holen, und siehe da, der Glanz der göttlichen Gegenwart überstrahlt die Gesichter der Beschnittenen.

Besonders dieses letzte Rätsel legt die Vermutung nahe, daß es sich bei den Rätseln der Königin von Saba um Initiationsrätsel handelt. Die ursprüngliche Bedeutung der Beschneidung als Zeichen des Übergangs vom Knabenalter in die Mannbarkeit schimmert jedenfalls auch in der vorliegenden »religiösen« Fassung des Rätsels noch durch. Was war die ursprüngliche Bedeutung der Beschneidung? Der Jugendliche wurde in die Gemeinschaft der Männer eingeführt, nachdem er nicht nur »Mutproben« bestanden hatte, sondern oft auch Rätselfragen beantworten mußte, die ein Wissen um das Mysterium der Geschlechtlichkeit von Mann und Frau bewiesen. Zu diesen Initiationsfragen mögen die im *Midrasch Mischle* überlieferten Rätsel einst gehört haben. Fragen und Antworten »weihten« den Knaben in die Erwachsenenwelt »ein«. Damit war die Kindheit zu Ende.

Warum der Jugendliche den Übergang in die Erwachsenenwelt allerdings durch die schmerzhafte Prozedur der Beschneidung erleiden mußte, ist bis heute nicht vollständig geklärt. Sollte etwa am Jugendlichen eine Art symbolisch-grausamer Kastration vollzogen werden, die den ungebremsten Sexualtrieb des jungen Menschen zügeln sollte? Das ist heute die gängige Auffassung von Anthropologen und Psychologen, obwohl der Kinderpsychiater Bruno Bettelheim in seiner Studie *Die symbolischen Wunden* zu ganz anderen Ergebnissen kam. Die Beschneidung, so Bettelheim, sei Ausdruck des Geschlechtsneides des Mannes, seiner Sehnsucht, weiblicher Sexualität teilhaftig zu werden. Die »blutige« und »schmerzhafte« Beschneidung imitiere deshalb die blutige Menstruation der Frau und lasse den Mann wenigstens symbolisch am Mysterium weiblicher Geschlechtlichkeit teilnehmen.[13] Bettelheim untermauerte seine Beobachtung mit kinderpsychologischen Studien und konnte auf umfangreiches völkerkundliches Material verweisen. So ist aus der Völkerkunde z. B. das merkwürdige Phänomen des »Männerkindbettes« bekannt. Waren die Frauen schwanger, zogen sich die Männer ins Kindbett zurück, imitierten Gebärschmerzen und ließen sich von den entbundenen Frauen, paradox genug, intensiv pflegen.[14] Während das Männerkindbett nur symbolisch imitierte, war die grausam anmutende Prozedur der »Subinzision« mit einem chirurgischen Eingriff verbunden.[15] Dem Mann wurde die Harnröhre aufgeschnitten und am Ende der Schnittlinie ein Loch angebracht, so daß beim Wasserlassen die weibliche Form praktiziert werden mußte. Bei australischen Eingeborenen wurde das »Harnloch« auch als »Vulva« bezeichnet. Und in Indien gibt es die noch heute vollzogene Totalkastration, die auch aus dem altorientalischen Kybele-Kult bekannt ist. Die Priester der Kybele, der »Großen Mutter«, entmannten sich selbst in einem Akt religiöser Extase und ließen sich anschließend mit Frauenkleidern beschenken.[16] Harmlosere Weisen des Geschlechtertausches sind alle Formen der Travestie[17], wie sie uns schon in einem Rätsel der Königin von Saba erschien. Und die Beschneidung, um die es im letzten Rätsel der Königin von Saba geht, gehört wohl auch in den Zusammenhang von Bemühungen der Männer, zu erringen, was allein Frauen vorbehalten ist. Bettelheim hebt deshalb hervor, daß der Initiationsritus der Beschneidung weniger mit Aggression gegen den »unheimlichen« Sexualtrieb zu tun habe als mit der emotional tief verankerten Sehnsucht der Männer, sich zu »verweiblichen«. Er schreibt:

> Ich glaube, daß wir in unserer Diskussion der Initiation und der Beschneidung viel zu sehr das betont haben, was wie Zerstörung aussieht (Beschädigung des Genitals) und die eher verborgene Faszination, die von Schwangerschaft und Geburt ausgeht, übersehen haben. Vielleicht kann das, was eng und pessimistisch mit der Kastration

verbunden wurde und wirklich eine Zerstörung des Lebens darstellt, einmal als viel mehr von den konstruktiven Wünschen herrührend angesehen werden, nämlich jenen, die mit Zeugung, mit neuem Leben zusammenhängen.[18]

Der von Bettelheim aufgedeckte Zusammenhang von Beschneidung und weiblicher Sexualität kommt nun auch in den Rätseln der Königin von Saba zum Vorschein. Wir müssen uns deshalb noch einmal dem ersten Rätsel des *Midrasch Mischle* zuwenden, das nach Meinung aller Ausleger und auch Salomos selbst von Menstruation, Schwangerschaft und Säugung handelt. »Die sieben Tage der Absonderung« werden von Salomo in Verbindung gebracht mit dem Gebot, daß menstruierende Frauen sieben Tage den Männern fernbleiben sollen. Hatte Salomo tatsächlich den Sinn der »sieben vorbeigehenden Tage« richtig erraten? Es scheint noch eine andere Lösung zu geben, die möglicherweise Salomos Weisheit noch überbietet. Sieben Tage mußten nämlich auch »vorbeigehen«, bevor die Beschneidung an den Säuglingen vollzogen werden konnte. Wir vermuten deshalb, daß die Königin von Saba auf vielleicht hintergründige Weise in der Rätselfrage gleichzeitig die Menstruation und Beschneidung gemeint haben könnte. Daß diese sieben Tage, die bis zur Beschneidung vorbeigehen mußten, auch »Tage der Absonderung« waren, geht noch aus den schon erwähnten *Wachnachten* hervor, bei denen mit Abwehramuletten, Gebeten und anderen Vorrichtungen der Säugling vor der feindlichen Umwelt geschützt werden sollte.[19]

Auf jeden Fall ist das vierte Rätsel, in dem es um die Beschneidung geht, zusammengestellt mit Rätseln, die eine positive Einstellung besonders zu den Tatsachen der »weiblichen« Sexualität verraten. Menstruation, Schwangerschaft und Stillung, die machtvolle Sexualität der Töchter Lots und das transvestitische »Kleiderrätsel« waren zu erraten, bevor das Mysterium der Beschneidung angesprochen wurde, deren Wesen freilich ganz ins Religiöse gewendet ist: Die Beschnittenen werden weniger ins Erwachsenenleben aufgenommen, als zu »Kindern« des Gottesreiches gemacht.

Doch übersehen wir nicht, daß es die Königin von Saba ist, die die Rätsel stellt. Sie ist es, die sich in der stärkeren Position befindet, denn sie kennt die Lösungen, die Salomo erst erraten muß. Das ist bezeichnend, ist es doch die Frau, die mit ihren Fragen in die Geheimnisse der weiblichen Sexualität einweiht. Frauen waren es auch, die ursprünglich die Beschneidung vollzogen hatten, bevor sich die Männer auch diese Position aneigneten. Überwältigend sind die Zeugnisse, in denen der Ursprung der Beschneidung Frauen zugesprochen wird.[20] Manchmal ist es schwierig zu entscheiden, welches Motiv stärker war, die Sehnsucht der Männer, Frauen zu werden, oder der Wunsch der Frauen, Männer zu »verweiblichen«. In bestimmten Kulturen wurde den Frauen die Vorhaut der Beschnittenen geschenkt, manchmal getrocknet und als Halsschmuck verwendet, manchmal sogar als »kultische« Speise von Frauen »einverleibt«. Es gab die Sitte, das Beschneidungsblut in einem Becher aufzufangen und als heilkräftige Medizin anzuwenden. Das alles wirkt auf uns heute vielleicht erschreckend und abstoßend, doch in den jeweiligen Kulturen geschah das alles ohne Angst und Ekel, glaubte man doch an die »fruchtbringenden« Wirkungen der Beschneidung.

Auch im Alten Testament ist die Erinnerung an die dominierende Stellung der Frau im Beschneidungsakt nicht ganz verlorengegangen. Da gibt es die Frau von Mose, Zippora, eine biblische Gestalt, die man gern verdrängte und die daher kaum bekannt ist. Warum das? Im 2. *Buch Mose* steht eine der »unheimlichsten« Geschichten der Bibel, die mit ihr zu tun hat:

> Und als Moses unterwegs in der Herberge war, kam ihm Jahwe entgegen und wollte ihn [den Sohn des Mose] töten. Da nahm Zippora einen scharfen Stein und beschnitt ihrem Sohn damit seine Scham und sprach: Du bist mir ein Blutsbräutigam. Da ließ er von ihm ab. Sie sagte aber »Blutsbräutigam« um der Beschneidung willen.[21]

Es ist klar, daß diese Geschichte nicht ganz logisch aufgebaut ist. Mose wird von Jahwe verfolgt und selbstverständlich wird er und nicht sein Sohn von Zippora beschnitten. Nur Mose kann der »Blutsbräutigam« sein, der von Zippora gleichsam überfallartig beschnitten wird. Ein Steinmesser, kein Messer aus Metall, wurde benutzt, ein Beweis für die Altertümlichkeit der Beschneidung durch eine Frau. Dem biblischen Erzähler erschien jedoch diese Beschneidung Moses durch seine Frau als so unglaublich, daß er an Stelle von Moses den Sohn beschneiden ließ.

Ein Nachklang der machtvollen Frauenposition kommt nun auch darin zum Ausdruck, daß die Königin von Saba die Initiationsrätsel stellt. Eine Frau also befindet sich in der stärkeren Position dem Mann gegenüber – denn sie kennt die Lösungen, die Salomo erst erraten muß. Die Frau weiht mit ihren Fragen in die Geheimnisse der Sexualität ein.

Auf einem leider verschollenen Gemälde, das aus der Schule Hieronymus Bosch stammen könnte, kniet übrigens nicht die Königin vor Salomo, sondern umgekehrt. Einige Interpreten gehen davon aus, daß es sich nicht um die Königin von Saba, sondern um Abigail handelt. Ungewöhnlich bleibt, daß König Salomo vor einer Königin kniet.

Diese Darstellung und mit ihr die Erinnerung an eine Vormachtstellung der Frau ist ein äußerst seltenes Vorkommnis. Im allgemeinen behandelte man sie wie auf einer kleinen Glasmalerei, die sich im schweizerischen Kloster Muri befindet, einer Wappenscheibe des Königreichs Spanien, aus dem Jahr 1580 (Abb. 15). In der rechten oberen Ecke ist eine Rätselszene dargestellt – nur stellt hier Salomo das Rätsel; er unterzieht die Königin einem »Intelligenztest«, indem er ihr zwei Lilien gibt, von denen die eine echt, die andere künstlich ist.[22] Auf die Frage, welche die echte sei, läßt die Königin einen Bienenstock bringen, und die Bienen fliegen auf die echte Lilie. Der Diener, der den Bienenstock bringt, ist in orientalischer Tracht mit Krummsäbel abgebildet, ein Zeichen, daß er aus dem Gefolge der Königin stammt. Solange die Königin von Saba die Rätsel aufgab, war das allein schon Ausweis ihrer Überlegenheit, hier aber wandelt sich das Bild, ihr Privileg wird ihr genommen und damit ihre Vormachtstellung.

8. Die unbeschuhte Dämonin

Es wäre falsch zu glauben, daß alle Rätsel, welche die Königin von Saba stellt, mit Erotik, Fruchtbarkeit und Geschlechterrollen zu tun haben. Ein ganz anderer Rätseltypus begegnet uns in der Rätselsammlung *Targum Scheni* zum Buch *Esther*, dessen Bericht über die Begegnung zwischen der Königin und dem König uns schon ausgiebig beschäftigt hat. Nachdem Salomo die Beinbehaarung der Königin so ungalant wie nur möglich vermerkt hatte, geht er, als ob nichts geschehen wäre, gleich zu den Rätseln über, die die Königin ihm zu stellen begierig ist. Es heißt:

Hierauf begann die Königin von Saba: »Mein Herr König! Ich will dir drei Rätsel aufgeben, wenn du sie löst, werde ich erkennen, daß du ein weiser Mann bist; wenn das aber nicht der Fall ist, so bist du wie die anderen Menschen.« Sie sprach: »Was ist das? Ein hölzerner Brunnen mit eisernen Eimern, welche Steine schöpfen und Wasser ausgießen?« Der König antwortete: »Das ist das Schminkrohr.«

Die Königin von Saba fuhr fort: »Was ist das? Es kommt als Staub aus der Erde und seine Speise ist Staub der Erde, es wird wie Wasser ausgegossen und es durchscheint das Haus.« Salomo antwortete: »Es ist das Naphtaöl!«

Ferner sprach die Königin von Saba: »Was ist das? Fährt ein Sturmwind an der Spitze aller vorbei, so stößt es ein bitteres Geschrei aus; sein Kopf ist wie Schilf, es ist eine Zierde der Freien [Reichen], eine Schande der Armen, eine Zierde der Toten, eine Schmach der Lebenden, eine Freude der Vögel, eine Betrübnis der Fische.« Der König antwortete: »Es ist der Flachs!«

Die Königin sprach: »Ich habe den Dingen nicht geglaubt, bis daß ich hierher gekommen bin und meine Augen gesehen haben. Siehe, nicht die Hälfte ist mir davon gesagt worden, deine Weisheit und Güte übertrifft noch das Gerücht, was ich vernommen habe. Heil dir, Heil deinen Leuten, Heil deinen Dienern!«[1]

Über die präzise Bedeutung der einzelnen Begriffe in den Rätseln wird immer noch ausgiebig gestritten. Eines jedoch charakterisiert diese Rätsel. Es geht anscheinend um Dinge des täglichen Umgangs, um die Welt des häuslichen Alltags, in der sich vor allem die Frauen betätigten.

Das erste Rätsel ist dem Geheimnis weiblicher Kosmetik gewidmet. Das »Schminkrohr«, um das es geht, war überall im Orient bekannt und kam von dort nach Griechenland und Italien. Es wurde in der Regel aus Schilfrohr hergestellt und enthielt eine Mischung aus gebranntem und gepulvertem Antimonium und Zink, das in unzerstoßenem Zustand hart wie Stein war. Ein kleiner Eisenstab, der »eiserne Eimer« des Rätsels, wurde angefeuchtet und in das Puder eingetaucht [»Wasser ausgießen«]. Mit dem angefeuchteten Puder wurden die Augenbrauen eingeschwärzt und ausgezogen. Die Augen erschienen jetzt größer und leuchtender als zuvor. Die Wangen bestrich man mit Menning oder mit Wurzelsäften, was eine blühende Gesichtsfarbe hervorrief; die Haut wurde mit Bleiweiß eingefärbt. Die Schläfenadern erhielten einen blauen Farbauftrag, und gefestigt wurden all diese Farben durch einen Firnis aus Honigwachs.[2]

Und die Königin? War sie selbst auch geschminkt? Die Frage scheint absonderlich, doch zumindest nimmt das offensichtlich der schon erwähnte Honorius in seinem Buch *De imagine mundi* an: die Königin von Saba habe »Augen wie strahlende Sterne« gehabt.[3] Das Schminkrätsel bringt uns auf die Idee, die Königin von Saba habe vielleicht ihre Augen so kunstvoll geschminkt, daß sie wie strahlende Sterne erschienen.

Es fällt auf, wie unbefangen das Schminkrätsel gestellt und beantwortet wird. Die Kunst des Schminkens, in altorientalischen Kulturen selbstverständlich, hatte in Israel keineswegs nur Fürsprecher. Besonders die Propheten ließen es sich nicht nehmen, die Schminksucht der Frauen zu geißeln, wie z. B. Jeremia:

> Du aber, was tust du, du Verstörte? Wenn du dich schon in Purpur kleidest und dich mit goldenem Schmuck zierst und dir mit Schminke die Augen weitest, so schmückst du dich doch vergeblich! Die Liebhaber verachten dich, sie werden nach deinem Leben trachten.[4]

Von der »verabscheuten« Königin Isebel wird berichtet, daß sie ihre Augen bemalt hatte, bevor Jehu, der »Gottesstreiter« sie aus dem Palastfenster stürzen ließ.[5] Die geschminkte Isebel hatte in Israel »abgöttische« Kulte eingeführt, die den Widerstand der orthodoxen Israeliten hervorriefen und zu einer brutalen Palastrevolte führten, der das gesamte herrschende Königshaus zum Opfer fiel.

Die Isebel-Geschichte gibt uns einen wichtigen Fingerzeig: Schminken und Kosmetik galten nicht allein als Hilfsmittel weiblicher Schönheit, sie hatten ursprünglich auch kultische und religiöse Bedeutung. Es gab Schminkmasken, die bei kultischen Feiern verwendet wurden. Sie verbargen die persönliche Identität und unterstützten die Eingliederung der Feiernden in die »anonyme« Kultgemeinschaft. Ein Nachklang dieser Bedeutung findet sich in den Weißmasken, durch die an Fastnacht die Totengeister symbolisiert wurden. Rußbemalung am »bromigen«, d. i. rußigen (Fastnachts-)Freitag hatte dagegen die Aufgabe, Todes- und Krankheitsdämonen abzuwehren.[6]

Daß nun die Königin von Saba das Schminkrätsel stellte, entbehrt nicht einer gewissen Pikanterie. Hatte nicht das *Targum Scheni* kurz vor der Rätselerzählung von der dämonischen Beinbehaarung berichtet? Der König Salomo ging zwar nicht weiter auf diese Verunzierung ein, nach dem *Alphabetum Siracidis* läßt er jedoch eine Hautsalbe herstellen, die der häßlichen Beinbehaarung Abhilfe schuf und den König seinem Ziel näherbrachte, mit der Königin zu schlafen. Hier wird gleichsam mit Füßen greifbar, daß die Salbe Dämonenabwehrmittel und Schönheitsmittel zugleich gewesen war.

Was der Königin so hilfreich gedient hatte, konnte auch den Männern nützlich sein. Erzählt doch das *Alphabetum* auch die Geschichte von Jesus ben Sirach, dem Autor zahlreicher Weisheitssprüche, wie er an den Hof des

Königs Nebukadnezar geladen wurde, um seine »Weisheit« auf die Probe stellen zu lassen. Der jedoch schickte ein Kaninchen voraus, dessen Bart- und Kopfhaare aufs zierlichste geschoren waren. Ein Rasiermesser oder ein anderes Instrument war jedoch nicht benutzt worden. Dem überraschten und gespannten Königshof offenbart Sirach, daß er die Salbe benutzt habe, die einst schon der Königin von Saba geholfen hatte.[7] Salomos Salbe als Enthaarungsmittel für ein Kaninchen —, das war die humoristische Variante zu der uns bekannten Erzählung von der Verwendung jenes Mittels, dem dämonische Behaarung nicht standhalten konnte.

Im zweiten Rätsel des *Targum Scheni* geht es um einen Haushaltsartikel. Erfragt wird eine erdölhaltige Substanz, das Naphtaöl, das wie Wasser aus dem Boden quillt und im Orient zur Hausbeleuchtung verwendet wurde.[8] Das dritte Rätsel schließlich handelt von Textilien. Der Grundstoff für die Leineweberei, der Flachs, soll erraten werden: Ein Sturmwind rast über das Flachsfeld und legt die Flachspflanzen wie Schilf nieder, deshalb das Geschrei. Das Leinen zierte die Reichen, den in Lumpen gekleideten Armen war es jedoch eine Schande. Mit Leinentüchern wurden die Toten geehrt; die Vögel jedoch spielten vergnügt am »leinernen Strick« — vielleicht ist ironisch der Galgenstrick gemeint, oder pickten sie etwa eifrig die Flachssamen auf, an denen sie sich vergnügten? Den Fischen wurde der Flachs zum Verhängnis, fing man sie doch in aus Flachs geknüpften Netzen.[9]

Es blieb nicht bei den harmlosen Rätseln um Kosmetik, Haushalt und Textilien; in der schon erwähnten jemenitischen Rätselsammlung, dem *Midrasch ha-Hefiz*, taucht noch eine Fülle von Erinnerungsrätseln auf, bei denen es z. B. um biblische Gestalten wie Jona, die Besuchsengel bei Abraham, Daniel in der Löwengrube usw. geht.[10] Eine Gestalt soll uns noch etwas näher beschäftigen, Simson, eine der großen Figuren aus der Frühgeschichte Israels. Das Rätsel zielt auf das Ende Simsons. »Ein Haus voller Toter, kein einziger kam unter sie, noch kam ein Lebender nach ihnen.«[11] Angespielt wird auf den gewaltsamen Tod Simsons und der Philister, als der gefangene Simson, ausgestattet mit immensen Körperkräften, die Säulen eines Tempels zum Einsturz bringt und selbst mit den Philistern unter den Trümmern begraben wird. Doch nicht dieses Ende weckt unser Interesse, sondern zwei Eigenschaften, die Simson mit der Königin von Saba verbinden.

Simsons Körperkräfte gehen nämlich auf die dämonische Kraft seiner langen Haare zurück, und von der Königin von Saba heißt es bekanntlich, daß sie mit einer dämonischen Beinbehaarung ausgestattet war. Noch interessanter ist jedoch ein anderer Zusammenhang zwischen beiden Gestalten: Simson nämlich ist die einzige Figur in der Bibel, von der Rätsel überliefert sind.[12] Allerdings dienten ihm die Rätsel dazu, Zwietracht unter die Rätselrater zu säen. Das Rätselraten artet in einen Rätselwettkampf aus, bei dem der Gewinner dreißig Festtagskleider erhalten soll. Einschmeichelnder, zugleich lästiger Reden seiner Frau wegen offenbart er ihr die Rätsellösung – es geht um einen von ihm erlegten Löwen, in dem sich ein Honig spendender Bienenschwarm eingenistet hat. Beide, der Rätselsteller Simson und die rätselstellende Königin von Saba, sind mit einer dämonischen Behaarung ausgestattet. Ihr Rätselwissen stellt wohl ein »Geheimwissen« dar, das eine Machtstellung ausdrückt, den Nachfahren jedoch letztlich unheimlich erschien. Und tatsächlich, bei der Königin von Saba kreisten die Rätsel immer um »Reservate des Weiblichen« und um nicht sonderlich häusliche Machtgestalten wie Lots Töchter und Thamar. Den Männern mochten diese Themen jedoch immer suspekt erscheinen. Sicher, auch Männer vermochten sich dieses Wissen anzueignen – Salomo ist ein gutes Beispiel dafür –, doch die Erinnerung an den unheimlich-dämonischen Charakter dieses Wissens blieb erhalten.

Sehr deutlich wird es auch ausgedrückt in einem der merkwürdigsten Rätsel, das uns überliefert wurde. Dieses *Beschuhungsrätsel* lief in kabbalistischen Kreisen um und wurde in der »Bibel« der Kabbala, dem *Sefer ha-Zohar*, dem Buch des Glanzes, überliefert und mag etwa aus dem 14. Jahrhundert stammen.[13] Danach soll die Königin von Saba Salomo gebeten haben, ihr Sandalen anzufertigen. Da die Königin jedoch dämonisch verformte Füße gehabt habe, waren Sandalen für sie gar nicht geeignet und notwendig. Salomo durchschaut die Rätselprobe, denn er weiß vom dämonischen Charakter der Königin und weigert sich, für diese Dämonin Sandalen herzustellen. Es ist klar: Die Rätsel gingen nicht mehr »über« etwas, sondern es war der dämonische Charakter der Königin selbst, der erraten werden sollte. Die rätselstellende Königin selbst wird zum »Rätsel«, und wer es lösen wird, gewinnt Herrschaft über sie.

Das erinnert an das wohl berühmteste Rätsel der Antike, an das Rätsel der Sphinx.[14] Es bestehen in der Tat erstaunliche Parallelen zwischen der Sphinx, die in der griechischen Stadt Theben beheimatet war, und der Königin von Saba. Beide sind weibliche Wesen, beide entstammen dämonischen Vorfahren, beide sind tierisch-menschliche Zwitterwesen, die Sphinx zusammengesetzt aus einem Frauenkopf und einem geflügelten Löwenleib, die Königin von Saba ausgestattet mit einer fellartigen Behaarung und einem Tierfuß (Eselshuf, Gänsefuß, Hahnenfuß), beide jedoch aus derselben Gegend stammend, die Königin aus dem südarabischen Saba, die Sphinx aus dem äußersten Teil Äthiopiens. Noch ein anderes, bedrohliches Phänomen verbindet beide. Wer wie Ödipus an Theben vorbeikam, mußte das Rätsel der Sphinx lösen. Wer es nicht schaffte, wurde von der Sphinx erwürgt, ja der Name Sphinx bedeutet nichts anderes als »Würgerin«. Als Würgedämonin war in der jüdischen Legende auch die Königin von Saba in ihrer Figuration als Lilith bekannt. Und nun das Rätsel der Sphinx:

> Es gibt ein Ding auf Erden, das zwei und vier und drei Füße hat. Von allen Wesen, die sich auf der Erde kriechend oder in der Luft und im Wasser bewegen, wechselt es allein seine Natur, und wenn es sich auf die meisten Füße gestützt fortbewegt, ist die Kraft seiner Glieder am geringsten. Ödipus erriet die Antwort. »Der Mensch«, sagte er, »denn er kriecht als Säugling auf allen vieren, steht in seiner Jugend fester auf seinen Füßen und stützt sich im hohen Alter auf einen Stock.« Die entsetzte Sphinx sprang herunter vom Berg Phikion und zerschellte unten im Tal. Die dankbaren Thebaner erhoben Ödipus zum König.

In dieser Form ist das Rätsel der Sphinx bekannt geworden. Der Mensch selbst hatte sich als des Rätsels Lösung enthüllt. Und tiefsinnige Rätseldeuter sahen in dieser »menschlichen« Deutung des Rätsels, daß jetzt der Mensch sich selbst als Lösung aller Geheimnisse erkannt hatte und damit eine neue Stufe seines Selbstbewußtseins erreicht hatte.

In einer älteren Fassung sah die Lösung des Sphinxrätsels jedoch noch anders aus.[15] Danach war nicht der »Mensch«, sondern die »Sphinx« des Rätsels Lösung. Sie selbst sollte erraten werden und damit ihre unmenschliche Gestalt als vierbeiniger Stier, als zweibeiniger Jüngling und als dreibeiniger Esel. Drei verschiedene tierisch-menschliche Erscheinungsformen der Sphinx waren also Gegenstand des Rätsels, und damit stand ihr dämonischer Charakter zur Disposition. Und noch etwas genauer: Diese tierisch-menschliche Gestalt war eine weibliche Gestalt. Ödipus war es, der dieser weiblichen Dämonin im buchstäblichen Sinne den Hals brach, indem er an die Stelle einer dämonischen Frauengottheit den »Menschen« setzte und damit die Stadt Theben von einer unheimlichen Frauen-Tier-Mensch-Gottheit befreite. Der Bann einer Frauengottheit war gebrochen. Mit dem Herrschaftsantritt des »männlichen« Ödipus zerbricht endgültig die Macht der weiblichen Sphinxdämonin. Ein Herrschaftswechsel zugunsten des Patriarchats hatte stattgefunden.

Auch das kabbalistische Beschuhungsrätsel zielte auf den dämonischen

Charakter der weiblichen Herrschergestalt, deren Macht gebrochen werden sollte. Was Ödipus gegenüber der Sphinx gelang, erreichte Salomo, indem er den dämonischen Charakter der Königin von Saba entlarvte und sie dadurch »deklassierte«. Sicher, die Königin von Saba wird nicht wie die Sphinx durch die Aufdeckung ihres Geheimnisses vernichtet. Warum nicht? Sie unterwirft sich willig und akzeptiert die überragende Macht Salomos.

Trotz der willigen Unterwerfung der Königin von Saba schimmert hier noch etwas durch von der früheren Machtstellung der Königin: Ihre Rolle als Rätselstellerin gewährleistet ihr Dominanz über den Befragten, und erst recht der Inhalt der Rätsel offenbarte ursächlich »weibliches« Wissen und unterstrich die Erinnerung an eine einst blühende Frauenkultur, die noch nicht durch patriarchialische Herrschaftsformen gezähmt war. Um diese Stellung der Königin zu erschüttern, bedurfte es der »Weisheit« Salomos, der alle Rätsel lösen konnte. Doch das reichte nicht aus! Die Königin selbst mußte als »dämonisches« Rätsel gelöst werden! Die beunruhigenden Überreste ihrer einstigen »weiblichen« Machtstellung konnten versenkt werden in den Orkus dämonischer, jedoch entmachteter Frauengestalten. Dort mochte sie dann »unbeschuht« ihr Wesen weitertreiben. Den Männern aber konnte sie nicht mehr gefährlich werden!

Im Gegenteil. Gleichsam neugeboren treffen wir die Königin und ihre Rätsel wieder in einer versöhnlichen und heiteren Welt. Wir müssen uns dafür den bildlichen Rätseldarstellungen zuwenden, die vor allem auf Wandteppichen vom Ende des 15. Jahrhunderts bis ins frühe 17. Jahrhundert hinein zu finden sind.[16] In dieser Zeit scheint sich die Rätsellegende besonderer Beliebtheit erfreut zu haben. Das ist um so auffälliger, als ansonsten bildliche Rätseldarstellungen der Königin von Saba so gut wie unbekannt sind. Die Königin von Saba zog auf und mit den Tapisserien in die geschützte und befriedete Welt des häuslichen Privatlebens ein, aller dämonischen Attribute entkleidet, ohne den kultisch-religiösen Hintergund der Frauenrätsel und ohne jede Dominanz als Rätselstellerin.

Unsere Wandteppiche entstammen durchweg dem oberrheinisch-elsässischen Lebensraum. Es ist also eine Art »alemannischer« Häuslichkeit, in welche die Rätsel der Königin hinübergewandert sind.

Das wohl bekannteste Rätselbild befindet sich heute im Metropolitan-Museum in New York (Abb. 17). Es stammt aus dem Elsässischen, vielleicht aus Straßburg, erkennbar an der türkischen Webetechnik, die in Straßburger Manufakturen angewendet wurde. Die Königin bedrängt Salomo mit Rätselfragen. Die Szene findet statt in einem überreich geschmückten Blumengarten, eingerahmt von einer Felsenlandschaft mit einer Burg. Über allem ein Himmel mit leichten Wolken. Salomo, als jugendlicher und lockiger König abgebildet, sitzt unter einem Baldachinthron, die Königin von Saba, eine jugendlich attraktive Dame, schreitet von rechts auf Salomo zu. Beide sind kostbar gekleidet in der Mode des 15. Jahrhunderts.[17]

Und die Rätsel, die die Königin stellt? Weder die jüdischen noch die islamischen Rätselsammlungen kennen sie, und damit wir nicht in Unkenntnis bleiben, gibt uns eine kunstvoll geschwungene Schriftgirlande Auskunft. Sie lautet:

Bescheyd mich kunig
ob blumen und kind
Glich an art
oder unglich sind.

Das ist im spätmittelalterlichen Dialekt des Alemannischen geschrieben, und tatsächlich, in ihrer Hand hält die Königin zwei Rosen, eine künstliche und eine natürliche, die Salomo unterscheiden soll, obwohl sie gleich aussehen. Zwischen beiden spielen zwei Kinder mit Äpfeln. Sie sind gleich gekleidet und frisiert, und Salomo soll ihr Geschlecht erraten. Die Antwort Salomos kommt prompt; seine Geste unterstreicht, was auf der Schriftgirlande geschrieben steht:

Die bine ein guote blum nit spart,
das knuwen zoigt die wiplich art.

Salomo läßt also Bienen kommen, die sich allein auf den echten Rosen niederlassen, die künstlichen jedoch verschmähen. Und das Geschlecht der Kinder wird unterschieden an der Art, wie sie Äpfel aufsammeln. Das Mädchen kniet (knuwen) nieder und sammelt die Äpfel in den Falten ihres Kleides, der Junge jedoch greift stehend einen einzigen Apfel.

Das Kinderrätsel ähnelt dem jüdischen Nußrätsel und der islamischen Waschprobe. Doch von einer Apfelprobe war bisher nirgends die Rede. Woher diese Variante des Rätsels stammt, ist bis heute ungeklärt. Die bisher älteste literarische Quelle ist eine anonyme lateinische Handschrift, *Ein Traktat über verschiedene Taten der Römer und anderer*, geschrieben in Bologna im Jahre 1326. In ihm findet sich ein Text, *De regina Saba*, über die Königin Saba:

Es wurde über die Königin von Saba erzählt, daß, als sie kam, um Salomo in seinem Palast zu sehen, sie zusammen in der Aula Regia saßen und über verschiedene Dinge sprachen. Mit sich brachte die Königin Zwillinge verschiedenen Geschlechts, von ihr geboren, und während diese Zwillinge herumrannten und vor ihnen spielten, fragte sie Salomo nach dem Geschlecht jedes Kindes. Aber sie ähnelten sich so sehr, daß Salomo sie nicht unterscheiden konnte. Da rief er einen seiner Diener herbei und befahl ihm, Äpfel zu bringen. Als dieses getan war, warf Salomo den Kindern die Äpfel vor und rief ihnen zu, sie aufzusammeln. Der Junge hob den Rockschoß seines Kleidchens und legte die Äpfel in ihn, während das Mädchen – zurückhaltender – die Äpfel in ihren Händen hielt und sie sofort an ihre Mutter weiterreichte. Deshalb war Salomo in der Lage zu erkennen, wer von beiden Kindern weiblichen Geschlechts war.[18]

Woher der Verfasser dieses Rätsel kannte, läßt sich nicht eindeutig sagen. Es gibt jedoch einige Hinweise, daß er erbauliche Geschichten benutzte, die dem *Buch der Philosophen* entstammten, einem mittelalterlichen Text, der ursprünglich wohl auf griechisch geschrieben war, im 11. Jahrhundert ins Arabische, im 13. Jahrhundert vom Arabischen ins Spanische und vom Spanischen zurück ins Lateinische übersetzt worden war. Es wäre durchaus möglich, daß über den Austausch mit arabischen Legenden auch das Kinderrätsel angeregt wurde.

Allerdings besteht ein merkwürdiger Unterschied zwischen dem Traktat und dem Wandteppich. Während der Traktat die Rätselszene in einer *aula regia*, einer »Königshalle« in einem Palast, spielen läßt, versetzt der Wandteppich diese Szene in einen paradiesisch anmutenden Garten. Wir wollen diese Beobachtung festhalten, wenn wir jetzt zum zweiten Teppichrätsel, dem Blumenrätsel, übergehen. Die Herkunft dieses Rätsels ist noch geheimnisvoller als die des Apfelrätsels. Die älteste literarische Nachricht, die bisher bekannt geworden ist, findet sich bei dem französischen Renaissancedichter Clément Marot, der 1527 einen Prolog zum *Rosenroman* (Roman de la rose) verfaßt hatte und mit Anspielung auf den Titel dieses französischen Volksromans folgendes bemerkte:

Die Rose in dem Roman kann verglichen werden mit der, welche die edle Königin von Saba, die Äthiopierin, dem weisen König Salomo schenkte, wie wir lesen im Buch der Probleme, Rätsel und Fragen, die sie ihm stellte, seine Weisheit zu versuchen ... Sie nahm zwei Rosen, eine kam von einem Rosenstrauch . . . und die andere war eine Imitation, ähnlich der natürlichen Rose . . . »Hier«, sagte sie, »sind zwei Rosen . . . sag mir, Herr, welche ist die natürliche Rose.« Salomo befahl, einige Bienen zu bringen . . . abgeleitet von seiner Kenntnis der Natur, daß die Bienen zur echten Rose flogen . . . Deshalb fand er die wahre Rose heraus . . . verschieden von der anderen . . .[19]

Woher nun der Dichter das Blumenrätsel erfahren hatte, ist bis heute ungeklärt. Der Wandteppich jedenfalls kennt das Blumenrätsel schon fünfzig Jahre, bevor es von Clément Marot beschrieben wurde.

Vielleicht sollten wir uns den Wandteppich noch einmal genauer anschauen. Was auf jeden Fall fasziniert, ist die Pracht des Gartens, in dem sich beide Königsgestalten begegnen. Auffällig sind die langstieligen, übergroß gewachsenen Blumen, vor allem Maiglöckchen und Löwenzahn. Die Blumenpracht wirkt so beeindruckend, weil der Garten merkwürdig abgeschlossen erscheint. Die seitlich aufschießenden Felsen begrenzen ihn; die dem Horizont vorgelagerte Ebene erscheint blumenlos, ja geradezu kahl und unwirtlich. Das gibt uns einen wichtigen Hinweis, war doch der abgeschlossene Garten *(hortus conclusus)* ein weitverbreitetes Motiv in der Bildkunst des 15. Jahrhunderts.

Wir treten damit ein in die mittelalterliche Liebesmystik, der »abgeschlossene« Garten war ein Symbol der Liebe.[20] »Abgeschlossen« in diesem Garten erschien die jungfräuliche Maria, die auch Sinnbild der »liebenden« Kirche sein konnte, während sich in späteren Darstellungen auch die liebende und geliebte »Einzelseele« darin fand. Neben der Paradiesgeschichte hat vor allem das »Hohelied der Liebe« diese Liebesmystik inspiriert, und dieses »Hohelied« wurde niemand anderem als dem König Salomo zugeschrieben. Mochte das »Hohelied« vor allem der Ausmalung der religiösen Liebe dienen, so blieb doch genügend Freiraum, die Schönheit »weltlicher« Liebe und auch das Geheimnis von Erotik und »Minne« auszudrücken. Das »Hohelied« war ursprünglich ein weltliches Liebeslied, das später religiös gedeutet wurde.

Die Beziehung zum Paradiesgarten und zum Liebesgarten des »Hohenliedes« könnte uns Aufschluß geben über das Kinder- und das Blumenrätsel. Äpfel und Rosen oder auch Lilien tauchen bevorzugt in der Symbolik der Paradiesgeschichte und des *Hohen Liedes* auf. Die Rose, seit jeher eine »heilige« Blume, war einst der griechischen Liebesgöttin Aphrodite geweiht, aber auch im römischen Totenkult wurde sie mit einem eigenen Rosenfest, den Rosalien, verehrt; von dort aus gelangte sie wohl in die

Katakombenmalerei und wurde wegen der blutroten Blütenblätter zum Märtyrersymbol erkoren. Als Inbegriff weltlicher und geistlicher Schönheit und Minne wird sie, wie andererseits die Lilie, zum Symbol Marias. So finden wir Maria schließlich im Rosengarten, dem »Rosenhag«, jenem abgeschlossenen Garten.[21]

Das wohl schönste Rosenbild wurde jedoch nicht gemalt, sondern gedichtet. Dante läßt im Paradiesgesang seiner *Göttlichen Komödie*[22] die Rose zu einem Ewigkeitssymbol aufblühen. Die Schar der Erlösten im Himmel erscheint ihm als riesige gefüllte Rose. Auf den Blütenblättern thronen Heilige, und im Blütenkelch der weißen Himmelsrose thront Maria, die Gottesmutter. Engel fliegen wie ein Bienenschwarm darüber her, senken sich den Bienen gleich in die Rose hinein, alles mit Liebe und Gnade erfüllend. Einen Bienenschwarm läßt jedoch auch der König Salomo kommen, um die wahre Rose zu finden. Steht hinter dem Rosenrätsel der Königin vielleicht Dantes Paradiesvision? Die Rosen, die die Königin von Saba in den Händen hält, sind, auch das verweist auf andere Darstellungen der *Maria im Rosengarten*, ohne Dornen abgebildet. Zur Königin von Saba konnten nur dornenlose Rosen passen, die weder sie noch andere verletzen konnten.

Die Äpfel, die Salomo den Kindern überläßt, gehörten ebenfalls einst zur Paradiesgeschichte; sie waren die »Früchte vom Baum der Erkenntnis«, die jedoch, so lautete der Befehl Gottes, nicht genossen werden sollten. Die Bibel läßt zwar offen, um welche Früchte es sich gehandelt haben möge, doch die Kirchenväter sprachen schon früh von einem Apfelbaum. Daß der König Salomo mit den »Früchten der Erkenntnis«, mit Äpfeln also, der Königin von Saba gegenüber seine eigenen Erkenntniskräfte demonstrierte, erscheint uns als ein besonders hintergründiger Zug in der Entwicklung der Rätseltraditionen der Königin von Saba. Äpfel galten weit und breit als die Früchte der Verführung, Eva hatte sie schließlich Adam aufgenötigt! Jetzt ist es König Salomo, der die Äpfel anbietet. Und erzählte nicht die Legende, daß das Mädchen sie weitergereicht habe an ihre Mutter? Salomo ist auf feine und nur leicht angedeutete Weise in die Rolle des Verführers geschlüpft.

Wir wundern uns jetzt nicht mehr, wenn wir erfahren, daß der elsässische Rätselteppich in Verbindung mit sogenannten *Minneteppichen* steht, die besonders in der Schweiz beliebt und begehrt waren. Wie Truhe und Schmuckkästchen gehörten Minneteppiche zum Schatz der hochzeitlichen Braut. Und tatsächlich, zumindest ein Beispiel ist bekannt, das den hochzeitlichen Charakter des *Blumenrätsels* deutlich sichtbar macht. Es handelt sich um eine Leinenstickerei, die heute im Schweizerischen Landesmuseum in Zürich ausgestellt wird (Abb. 21).[23] Die Rätselstickerei trägt das überhaupt nicht rätselhafte Wappen eines Hochzeitspaares und die Jahreszahl 1554, Datum der Hochzeit zwischen Heinrich Ziegler und Anna Holzkalb. Es war wohl die Mutter der Braut, die diese Leinenstickerei als Hochzeitsgeschenk anfertigte.

Doch wie hat sich die Rätselatmosphäre geändert! Blumen sind zwar auch noch da, aber sie bestimmen nicht mehr den Bildaufbau. Anders als auf dem elsässischen Wandteppich tauchen Blumen- und Blätterschmuck nur noch in den leeren Räumen des Bildrahmens auf. Dagegen dominiert in der Mitte ein Eßtisch; überhaupt erinnert alles an die wohlige Atmosphäre einer bürgerlichen Küche. Die Rätselblumen, diesmal handelt es sich um Lilien, nicht um Rosen, stehen eingetopft wie Fenstergewächse auf dem Tisch, der hergerichtet ist zu Speis und Trank; wir sehen blankgeputzte Teller. Im Vordergrund, passend und bezeichnend, ein rundes Abstelltischchen mit einem Weinkühler. Salomo sieht weniger wie ein König, eher wie ein behäbiger Hausherr aus, und auch die Königin von Saba ähnelt eher einer hausmütterlichen Matrone als einer rätselhaften Herrscherin. Von links kommt ein Diener, der scheinbar eine Suppenterrine hereinbefördert, doch ist es, wie wir bei genauem Hinsehen erfahren, der Bienenkorb, aus dem Bienen entweichen und auf die echte Lilie zufliegen.

Während der elsässische Wandteppich von 1480 die Hochzeits- und Minnethematik noch stark einbindet in die religiöse Lebenswelt des Mittelalters mit subtilen Anspielungen auf den Paradiesgarten und auf den *hortus conclusus* des *Hohenliedes*, hat die Leinenstickerei von 1554 dasselbe Thema in die Welt des häuslichen Bürgertums versetzt. Weniger auf Weisheit als auf leibliches Wohl ist das Interesse ausgerichtet.

Noch weiter können wir die Verbürgerlichung unseres Themas verfolgen, wenn wir uns einer schweizerischen Backstube des 17. Jahrhunderts zuwenden. Dort finden wir eine Gebäckform, auf der die Königin von Saba inmitten eines Blumengartens dargestellt wird (Abb. 18). Jetzt war es endlich soweit: Die rätselhafte Königin von Saba konnte gleichsam auf der Zunge zergehen; als lukullische Spezialität ging sie ein in die Domäne der Zuckerbäcker.

Eine wieder ganz andere Atmosphäre verbreitet eine Darstellung des Kinder- und Blumenrätsels, ein kolorierter Stich, Ende des fünfzehnten Jahrhunderts, von Israhel van Meckenem, wohl nach einer verschollenen Vorlage des anonymen Meisters E. S., meist betitelt *Fest der Blumen* oder

Fest der Rosen (Abb. 22). Hier ist von einem Garten nichts mehr zu sehen, von Verbürgerlichung kann auch noch keine Rede sein. Der König Salomo und die Königin von Saba sitzen gleichberechtigt auf einem Thron, der wie eine Theaterloge erhöht erscheint. Links unten gleichsam auf einer unteren Bühnenetage wird das Rosenrätsel einschließlich Bienenschwarm vorgeführt, während gleichzeitig die Apfelprobe das untere Bildfeld beherrscht. Der Betrachter des Bildes schaut auf die Gesamtszene aus der Perspektive des Theaterbesuchers, als ob er sich in den unteren Rängen des Theaterparketts befände.[24]

Offensichtlich wird hier ein höfisches Schauspektakel gezeigt, gruppiert um die königlichen Hauptgestalten. Die Rätsel werden zur Schau gestellt und mit ihnen auch die Königin von Saba, die damit als höfisch elegante Gestalt erscheint. Trotz der Schriftgirlanden, die noch an mittelalterliche Darstellungen erinnern, atmet der Kupferstich den Geist einer höfischen Kultur.

Prototyp der religiösen Liebesminne, bürgerliche Braut und hoheitsvolle Königin, diese drei Grundweisen weiblichen Seins sind uns begegnet in den überaus beliebten Rätseldarstellungen aus dem Zeitalter der anbrechenden Neuzeit. Erinnerte ihre Darstellung im *hortus conclusus* noch an die religiöse Brautmystik des Spätmittelalters, so hat sich die bürgerliche Darstellung schon vom religiösen Hintergrund weitgehend gelöst, um im höfischen Gewand des Renaissancezeitalters weibliches Selbstbewußtsein zu repräsentieren. Das Ineinander, Miteinander und Gegeneinander dieser verschiedenen frühneuzeitlichen »Frauengestalten« läßt sich über die von uns näher betrachteten Beispiele hinaus an etwas über zwanzig anderen Rätselbildern in Wollweberei, Leinenstickerei und Glasmalerei aufweisen, alle im alemannischen Kulturraum angesiedelt und damit ein lebendiges Beispiel einer »regionalen« Frauenkultur.

9. SEMIRAMIS

Was wir bisher nacherleben konnten, waren unterschiedliche Bilder der Königin von Saba mit einer Fülle divergierender und auch sich widersprechender Eigenschaften. Manch einem mag es scheinen, als ob die Königin selbst gleichsam »unterginge« in dieser Mannigfaltigkeit von Bestimmungen und Bedeutungen.

Die Frage, ob sich diese Einzelzüge noch zusammenschließen lassen, mag manchen Leser in Verwirrung stürzen. Doch so unglaublich es klingen mag — tatsächlich bleibt die Königin von Saba einem bestimmten »Modell«, einem »Typus« verpflichtet, den wir übereinstimmend noch an einer anderen Frauengestalt der Frühgeschichte aufweisen können, der assyrischen Herrscherin Semiramis, die historisch etwa derselben Zeit zuzuordnen wäre wie die sagenhafte Königin von Saba. Im syrischen, persischen und armenischen Raum genoß die Königin Semiramis einst fast dieselbe Verehrung wie die Königin von Saba.[1] Herkunft, Leben und Wirken beider Königinnen sind einander erstaunlich ähnlich. Daß die parallelen Gestaltungskräfte nicht primär an historischen Fakten, sondern an der Ausbildung eines bestimmten Frauentypus interessiert sind, ruft unser besonderes Interesse hervor, denn so erhalten beide Gestalten eine über geschichtliche Zufälligkeiten und Bedingtheiten hinausgreifende Bedeutung.

Während die Königin von Saba in die Zeit Salomos, also ins 10. Jahrhundert versetzt wurde, erscheint die Königin Semiramis, babylonisch Sammuramat, am Ende des 9. Jahrhunderts v. Chr. Unter drei assyrischen Königen übte sie die Herrschaft aus oder vermochte sie zumindest als »Palastfrau« maßgeblich zu beeinflussen. Als Gemahlin des Königs Samsiadad V. (824—810 v. Chr.) übernahm sie nach dessen frühem Tod die Regentschaft an Stelle des minderjährigen Sohnes Adadniari III. und profilierte sich als kriegerische Königin auf Feldzügen gegen die Meder (810 v. Chr.), gegen Gozan (809 v. Chr.), die Mannäer in Armenien (808/07 v. Chr.) und gegen das Land Arpad. Nur diese überragende Rolle erklärt es, daß sie auf einer Stele abgebildet wurde, eingereiht inmitten anderer Königsstelen, ja sie ist die einzige Frau, die mit solch einer Gedenksäule unter den Königen von Assur beehrt wurde.[2]

Schon diese Eigenschaften erinnern an die Königin von Saba: Wie der Königin Semiramis wird auch der kriegerischen Königin aus Saba gedacht: Der arabische Autor Ibn-al-Atir erwähnt rühmend ihr Kriegsheer, der arabische Schriftsteller As'ad Tobba berichtet sogar, daß die Königin von Saba den Irak bis nach Chaldäa unterjochte.[3] Auch die jüdische Legende hat diese kriegerische Vergangenheit der Königin von Saba festgehalten, identifizierte sie doch die Königin mit Lilith, der Königin von Smaragd, deren kriegerischen Überfällen die Familie Hiobs zum Opfer fiel. Beide Kriegerinnen hatten eine besondere Beziehung zu Pferden, deren Nutzen sich besonders bei den assyrischen Kriegszügen herausstellte. Der antike Historiker Diodor berichtet, daß Semiramis auf einem Pferd gegen die Inder gezogen sei[4] und daß sie zu Pferde abgebildet wurde auf den Mauern von

Babylon.⁵ Von der Königin von Saba wird dagegen das merkwürdige Pferderätsel überliefert. Die Königin Semiramis als »Kriegerin zu Pferde« und die Königin von Saba als kenntnisreiche »Pferdebeobachterin«: ein überraschender Zug, der beide Königinnen miteinander verbindet.

Auch die *Genealogie* beider Königinnen ist erstaunlich ähnlich. Beide waren so außergewöhnliche Gestalten, daß eine rein menschliche Abkunft nicht vorstellbar erschien. So haben wir erfahren, daß die Königin von Saba einen menschlichen Vater, aber eine Dschinnenprinzessin als Mutter gehabt habe. Von Semiramis erfahren wir, daß ihr Vater ein »schöner Syrer«, ihre Mutter jedoch die syrische Fischgöttin Derketo gewesen sei.⁶ Und geradezu verblüffen muß der Name der Väter: In der südarabischen Sage heißt der Vater Hadhad – der nachchristliche Schriftsteller Melito gibt eine syrische Sage wieder, nach der Semiramis' Vater ebenfalls Hadhad geheißen habe.⁷

Doch damit nicht genug! Die arabische Geburtsgeschichte der Königin von Saba berichtete von der Hingabe an eine ammenartige Hündin, die das Baby aufzieht; von Semiramis erfahren wir, daß sie ausgesetzt wird und von Tauben, den Vögeln der Venus, gepflegt wird.⁸ Seitdem wurden der Königin Semiramis Tauben zugeordnet, vergleichbar dem Botenvogel Hudhud, mit dem die Königin von Saba so gern in Zusammenhang gebracht wurde.

Vergleichbar ist auch der Thronantritt beider Königinnen. Die arabische Sage wußte, daß die Königin von Saba ihren Königsrivalen getötet hatte. Über Semiramis berichtet der antike Schriftsteller Ktesias, sie sei zu Beginn ihrer Karriere eine Hetäre gewesen. Der König von Assur habe sich in sie verliebt. Daraufhin habe sie ihn überredet, ihr die Herrschaft für fünf Tage zu übertragen. Diese Tage habe sie dazu genutzt, den König aus dem Weg zu räumen und die Herrschaft zu übernehmen.⁹ Nikolaos von Damaskus erzählt gar, Semiramis habe ihre gegen sie rebellierenden Söhne umbringen lassen. Also ein militantes Ambiente, in dem sich die Herrschaft beider Königinnen bewähren muß.¹⁰

Doch nicht nur als »Kriegsköniginnen« und gegen männliche Ansprüche selbstbewußt auftretende Frauengestalten werden die Herrscherinnen charakterisiert. Beide haben als Baumeisterinnen überlebt. Wir haben die vielen Tempel-, Palast- und Thronbauten im Jemen kennengelernt, die der Königin von Saba zugeschrieben wurden. Von Semiramis wird erzählt, daß sie die Stadt Babylon gegründet habe. Staunend wußte man zu berichten, wie sie die Wasser des Euphrat umleitete und übertunnelte, um die Palastbauten auf beiden Seiten des Euphrat miteinander zu verbinden.¹¹

Der Königin von Saba wurde der Staudamm von Marib zugeschrieben. Auch als Gartenbauarchitektinnen können wir beide Königinnen kennenlernen: Die *Hängenden Gärten der Semiramis* sind sprichwörtlich geworden,[12] und der Koran berichtet von paradiesischen Gärten zu beiden Seiten des Dammes von Marib, angelegt von der Königin von Saba, wie es später arabische Autoren überliefern.

Auch geographisch sind sich beide Königinnen nähergekommen. Von Semiramis wird erzählt, daß sie Erdhügel, *telal*, gegen eine zweite Sintflut aufschütten ließ.[13] Und im Euphratgebiet, wo die Königin Semiramis wirkte, findet sich in der Nähe der Stadt Bira der Tell Bilqis, der Hügel der Bilqis.[14] Diodor, der wichtigste Biograph der Semiramis, weiß andererseits von Feldzügen der Semiramis nach Arabien und vor allem nach Äthiopien,[15] in Gebiete also, in denen der Königin von Saba die höchste Verehrung zukam. So wurde auch geographisch ein Zusammenhang hergestellt, der zwar historisch keinen Wert hat, in »typologischer« Sicht jedoch beide Königinnen zusammenrückt. Die eigentümlichste, bisher ungeklärte Verbindung läßt sich über den griechischen Historiker Abydenos herstellen, der wohl im 2. Jahrhundert nach Chr. lebte. Er nennt die Königin von Babylon (Semiramis) auch Beltis,[16] ein Name, der an den arabischen Namen der Königin von Saba, an die uns wohlvertraute »muslimische« Bilqis erinnert.

Auch das Liebesleben der beiden Königinnen ist nicht unähnlich. Semiramis soll sich in den Parks der persischen Stadt Ekbatana einem zügellosen Sexualleben hingegeben haben. Allerdings: Ihre Liebhaber ließ sie anschließend umbringen.[17]

Und die Königin von Saba? Wurde sie in der jüdischen Legende nicht als blutsaugender Sexualdämon, als vampirartige Lilith gefürchtet? Und ließ das *Alphabetum Siracidis* nicht aus der verabscheuenswürdigen Verbindung Salomos mit der Königin von Saba den hassenswerten Nebukadnezar hervorgehen?

Interessant ist nun, was der *Talmud* zu berichten weiß. Da ist die Rede von Semiramis, und ausgerechnet sie wird als Frau des hassenswerten Nebukadnezar eingeführt.[18] Wir sehen, daß man sich um historische Tatsachen nicht kümmerte, schon gar nicht, wenn es um »dämonische« Gegebenheiten ging. Die jüdische Legende machte die Königin von Saba zur Mutter des Nebukadnezar und die Königin Semiramis zu dessen Gemahlin. Als »negative« Typen konnten beide Königinnen von jüdischer Seite Sympathie nicht erwarten.

Wen diese Ineinanderspiegelungen noch nicht überzeugen sollten, der sei auf einen parallelen Zug beider Frauengestalten hingewiesen, der nicht mehr zufällig sein kann. Gemeint ist das Verkleidungsmotiv, das uns aus den Rätseltraditionen und aus der äthiopischen Sabalegende – sie wird uns noch intensiv beschäftigen – bekannt ist.

Die äthiopische Tradition erzählt, die Königin von Saba sei in »männlicher« Verkleidung bis zum König Salomo vorgedrungen. Über Semiramis erfahren wir von Diodor folgendes:

> Der assyrische König Ninos, der Gründer der Stadt Ninive, unternimmt einen Kriegszug nach Baktrien. Es gelingt ihm auch, das Land einzunehmen. Vor der Hauptstadt jedoch scheitert er. Einer seiner Beamten mit Namen Onnes besinnt sich auf die Klugheit seiner Frau. Es ist Semiramis, die daraufhin, verkleidet in Männertracht, ins feindliche Lager gelangt und die Burg in kühnem Handstreich gewinnt. Als sie später Königin geworden ist, verbreitet sich eine Bekleidungsart, die geschlechtsneutral wirkte. Sie verfertigt sich ein »Kleid, das so beschaffen ist, daß man nicht erkennen konnte, ob die Person, die darein gehüllt ist, ein Mann ist oder ein Weib. Dies gewährt den Vorteil, daß beim Reisen in der Sonnenhitze doch die Hautfarbe erhalten wird, und daß man es zu allen möglichen Geschäften anziehen kann, weil man sich darin, wie in den Kleidern der Jünglinge, mit Leichtigkeit bewegt. Überhaupt habe es ein so gefälliges Aussehen, daß nachher auch die Meder, als sie die Beherrscher in Asien werden, die Tracht der Semiramis annahmen, und später ebenso die Perser.«[19]

Die Begründungen, die Diodor für die geschlechtsverhüllende Kleidung der Semiramis gibt, wirken reichlich pragmatisch. Eher erscheint sie als Ausdruck einer Frauenkultur, deren Repräsentantin die Königin Semiramis gewesen sein mag. Die Königin von Saba nahm ihrerseits die geschlechtsneutrale Bekleidungssitte auf und formulierte sie im Verkleidungsrätsel.

Als letztes wollen wir die Religiosität beider Königinnen betrachten. Von der Königin von Saba erfahren wir, daß sie vom Sonnenkult zum Judentum bzw. zum Islam konvertierte; in der äthiopischen Legende wird sie sogar durch ihre Begegnung mit dem Kreuzesstamm mit einer christlichen Aura umgeben. Sie, eine Frau, fungierte also als Stifterin einer neuen Religiosität. Die Königin Semiramis wurde auch dadurch berühmt, daß sie den Assyrern eine neue Gottheit brachte, den Gott Nebo, der ursprünglich in Babylon verehrt wurde. Das ist historisch belegt, schließlich wurde ihr eine Nebo-Stele geweiht, auf der auch ihr Name verewigt wurde.[20] Die

Aufnahme des babylonischen Nebokultes in den assyrischen Götterkreis war ein Politikum ersten Ranges, sie symbolisierte den staatsrechtlichen Zusammenschluß des assyrischen und babylonischen Herrschaftsbereichs. Was politisch vereinigt wurde, fand in der Stiftung eines gemeinsamen Kultes seine Beglaubigung. Die Königin Semiramis erinnert als Integrationsgestalt an die Königin von Saba, welche besonders Äthiopien zusammenbrachte, das ethnisch, religiös und sprachlich getrennt war.

Selbst im Tode vereinen sich die Gestalten beider Königinnen: Von Semiramis wird überliefert, daß sie einfach »entschwand«, daß sie von den Göttern entrückt wurde und seitdem verborgen war.[21] In der arabischen Legende gelang es erst dem Kalifen Walid I., nach über einem Jahrtausend das angebliche Grab der Königin von Saba in Tadmur/Palmyra wieder aufzudecken. Was die arabische Legende leisten möchte, ist der sehr phantasievolle Ausdruck des frommen Wunsches, die Königin von Saba aus der Verborgenheit der Geschichte wenigstens im Tode ans Licht zu ziehen. Man kann vermuten, daß beide Königinnen zu einer Gestalt vereinigt wurden. Doch welche der beiden war das Original? Der Historiker Movers wollte schon im 19. Jahrhundert die Königin von Saba als Kopie der Königin Semiramis betrachtet wissen.[22] Soweit muß man nicht gehen, doch zumindest darf man vermuten, daß beide Königinnen nach einem gemeinsamen »Frauentypus« gestaltet wurden. Beide repräsentieren »außergewöhnliche« Frauengestalten, deshalb ihre teilweise Geistergeburt. Beide dominieren die Männerwelt; darauf verweisen ihre kriegerischen, ja mörderischen Eigenschaften. Beiden mag daran gelegen haben, die männlichen Merkmale zu ignorieren und in geschlechtsunspezifischen Bekleidungsformen aufzuheben. Ihr Liebesleben gestaltet sich freizügig, noch nicht zur Passivität und Anpassung an männliche Normen verurteilt, sicher Gründe, ihr Bild teilweise zu dämonisieren. Doch auch die Gabe der Kreativität wurde beiden zugesprochen, ob sie als Bauherrinnen große Bauten ausführen ließen, ob sie neue Impulse im religiösen Bewußtsein auslösten, ob sie »Urmüttern« gleich Dynastien stifteten.

Ein Frauenbild wurde in der geschichtlichen Erinnerung verfestigt, das vom Vorderen Orient über das »glückliche Arabien« bis ins afrikanische Äthiopien hinüberreichte. Mochte sich die Lage der Frauen unter dem Diktat der patriarchalischen Herrschaftsform auch verschlechtern, mit diesem Frauentypus, den beide Herrscherinnen verkörpern, blieb trotz aller polemischen Entstellungen ein Bild der Frau erhalten, das »weibliches« Selbstbewußtsein ausstrahlte.

10. MAKEDA, DIE ÄTHIOPIERIN

Den Lebenslauf der Königin von Saba konnten wir in den unterschiedlichsten Kulturen beobachten; das Auf und Ab ihrer Karriere fesselte unsere Aufmerksamkeit; hin- und hergerissen wurden wir von den widerstreitenden Interessen, die ihr Bild prägten, ihr Überleben ermöglichten und ihre permanente Faszinationskraft bestätigten. Wir erlebten einen schillernden Charakter, in dem sich antagonistische Bilder vom Wesen der Frau verfestigten, jedoch auch immer wieder auflösten und erneuerten. Es scheint nicht möglich, ihr Bild in einer festen Formel festzubannen, ein Zeichen ihrer sich ständig erneuernden Lebendigkeit. Sicher, wir konnten bestimmte dominierende Tendenzen festhalten, die ihr Bild in den unterschiedlichsten Kulturkreisen bestimmten. Was uns dabei leitete, war die Einsicht in ihr schwankendes Charakterbild, das unaufhörlich zwischen Ikonisierung und Dämonisierung herumgeworfen wurde. Unablässig arbeiteten sich offiziöse und untergründige, ja subversive Tendenzen aneinander ab, um in immer neuen Bildern aufzuleuchten. Mochte sie den Geist Salomonischer Aufklärung im Alten Testament verkörpern oder ihr dämonisches Antlitz in der jüdischen Tradition offenbaren, mochte sie weiterleben als fromme Muslimin im Umkreis der persischen Hofmalerei und im Rahmen islamischer Beerbungsstrategien, mochte sie als mystisch-milde oder als kämpferisch-militante Königin fesseln, als »Herrin der Tiere« an ein längst vergessenes Kapitel der Menschwerdung des Menschen erinnern oder als Rätselherrin in die geheimnisvolle Welt der Frauen einführen, mochte sie schließlich in die befriedete Hauskultur alemannischer Minneteppiche einziehen –, Grenzen schienen ihrer Verbreitung ebensowenig gesetzt wie ihrer Verwandlungsfähigkeit.

Und dennoch: des großartigsten Gipfels ihrer Karriere haben wir noch gar nicht gedacht. Hinüberwandern müssen wir deshalb in eine Kultur, die geographisch ebenso entlegen wie historisch von vielen Geheimnissen umgeben ist. Gemeint ist die Kulturlandschaft Äthiopiens am Horn Afrikas, geographisch abgeschlossen durch ein zwingburgartig unzugängliches Hochland und umgeben von kahlen Wüstenlandschaften – für den antiken Menschen das Ende der bewohnten Welt, für uns ein Zentrum Afrikas.

Um der Königin von Saba zu begegnen, brauchen wir nur bis ins Jahr 1974 zurückzugehen, als ein für Äthiopien unfaßbares Ereignis stattfand. Der äthiopische Kaiser, der »Negus« Haile Selassie, der seit 1930 als ältester Monarch der Welt regierte, wurde abgesetzt. Tiefgreifende soziale Gegensätze, Ämterpatronage, eine katastrophale Hungersnot und der

Sprung in die Moderne hatten zu seiner Absetzung geführt. Damit fand ein mittelalterlich anmutendes Herrschaftssystem sein Ende, das allerdings einen einmaligen Anspruch erheben konnte, nämlich die älteste Herrschaftsdynastie der Welt zu sein — und diese führte das Herrscherhaus auf die Königin von Saba zurück. Noch in der revidierten *äthiopischen Verfassung* von 1955 bekam dieser Anspruch Gesetzeskraft. In Artikel 2 hieß es kurz:

> Die imperiale Würde wird fortwährend angeheftet bleiben der Linie von Haile Selassie I., Nachfolger von König Sahle Selassie, dessen Linie abstammt ohne Unterbrechung aus der Dynastie Meneliks I., Sohn der Königin von Äthiopien, der Königin von Saba, und des Königs Salomo von Jerusalem.[1]

Haile Selassie betrachtete sich folgerichtig als 225. Nachkomme der Königin von Saba. Sie hatte es fertiggebracht, das Kaiserreich Äthiopien über Jahrhunderte zusammenzuhalten.

Die Herleitung der kaiserlichen Herrschaftsansprüche aus der Nachfolgegeschichte der Königin von Saba erscheint dem kritischen Historiker weitgehend fiktiv, doch das ändert nichts daran, daß nachweislich seit dem 13. Jahrhundert bis ins Jahr 1974 hinein das Herrschaftsrecht des salomonisch-sabäischen Kaiserhauses respektiert und geachtet wurde.[2] Was deshalb 1974 ein unrühmliches Ende fand, war eine der grandiosesten Dynastien, die historisch jemals nachgewiesen werden konnten. Das Kaisertum Haile Selassies wirkte zwar besonders in den letzten Jahren seiner Existenz immer exotischer und anachronistischer, doch vergessen wir nicht: es war nicht zuletzt die Leistung des auf die Königin von Saba gegründeten Herrschaftsanspruchs, daß dieser älteste Staat Afrikas als Einheitsstaat bestehen konnte. Das jedoch kann als eine einzigartige historische Leistung gelten, da Äthiopien seiner geographisch abgeschlossenen Lage zum Trotz zu den sprachlich, kulturell, religiös und ethnisch heterogensten Staaten Afrikas gehört.

Seit frühester Zeit mußten unterschiedliche Rassen integriert werden.[3] Negroide Stämme verbanden sich schon früh mit semitischen Kolonisatoren, die aus dem südarabischen Raum von jenseits des Roten Meeres kamen, also von dort, wo die Königin von Saba als Sonnenanbeterin verehrt wurde. Wahrscheinlich aus dem Norden wanderten die Kuschiten ein, die in der Bibel den Hamiten zugerechnet werden und als Nachfahren Noahs galten. Semiten und Kuschiten verschmolzen miteinander und bildeten den amharischen Typus des Äthiopiers; sie beherrschten das kulturelle und religiöse Leben über Jahrhunderte. Sie sind Schöpfer der spezifisch äthiopischen Sabalegende, die uns noch genauer beschäftigen wird. Zahlenmäßig bilden jedoch nicht die Amharen die größte ethnische Gruppe; sie umfassen nur ein Drittel der Gesamtbevölkerung. Etwa vierzig Prozent aller Einwohner werden den Galla-Völkern zugerechnet, die im 16. und 17. Jahrhundert wohl aus Zentralafrika nach Äthiopien vordrangen, vielleicht veranlaßt durch Seuchen, Mißernten und Überbevölkerung. Vergessen dürfen wir auch nicht die weitgehend noch halbnomadisch lebenden Somalis und die Danakil, die »Wüstensöhne«, die einst als kriegerische Stammesverbände gefürchtet wurden. Ob ihnen die Königin von Saba etwas bedeuten konnte?

Bei den Feladscha steht dies außer Frage! Obwohl ethnisch den hamitischen Kuschiten zuzurechnen, übernahmen sie schon in vorchristlicher Zeit die jüdische Religion, die sie in einer altertümlichen Form bewahrt haben. Der *Talmud* ist ihnen unbekannt; des Hebräischen sind sie unkundig. Sie selbst behaupten, sie seien zur Zeit der Königin von Saba nach Äthiopien eingewandert und entstammten jüdischen Priester- und Levitenfamilien. Ein Teil der Feladscha wurde 1985 angesichts der verheerenden Hungersnot nach Israel umgesiedelt.

Ebenso vielschichtig wie die ethnische Zusammensetzung erscheint auch das religiöse Leben in Äthiopien. Aus dem südarabisch-sabäischen Raum brachten die semitischen Kolonisatoren den Sonnen- und Mondkult mit.[4] Überlebende Denkmäler dieser sabäischen Kultur sind Inschriften, die aus dem 7. Jahrhundert v. Chr. datieren, ferner Steinfragmente, die an den vielbesprochenen Thron der Königin von Saba erinnern.[5]

Hervorzuheben unter allen Denkmälern ist jedoch die monumentale Tempelanlage von Yeha, die wahrscheinlich im 5. Jahrhundert v. Chr. entstanden ist und ein überragendes Zeugnis des sabäischen Gestirnkultes in Äthiopien darstellt.[6] Sabas Hauptgottheit 'Almaqa wurde auch hier verehrt. Als »Herr der Steinböcke« hat dieser Mondgott wie in Saba Steinbockfriese inspiriert. Ein solcher findet sich z. B. auch auf einem Thron, der aus Haoulti-Melazo stammt.[7]

Wir wundern uns auch nicht über Legenden, die in Yeha erzählt werden und wissen wollen, daß hier einst die Königin von Saba regiert habe. Unweit von Aksum, der späteren Hauptstadt Äthiopiens, befindet sich ein künstlich angelegtes Wasserbassin, das »Mai Schum« genannt wird. Hier soll sich die Königin von Saba beim Bade vergnügt haben,[8] was an die »badende« Reine Pédauque in Toulouse erinnern mag. All das zeigt, wie

Rekonstruktion eines Königsthrons aus Aksum

eng einst die Beziehungen zwischen dem südarabischen Raum und Äthiopien gewesen sein müssen, was schon Flavius Josephus (38–100 n. Chr.) dazu veranlaßte, die Königin von Saba als äthiopische Königin unter dem Namen Nikaulis einzuführen. Und dabei ist es geblieben, wie auch aus der äthiopischen Verfassung ersichtlich.

Seit dem 4. Jahrhundert n. Chr. setzte sich unter dem König Ezana das Christentum in Äthiopien als beherrschende Religion durch.[9] Ezana selbst stammte aus einer Familie, in der noch die sabäischen Götter verehrt wurden, allerdings in einer schon »modernen« Form. So wurde etwa der südarabische Kriegsgott Mahram mit dem griechischen Namen Ares ausgestattet. Der Übertritt Ezanas zum Christentum war zwei Jünglingen aus Tyrus zu verdanken, die auf der Rückreise von Indien an der Küste des Roten Meeres Schiffbruch erlitten hatten, gefangengenommen wurden und als Sklaven an den königlichen Hof von Aksum gelangten. Einer von ihnen, Frumentius mit Namen, avancierte zum Schreiber des aksumitischen Königs und zum Erzieher des noch unmündigen Königssohnes Ezana. Er bekehrte den Prinzen zum Christentum. Seitdem wurde z. B.

Steinbockfries am Thron von Haoulti-Melezo

auf aksumitischen Münzen nicht mehr die alte sabäische Mondsichel, sondern das christliche Kreuz abgebildet.

Der Prozeß der Christianisierung vollzog sich schrittweise. Vor allem den Neun Heiligen aus Rom mag die bedeutende Aufgabe einer übergreifenden Missionierung zugefallen sein. Diese in Äthiopien hochverehrten Heiligen waren wahrscheinlich syrische und ägyptische Mönche. Sie hatten nach dem großen Konzil von Chalcedon (451 n. Chr.) fliehen müssen, da sie in einer die damalige Christenheit leidenschaftlich bedrängenden

Der Tempel von Yeha, legendärischer Wohnsitz der Königin von Saba

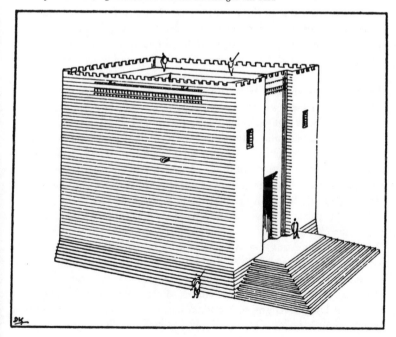

(Links) Sabäische Münze mit Tierkopf, Mondsichel und Scheibe

(Mitte) Äthiopische Münze Ezanas vor Annahme des Christentums mit Mondsichel und Scheibe

(Rechts) Aksumitische Münze aus christlicher Zeit

Streitfrage eine abweichende Position über die menschliche Natur Jesu Christi vertreten hatten; sie waren der Meinung, die menschliche Natur Jesu sei in seiner göttlichen aufgegangen. Diese Auffassung, die in der Gefahr stand, den menschlichen Charakter Jesu in seiner göttlichen Natur zu leugnen, war auf dem Konzil nicht durchsetzungsfähig. Als »Monophysiten«, also Anhänger der Lehre von der einen göttlichen Natur Jesu verfolgt, mögen die Neun Heiligen nach Äthiopien ausgewandert sein, um hier, fern dem Zugriff der römischen Kirche, ihren religiösen Überzeugungen treu bleiben zu können. Warum wir die Neun Heiligen in unserem Zusammenhang so nachdrücklich erwähnen? Sie werden uns noch einmal begegnen, und zwar in einer merkwürdigen Geschichte, in welcher die Königin von Saba eine wichtige Rolle spielen wird.[10]

Die Christianisierung Äthiopiens ging nicht ohne Widerstände vonstatten. Da waren vor allem die Anhänger des sabäischen Mond- und Sonnenkultes, die bekehrt werden mußten. Welche andere Gestalt als die Königin von Saba wäre nun besser geeignet gewesen, um an sabäische Traditionen anzuknüpfen und diese in die christliche Religiosität zu überführen? Die Herrscherin bot sich geradezu an, um sabäisch-semitische und christlich-hamitische Kulturströme zusammenzubringen und zu verschmelzen. Wann diese Erhebung der Königin von Saba zur »Integrationsgestalt« einsetzte, läßt sich nicht mit Sicherheit sagen, ihren Höhepunkt erreichte die im Namen der Königin von Saba vollzogene Kultursynthese jedenfalls – und das wissen wir ziemlich genau – spätestens im 14. Jahrhundert, als nach einer Unterbrechung von zweihundert Jahren das zweite Reich von Aksum schon in voller Blüte stand. Jetzt endlich war die Zeit reif, die wohl schon lange umlaufenden mündlichen Traditionen von der Königin von Saba auch schriftlich zu fixieren. Ergebnis dieser Bemühungen ist das äthiopische Nationalepos, das *Kebra Nagast* (Herrlichkeit der Könige),[11] wahrscheinlich verfaßt im 14. Jahrhundert. Dieses monumentale Epos wurde in der äthiopischen Kirchensprache, dem Ge'ez, geschrieben. Es erscheint zunächst wie eine freie Nacherzählung biblischer Geschichten, die jedoch immer dann weit ausschweifen, wenn äthiopische Belange und vor allem Interessen der aksumitischen Königsdynastie berührt werden. Besonders liebevoll wurde die Begegnung der Königin von Saba mit König Salomo ausgemalt. Auf geradezu faszinierende Weise wurde ausgestaltet, was aus der Verbindung beider Königsgestalten folgen sollte. Diese »aksumitische« Königin wird uns noch eingehender beschäftigen, hier sei nur erwähnt, daß der Rückgriff auf sie immer eine notwendige Legitimierungsmaßnahme des äthiopischen Königshauses bleiben sollte.

Die schriftlich fixierte Überlieferung vom salomonisch-sabäischen Ursprung des amharischen Königshauses hatte gute Gründe. Unvergessen blieb im 14. Jahrhundert das Zwischenspiel der sog. Zargwe-Usurpatoren, die zwischen dem 1. und 2. Aksumitischen Reich, also von 914–1268 n. Chr. von der Stadt Roha aus Äthiopien beherrschten.[12] Einer der Zargwe-Könige namens Lalibela war der Bauherr der berühmten Felsenkirchen, die mit Recht zu den architektonischen Weltwundern gezählt werden dürfen. Diese Kirchen wurden nicht gebaut, sondern buchstäblich aus dem Felsplateau herausgemeißelt, wohl das einzig bekannte Beispiel, bei dem Bauwerke vom Dach aus begonnen wurden. Die Zargwe-Könige, die sich auf diese Weise verewigen ließen, hatten jedoch ein schlechtes Gewissen, was ihre Herrschaftslegitimation anbetraf. Sie schufen deshalb einen Herrschaftsmythos, der ebenso kühn wie fiktiv war. Gegen die aksumitischen Königsrivalen, die sich als Nachfahren der Königin von Saba betrachteten, griffen die jüdischen Zargwe-Könige noch weiter zurück, indem sie sich als Nachfahren von Moses ausgaben. Doch das half ihnen nichts: Die alte salomonisch-sabäische Linie setzte sich im Geheimen weiter fort und wurde von König Yekuno Amlak im Jahre 1270 wieder in die alten Herrschaftsrechte eingesetzt. Und dabei sollte es über Jahrhunderte hinweg bleiben.

Der Einfluß der Königin von Saba blieb so beherrschend, daß auch spätere Usurpatoren immer bemüht waren, ihre Herkunft auf die Königin von Saba zurückzuführen. Das geschah z. B. noch im 19. Jahrhundert, als es dem Usurpator Theodorus III. (1855–1868) gelang, die inzwischen erstarkten Ras, die Stammesfürsten, niederzuzwingen.[13] Einen ungeahnten

Auftrieb gewann die Sabalegende unter König Menelik II. (1889–1913), der als erster versuchte, Äthiopien als modernen Einheitsstaat zu konsolidieren. Das war angesichts englischer, ägyptischer und italienischer Kolonialinteressen ein schwieriges Unterfangen. Doch Menelik II. hatte Erfolg.[14] Daß er Äthiopien aus dem Sog der Kolonialisierung heraushalten konnte, beruhte auf seiner starken Stellung, zu der auch die Berufung auf die Königin von Saba beitrug. Die verstärkt einsetzende Popularisierung der Königin besonders unter Menelik II. stellt deshalb auch den Versuch dar, eine antikolonialistische Integrationsgestalt zu finden, die geeignet war, die auseinanderstrebenden Kräfte innerhalb Äthiopiens zu binden, um nach außen stark und unabhängig zu bleiben.

Die Dominanz der amharisch-christlichen Kultur war jedoch niemals unumstritten. Schon früh war Äthiopien unter den Druck islamischer Missionswellen geraten. Schon im 7. Jahrhundert hatte der Islam das sabäische Kulturland, ja fast ganz Südarabien überflutet, und islamische Vorstöße nach Äthiopien mögen dazu beigetragen haben, das Erste Aksumitische Reich nachhaltig zu schwächen. Im 15. Jahrhundert mußte der christliche Negus Zara Yaqob (1438–1468) sogar König Alfons von Portugal um Unterstützung bitten.[15] Ihren Höhepunkt erreichten die islamischen Offensiven unter Ahmed el Ghasi, auch der »Linkshänder« genannt, dessen Heer erst in der Schlacht am Tana-See (1543) unter König Claudius (1540–1559) geschlagen werden konnte.[16] Doch ein Großteil der Bevölkerung wurde für den Islam gewonnen. Heute rechnet man in Äthiopien mit einem etwa gleichen Anteil christlicher und islamischer Gläubigen.

Die Königin von Saba bedeutete als »fromme« Bilqis den Moslems viel; dem amharisch-christlichen Herrscherhaus mußte deshalb daran gelegen sein, die muslimische Bilqisverehrung zu überbieten. Das ist ohne Zweifel im *Kebra Nagast* gelungen.

Eine Frage bleibt jedoch noch offen: Wie stand es mit den heidnischen Stammesgruppen, die sich weder dem Christentum noch dem Islam anschließen konnten? Wie verhielten sich etwa die Galla-Stämme,[17] die zum Teil einem afrikanischen Animismus anhingen? Es gehört zu den faszinierenden Erscheinungen der äthiopischen Sabalegende, daß auch die Mythen altafrikanischer Königssagen mit dem Mythos der Königin verschmolzen wurden. Zu finden sind diese äußerst archaisch anmutenden Geschichten der Königin von Saba allerdings nicht im offiziösen Staatsepos *Kebra Nagast*, sondern in Lokalsagen, die in unterschiedlichen Variationen besonders in der Provinz Tigre, jedoch auch in Eritrea erzählt wurden und bis heute in der Volkskunst Äthiopiens dargestellt werden. Im Mittelpunkt dieser Sagen steht ein Schlangenkampf, in den die Königin von Saba verwickelt wurde.

Deutlich mag in dieser ersten Übersicht folgendes geworden sein: Die Königin von Saba diente einerseits der Abstützung von königlichen Herrschaftsinteressen, konnte das andererseits nur erreichen als Integrationsgestalt, in der sich altsabäische Sonnen- und Mondreligiosität, Ursprungserinnerungen der jüdischen Feladscha, die muslimische Bilqis-Verehrung, afrikanischer Königskult und christliches Staatskönigtum des *Kebra Nagast* verbinden und vermitteln konnten. Verfehlt wäre es, die Königin von Saba allein als Stammutter des äthiopischen Königshauses anzusehen; als eine Persönlichkeit, die unterschiedliche Kulturen, Religionen und Stammesgruppen interessierte, bot sie die Möglichkeit, Kontinuität und Legitimität, Integration und Gemeinschaft zu erlernen und zu erproben. Welcher anderen Frauengestalt wäre jemals eine solche Aufgabe zuteilgeworden?

11. Das honigschleckende Mädchen

Das Buch *Kebra Nagast* spielt für das äthiopische Königshaus eine wichtige Rolle. Dies zeigt ein dramatischer Vorgang aus dem Jahre 1872. Der damalige König Johannes IV. Kassa sandte ein dringendes Schreiben an den englischen Außenstaatssekretär Earl Granville, in dem er das Original des *Kebra Nagast* zurückforderte, das 1868 anläßlich der englischen Mandatsübernahme in Äthiopien nach England transportiert worden war. Er schrieb:

> (Sie haben) dort ein Buch, genannt Kebra Nagast, das das Gesetz von Äthiopien enthält, und die Namen der Fürsten, Kirchen und Provinzen sind in diesem Buch. Ich bitte Sie dringend herauszufinden, in wessen Besitz sich dieses Buch befindet und es mir zurückzusenden, denn ohne dieses Buch wird in meinem Land mein Volk mir nicht gehorchen.

Die Treuhänder des Britischen Museums in London ließen sich überzeugen, und das Manuskript kehrte am 14. September 1872 zurück zum König von Äthiopien.[1]

Kernstück des *Kebra Nagast* ist die Geschichte vom Besuch der Königin von Saba bei Salomo. Was ab dem 21. Kapitel erzählt wird, unterscheidet sich in vielen Punkten, jedoch auch in der ganzen Anlage von allen bisher behandelten Sabalegenden. Da trägt die Königin von Saba einen geheimnisvollen Eigennamen, der mit Makeda angegeben wird. Die Besuchsgeschichte spielt sich auf andere Weise ab als bisher kennengelernt. Im Zentrum steht eine raffinierte Verführung der Königin durch Salomo mit geradezu unabsehbaren Folgen.

Eingeführt wird die Königin von Saba folgendermaßen:

> So redete unser Herr Jesus Christus. . . : »Die Königin des Südens wird am Tage des Gerichts aufstehen und mit ihnen streiten und eine Streitsache mit ihnen ausmachen und dieses Geschlecht besiegen, das auf die Predigt meines Wortes nicht gehört hat; denn dieselbe kam von den Enden der Erde, um Salomos Weisheit zu hören. Die erwähnte »Königin des Südens« ist die Königin von Äthiopien; und mit »Enden der Erde« ist die Schwäche der Natur des Weibes gemeint und die Länge des Weges und die Sonnenglut und auf den Hunger während der Reise und den Durst nach Wasser. Sie aber, die Königin des Südens, war sehr schön von Aussehen und Gestalt, und [begabt] mit Kenntnis und Einsicht, die ihr Gott verliehen hatte, daß sie nach Jerusalem gehe, um die Weisheit Salomos zu hören; denn dies geschah nach dem Willen Gottes, und er hatte sein Wohlgefallen daran. Jene aber war sehr reich, dadurch daß ihr der Herr Ruhm und Reichtum verliehen hatte, Gold und Silber, kostbare Kleider, Kamele, Diener und Kaufleute; sie trieben Handel für sie auf dem Meere und auf dem Festland, in Indien und Syene.[2]

Schönheit – dieser Zug wird in der äthiopischen Legende zum ersten Mal ausdrücklich hervorgehoben – und Reichtum charakterisieren äußerlich die Königin, die ansonsten sehr weltlich geschildert wird. Von übernatürlichen Erscheinungen wird nichts berichtet. Das kommt vor allem im Vorspann der Besuchsgeschichte zum Ausdruck. Auch der legendenumwobene Wiedehopf, der als Botenvogel in der jüdischen und islamischen Legende soviel Aufsehen erregte, erscheint nicht mehr. Statt dessen ist von einem äthiopischen Kaufmann Tamrin die Rede, der Salomo beim Tempelbau mit »rötlichem Gold, unverweslichem, schwarzem Holz und Saphir« dient. Er läßt sich von Salomos Regierungsweisheit beeindrucken und informiert nach seiner Rückkehr die Königin:

Alles dies erzählte er ihr und erwähnte täglich, was er beim König gesehen hatte und berichtete es ihr. Sie aber verwunderte sich über das, was sie von dem Kaufmann, ihrem Diener, hörte und gedachte in ihrem Herzen, zu jenem zu gehen; sie weinte vor lauter Sehnsucht über das, was er ihr erzählte, und wünschte gar zu sehr, zu jenem zu reisen. Sie faßte den Gedanken einer Reise zu ihm, hielt sie aber für zu weit und zu beschwerlich. Immer wieder fragte sie, und immer wieder erzählte er ihr; da verlangte sie danach und wollte gern reisen, um seine Weisheit zu hören, sein Antlitz zu sehen, ihn zu begrüßen und seiner Herrschaft zu huldigen. Sie lenkte ihren Sinn darauf, zu ihm zu reisen, Gott hatte ihr Herz auf die Reise gelenkt und sie danach verlangen lassen.[3]

Diese Textpassage ist wichtig, denn dem Reisewunsch der Königin liegt nicht das zugrunde, was besonders in jüdischen und in islamischen Legenden gern kolportiert wurde, nämlich die Sehnsucht der Königin, einen geeigneten Heiratskandidaten zu finden; die äthiopische Königin von Saba wurde allein beseelt von ihrer Sehnsucht nach Weisheit. Was wir deshalb im *Kebra Nagast* erleben, ist die Spiritualisierung der Königin von Saba. Es verwundert daher nicht, daß über das ganze Kapitel 24 die Weisheit in immer neuen und alten Wendungen gepriesen wird. Dieser Weisheitspsalm der Königin sucht seinesgleichen in der Weltliteratur und ist in seiner Schönheit und Tiefe ein beeindruckendes Beispiel für ein Wissen, das noch nicht zur kühlen Intellektualität herabgesunken war. Wann jemals ist die lebensspendende, vitalisierende Kraft der Weisheit, ihre Ästhetik und ethische Ordnungsgabe anschaulicher und eindringlicher besungen worden als im folgenden Preislied der Weisheit:

Höret, ihr Meinigen, meine Stimme und vernehmet meine Rede: Ich begehre Weisheit, und mein Herz sucht Erkenntnis; denn ich bin getroffen von der Liebe der Weisheit und wurde gezogen von den Seilen der Erkenntnis. Denn die Weisheit ist besser als Schätze von Gold und Silber; die Weisheit ist besser als alles, was auf Erden geschaffen ist. Mit was unter dem Himmel soll man die Weisheit vergleichen? Sie ist süßer als Honig und erfreulicher als Wein, sie ist leuchtender als die Sonne und begehrenswerter als kostbare Edelsteine; sie macht fetter als Öl, satter als süße Leckerbissen und ruhmreicher als Mengen von Gold und Silber, eine Freudenspenderin für's Herz, eine Lichtquelle für die Augen, Beflüglerin für die Füße, Panzer für die Brust, Helm für das Haupt, Kette für den Hals, Gürtel für die Lenden,

Verkünderin für die Ohren, Unterweiserin für das Herz, Lehre für die Kenntnisreichen, Trösterin für die Klugen, Ruhmesspenderin für die Suchenden. Ein Reich kann nicht bestehen ohne die Weisheit, und Reichtum kann nicht erhalten werden ohne die Weisheit; wohin der Fuß tritt, steht er nicht fest ohne die Weisheit; und was die Zunge spricht, findet keinen Gefallen ohne die Weisheit. Die Weisheit ist besser als alle Schätze: wer Gold und Silber anhäuft, hat keinen Nutzen ohne die Weisheit, wer aber Weisheit sammelt, dem kann sie niemand aus seinem Herzen rauben. Was die Toren sammeln, verzehren die Weisen; um die Schlechtigkeit der Gottlosen willen werden die Gerechten gepriesen, und um der Fehler der Toren willen werden die Weisen geschätzt. Die Weisheit ist hoch und reich; ich will sie lieben wie eine Mutter, und sie wird mich umfangen wie ihr Kind; ich will der Spur der Weisheit folgen, und sie wird mich ewiglich bewahren; ich will die Weisheit suchen, und sie wird fortan mir gehören; ich werde ihrer Spur folgen und werde von ihr nicht verstoßen werden; ich will mich auf sie stützen, und sie wird mir eine Mauer von Demant sein; ich will meine Zuflucht zu ihr nehmen, und sie wird mir Kraft und Stärke sein; ich will mich an ihr freuen, und sie wird mir eine große Gnade sein. Denn es geziemt sich, daß wir der Spur der Weisheit folgen und unsere Sohle die Schwelle der Türe der Weisheit betrete. Laßt uns sie suchen, und wir werden sie finden; laßt uns sie lieben, und sie wird nicht von uns weichen; laßt uns sie verfolgen, und wir werden sie finden; laßt uns sie erbitten, und wir werden sie erhalten; laßt uns ihr unser Herz zuwenden, daß wir sie niemals vergessen! Denn wenn man sich ihrer erinnert, so erinnert auch sie sich; bei den Toren aber sollst du der Weisheit nicht gedenken; denn diese ehren sie nicht, und sie [die Weisheit] liebt auch sie nicht. Die Ehrung der Weisheit besteht in der Ehrung der Weisen und die Liebe zur Weisheit in der Liebe zum Weisen . . .[4]

Aus diesem Weisheitspsalm erfahren wir Interessantes über das Bild der Königin von Saba in der äthiopischen Tradition. Viele Wendungen, in denen die Weisheit besungen wird, erinnern an die Weisheitsgesänge, die uns aus dem Buch der *Sprüche* des *Alten Testaments* bekannt sind.[5] Die Parallelen gehen bis ins einzelne: Die Wertschätzung der Weisheit über Gold und Silber hinaus, ihre Abgrenzung gegen die Torheit und vor allem die Stellung der Weisheit über alles, was auf Erden geschaffen ist. Auch der Gedanke der Priorität der Weisheit vor der übrigen Schöpfung findet sich in den Sprüchen:

Der Herr hat mich geschaffen im Anfang seiner Wege; ehe er etwas schuf, war ich da.
Ich bin eingesetzt seit Ewigkeit, von Anfang an, vor der Erde.
Als die Tiefen noch nicht waren, da war ich schon geboren; als die Brunnen noch nicht mit Wasser quollen.
Ehe die Berge eingesenkt waren, vor den Hügeln wurde ich geboren; als er die Erde noch nicht geschaffen hatte und was darauf ist, noch die Berge der Erde.[6]

Doch der tiefere Sinn dieser Parallelen wird erst deutlich, wenn man sich vergegenwärtigt, daß niemand anderer als Salomo das Buch der Sprüche verfaßt haben sollte. Im *Kebra Nagast* ist es jedoch die Königin von Saba, die den Weisheitsgesang anstimmt. Von Salomo wird nichts Vergleichbares überliefert. Und das geschieht, bevor die Königin sich aufmacht, um Salomos Weisheit kennenzulernen – die Königin nimmt also als weisheitsliebende Herrscherin den Platz ein, den Salomo innehatte; sie hat ihn, den weisen König, schon »beerbt«, bevor sie ihn aufsucht.

Und noch etwas anderes: Die Weisheit ist nicht männlichen, sondern weiblichen Geschlechts. Das zeigt schon die Grammatik: Im Deutschen heißt es »die« Weisheit, im Lateinischen *Sapientia*, im Griechischen *Sophia*, im Hebräischen *Chokma* usw. Die Königin spricht von der Weisheit sogar als einer »umfangenden Mutter«. Das geht über das Sprüchebuch hinaus, denn dort wurde die Weisheit mit einem »spielenden Kind« verglichen.[7]

Über den Inhalt dieser Weisheit erfahren wir nichts, nur über ihre lebensbejahenden Wirkungen ergeht sich die Preisung der Königin in immer neuen Bildern.

Wie ist das Verhältnis der Königin von Saba zu Salomo, nachdem sich, wie wir sahen, die Gewichte etwas verlagert haben? Die Königin gibt sich zunächst untertänig. Sie begrüßt ihn so:

Selig bist du, mein Herr, daß dir solche Weisheit und Erkenntnis verliehen wurde; ich wünschte, ich wäre wie eine deiner geringsten Mägde, um deine Füße zu waschen und deine Weisheit zu hören und deine Erkenntnis zu verstehen, deiner Herrschaft zu huldigen und mich an deiner Weisheit zu ergötzen. Wie sehr hat mir dein Antworten gefallen und die Süßigkeit deiner Stimme, die Schönheit deines Ganges und dein liebliches Sprechen! Die Beredsamkeit der Süßigkeit deiner Stimme erfreut das Herz, macht die Knochen fett, umgürtet die

Herzen, schmückt die Lippen und erfüllt sie mit Dank und festigt den Tritt. Ich sehe an dir, daß deine Weisheit maßlos ist und deine Einsicht unvermindert wie eine Leuchte in der Dunkelheit, wie ein Granatapfel im Garten und wie eine Perle im Meer; wie der Morgenstern unter den Sternen und wie das Mondlicht im Nebel, wie das Morgenrot und der Sonnenaufgang am Himmel.[8]

Das erinnert an die Besuchsgeschichte, die wir im jüdischen *Targum Scheni* zum Buch *Esther* kennengelernt haben. Dort war es der Königsbote Benajahu, dessen leibliche Schönheit im Bild des Morgensterns gepriesen wurde. Im *Kebra Nagast* ist es jedoch die Weisheit, die mit diesen und ähnlichen Bildern bedacht wird. Und entsprechend ist es nicht die körperliche Schönheit, sondern die Weisheit, von der die äthiopische Königin ergriffen ist. Doch erweist sich der König Salomo dieser Preisung wirklich würdig? Hat er es verdient, von der Königin in höchsten Tönen gepriesen zu werden? Zweifel sind angebracht, wenn wir den Fortgang der Besuchsgeschichte verfolgen.

Sicher, zunächst steht Salomo im besten Licht. Er verhält sich nicht überheblich seinen Untertanen gegenüber. Mit einem schweißnassen Arbeiter, der Steine für den Tempelbau schleppt, stellt er sich gleich. Und seine Verteidigung der Schöpferreligion gegenüber dem sabäischen Sonnenkult bringt die Königin sogar zur Bekehrung.[9] Doch so fundamental konnte die Bekehrung der Königin gar nicht ausgefallen sein. Schon in ihrem Weisheitspsalm hatte sie nicht mehr die Sonne, sondern die Weisheit als höchste Wesenheit gepriesen. Hatte sie nicht gesagt, die Weisheit sei »leuchtender als die Sonne«? So primitiv also, wie der Sonnenkult dargestellt wird, hat ihn die Königin nie praktiziert. Sie drückt das auch deutlich genug aus: Es war das Volk, nicht die Königin, das einem naiven Sonnenkult anhing, sie selbst hatte sich schon längst einer Weisheitsreligion angeschlossen und daher wenig Grund »umzukehren«, wohl aber konnte sie stellvertretend die Bekehrung ihres Volkes aussprechen.

So hoch die Königin geschätzt wird, König Salomo erfährt eine zunehmend kritischere Würdigung. Dies wird überdeutlich in der berühmtberüchtigten Verführungsszene, die dieser inszeniert. Salomo möchte mit der Königin schlafen, und dabei denkt er nun wahrhaftig nicht an ihre Weisheit; ihre »schöne Gestalt« ist es, die ihn erregt. Das wird auch gar nicht kritisiert, schließlich beruhte Salomos Vielweiberei – es wird von 400 Königinnen und 600 Nebenfrauen gesprochen – auf dem Vollzug der Gottesverheißung, die Nachkommenschaft zu mehren. Anders sehen jedoch die Mittel aus, mit denen er der Königin nahekommen möchte. Er veranstaltet ein grandioses Abschiedsfest für die Königin, und mit einer raffinierten Speisefolge versucht er, die Königin gefügig zu machen:

> Als sie [das] Gemach betraten, war dessen Geruch sehr gut, und schon bevor sie die Leckerbissen aßen, sättigte die Lieblichkeit seines Duftes. Er aber schickte ihr dursterregende Speisen, mit List und Weisheit, und saure Getränke, Fische und Pfeffer als Beilagen; dies richtete er zu und gab es der Königin, davon zu essen. Als nun die Tafel des Königs dreimal und siebenmal erledigt war und die Aufseher und Räte, die Knaben und Diener gegangen waren, da stand der König auf und ging zur Königin und sprach zu ihr, als sie allein waren: »Kose hier in Liebe bis zum Morgen!« Da sprach sie zu ihm: »Schwöre mir bei deinem Gott, dem Gott Israels, daß du mir keine Gewalt antust; wenn es sein sollte, daß ich mich nach Menschenart verleiten lasse, so werde ich als junges Mädchen auf der Reise in Not und Leid und Elend kommen.« Da antwortete er ihr und sprach zu ihr: »Ich will dir schwören, daß ich dir keine Gewalt antue, aber schwöre auch du, daß du keinem Gegenstand in meinem Haus Gewalt antun willst!« Da lachte die Königin und sprach zu ihm: »Wo du doch weise bist, warum redest du wie ein Tor? Werde ich etwa stehlen oder aus dem königlichen Palast etwas rauben, was mir der König nicht gegeben hat? Glaube nicht, o Herr, daß ich aus Liebe zum Besitztum hierher gekommen bin! Auch mein Reich ist reich an Schätzen wie die deinigen, und mir fehlt nichts von dem, was ich begehre. In der Tat bin ich vielmehr gekommen, um deine Weisheit zu suchen.« Da sprach er zu ihr: »Wenn du mich schwören heißt, so schwöre auch mir; beiden Teilen geziemt der Schwur, auf daß sie einander kein Unrecht zufügen; wenn du mich aber nicht schwören läßt, will auch ich dich nicht zum Schwören veranlassen.« Da sprach sie zu ihm: »Schwöre mir, daß du mir keine Gewalt antust, und auch ich will schwören, daß ich deinem Besitztum keine Gewalt antue.« Da schwor er ihr und ließ sie schwören. Nun bestieg der König sein Lager auf der einen Seite, und ihr richtete man ein Lager auf der anderen Seite. Da sprach er zu dem jungen Diener: »Wasche die Becken und setze einen Krug Wasser hin, während es die Königin sieht; dann schließe die Türen und geh schlafen!« Dies aber sagte er in einer anderen Sprache, die die Königin nicht verstand, und jener tat so und ging schlafen. Der König aber schlief noch nicht, sondern stellte sich nur schlafend und spähte. Das Haus des Königs Salomo leuchtete aber

des Nachts wie der Tag; denn in Weisheit hatte er leuchtende Perlen an der Decke seines Hauses angebracht, die Sonne, Mond und Sterne darstellten. Die Königin schlief ein wenig. Als sie wieder erwachte, war ihr Mund trocken vor Durst; denn er hatte ihr in seiner Weisheit Dursterregendes gegeben; sie dürstete sehr, und ihr Mund war trocken. Sie versuchte mit ihrem Mund Speichel zu ziehen, fand aber keine Feuchtigkeit. Da gedachte sie das Wasser zu trinken, das sie sah, spähte und blickte nach dem König Salomo, und der schien ihr fest zu schlafen. Er schlief aber nicht, sondern lauerte, daß sie aufstehe, um das Wasser gegen ihren Durst zu stehlen. Nun stand sie auf, indem sie mit ihren Füßen gar kein Geräusch machte, ging zu jenem Wasser in dem Becken und nahm es auf, um das Wasser zu trinken. Bevor sie aber noch das Wasser trank, ergriff er sie bei der Hand und sprach zu ihr: »Warum brichst du den Eid, den du geschworen hast: du wolltest keinem Gegenstand in meinem Haus Gewalt antun?« Da antwortete sie in Furcht und sprach: »Ist es ein Eidbruch, Wasser zu trinken?« Da sprach der König zu ihr: »Hast du etwas unter dem Himmel gesehen, das besser als Wasser ist?« Da sprach sie: »Ich habe gegen mich selbst gesündigt, und du bist des Eides ledig; aber laß mich Wasser gegen meinen Durst trinken!« Da sprach er zu ihr: »Bin ich vielleicht deines Eides ledig, den du mich hast schwören lassen?« Da sprach die Königin zu ihm: »Sei des Eides ledig, aber laß mich nur Wasser trinken!« Da ließ er sie trinken; und nachdem sie getrunken hatte, führte er sein Begehren aus, und sie schliefen zusammen.[10]

Diese Verführungsszene ist ebenso spannend wie ungewöhnlich. Als erstes fällt auf, daß sie in allen anderen Sabalegenden fehlt. Dafür kommen in der äthiopischen Legende keine Rätsel vor. Warum werden die Rätsel der Königin von Saba so einfach übersprungen, denen doch im Judentum, im Islam und im Christentum soviel Aufmerksamkeit gewidmet wurde? Die Erklärung liegt vielleicht in der äthiopischen Übersetzung der *Bibel*, die in diesem Punkt vom hebräischen Text abweicht. Der biblische Satz: »Sie kam, zu prüfen ihn mit harten Fragen«, lautet in der griechischen Übersetzung: »Sie kam, zu prüfen ihn mit Rätseln (ainigmata).« Das *Kebra Nagast* übersetzt jedoch: »Sie kam, zu prüfen ihn mit Weisheit.« Das bedeutet eine folgenschwere Veränderung, weil die Weisheit der Königin und nicht dem König Salomo zugesprochen wird. Der große Äthiopist Edward Ullendorff hat deshalb zu Recht vermutet, daß mit dieser freien Übersetzung die äthiopische Königin von Saba mit ihren besonderen

Charakterzügen geschaffen wurde, lange bevor im *Kebra Nagast* eine Fülle von einzelnen Geschichten überliefert wurden.[11]

Entsprechend wird in unserer Verführungsgeschichte auch eindeutig die Schuld auf Salomo geschoben. Nicht die Königin, sondern der König verführt. Er bedient sich einiger Listen, um sich die Königin sexuell zu unterwerfen. Was er ins Spiel bringt, ist ein sehr verengter Eigentumsbegriff, an den sich die Königin durch einen Eid binden muß. Sie muß sich Salomo hingeben, hat sie doch salomonisches Eigentum verletzt, indem sie »sein« Wasser trank, und dadurch ihren Eid gebrochen. Da wäre die Königin großzügiger gewesen, denn ihrer Meinung nach fällt das Wasser nicht unter die Kategorie der persönlichen Habe. »Ist es Eidbruch, Wasser zu trinken?« fragt sie und läßt durchblicken, daß ihr Eigentumsverständnis freier und großmütiger angelegt ist. Weist das nicht auf Eigentumsverhältnisse hin, die in frauenrechtlich verfaßten Gemeinschaften schon immer großzügiger ausgelegt wurden? Salomo jedenfalls steht mit seiner Auffassung des Privateigentums nicht besonders strahlend da! Begierig nach Sinnenlust, schiebt er ein engherziges Eigentumsrecht vor, um an die Königin heranzukommen. Noch schlimmer erscheint uns, was mit der Königin selbst geschieht: Wie das Glas Wasser wird sie, eine menschliche Persönlichkeit, »verdinglicht«, zu einer sexuellen Eigentumssache herabgewürdigt.

Salomo muß die ganze Sache nicht besonders gut bekommen sein, wird er in der »Vergewaltigungsnacht« doch von einem schweren Traum heimgesucht.

Ihm erschien eine leuchtende Sonne; die stieg herab vom Himmel und leuchtete stark über Israel; nachdem sie dort verweilt hatte, ward sie plötzlich entfernt, flog nach dem Lande Äthiopien und leuchtete dort stark bis in Ewigkeit; denn sie blieb gern dort.[12]

Der Traum läßt Böses ahnen, und die weitere Geschichte der Königin von Saba wird ihn bestätigen – den Auszug der »Sonne« aus Israel nach Äthiopien. Die Verführung der Königin von Saba bedeutete letztlich die »Entführung« und »Überführung« der göttlichen Gnade von Israel nach Äthiopien.

Hat sich damit die Verführungsszene tatsächlich geklärt? Denunziert sie lediglich Salomo als »gnadenlosen« Verführer, um den Glanz der reinen und weisen Königin um so heller erstrahlen zu lassen? Im Sinne des *Kebra Nagast* mag das die vorherrschende Tendenz gewesen sein, eine andere Fassung der Verführungsgeschichte läßt jedoch ganz andere Aspekte hervortreten. Gemeint ist die *aksumitische Geschichte* der Königin von Saba, die von dem Orientalisten Enno Littmann im Jahre 1904 aufgeschrieben wurde, eine »moderne«, volkstümliche Geschichte, die jedoch altes und ältestes Erzählgut aufbewahrt hat.

Hier verkleidet sich die Königin als Mann, um bis vor Salomo vorzudringen. Dieses Motiv kennen wir schon gut aus der jüdischen, islamischen und christlichen Tradition, in der allerdings nicht die Königin, sondern Kinder bzw. Jugendliche verkleidet werden, damit Salomo ihr Geschlecht errate. Einer Amazone gleich verleugnet die Königin ihre Weiblichkeit, sogar mit einem Schwert umgürtet erscheint sie:

> Die Königin flocht ihr Haar so, daß sie einem Manne ähnelte. Und ihre Ministerin machte dasselbe. Dann gürteten sie und ihre Ministerin sich mit Schwertern und reisten ab. Als sie sich näherten, hörte der König Salomo von ihr, und es wurde ihm mitgeteilt: »Der König von Äthiopien kommt!« »Bittet ihn einzutreten!«, sagte er. Und sie trat begleitet von einer Dienerin beim König ein, griff seine Hand und begrüßte ihn. Der König befahl: »Bringt Brot, Fleisch und Met«, und sie setzten sich nieder, um zu essen. Und als sie speisten, aßen und tranken sie sehr bescheiden. Deshalb argwöhnte der König, daß sie Frauen seien. Als der Abend kam, gab er den Befehl: »Macht die Betten zurecht!« Und in einem und demselben Raum machten sie die Betten, eins dem anderen gegenüber. Und er nahm eine Schale mit Honig und hängte sie im Raum auf, und er setzte eine Schüssel unter sie. Dann machte er ein Loch in die Schale, so daß der Honig heraustropfte. Nun war es eine Gewohnheit, wenn er schlief, seine Augen halb offen zu halten, und wenn er wach war, seine Augen zu schließen. Während sie in der Nacht ruhten, fiel Salomo in einen Schlaf und seine Augen waren halb offen. Und die Frauen sagten: »Er schläft nicht. Er sieht uns! Wann wird er schlafen?« Während sie das sagten, wachte er auf und schloß seine Augen. »Nun schläft er«, sagten sie und begannen, aus der Honigschüssel zu schlecken. So wußte der König sicher, daß sie Frauen waren. Und er näherte sich beiden und schlief mit ihnen. Jede von ihnen sagte zu ihm: »Meine Entjungferung ist vollbracht!«[13]

24 (Rechts): Sündenfall und Vertreibung aus dem Paradies. Miniatur der Brüder Limburg aus: Les Très Riches Heures du duc de Berry, um 1415

25 (Nachfolgende Doppelseite) Bilqis und Salomo auf ihren Thronen. Persische Miniatur, 1566

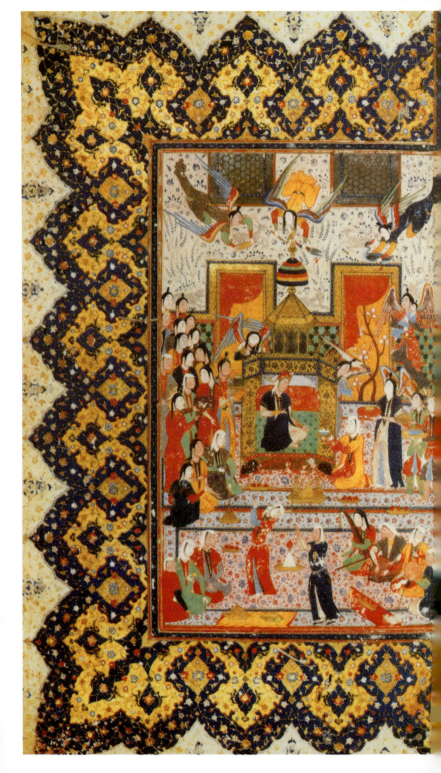

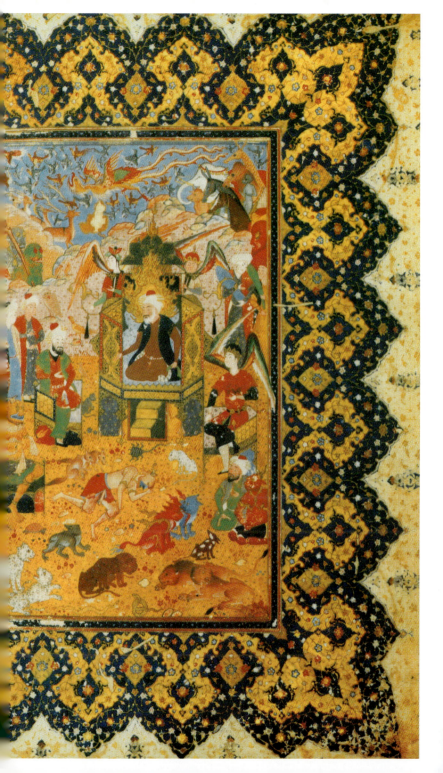

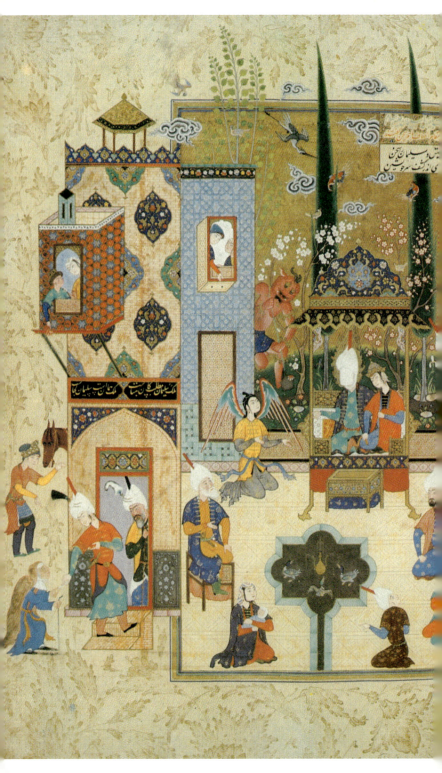

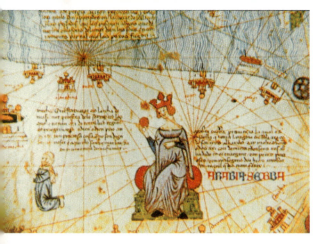

26 (Linke Seite) Salomo und Bilqis auf dem Thron. Persische Miniatur, 1556/1565.

27 u. 28 Die Königin von Saba und König Salomo. Zwei Ausschnitte aus dem »Katalanischen Weltatlas«, Miniatur von Abraham Cresques, 1374/1376.

29 Die Königin von Saba. Die schwarze Königin stellt die Weisheit dar im Reigen der Töchter Jerusalem. Diese verkörpern die Tugenden. Fresko. Brixen, Dom, um 1220.

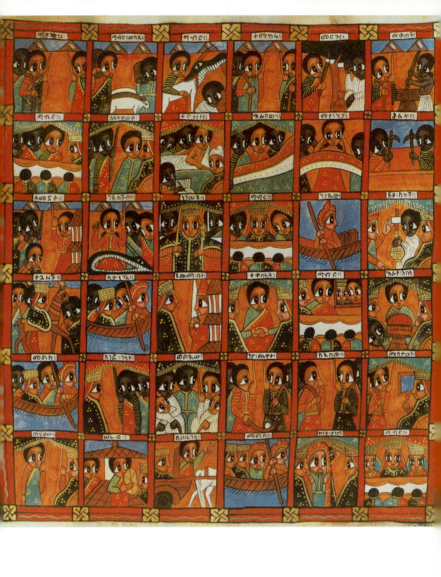

30 Die Saba-Legende aus dem »Buch der Könige«, Afawarq Mangescha. Deckfarben auf Leder, 1970.

31 Die Königin von Saba betet das Paradiesholz an; Begegnung zwischen Salomo und der Königin von Saba. Fresko. Arezzo, San Francesco, 1452.

32 Die Anbetung der Könige (links) und der Besuch der Königin von Saba bei Salomo (rechts). »Biblia pauperum«. Miniatur. Österreich, 1330.

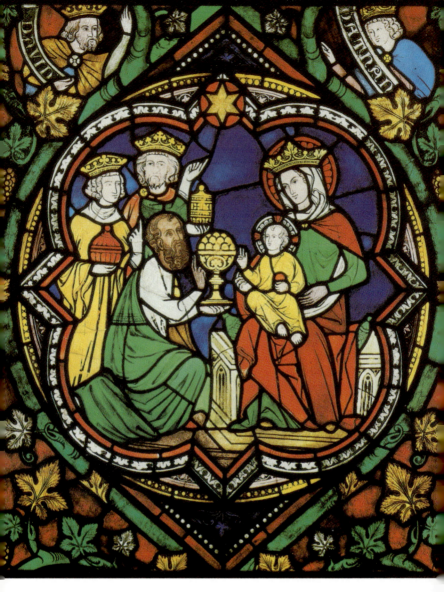

33 Die Königin von Saba vor Salomo und die Anbetung der Könige. Aus dem »Jüngeren Bibelfenster«. Köln, Dom, um 1280.

34 Regina Saba. Ausschnitt aus dem Klosterneuburger Altar des Nikolaus von Verdun. Email. vor 1181.

35 (Rechte Seite) Die Königin von Saba. Min aus Conrad Kyesers »Be fortis«. Böhmen, nach

Sum regina Sabba, clanor cetis r veusta
pulchra sum et casta, stat speculu ptore sculptum
Inquo cotemplari, iuuenes quicq volunt
Cum visu tacta, sine ver follis abstonsa
Pacem subito mouet fuligine ore
Stans in simulis, pelle colore stabit

36 Die Königin von Saba reicht Salomo den Kelch. Aus dem Heilsspiegel-Altar von Konrad Witz. Öl auf Holz. Um 1430.

37 Einschiffung der Königin von Saba. Ölgemälde, Claude Lorrain. 1648.

38 (Folgende Seite) Romare Howard Bearden: She-ba. Collage, 1970.

Auch diese Verführungsgeschichte endet mit der Geburt des äthiopischen Thronfolgers, genau wie im *Kebra Nagast*. Doch die *aksumitische* Fassung hat ganz andere Schwerpunkte: Um Weisheit geht es hier weder bei Salomo noch bei der Königin von Saba. Der König erscheint weder als hinterlistiger Verführer noch die Königin als die verführte Unschuld. Die Entjungferung wird eher ersehnt als abgelehnt. Und die männliche Bekleidung? Sie macht die Königin zunächst den Männern gleich. Mit einer weiblichen Sonderrolle scheint sich die Königin noch nicht abgefunden zu haben. Doch das ist nur der Ausgangspunkt der Geschichte; in Wahrheit will sie zeigen, wie die Amazonenkönigin zur Bejahung ihrer Frauenrolle gelangt. Aus der männergleichen, schwertgegürteten Amazone wird eine zunächst naschhafte, honigschleckende Jungfrau und aus ihr eine verführte, jedoch letztlich akzeptierte Frau. Eine Übergangsgeschichte wird also erzählt, um Frauen zu lehren, eine Frau zu werden, und das mittels Honig!

Das wirkt eher anekdotisch und spielerisch-idyllisch. Doch das »nach Honig begierige Mädchen« ist ein festes und häufig auftretendes Motiv, besonders in archaischen Kulturen. Der französische Ethnologe Claude Lévi-Strauss hat über dieses Motiv eine fünfhundertseitige Abhandlung geschrieben. Obwohl er sein Material aus südamerikanischen Eingeborenenmythen schöpft, können seine Beobachtungen auch einiges über die honigschleckende Königin von Saba verraten. Der Honig spielt im Mythos eine kaum zu überschätzende Rolle. Er fungiert als Verführer, seine »Opfer« sind vornehmlich frustrierte Ehefrauen und heiratswillige Mädchen; den Frauen wurde der Honig zum Verhängnis, mußten sie mit dem Honig doch ihre Ehemänner betrügen, die Mädchen führte ihre »Honiggier« zum Besitzer und »Herrn des Honigs«, dem sie sich ehelich verbanden.[14] Der Honig also als Mittel, die beiden Geschlechter zusammenzubringen, von sinnenbetäubendem Duft, von flüssiger, feuchter Substanz, ob frisch und roh gekostet oder aufgekocht genossen, ob als wilder Honig sparsam oder als künstlicher Honig im Unmaß einverleibt — die erotischen Beiklänge des Honigs ergaben sich ganz von selbst.[15] In der *aksumitischen* Honiggeschichte treffen sich all diese Züge, ja der sexuelle Nebenklang wird noch drastisch verstärkt, präludiert doch der tropfendsickernde Honigseim und die sie auffangende Schale den nachfolgenden Sexualakt. Doch — Lévi-Strauss hat es in einer glänzenden Metapher ausgedrückt: der Honig allein ist ein schlechter und deshalb nur ein »metaphorischer« Verführer: Genießen kann man ihn, nur — ihn zu beschlafen, ist unmöglich.[16] An die Stelle des metaphorischen Verführers

»Honig« muß deshalb in unserer Erzählung der »reale« Verführer Salomo treten.

So hatte der Honig viel erreicht: Der Königin von Saba ermöglichte er den Wechsel von der »Amazonin« zu einer Frau, die ihre Sexualität bejaht; dem König Salomo diente er als Verführungsmittel zur endgültigen, auch sexuellen Inbesitznahme der Königin. Was sich daraus ergeben sollte, war für Salomo allerdings weniger angenehm und führt uns zur Geschichte des äthiopischen Königssohnes!

12. Der Sohn der Königin

So unterschiedlich das *Kebra Nagast* und die aksumitische Königslegende die Verführungsgeschichte auch ausgestalten, beiden ist die Geburt eines Sohnes gemeinsam, der als königlicher Abkömmling die Geschichte des Königreiches Äthiopien bestimmen sollte. Und nicht nur das: Seine Geburt wird zur Begründung des Salomonisch-Sabäischen Königshauses in Äthiopien führen, auf das sich zu berufen unerläßlich war für jeden äthiopischen Herrscher bis zum Jahr 1974. Aber auch das war noch nicht alles: Mit der Geburt des äthiopischen Salomoniden aus dem Schoße der Königin von Saba vollzieht sich sogar die Übertragung der Herrschaft und göttlichen Erwähltheit von Israel auf Äthiopien.

Salomo ahnt das, als er im Traum die Sonne von Israel nach Äthiopien auswandern sieht; das *Kebra Nagast* wird andererseits nicht müde, die Unschuld der Königin hervorzuheben. Mochte der König auch noch so sehr sein schlechtes Gewissen mit Geschenken an die Königin betäuben, die Sonne der Gnade beschien ein anderes Land. Das flüchtige Liebesverhältnis zwischen Salomo und der Königin zeitigte gleichsam ewige Folgen:

> Dann zog sie fort und kam in die Stadt Bala-Zadi-areja, neun Monate und fünf Tage, nachdem sie von ihm [Salomo] entlassen war; da ergriffen sie die Wehen, und sie gebar ein männliches Kind und gab es der Amme mit viel Herrlichkeit und Wonne. Sie selbst aber blieb da, bis die Tage ihrer Reinigung vorüber waren, und dann kehrte sie mit großem Prunk in die Stadt zurück. Ihre Würdenträger, die dort zurückgeblieben waren, brachten ihrer Herrin Geschenke, ehrten sie und huldigten ihr, und alle Gaue freuten sich über ihre Rückkehr. Die Großen unter ihnen bekleideten sie mit schönen Kleidern, einigen gab sie Gold und Silber und Hyazint und Purpur, alle wünschenswerten

Schätze gab sie. Sie richtete ihr Reich auf, und niemand übertrat ihren Befehl, denn sie liebte die Weisheit; Gott aber stärkte ihre Herrschaft.[1]

Menelik wächst bei seiner Mutter auf, vaterlos. Dieses Schicksal teilt Menelik mit anderen sagenhaften Gestalten. Hinter dieser Vorstellung steht wahrscheinlich die Erinnerung an eine matriarchalische Gesellschaft, in welcher die Abstammung des Menschen ausschließlich auf die Mutter zurückgeführt wurde. Wer der jeweilige Vater war, blieb zweifelhaft, besonders in mutterrechtlichen Gesellschaften, in denen es sich die Frauen erlaubten, vielen Männern beizuliegen (Polyandrie). Die Identität des Vaters wurde immer nur konventionell festgelegt, während die Identität der Mutter »natürlich« feststand. Spätere Einrichtungen wie Ehe und die Ideologie der »jungfräulichen Unbefleckheit« vor der Ehe trugen sicher dazu bei, die »zweifelhafte« Stellung des Vaters zu stärken und abzusichern gegenüber den eindeutigen Müttern. Interessant ist deshalb, was die Königin antwortet, als sie von Menelik nach seinem Vater gefragt wird:

Jenes Kind aber wuchs heran, und sie nannte seinen Namen Baina-lehkem (Menelik). Nun war er zwölf Jahr alt; da fragte er die Jünglinge, die ihn erzogen, und sprach zu ihnen: »Wer ist mein Vater?« Da sagten sie zu ihm: »Der König Salomo.« Da ging er zu seiner Mutter, der Königin, und sprach zu ihr: »O Königin, tu mir kund, wer mein Vater ist!« Da sprach die Königin zu ihm in Unwillen, indem sie ihn schreckte, damit er nicht fortgehen wolle: »Warum fragst du mich nach dem Vater? Ich bin dein Vater und deine Mutter; nun frage nichts weiter!« Da ging er von ihr hinaus und setzte sich. Wiederum und zum drittenmal fragte er sie und bestürmte sie, es zu sagen. Eines Tages nun sagte sie es, indem sie sprach: »Fern ist sein Land und beschwerlich der Weg dorthin; gehe dort nicht hin!« Er aber, der Sohn, Baina-lehkem, war schön, seine ganze Statur, sein Körper und die Haltung seines Nackens glichen Salomo, dem König, seinem Vater, seine Augen und seine Beine und seine ganze Art glichen dem König Salomo.[2]

Die Mutter hatte also nicht das geringste Interesse daran, den Vater zu offenbaren. Dreimal muß Menelik nachfragen, bis er die richtige Antwort erhält. Die ausweichenden Antworten der Königin scheinen Ausflüchten gleichzukommen, doch es mag auch in ihnen eine fast »verschollene« Auffassung der Vatergeburt liegen, wenn sie beansprucht, Vater und Mutter in einem zu sein. Diese Vorstellung entspricht »mythischem«

Denken, in dem am Anfang allen Seins eine alleinige Muttergöttin stand, aus der alles Seiende seinen Anfang nahm. In vielen Natur- und Kulturvölkern finden sich Mythen einer »ersten« Göttin, die keines Mannes zur Zeugung bedurfte. Bei den Sumerern hieß sie Iana, bei den Assyrern Tiamat, bei den Babyloniern Ischtar, Isis und Nut bei den Ägyptern und Gea bei den Griechen. All diesen Muttergottheiten ist gemeinsam, daß sie den männlichen Gottheiten vorausgingen, den natürlichen Kosmos und die Kultur- und Lebensordnungen aus sich heraus schufen – ohne befruchtende Liebe. Begünstigt wurde der Mythos von der vaterlosen Zeugung sicher auch durch die ursprüngliche Unkenntnis des Zusammenhangs von Begattung und Schwangerschaft, der für sehr viele Naturvölker nachgewiesen ist. Die Schwangerschaft entsteht nach dieser archaischen Auffassung nicht durch die männliche Begattung, sondern »Geisterkinder« sind es, die von außen den Weg in die Vulva finden, z. B. in der Auffassung australischer Eingeborener. Was dem Mann allein zugedacht wird, ist die sich im Geschlechtsverkehr ereignende »Ebnung eines Weges« für das »Geisterkind«.[3] Untergründige Erinnerungen an diesen Mythos von der »vaterlosen« Geburt mögen mitschwingen, wenn die Königin von Saba sich selbst als Vater-Mutter präsentiert, selbst wenn das *Kebra Nagast* diese Auffassung zur verlegenen Ausrede verflacht hat.

Menelik gibt sich mit den ausweichenden Antworten der Mutter nicht zufrieden. Interessant ist, daß in volkstümlichen Geschichten die »Vaterfrage« etwas anders als im *Kebra Nagast* erzählt wird. Danach war es nicht Menelik selbst, der aus eigenem Antrieb die Frage stellte. Bei einem hockeyähnlichen Spiel, dem sog. Ghenna-Spiel, gewann Menelik immer die meisten Punkte, was den Neid seiner Spielkameraden heraufbeschwor. Sie begannen ihn zu hänseln und nach seinem Vater zu fragen. Der Junge lief verwirrt zu seiner Mutter und fragte nach seinem Vater.[4] Die Königin mußte die Vaterschaft Salomos aufdecken, und Menelik ist von dem Wunsch besessen, seinen Vater aufzusuchen. Begleitet vom Kaufmann Tamrin und vielen Würdenträgern, ausgestattet mit vielen Geschenken, läßt die Mutter ihn ziehen und gibt auch ihr eigenes Motiv preis:

Sie befahl ihnen (den Würdenträgern), daß sie ihren Sohn nicht dort (in Jerusalem) lassen sollten, sondern ihn zum König machen sollten und ihn dann zu ihr zurückbrächten, damit er dann die Herrschaft über ihr Land ausübe. Es war nämlich eine Einrichtung des Landes Äthiopien, daß ein Weib Königin war, eine Jungfrau, die keinen Mann heiratete. Sie aber sprach: »Von nun an soll ein Mann aus deinem Geschlecht herrschen, und nie mehr soll ein Weib herrschen; sondern dieses Geschlecht und seine Nachkommen von Geschlecht zu Geschlecht.«[5]

Zwei Motive waren es also, die die Königin bestimmten, Menelik nach Jerusalem ziehen zu lassen. Er sollte von Salomo als König Äthiopiens inthronisiert werden, und er sollte zweitens das weibliche Königsamt ablösen. Das Motiv des Übergangs von einer weiblichen zu einer männlichen Herrschaftsordnung und die künftige Thronfolge männlicher Salomoniden kann für die äthiopische Herrschaftsgeschichte kaum überschätzt werden.

Was die Königin von Saba durchsetzte, bedeutet vor allem die Umwandlung der afrikanischen Form des »sakralen Königtums« in eine Herrschaftsauffassung, die sich nach dem Königsvorbild des Alten Testaments richtete. Allerdings: Die Institution des afrikanischen Königtums ist durch einige Merkmale ausgezeichnet, die auch noch im *Kebra Nagast* durchscheinen. Zum einen ist es die Rolle der Königin-Mutter,[6] die aus den umliegenden Kulturen Ägyptens ebenso bekannt ist wie aus schwarzafrikanischen Stammesüberlieferungen im Kongo, in Zimbabwe, Uganda usw. Könige erhielten ihre Machtlegitimation durch ihre Verbindung zu den weiblichen Gliedern der Königsfamilie. War die Stellung eines Königs umstritten, setzte er alles daran, eine Prinzessin königlichen Blutes zu ehelichen. War jedoch ein Königssohn noch minderjährig, trat an seine Stelle die Königin-Mutter. In Nubien hieß sie Kandaze, ein Titel, der dem Amt eines Pharao vergleichbar war. Von einer Kandaze weiß der antike Schriftsteller Strabo zu berichten, als im Jahre 22 v. Chr. die nubische Stadt Napata von römischen Truppen gestürmt wurde.[7] Die Kandaze scheint eine »mannhafte« Frau gewesen zu sein, auf einem Auge blind und offensichtlich als Kriegerin aktiv.

Selbst wenn ein männlicher Herrscher zur Macht kam, spielte die Königin-Mutter weiterhin eine wichtige Rolle. Ihre Stellung war dabei nicht von ihrer wirklichen, leiblichen Königsmutterschaft abhängig. Im kongolesischen Lunda-Reich z. B. fungierte eine »Lukokescha«, eine ledige Frau königlichen Geschlechts. In Uganda war es der Königin-Mutter sogar verboten zu heiraten, auch Kinder durfte sie keine gebären. Bei der Wahl des königlichen Herrschers hatte die Königin-Mutter also als Adoptiv-Mutter ein entscheidendes Stimmrecht. Obwohl der Königin-Mutter eine Ehe verboten war, ließ man ihr bei der Wahl und Zahl ihrer Liebhaber freie Hand. Ihr sexuelles Leben darf als »freizügig« in jeder Hinsicht bezeichnet werden,[8] was im *Kebra Nagast* noch durchscheint, denn die Verbindung zwischen Salomo und der Königin von Saba wird als flüchtige Liebesromanze gestaltet und mündet nicht ein in eine legale Ehe.

Der afrikanischen Stellung einer Königin entspricht auch ein weiterer Zug, der ebenfalls im *Kebra Nagast* erhalten wurde: Sie hat unsichtbar zu sein! Als das große Fest zu Ehren der Königin von Saba veranstaltet wird, kommt es zu einer umständlichen Plazierung der Königin:

> Salomo kleidete ihre Auserwählten (in Ehrenkleidern), vermehrte seine Tafel um das Doppelte und gebot, die ganze Einrichtung des Hauses, alles, in Stand zu setzen; an jenem Tag war das Haus des Königs Salomo hergerichtet. Dann richtete er es ordentlich zu, in Herrlichkeit, mit Freude und in Frieden, mit Weisheit und zärtlicher Liebe, in aller Unterwürfigkeit und Demut; dann ward die königliche Tafel geordnet nach der Einrichtung des Reiches. Die Königin trat durch eine Hintertür ein, in Glanz und Herrlichkeit, setzte sich gegenüber, hinter ihn, dahin, wo sie alles sehen, beobachten und erkennen konnte. Sie verwunderte sich über das, was sie sah und hörte, sie pries in ihrem Herzen den Gott Israels und erstaunte über die Herrlichkeit der Residenz, die sie sah. Denn sie konnte sehen, aber niemand konnte sie sehen wegen ihres Platzes, den er [Salomo] in Weisheit gerichtet und ausgeschmückt hatte, indem er Purpur ausbreitete und Teppiche legte, Moschus und Marmor und Steine zurichtete, Wohlgerüche verbreitete, Myrrhenöl und Cassia aussprengte und Galban und Weihrauch aufstrich.[9]

Diese Sitte des Nicht-Erscheinens eines Herrschers findet sich wieder in vielen afrikanischen Königsritualen; jedoch auch im oströmischen Byzanz war die Unsichtbarkeit des Königs ein ehrfurchtgebietendes Herrschaftsmittel. In Südäthiopien, wo sich altertümliche Traditionen sehr lange erhalten haben, lieferte der Gangero-Stamm auch eine Erklärung: Der König sei eine Sonne, und er dürfe deshalb nicht »erscheinen«, denn zwei Sonnen gleichzeitig seien auf der Welt eine Unmöglichkeit. Er durfte sich deshalb nur »im Dunkeln« zeigen. Zeigte sich der König doch einmal, floh alles vor ihm oder verbarg das Gesicht am Boden. Denn niemand vermochte den König anzusehen, ohne zu erblinden. Im aksumitischen Nordäthiopien wurde erzählt, daß der König Ayzur nur einen halben Tag regiert hatte, weil alle Leute der Hauptstadt seine Hand ergriffen hatten. Viele Leute starben deshalb mit ihm. Seitdem wurden die Könige durch einen Vorhang abgeschirmt.[10]

Das *Kebra Nagast* hat aber alles daran gesetzt, die heidnischen Überreste zu tilgen und der Königin von Saba dabei ein entscheidendes Verdienst zugesprochen. Mit der Festlegung der männlichen Nachfolgeordnung wurde auch die ursprüngliche Institution und Bedeutung der Königin-Mutter herabgemindert. Die Königin von Saba war deshalb sicher nicht die erste, aber jedenfalls die letzte herrschende Königin-Mutter in Äthiopien — so suggeriert es jedenfalls das *Kebra Nagast*. Tatsächlich schweigt die sogenannte *Reichsordnung*, in der das äthiopische Königsgesetz bis in alle Einzelheiten festgelegt war, von der Institution der Königin-Mutter. Daß jedoch äthiopische Königin-Mütter während der Minderjährigkeit ihrer Söhne eine wichtige Rolle spielen konnten, erzählen uns die Chroniken der Könige Alexander, Lebna Dengel und Jakob. Hochgeschätzt blieb auch die weise Helena, die über lange Jahre hinweg die Geschicke Äthiopiens mitgestaltete; der Ruhm der Königin Sabla Wangel verbreitete sich sogar bis nach Portugal, weil sie ihre Hand schützend über portugiesische Missionare gehalten hatte.[11]

Die zweite Bestimmung der Königin von Saba, nur noch salomonische Sprößlinge zur Königsinthronisation zuzulassen, hatte sicher noch schwerwiegendere Folgen, denn damit wurde der afrikanischen Form der Königsnachfolge der Kampf angesagt. Kontinuität und Beständigkeit sollten einkehren in der Herrschaftsfolge, die bei der Praktizierung des afrikanischen Königsrituals nicht gewährleistet waren. So wurde z. B. die »rituelle Tötung« des Königs vorgenommen, und nach dem Tode eines Königs brach regelmäßig ein Zustand »ritueller Anarchie« aus.[12] Der »heilige« Königsmord wurde nach Gesetz in der Regel von Priestern, vielleicht sogar manchmal von der ersten Frau des Königs vollzogen, wenn der als Gott verehrte König eine festgesetzte Regierungszeit überschritten hatte oder Anzeichen von Schwäche, Krankheit, Impotenz usw. sichtbar wurden. Diesen Gebrechen sprach man böse Folgen für Land und Leute zu. In Uganda wurde der König erdrosselt, um kein heiliges Königsblut zu vergießen. Anderswo hatte sich der König selbst durch Gift umzubringen. Die Malwal-Dinkla legten den König auf eine Bahre, brachen ihm Ellbogen und Knie und erdrosselten ihn mit einem Kuhseil. Der König der Dinkla-Stämme aß vor seiner Tötung noch ein wenig Korn, trank etwas Milch, warf den Rest in östliche Richtung und sagte, er gehe zu seinen Vätern. Bei den Bambara wurde dem alternden König ein Baumwollstreifen um den Hals gelegt und an den Enden von zwei Personen in entgegengesetzter Richtung gezogen. Der rituelle Königsmord war weitverbreitet, doch aus Äthiopien wird nichts über eine solche Sitte berichtet. Die auf die Königin von Saba zurückgeführte Herrschaftsfolge der Salomoniden hat der altafrikanischen Tradition des »rituellen« Königsmordes keinen Raum gegeben.

Wieder ist es eine Volkslegende, die etwas von jener afrikanischen Sitte durchschimmern läßt, und zwar im Schicksal des Prügelknaben Zago. Nach der Legende hatte der König Salomo nicht allein mit der Königin von Saba, sondern auch mit deren Dienerin geschlafen. Zwei Söhne waren das Ergebnis: Menelik und Zago. Im Unterschied zu Menelik war Zago jedoch der geringere Bruder. Dumm und beschränkt, so schildern ihn die Geschichten. Doch vor allem hatte er das Schicksal des »Prügelknaben« zu erleiden.[13] Sollte der junge Menelik bestraft werden, bekam Zago für ihn die Prügel. Ein »Sündenbock« war gefunden, der stellvertretend für den König leiden mußte. Aus einigen afrikanischen Kulturen, besonders in Uganda, ist bekannt, daß stellvertretend für den König ein »Scheinkönig« den rituellen Königsmord erleiden mußte.

Auch die afrikanische Institution der »rituellen« Anarchie[14] hatte in Äthiopien keinen Platz. Das afrikanische Königsritual hatte nach dem Tod eines Königs das Ausbrechen umstürzlerischer Bewegungen nicht nur zugelassen, sondern sogar vorgeschrieben, jedenfalls solange, bis ein neuer König inthronisiert war. Mit dem Tod des Königs schien die alte Ordnung zusammenzubrechen, ein im Ritual verankertes Recht auf Chaos trat in Geltung. In Südäthiopien bei den Galla-Völkern scheint sich am ehesten noch etwas von dieser Sitte gehalten zu haben. Dort herrschte zwar kein König, sondern ein bestimmtes Klassensystem, das *gada*-System. Trat ein Wechsel desselben ein, so war nach dem Stammesgesetz eine begrenzte Zeitspanne der Anarchie vorgeschrieben, die erst beendet war, wenn drei »Gesetzessteine« feierlich aufgerichtet waren.

Für das äthiopische Königtum der Salomoniden mit seiner geregelten Thronfolge war die Phase ritueller Anarchie weder notwendig noch erwünscht. Die äthiopische Königsliste der Salomoniden von 1270 bis 1755 zählt neununddreißig Könige. Zwanzigmal wurde ein Sohn des verstorbenen Königs inthronisiert, ein Hinweis darauf, daß die auf die Königin von Saba zurückgeführte Thronfolge der Salomoniden eine ungeschriebene, stillschweigend befolgte Regel war.

Tatsächlich ist die Legitimation der Salomonischen Dynastie nie bestritten worden. Auch Usurpatoren mußten sich früher oder später von der Erfolglosigkeit ihrer Regierung überzeugen lassen. Entweder wurden sie früh beseitigt oder abgesetzt, und selbst wenn sie länger regierten, blieb an ihnen der Makel der Unrechtmäßigkeit haften. Als der Usurpator Justus den Thron bestieg, vermerkte die offiziöse Reichschronik über ihn: »Er wurde mit Gewalt König.« Als er im Sterben lag, klagten ihn die Würdenträger des Reiches an: »Warum hast du regiert? Wer bist du überhaupt?« Der Usurpator Theodorus II. (1855–1868) setzte alles daran, seine Legitimität zu behaupten. Da er seinen Anspruch nicht aus der Linie der Königin von Saba ableiten konnte, erhob er zum Stammvater seiner Dynastie Amnon, einen Sohn Davids und Bruder Salomos. Diese künstliche Stammbaumkonstruktion brachte u. a. einige europäische Reisende auf Jahre in den Kerker, weil sie den Stammbaum Theodors in Zweifel gezogen hatten. Einer der Gründe für den Untergang Theodors II. im Jahre 1868 war — abgesehen von seiner Niederlage gegen die Engländer — die Illegitimität seines Königtums. Dem Schatten der Königin von Saba konnte auch er nicht entfliehen, die von ihr eingeleitete Herrschaftsfolge blieb gültig; selbst in Zeiten der Wirren wie in den Jahren 1755–1868 wurde der Thronanspruch der Salomoniden grundsätzlich nicht bestritten.[15]

Doch zurück zum Sohn der Königin, zu Menelik, der beschließt, seinen Vater Salomo aufzusuchen. Begleitet vom Kaufmann Tamrin, macht er sich auf den Weg und gelangt in das Gebiet von Gaza, das Salomo einst der Königin von Saba zum Geschenk gemacht hatte, so berichtet das 33. Kapitel des *Kebra Nagast*. Als Menelik »die Stadt seiner Mutter« betritt, entsteht einige Verwirrung. Die Ähnlichkeit Meneliks mit seinem Vater ist so frappierend, daß Menelik für Salomo gehalten wird. Salomo ist freudig bewegt, denn Menelik war, im Gegensatz zur biblischen Überlieferung, sein ältester Sohn und damit derjenige, auf den alle biblischen Verheißungen bezogen werden:

> Aber Gott gab ihm nur drei Kinder: Sein ältester Sohn war der König von Äthiopien, der Sohn der Königin von Äthiopien, der erstgeborene, von dem er [Gott] in der Prophetie sagt: es schwor Gott dem David in Wahrheit und bereute es nicht: von der Frucht deines Leibes will ich [jemanden] auf deinen Thron setzen. Gott aber verlieh seinem Knechte David Gunst bei sich und verhieß ihm, daß ein leiblicher Nachkomme von ihm aus einer Jungfrau auf dem Throne der Gottheit sitzen wird und richten wird die Lebendigen und die Toten und jedem nach seinem Tun vergelten wird; dem Lob gebühret, [nämlich] unserem Herrn Jesu Christo, in Ewigkeit Amen. Auch auf Erden aber verlieh er einem, daß er, nämlich der König von Äthiopien, ein König sei . . .[16]

Salomo schickte seinen Feldherrn Joas aus, der mit Menelik zusammentrifft. Und schon beginnt ein Streitgespräch zwischen beiden. Joas behauptet steif und fest, Salomo sei »besser« als Meneliks Mutter und sein Land Äthiopien eben nicht das Land, in dem »Milch und Honig« fließt. Besonders die Herabsetzung ihres Landes mißfiel den Äthiopiern, und deshalb antworteten die Würdenträger:

> Unser Land ist besser. Denn die Luft unseres Landes ist gut, nicht heiß und glühend; das Wasser unseres Landes ist gut und manchmal süß und fließt reichlich in Flüssen; auch die Gipfel unserer Berge sind reich an Wasser. Es ist nicht wie in eurer Gegend, daß wir tiefe Brunnen um Wasser graben, und wir sterben nicht vor Sonnenglut; sondern sogar am Mittag jagen wir wilde Tiere, Büffel und Hirsche, Vögel und kleine Tiere, aber auch im Winter sorgt Gott für uns, von einem Jahr bis zum Beginn des Umlaufs eines [anderen] Jahres; im Frühjahr essen sie das Getreide, das sie mit dem Fuß gedroschen haben, wie im Lande Ägypten; die Bäume tragen gute Früchte; Weizen und Gerste und alle unsere Früchte und Tiere sind gut und wunderbar.[17]

Diese Verherrlichung Äthiopiens zeigt ein Land, in dem von Hungerkatastrophen keine Rede ist, ein Gegenbild zu all dem, was im »modernen« Äthiopien geschieht. Doch es bleibt nicht bei der Hymne auf das Land Äthiopien! Vater und Sohn begegnen sich, und daran schließt sich eine Eloge der Königin von Saba an, die ihresgleichen sucht. Nur die Jungfrau Maria wurde mit ähnlichen Worten gepriesen. Und Menelik wird wie der lang verheißene Messias besungen:

> Gesegnet sei die Mutter, die diesen Jüngling geboren hat, und gesegnet sei der Tag, an dem du [Salomo] dich mit der Mutter dieses Jünglings verbunden hast! Denn über uns ist aus dem Geschlechte Jesses ein glänzender Mann aufgegangen, der König sein wird über den Stamm unseres Stammes, aus seinem [Jesses] Samen, so daß niemand nach seinem Vater fragen wird und niemand sich nach seiner Herkunft erkundigen wird, ein wahrer Israelite, aus dem Samen Davids, vollkommen nach dem Ebenbild der Figur des Aussehens seines Vaters gebildet; und der soll über uns, seine Knechte, König sein.[18]

So preisen die äthiopischen Würdenträger ihre Königin und deren Sohn. Und damit geben sie der »Vaterlosigkeit« Meneliks eine nicht uninteressante Wendung. Letztlich ist Salomo nur ein »Zwischenvater«, alles kommt darauf an, das äthiopische Königshaus in die altisraelitische Königsgeschichte einzubauen. Menelik sollte über seine »Verherrlichung« zunächst jedoch nicht glücklich werden. Denn Salomo kam auf die Idee, diesen messianischen Erstgeborenen in Jerusalem zu behalten und ihn hier zum König zu inthronisieren. Menelik jedoch bekundet seine nachdrückliche Liebe zum äthiopischen Heimatland und verweist immer wieder auf den Rückkehrwunsch seiner Mutter:

> O mein Herr, es kommt mir nicht zu, daß ich mein Land und meine Mutter verlasse. Denn meine Mutter hat mich bei ihren Brüsten beschworen, daß ich hier nicht bleibe, sondern eilends zu ihr zurückkehre, und daß ich hier auch kein Weib nehme ... Ich habe danach getrachtet, dein Antlitz zu sehen und deine Stimme zu hören, deinen Segen zu empfangen und wohlbehalten zu meiner Mutter zu kommen.[19]

Salomo muß einsehen, daß Menelik nicht zu halten ist. Schließlich leuchtet auch ihm ein, daß ein Salomonide in Äthiopien seine Herrschaft über zwei Länder festigen konnte. Das Inthronisationszeremoniell wird nach altisraelitischer Sitte vollzogen: Im Allerheiligsten wird Menelik gesalbt, der Königsumritt auf einem Maultier findet statt, das Volk akklamiert dem König, er wird von Salomo gesegnet.[20] Statt Trommeln hört man die altisraelitischen Widderhörner – peinlich wird alles vermieden, was an afrikanische Thronbesteigungsfeiern erinnern könnte.

Doch mit der Inthronisation des äthiopischen Königs endet die Menelik-Geschichte noch nicht. Dem Verfasser des *Kebra Nagast* ging es vor allem darum, die Übertragung der göttlichen Gegenwart und Gnade von Israel nach Äthiopien nicht nur auf eine Person, sondern grundsätzlich und für alle Zeit zu zeigen: Der Traum Salomos von der Entführung der Sonne nach Äthiopien mußte noch augenfälliger dargestellt werden. Denn Strafe mußte sein für Salomo, der die Jungfrau Makeda verführt hatte und der sich und dem Volk Israel heidnische Kulte aufgedrängt hatte. Eingeführt wird die Übertragungsgeschichte der göttlichen Gnade durch die Weisung Salomos, daß die erstgeborenen Söhne seiner königlichen Beamten und Priester dem König Menelik nach Äthiopien folgen und dort bleiben sollten.[21] Verzweifelt waren die Betroffenen. In der Fremde zu leben, abgeschnitten von der göttlichen Gegenwart – das erschien ihnen unerträglich, so daß sie den Beschluß faßten, die Bundeslade, das hochverehrte altisraelitische Stämmeheiligtum, zu rauben und nach Äthiopien zu »entführen«.[22] Der Raub der Bundeslade und seine Aufstellung in der äthiopischen Residenzstadt Aksum, das sollte für Israel endgültig den Verlust, für Äthiopien jedoch den Gewinn der göttlichen Gnade bedeuten. Moralische oder gar religiöse Skrupel hatte man nicht, erschien doch sogar dem Priestersohn Azaja der Engel des Herrn im Traum, um zum Raub der Bundeslade zu ermuntern. Denn — so der Engel — dies ist von Gott gewollt. »Israel hat den Herrn erzürnt, und deshalb wird er die Gesetzeslade . . . von ihnen fortnehmen«.[23] Erst mit der Überführung der Bundeslade kommt der äthiopische Erwählungsgedanke ans Ziel. Äthiopien als »Neues« Israel: das war der Sinn der in der Entführung der Bundeslade gipfelnden Verführungsgeschichte der Königin. Mit der Bundeslade verbanden sich seit jeher tiefe historische und religiöse Erfahrungen. Sie war wohl ursprünglich eine Art »Thronsitz«, der mitgeführt wurde z. B. beim Durchzug der Israeliten durch die Wüste. Wurde die Bundeslade abgesetzt, konnte der »heilige« Krieg beginnen, ja es scheint, daß allein die göttliche Gegenwart über Sieg und Niederlage entschied, die kriegerischen Handlungen der Menschen jedoch zweitrangig waren.[24] Doch die Bundeslade enthielt auch die Gesetzestafeln der Zehn Gebote und erschien damit als Unterpfand der göttlichen Bundestreue.[25] Mose erlebte vor der Bundeslade die Nähe und Gegenwart Gottes, die ihn dazu befähigten, Weisungen zu erteilen und Prophezeiungen zu verkünden. Sein Haupt hatte er allerdings zu verhüllen, denn unerträglich wäre ihm der Glanz der göttlichen Gegenwart gewesen.[26] Die Bundeslade erinnerte auch an die wunderbare Speisung, die den hungernden Israeliten in der Wüste durch das Manna-Wunder zuteil geworden war. Seitdem soll in die Bundeslade ein Manna-Krug gestellt worden sein, um an die segensreichen Wirkungen der göttlichen Gnade zu erinnern.[27] Historische Glückserfahrungen waren es also letztlich, die sich mit der Bundeslade verbanden. Kein Wunder, daß Menelik vor der erbeuteten Bundeslade in Freudentänze ausbricht[28] wie einst David.[29]

Die Herrlichkeit der Bundeslade überstrahlt schließlich sogar den Glanz der Königin von Saba. Zwar wird die Königin als »jungfräuliche« Mutter des messianischen Menelik in höchsten Tönen gepriesen; ihrer Weisheit wird weitschweifig gedacht, doch letztlich ist es die Theologie der Bundeslade, die das Kernstück des *Kebra Nagast* ausmacht. Einer geliebten Braut gleich wird sie aus Jerusalem entführt, erhoben wird sie zur »himmlischen Zion« und gepriesen wird sie überschwenglich als »nährende Mutter«. Die weltliche Königin von Saba erfuhr eine Überhöhung in der religiösen Verehrung der Bundeslade.

Und so ist es bis heute geblieben. Jahrhundertelang wurde die Bundeslade in der alten Königsstadt Aksum verwahrt, streng gehütet und verschlossen. Und jede Kirche bewahrte eine Nachbildung der Bundeslade im Allerheiligsten auf. In einen hölzernen Kasten waren die Tabots eingelassen, hölzerne oder steinerne Tafeln mit dem Namen des Kirchenpatrons und trinitarischen Symbolen. Diese Tabots werden bei Prozessionen noch heute aus der Lade herausgenommen und auf dem Kopfe der Priester getragen, eingehüllt in kostbare Brokatdecken.[30] Wahrscheinlich handelt es sich bei den Tabots ursprünglich um einfache Altartafeln, die dann später als Nachbildungen der Gesetzestafeln in der Bundeslade uminterpretiert wurden.

Das Original der Bundeslade in der Kathedrale von Aksum wird bis heute vor den Blicken Fremder sorgsam gehütet, denn gerade in Äthiopien hat sich der Glaube an die Magie des »bösen Blicks« besonders hartnäckig gehalten. Als der Forscher Gerhard Rohlfs im Jahre 1881 in Aksum die Bundeslade sehen wollte, wurde ihm das verwehrt. Niemand außer dem von Gott auserwählten Priester könne den Anblick der heiligen Lade ertragen – so lautete die Begründung des obersten Priesters, des Neburä'ed. Allein dem armenischen Pater Timotheus scheint es bisher gelungen zu sein, der Bundeslade ansichtig zu werden, der sie so beschrieb:

Dieser Kasten war eine in Indien hergestellte Truhe. Als er geöffnet wurde, sahen wir vor uns die Tafel mit den zehn Geboten. Wir nahmen sie heraus, um sie genau zu betrachten. Der Stein war von rötlichem Marmor, von einer Art, wie man ihn gewöhnlich in Ägypten findet; er war viereckig, 24 cm lang, 22 cm breit und nur 3 cm dick. Am Rande waren Blumen eingraviert; in der Mitte sah man eine zweite Quadratlinie in Gestalt einer dünnen Kette, und zwischen diesen zwei Quadraten waren die zehn Gebote aufgezeichnet, und zwar fünf auf einer, fünf auf der anderen Seite. Auf dem unteren Teil der Tafel standen drei Buchstaben, deren Bedeutung uns niemand erklären konnte. Der Stein schien nicht alt zu sein; höchstens stammte er aus dem 13. oder 14. Jahrhundert.[31]

Doch war es wirklich die originale Bundeslade, die Pater Timotheus zu Gesicht bekam, oder hatte man ihm eine Kopie vorgeführt? Mögen sich Historiker und Gelehrte streiten, das *Kebra Nagast* jedenfalls hat in einer einmaligen Anstrengung eine grandiose Staatstheologie entwickelt, die aus dem Schicksal der Königin von Saba entwickelt wurde. Eine flüchtige Liebesbegegnung schuf eine Jahrhunderte währende Königsdynastie und vermittelte die beständig geglaubte Präsenz göttlicher Gnade in Äthiopien. Diese Elemente geben der äthiopischen Kirche ihr besonderes Gepräge, das sich unterscheidet von allen anderen Erscheinungen christlicher Religiosität, und das nicht, wie oft geschehen, mit der koptischen Kirche Ägyptens zu verwechseln ist. Die Staatstheologie des *Kebra Nagast* garantierte Kontinuität und Ordnung in einer von zahllosen Stämmen, Religionen, Sprachen und Traditionen zerrissenen Gesellschaft, ja das Epos formulierte in einer historischen Erzählung die Hoffnung auf ein messianisches Friedensreich in Äthiopien:

> Der König von Äthiopien kam nun in sein Land mit großer Freude und Lust; indem sie samt allen ihren Gesängen und Flöten und ihren Wagen wie eine Heerschar der Himmlischen dahineilten, kamen sie eines Tages von Jerusalem in ihr Land, in die Stadt Waqerom. Da sandten sie zu Schiff zu Makeda, der Königin von Äthiopien, um ihr Bericht zu erstatten, und teilten ihr mit, wie sie alles Gute empfangen hätten, wie ihr Sohn König geworden sei, und wie sie Zion, die himmlische, gebracht hätten. Sie empfing freudig diese ganze Ruhmesnachricht und ließ einen Herold herumziehen im ganzen Reich, das ihr untertänig war, daß sie ihrem Sohn entgegenziehen wollte, und zwar besonders wegen Zion, der himmlischen Lade des Gottes Israels. Man blies das Horn vor ihr, und alle Leute Äthiopiens freuten sich, klein und groß, Männer und Frauen. Auch ihre Kriegsmannschaft erhob sich mit ihr, um ihrem König entgegenzugehen. Sie ging nach der Residenz, die die Hauptstadt des Reiches Äthiopiens und später die Hauptstadt des christlichen Äthiopiens (Aksum) war. Dort bereitete sie Wohlgerüche ohne Zahl: von Indien und von Balte bis Galtet und von Alsafu bis Azazat (?), und brachte (sie) zusammen. Ihr Sohn aber kam auf dem Weg von Azjaba nach Waqiro (=Waqerom), zog aus nach Maß, stieg hinauf nach Bur und kam nach der Residenz, der Hauptstadt von Äthiopien, die sie selbst in ihrem Namen hatte bauen lassen und die »Makeda-Berg« genannt wurde.[32]

Dieser Makeda-Berg existiert bis heute, ganz in der Nähe von Aksum, ein zeitloses Zeugnis der Königin von Saba.

13. Der Schlangenkampf

Neben dem *Kebra Nagast* mit seiner Schilderung der »offiziösen« Geschichte der Königin von Saba und ihrer Bedeutung für die Entstehung einer »Königreichstheologie« gibt es eine Fülle von Volkserzählungen, die tiefer verankert sind in der ursprünglichen Mythenwelt Afrikas. Im Mittelpunkt auch dieser Mythen steht die Königin von Saba, allerdings mit Charakterzügen, die in der Darstellung des *Kebra Nagast* unberücksichtigt blieben.

Besonders in mündlichen Traditionen, die in den Provinzen von Tigre und Eritrea populär waren, gab es Versionen einer Schlangenkampf-Geschichte, in welche die Königin von Saba mehr oder weniger verstrickt war. Manchmal ist von einer Schlange, manchmal von einem Drachen die Rede. Die Königin heißt jetzt »Etiye Azieb«, das ist die Geez-Übersetzung des biblischen Namens der »Königin des Südens«; in anderen Versionen heißt die Königin »Makeda«. Hier sei die ausführliche Geschichte aus Eritrea wiedergegeben.[1] Den Anfang macht die »mythische« Welt des paradiesischen Zeitalters, das jedoch anders als in der biblischen Tradition charakterisiert wird:

> Adam und Eva wollten sein wie Gott. Als sie von den verbotenen Früchten des Erkenntnisbaumes aßen, erkannten sie einander und »legten sich nieder«. In derselben Nacht kroch ein riesiger Schlangendrache zum nahegelegenen Fluß und »trübte« das Wasser mit seinem Samen. Als Eva sich des Morgens an derselben Stelle wusch, wurde sie schwanger vom Schlangensamen. Nach gegebener Zeit gebar sie eine Tochter und einen kleinen Drachen. Die Nachbarn besuchten die Mutter, um ihr Glück zu wünschen und verwunderten sich über die merkwürdigen Zwillinge. Der Drachensohn wuchs heran und warf sich zum Herrscher des Landes auf. Dem Ungeheuer mußten Tribute dargebracht werden, vierhundert Jahre lang. Doch es nahte ein Befreier aus dem Land der Sabäer, Agabos mit Namen. Er beobachtete den Schlangendrachen lange bei seiner Fütterung. Von seiner Frau unterstützt, bereitete er ein tödliches, schwarzes Pfeilgift aus den Früchten des Marenzholzbaumes (Strychnos abyssinica) und verrührte es in ein Fladenbrot. Dabei schaute die Tochter des Hauses zu. Dies war Makeda, die spätere »Königin des Südens«. Agabos fütterte eine Ziege mit dem vergifteten Fladenbrot und machte sich auf den Weg zur Höhle des Schlangenungeheuers, die vergiftete Ziege auf seinem Rücken geschul-

tert. Gierig fraß die Schlange vom Ziegenfleisch und ging elend zugrunde. Agabos trennte mit einem Schwert den Kopf ab, präsentierte seine Siegestrophäe dem Volk und erfuhr die Erhebung zum König Äthiopiens. Die Herrschaft der Schlange schien für immer gebrochen. König Agabos wird in Frieden alt; das Land gedeiht, doch wer sollte ihm, dem betagten Greis nachfolgen? Agabos schlägt seine Tochter Makeda als Thronfolgerin vor, doch das Volk erhebt Einspruch. Agabos stirbt und wird nach dem äthiopischen Begräbnisritual beigesetzt. Nach vierzig Tagen der Trauer beginnt der Thronkampf Makedas, nachdem die Fürsten sie aufgefordert hatten, vom »Thronvertrag« zurückzutreten. Ihr bleibt nichts anderes übrig, als nach dem Mittel des politischen Mordes zu greifen. Nachts wandert sie hinaus zum Grabe ihres Vaters und fleht ihn an, die Chaosschlange zurückzusenden. Tatsächlich bricht das Ungeheuer aus seiner Höhle hervor, stürzt sich mit fürchterlicher Gier auf Tiere und Menschen, verbreitet Schrecken und Chaos. Kein Viehopfer ist ihm genug. Da fleht das Volk Makeda an, das Untier zu vernichten. Sollte es ihr gelingen, erhielte sie die Königswürde. Makeda läßt jedoch noch einige Zeit verstreichen, bis sie das Ungeheuer wegen Menschenfresserei zum Tode verurteilen läßt. Das Urteil vollstreckt sie selbst, indem sie den Kopf des Schlangenungeheuers mit einem Stein zerschmettert. Makeda läßt sich krönen und gibt ein Königsmahl. Die Mächte des Chaos und der Anarchie werden gebändigt; der Königin von Saba wurde das Verdienst ihrer Beseitigung zugesprochen, nachdem sie selbst noch einmal die Kräfte des Chaos mutwillig losgelassen hatte.

Dieser Schlangenmythos ist ein Übergangsmythos und zwar in mehrfacher Hinsicht. Im Hintergrund steht deutlich die Sitte der »rituellen« Anarchie, die nach dem Tode des Herrschers ausbrach und erst beim Thronantritt des neuen Königs ein Ende fand. Diese Sitte mag auch erklären, weshalb der Schlangenkampf, also der Kampf gegen Anarchie und Chaos zweimal stattfinden muß. Dem Übergang von chaotischer Anarchie zu Ordnung und Stabilität entspricht ein zweiter Übergang: die Ablösung eines »demokratischen« Wahlrechts des Königs durch das Volk durch ein dynastisches »Geblütsrecht« bei der Königsnachfolge. Drittens wird in einer tieferen Schicht der Geschichte der Übergang vom »Naturzustand« in einen »Kulturzustand« beschrieben. Einer Phase des Ausgesetztseins an ungebändigte Naturgewalten, hier verkörpert durch die Schlange, folgt ein kulturell bestimmter Zustand, auf den neue Gerätschaften wie das Schwert des

Agabos, das Pfeilgift und das neue dynastische Königtum hinweisen. Und noch ein vierter Übergang muß bedacht werden: die Ablösung des afrikanischen Schlangenglaubens!

Die positive Verehrung der Schlange ist ein Merkmal vieler afrikanischer Kulte. Besonders die Phänomene der Fruchtbarkeit und Zeugung wurden mit ihr verbunden. Auch in unserer Geschichte tritt die Zeugungskraft der Schlange gleich am Anfang hervor, indem Eva von ihr geschwängert wird. Als die Schlange von Agabos getötet wurde, zeichnete sich das Land, auf dem die Schlange verendete, durch besondere Fruchtbarkeit aus. Hervorragende Ernten des *Tef*, einer äthiopischen Getreideart, werden ausgerechnet auf dem Schlangenland erzielt. Das jedenfalls erzählt ein amharischer Text aus der ersten Hälfte unseres Jahrhunderts.[2]

Die äthiopische Königsliste nennt als ersten König sogar die Arwe-Schlange, was an den Schlangenkönig erinnert, der in der altägyptischen *Geschichte vom Schiffbrüchigen* auftritt: Danach rettete sich ein Schiffbrüchiger im Meer von Punt auf eine fruchtbare Insel, über die eine Schlange ein mildes Regiment führte.[3] Die Wakaranga, ein Negerstamm in Zentralafrika, erzählen von einem König, dem eine Schlange über den Leib kroch, was den ersehnten Regen nach einer Periode der Trockenheit herbeizauberte. Bei den Mande im Südsudan verfügt die Schlange Korongo über zahlreiche Zaubermittel, darunter das der Verjüngung, sie vermag sich selbst schließlich immer wieder zu häuten. Die afrikanischen Stämme der Dawra und Aura erzählen dagegen — wie der *eriträische Text* — von der Herrschaftserringung durch die Tötung einer Schlange.[4]

Doch nicht nur in Afrika spielt die mythische Schlange eine bedeutende Rolle. Im babylonischen Weltschöpfungsmythos, dem *Enuma elisch*, steht am Anfang das Schlangenungeheuer Tiamat, das vom jugendlichen Helden Marduk getötet wird. Aus dem zerspaltenen Körper der Chaosschlange werden Himmel und Erde gebildet.[5] Eine merkwürdige Schlangengeschichte wird aus der Wüstenwanderungszeit der Israeliten überliefert. Einer Schlangenpest konnte nur durch Aufrichtung einer »ehernen« Schlange abgeholfen werden, der sich die todgeweihten Menschen zuwenden mußten.[6] Relikt einer Tradition, in der die Schlange kultisch verehrt wurde?

Die Verehrung der Schlange scheint vielen, wahrscheinlich unabhängig voneinander entstandenen, Mythen als Substrat gedient zu haben. Ihre Tötung allerdings symbolisiert vielschichtige Übergänge, in denen politische, dynastische, technische, kulturelle und religiöse »Neueinsätze« mythisch »nachgefeiert« und wiederholt wurden. Tötung oder Diskriminierung der Schlange waren Zeichen für die Überwindung archaischer Zustände, von denen sich der Mensch befreit hatte.

Neben die eritreische Sabalegende ist die *aksumitische* Geschichte zu stellen, aus der wir schon den Abschnitt über die »Honigverführung« kennengelernt haben.

> König Meneliks Mutter war ein Tigre-Mädchen mit dem Namen Etiya Azieb. Zu ihren Lebzeiten verehrte das Tigre-Volk ein Drachenungeheuer, und das Opfer, das man ihm brachte, war folgendes: Jeder Vater unter ihnen gab im Wechsel die erstgeborene Tochter und Tribute von Fleisch und Milch hin. Als die Reihe an Etiye Aziebs Eltern kam, wurde sie für den Drachen an einen Baum gebunden. An den Ort, wo sie an den Baum gebunden wurde, kamen sieben Heilige und setzten sich daselbst in den Schatten. Und während sie im Schatten saßen, begann Etiye Azieb zu weinen, und eine ihrer Tränen fiel auf sie. Und als diese Träne auf sie gefallen war, schauten sie auf, sahen ihre Fesseln und fragten sie: »Was bist du? Bist du ein Engel oder ein Mensch?« Da antwortete sie: »Ich bin ein Mensch.« Sie fragten sie weiter: »Und warum bist du hier festgebunden?« Sie antwortete: »Sie haben mich festgebunden, daß mich der Drache verschlingen möge.« Sie fragten: »Ist er auf dieser oder der anderen Seite des Hügels?« »Er ist [der Hügel]«, war ihre Antwort. Und als sie ihn sahen, faßte Abba-Cahama an seinen Bart, und Abba Garima sagte: »Er hat mich erschreckt!« Und Abbu Mentelit sagte: »Laßt uns ihn fassen«, und er rannte los, warf sich auf ihn und würgte ihn. Dann griffen ihn alle an, streckten ihm das Kreuz entgegen und töteten ihn.[7]

Etiye Azieb, die Königin von Saba, erscheint in dieser Geschichte nicht als Schlangentöterin, sondern als Opfer des Chaosungeheuers. Aus ihrer heldenhaften Rolle, die sie in der eritischen Version noch einnahm, wurde sie verdrängt von den »Heiligen«, die an ihrer Stelle die Befreiungstat übernahmen. Die aksumitische Version hat die Sabalegende christianisiert, hinter den Heiligen stehen die uns schon bekannten Mönche, die einst Äthiopien maßgeblich missioniert hatten. In einer Variante der Legende ist statt von sieben von neun Heiligen bzw. von Engeln die Rede.[8]

Einige Überlieferungen vom Schlangenkampf wurden noch weiter ausgemalt. Besonders ein Motiv muß besonders interessieren. Es geht um die dämonische Fußverformung der Königin, die uns in der jüdischen Legende als Beinbehaarung, im Islam als angebliche Eselsfüßigkeit und im burgundischen Raum als Gänsebefußung begegnet war. Schon die eritreische Erzählung weiß davon zu berichten, daß die Königin beim Schlangenkampf nicht unbehelligt blieb. Tropfen des Schlangenblutes sollen ihren Fuß benetzt haben, der sich in einen Eselshuf verwandelt haben soll. Eine andere Version erzählt, ein spitzer Knochen vom Skelett der Schlange habe ihren Fuß verletzt, so daß er zum Klumpfuß wurde (Abb. 23). In der aksumitischen Legende heißt es:

Und als sie [die Heiligen] sie [die Schlange] töteten, sickerte Blut aus ihr und tropfte auf ihre Ferse, und ihre Ferse verwandelte sich in einen Eselshuf.«[9]

Es ist bezeichnend, daß in dem bereits erwähnten äthiopischen Hof-Epos *Kebra Nagast* kein Wort von der dämonischen Fußverformung der Königin von Saba überliefert wird. Das hätte nicht zum Leitbild der frommen und weisen Herrscherin gepaßt. In der aksumitischen Legende wird vielleicht sichtbar, was hinter der Fußverletzung steht: es handelt sich wahrscheinlich um eine Verarbeitung der biblischen Paradiesgeschichte. Darin erfährt die Paradiesschlange, die Eva verführt hatte, eine Verfluchung ganz besonderer Art:

Und ich [Gott] will Feindschaft zwischen dir und dem Weibe und zwischen deinem Nachkommen und ihrem Nachkommen setzen; der soll dir den Kopf zertreten, und du wirst ihn in die Ferse stechen.«[10]

Der äthiopische Bibelleser scheint diese geheimnisvolle Schlangenverfluchung auf die Königin von Saba bezogen zu haben. Sie erhält einen verletzenden Stich in die Ferse von dem schon toten Schlangenungeheuer. Und es ist die Königin von Saba, die den Kopf der Schlange mit einem Stein zerschmettert, so jedenfalls die eritreische Legende. In der christlichen Auslegung des Abendlandes hat man dieselbe Bibelstelle mitunter messianisch gedeutet,[11] und es mag sein, daß die äthiopische Auslegung ebenfalls eine messianische Bedeutung enthielt, jetzt aber auf die Königin von Saba bezogen. Dann hätte die Fußverletzung eine christliche Deutung erfahren, von der in der jüdischen und islamischen Legende keine Rede sein konnte. Im Judentum wurde die dämonische Behaarung mit der Dämonin Lilith in Verbindung gebracht, und in islamischen Legenden mochte der ihr angedichtete Eselsfuß auf ihre Beziehung zu vorislamischen Tierreligionen zurückgeführt werden. Die Erklärung der Fußverstümmelung aus der paradiesischen Schlangenverfluchung wäre eine neue, spezifisch äthiopische Deutung des rätselhaften Eselsfußes.

Auf jeden Fall boten die äthiopischen »Fußgeschichten« auch einen plausiblen Grund, um den Besuchswunsch der Königin von Salomo zu motivieren. Von ihm mochte sie Heilung erwarten, vielleicht wie in der jüdischen Legende durch eine Heilsalbe. Davon ist keine Rede in der äthiopischen Legende. Geheilt wird sie jedoch auf eine zunächst rätselhafte Weise. Die aksumitische Fassung erzählt:

> Daraufhin hörte sie, daß folgendes berichtet wurde: In Jerusalem sei ein König namens Salomo. Wer zu ihm gehe, werde von jeglicher Krankheit geheilt, die er habe. »Wenn du zu ihm gehen solltest, wird dein Fuß, sobald du seine Tür betrittst, so werden, wie er zuvor war«, wurde ihr gesagt ... Als sie sich näherte, hörte König Salomo von ihr. Es wurde ihm gesagt: »Der König von Abyssinien kommt!« Er sagte: »Bitte ihn einzutreten!« Und als sie kam, wurde ihr Fuß wie zuvor, sobald sie die Tür durchschritt ...[12]

Was war geschehen? Wie kam es zu dieser wundersamen Heilung? Salomo selbst scheint völlig unbeteiligt, ja er selbst bemerkt die Heilung nicht einmal! Ihm kann die Königin von Anfang an als »intakte« Frau entgegentreten. Was der Königin widerfuhr, führt uns tief hinein in die christliche Legende der Königin von Saba und wird uns noch ausführlicher beschäftigen. Soviel sei hier verraten: Die Königin von Saba berührte mit ihrem verstümmelten bzw. verwachsenen Fuß die Türschwelle des Palastes. Das Schwellenholz jedoch entstammte dem Paradiesgarten, war ein Teil des Unsterblichkeit gewährenden Lebensbaumes. Auf sehr verschlungenen Wegen wird dieses Holz schließlich zum Kreuzholz Jesu.[13] Die Berührung mit dem lebensspendenden Kreuzesholz heilt die Königin, und nicht der Dämonen beherrschende König Salomo.

Hier spüren wir unübersehbar die Hand eines christlichen Legendenerzählers, und es spannt sich ein faszinierender Bogen von der altafrikanischen Schlangenfrömmigkeit über die aus dem Judentum und dem Islam bekannte Besuchsgeschichte bis hin zur vorzeitigen Begegnung der Königin von Saba mit dem christlichen Kreuzesholz. Afrikanische, jüdische, islamische und christliche Motive wurden in Äthiopien ineinandergeschmolzen. Wir wissen bis heute nicht, wie und wann diese Motive in einer Erzählung zusammengefaßt wurden, doch eins ist sicher: Die äthiopische Sabalegende erfreut sich solcher Beliebtheit, daß sie immer wieder in umfangreichen Bildergeschichten dargestellt wird.[14] Nicht in Kirchen oder klösterlichen Räumen befinden sich diese »Bilderbücher« – dafür sind die Motive vielleicht zu weltlich und politisch –, sondern sie werden auf dem Markt und in kleinen Verkaufsläden feilgeboten; wie ein »Comic-Strip« sind sie gemalt auf Pergament, Leinwand oder Ziegenfelle, häufig mit einer erklärenden Umschrift versehen, immer jedoch von einer unverwechselbaren einprägsamen Klarheit und Einfachheit, Beispiele einer florierenden Volksmalerei.

Die Regeln dieser Malerei erinnern an die byzantinische Kunst: Die Bilder sind auf die Bildmitte hin komponiert. Die »positiven« Gestalten sind frontal-herrscherlich dargestellt und gewinnen dadurch ein besonderes Gewicht. Böse Gestalten jedoch werden nie frontal, sondern immer im Profil abgebildet. Die »Profilregel« entspricht einem speziell äthiopischen Darstellungsgesetz: Der Betrachter sollte nicht dem »bösen Blick« ausgesetzt werden.[15] Die Farbskala ist auf die Grundfarben rot, gelb und blau reduziert; der Farbauftrag ist breitflächig und eingeschlossen von schwarzen Konturlinien. Auf räumliche Perspektive und andere illusionistische Effekte wird verzichtet. Typisch für die äthiopische Volkskunst ist die Darstellung des überlangen, belehrenden Zeigefingers, und ergreifend wirken die übergroßen, weit geöffneten Augen, deren zugleich bannende und einsaugende Kraft die spezielle Faszination der Bilder hervorruft.

Eine dieser Bildergeschichten wurde um 1970 von Afawarq Mangescha gemalt. Auf zweiundsiebzig Bildern erzählt er in der traditionellen Form die Geschichte der äthiopischen Königin von Saba. (Abb. 30)[16]

14. Auf den Spuren Parzivals

Ansichtig wurden wir der Königin von Saba als Dämonin in der jüdischen Religion, als thronender Herrscherin in der persischen Buchmalerei, als frommer Muslimin in der islamischen Tradition, als Dschinnentochter und »Herrin der Tiere« in südarabischen Sagen, als Semiramis-Typus und schließlich als Stammutter des äthiopischen Königshauses. Sicher, am Rande erblickten wir sie auch in europäischen Überlieferungen, als eselsfüßige Gazellenkönigin in Otranto oder als »Königin Gänsefuß« in der Bourgogne und Toulouse, oder, ins Häusliche gewendet, als Rätselkönigin auf alemannischen Minneteppichen und, nicht zu vergessen, als »männermordende« Königin auf dem Antonia-Altar in Bad Teinach.

Beschäftigen wir uns jetzt mit einem der großen mittelalterlichen Epen, dem *Parzival* des Wolfram von Eschenbach. Ungläubiges Kopfschütteln mag uns begleiten, wenn wir es unternehmen, ausgerechnet die weit entfernte äthiopische Sabalegende mit dem *Parzival* in Verbindung zu bringen. Verbindungsglieder wie etwa Textvorlagen der äthiopischen Legende, die Wolfram benutzt haben könnte, sind uns schließlich bis heute nicht bekanntgeworden. Und auch der zeitliche Abstand gibt uns zu denken. Der *Parzival* wurde etwa um 1200 geschrieben, die schriftliche Fixierung der äthiopischen Sabalegende im *Kebra Nagast* verweist jedoch ins 14. Jahrhundert. Skeptiker haben also gute Gründe, skeptisch zu bleiben. Andererseits: Der Dichter des *Parzival* läßt seinen Roman in vielen Ländern spielen. Arabische und afrikanische Länder sind ihm ebenso nahe wie Frankreich und das heimatliche Frankenland. Ritter des heiligen Gral möchte Parzival werden, darauf geht sein ganzes Streben. Die Gralsburg, die Parzival aufsuchen muß, das »Munsalvaesche«, liegt in einem utopischen Nirgendwo, Wolfram hat bei der Burgenbeschreibung jedoch Züge einfließen lassen, die ihm aus fränkischen Heimatburgen bekannt waren. Da erinnert ihn der unbenutzte Tunierplatz im Hof der Gralsburg an die »Wiese von Abenberg«,[1] das ist die Burg Klein-Amberg zwischen Spalt und Schwabach, etwa zwei Kilometer östlich von Eschenbach, woher Wolfram gebürtig war. Er beschreibt die riesigen Marmorkamine der Gralsburg, und was fällt ihm dabei ein? »Zu Wildenberg« habe man so etwas nicht gesehen.[2] Wildenberg ist jedoch die Ministerialenburg in der Nähe von Amorbach, im Mainfränkischen gelegen. Auf dieser Burg, die den Rittern von Dürn gehört, weilte Wolfram gern als Gast; hier könnte er Teile des *Parzival* geschrieben haben. Heimatliche Nähe und ausschweifendes Fernweh bestimmen auf unauflösliche Weise das Ambiente des Epos. Sollte uns da nicht auch die Königin von Saba begegnen können?

Klären wir zunächst, was Wolfram über seine Quellen mitteilt. Wie alle Erzähler des Stoffes hat er aus dem Epos des Provenzalen Chrétien de Troyes geschöpft. Doch Wolfram behauptet recht forsch, Chrétien de Troyes habe die Geschichte des »Parzival« verfälscht.[3] Er beruft sich seinerseits auf die echte Quelle, einen provenzalischen Dichter namens Kyot. Der wiederum habe die Geschichte vom Gral in einer unbeachteten arabischen Handschrift in Toledo entdeckt. Und der Verfasser dieser Handschrift sei nun der heidnische Naturforscher Flegetanis gewesen, der von Salomo abstammen sollte, sich jedoch dem Götzendienst und der Anbetung des Goldenen Kalbes frevelhaft zugewandt hätte.[4] Kyot und Flegetanis haben den Parzival-Forschern viel Kopfzerbrechen bereitet, gibt es doch keine einzige Bezeugung dieser Namen und ihrer Werke außer der

Erwähnung bei Wolfram. Die meisten Forscher sehen in beiden »fiktive« Autoren, die Wolfram »vorgespiegelt« habe, um seinem Werk würdige Ahnen zu verleihen. Wir jedoch nehmen diese bis heute unbekannt gebliebenen Mittelsmänner als Hinweis darauf, daß Wolfram mit Überlieferungen bekannt wurde, die ihm vielleicht nur mündlich zugetragen wurden. Sollte sich hinter der arabisch-heidnischen Quelle, die Wolfram so mysteriös einführt — und das immerhin sechsmal! — vielleicht die äthiopische Legende der Königin von Saba verbergen, natürlich nur in mündlich überlieferter Form? Um in dieser Frage weiterzukommen, sind wir jedoch allein auf den Text des *Parzival* verwiesen, der uns nun in der Tat einige überraschende Einblicke gewährt.

Beginnen wir mit der Geschichte Gachmurets, des Vaters von Parzival. Er, der ein Erbe ausschlug, um lieber in der Ferne Ritterruhm zu erringen, macht sich auf den Weg nach Bagdad (Baldac) im arabischen Land, wo er dem König Baruch dient, Baruch, dem »zwei Drittel der Erde oder noch mehr gehorchten«, der ein weltliches und geistliches Regiment führte, vergleichbar dem des Salomo.[5] Doch Gachmuret wird auch in Marokko und Persien, in Damaskus und Alexandria gesichtet, überall das ritterliche Lebensideal von »Maß und Minne« verkörpernd. Von Bagdad zieht er ins Königreich Zazamac, und dort begegnet er ihr, der »lieblichen, tugendreichen« Belakane, der »schwarzen« Königin. Bezeichnet wird sie als »Mohrin«, und wir haben allen Grund, das Mohrenland mit Äthiopien zu identifizieren, zumal Gachmuret durch einen Seesturm (Rotes Meer oder Erythreisches Meer) ans Land der Königin Belakane, direkt vor ihrem Palast, angespült wird. Die Palaststadt heißt Patelamunt, und niemand hatte von dieser Stadt bisher gehört. Gachmuret befreit die Stadt und die schwarze Königin aus großer Kriegsbedrängnis, mochte jedoch nicht länger verweilen, da die Bewohner »dunkel wie die Nacht« waren.[6] Das ändert sich, als er in leidenschaftlicher Liebe zur schwarzen Belakane entbrennt. Und es wiederholt sich die Liebesromanze des Königs Salomo mit der Königin Makeda. »Da genoß die Königin einer lieben, süßen Minne mit Gachmuret, ihres Herzens Bräutigam, so ungleich auch beider Haut war.«[7] Wie sich einst Salomo mit der heidnischen Königin von Saba verband, so vereinen sich jetzt der christliche Ritter und die heidnische Königin. Und noch etwas anderes wiederholt sich: Obwohl Belakane schwanger ist, kommt es zur Trennung, denn Gachmuret wird von neuem ritterlichen Tatendrang gepackt. So trennen sich die Wege Belakanes und Gachmurets. Ein Sohn wird geboren mit Namen Feirefiz, der allein von seiner Mutter aufgezogen wird wie einst Menelik, der Sohn der äthiopischen Königin

Makeda. Beide, also Feirefiz und Menelik, sind »vaterlose« Muttersöhne. Feirefiz' Haut jedoch ist schwarz-weiß gesprenkelt, was seinen Namen (Feirefiz = bunter Sohn) erklärt.[8]

Gachmuret findet keine Ruhe und kommt ins spanische Land der Valois (Waleis). Dort regiert in der Stadt Konvoleis die »weiße« Königin Herzeloyde. Gachmuret nimmt siegreich an zahlreichen Turnieren teil, und es bahnt sich eine zweite Verbindung an. Herzeloyde führt den siegreichen Helden »dorthin, wo ihm Freude bereitet war und wo all seine Traurigkeit ein Ende nahm . . .« Zunächst hatte Gachmuret sich jedoch recht spröde gezeigt. »Herrscherin«, – so versuchte er sich dem Liebeswerben der Königin zu entziehen –, »ich habe bereits eine Gattin und liebe sie mehr als mein Leben.« Doch Herzeloyde läßt nicht locker: »Um meiner Liebe willen sollt Ihr von der Mohrin lassen.« Denn, so spricht jetzt die fromme Christin: »Der Segen der Taufe ist mächtiger. Laßt ab von den Heiden und liebt mich nach unserem Christenglauben, denn heftig verlangt mich nach Eurer Liebe.«[9] Gachmuret kann sich ihrem Drängen schließlich nicht entziehen. »Die Königin Herzeloyde verlor dabei ihre Jungfernschaft. Sie schonten ihre Lippen nicht, sondern versengten sich mit heißen Küssen und hielten ihrem Glück jede Trauer fern.«[10] Doch auch diese Liebesbeziehung wird vorzeitig abgebrochen; das häusliche »Verliegen« ist Gachmurets Sache nicht, verpflichtet ihn doch der König von Bagdad zu neuen Ritterdiensten, bei denen er, zum tiefsten Leiden Herzeloydes, den Tod findet. Ihr Trost bleibt allein ihr Söhnlein Parzival, mit dem sie schwanger geht, und den sie allein und »vaterlos« aufziehen wird. »Von allem ritterlichen Tun und Treiben« hält man ihn fern; aufgezogen wird er als »Dümmling« in wäldlicher Einsamkeit. Doch da begegnet Parzival zufällig glänzend gerüsteten Rittern, die ihm von Artushof und ritterlichem Leben erzählen.[11] Parzival verlangt ein Pferd und verläßt seine Mutter, die ihn vorsorglich in ein »Narrenkleid« steckt, damit der Spott der Welt den Jüngling zu ihr zurücktreibe.[12] Parzivals Abenteuer beginnen, seine Einführung ins Ritterleben nimmt ihren Anfang, doch es wird vieler Prüfungen und Irrwege bedürfen, bis er zum Gralskönig aufzusteigen vermag.

Vergleichen wir den Einstieg der Parzivalgeschichte mit der äthiopischen Sabalegende, so fällt uns der parallele Aufbau auf: Salomo hatte sich einst der äthiopischen Königin Makeda, jedoch auch ihrer Dienerin verbunden. Beide gebären einen Sohn: Menelik und Zago, beide wachsen vaterlos auf. Menelik wird jedoch eindeutig dem »dümmlichen« Zago vorgezogen. So weiß etwa eine amharische Legende, daß Zago nicht in der Lage war, seinen Vater Salomo auf Anhieb zu erkennen. In der Volksmalerei wird die Dienerin im Unterschied zur Königin jedoch gern »dunkler« dargestellt, was ebenfalls für Zago im Unterschied zu Menelik gilt. Und die Parzivalerzählung? Der Vater Gachmuret schwängert ebenfalls zwei Frauen, die schwarze heidnische Belakane aus Äthiopien (Zazamac) und die »weiße« christliche Herzeloyde. Beider Söhne, der »weiße« Parzival und der »gefleckte« Feirefiz, wachsen »vaterlos« auf und stehen wie Menelik und Zago auf unterschiedlicher Rangstufe. Parzival wird dem Menelik vergleichbar zum Gralskönig aufsteigen, dem Belakane-Sohn Feirefiz bleibt jedoch das Gralsgeheimnis solange verschlossen, bis er sich taufen läßt. Dann erst eröffnet sich ihm eine lichtere Zukunft. Doch im Unterschied zu Parzival bringt er es nur bis zum weltlichen König. Allerdings entstammt seiner Verbindung mit der Gralshüterin Reponse von Schoye ein Sohn, der als Priester Johannes zum Herrscher Indiens aufsteigen wird.[13] Neuere Forschungen haben ergeben, daß dieser im Mittelalter wohlbekannte und doch so geheimnisvolle Priester Johannes der König von Äthiopien gewesen sein soll.[14]

Das Schema beider Erzählungen ist also dasselbe: Ein Vater (Salomo/Gachmuret), zwei »heidnische« Frauen (Makeda/Belakane), zwei »vaterlos« und »ungleich« aufwachsende Söhne (Menelik/Parzival – Zago/Feirefiz). Und wie Makeda einst Menelik von seiner Reise abzuhalten versucht, macht es auch Herzeloyde, die ihren Sohn Parzival von ritterlicher Fahrt und Abenteuer abschirmen möchte. Sind diese Parallelen alle nur rein zufällig?

Natürlich: der Christ Wolfram hat seiner Erzählung ein christliches Vorzeichen vorgesetzt. Belakane, die schwarze Heidin wird der christlichen Herzeloyde gegenüber herabgesetzt ebenso wie der Belakane-Sohn Feirefiz Parzival gegenüber. Sollte Wolfram die äthiopische Legende gekannt haben, dann hätte er sie christlich uminterpretiert. Doch beweist das alles überhaupt eine Kenntnis der äthiopischen Legende? Gibt es nicht in der Mythologie aller Völker die Doppelgeburt ungleicher Söhne, angefangen bei Jakob und Esau, und hatte Jakob sich einst nicht zwei Frauen, der ungeliebten Lea und der geliebten Rahel zugewandt? Hatte er den Rahel-Sohn Joseph nicht vorgezogen? Oder schauen wir in die antike Mythologie, wo zahllose ungleiche Brüderpaare auftreten, etwa Aiotos und Boiotos, Herakles und Iphiklis, Amphion und Zetus und, nicht zu vergessen, Kastor und Pollux! Sicher, die schwarze Königin Belakane läßt uns an Äthiopien denken, doch können die bisher erkannten gemeinsamen Merkmale dem Zufall entsprungen sein.[15]

Nun finden wir im *Parzival* ein anderes Motiv, das uns hellhörig macht. Wir denken an den »Gral«, dies geheimnisvolle »Etwas«, um das Parzival seine ritterliche Existenz aufbaut. Den Gral zu erringen, ihn zu besitzen, ist tiefster Sinn seines ritterlichen Strebens. Doch was ist der Gral? Darüber gehen die Meinungen weit auseinander. Der Gral, dieses Geheimnis aller Geheimnisse, tiefste Sehnsucht Parzivals und höchstes Gut des Ritters, ist bis heute das große Geheimnis geblieben, mögen die gelehrten Abhandlungen über dieses Mysterium auch in die Hunderte gehen. Vielleicht kann uns die äthiopische Sabalegende besser verstehen lehren, was im Zauberwort des »Gral« verborgen liegt.

Nach etlichen Irrfahrten kommt Parzival zur Gralsburg, deren Ritterrunde er unbedingt angehören möchte. Doch dieser erste Besuch Parzivals führt nur in den »Vorhof« höchster Ritterweihen, hat er sich doch unritterlich-unchristlich verhalten. Da lebt der dahinsiechende Gralskönig Amfortas, der nur dann von seinen Leiden befreit werden kann, wenn ein Besucher die erlösende Frage nach seinem Leiden stellt. Parzival jedoch schweigt, stellt nicht die »Mitleidsfrage«,[16] wurde er doch von seinem ritterlichen Lehrmeister Gurnemanz unterwiesen, unritterlich-neugierige Fragen zu unterlassen. Parzival, der ritterlichen Schweigsamkeitsregel gehorsam, verstößt damit jedoch gegen die christliche Tugend des barmherzigen Mitleidens. Der Gral bleibt Parzival deshalb verwehrt; viele Prüfungen warten seiner, bis er bei einem zweiten Besuch die Mitleidsfrage stellt und daraufhin zum Gralskönig berufen wird. Doch ein gewisser Vorschein des Gralsgeheimnisses wird ihm auch schon beim ersten Besuch zuteil.

Die Gralshüterin Repanse de Schoye trägt auf grünem Seidentuche ein »Ding« herein, den Inbegriff paradiesischer Vollkommenheit, Anfang und Ende allen menschlichen Strebens. Als paradiesisches Lebenssymbol scheint es einer »Wurzel« und einem »Zweig« gleich.[17] Das läßt uns an ein Baum- oder Pflanzensymbol denken, doch dieser Aspekt wird nicht weitergeführt. Nur von reiner Hand dürfe dieses Ding, der »Gral« geheißen, verwahrt werden. Wunderbare Kräfte gehen von ihm aus, denn jedesmal liegt bereit, »wonach eine jede Hand sich ausstreckte, und daß [man] fertig vor sich fand warme Speisen, kalte Speisen, neue Speisen, alte Speisen, von zahmem Getier, von wildem Getier . . .«[18] Hier erscheint der Gral als ein magisch-märchenhaftes »Tischleindeckdich«, von dem ewig und unerschöpflich Speis und Trank ausgeht.

Vor seinem zweiten Besuch wird Parzival vom Einsiedler Trevizent tiefer in die Geheimnisse des Gral eingeführt. Die Rede ist von den Rittern des Gral, die auf der Burg »Munsalvaesche« (Wildenberg) leben:

Dort wohnt also die tapfere Schar, und ich will euch erzählen, wovon sie leben. Sie erhalten Speise und Trank von einem makellos reinen Stein, und wenn Ihr bisher noch nichts von ihm gehört habt, wird er Euch jetzt beschrieben. Er heißt »lapsit exillis«. Die Wunderkraft des Steines läßt den Phönix zu Asche verbrennen, aus der er zu neuem Leben hervorgeht. Das ist die Mauser des Phönix, und er erstrahlt danach ebenso schön wie zuvor. Erblickt ein Todkranker diesen Stein, dann kann ihm in der folgenden Woche der Tod nichts anhaben. Er altert auch nicht, sondern sein Leib bleibt wie zu der Zeit, da er den Stein erblickt. Ob Jungfrau oder Mann: wenn sie, in der Blüte ihres Lebens stehen, den Stein zweihundert Jahre lang ansehen, ergraut lediglich ihr Haar. Der Stein verleiht den Menschen solche Lebenskraft, daß der Körper seine Jugendkraft bewahrt. Diesen Stein nennt man auch den Gral. Am heutigen Tag senkt sich auf ihn eine Botschaft, auf der seine Wunderkraft beruht. Heute haben wir Karfreitag, und an diesem Tag kann man sehen, wie eine Taube vom Himmel herabfliegt und eine kleine weiße Oblate zum Stein trägt. Nachdem sie die Oblate auf den Stein gelegt hat, kehrt die blendendweiße Taube zum Himmel zurück. Jedes Jahr am Karfreitag legt sie eine solche Oblate auf den Stein, die ihm die Wunderkraft verleiht, die köstlichsten Getränke und Speisen in überströmender Fülle darzubieten, alles, was die Erde hervorbringt, auch alles Wildbret unter dem Himmel, ob es fliegt, läuft oder schwimmt. Die Wunderkraft des Grals sichert das Dasein seiner ritterlichen Bruderschaft. Vernehmt, wie bekannt wird, wer zum Gral berufen ist. Am oberen Rand des Steins erscheint eine geheimnisvolle Inschrift. Sie kündet Namen und Geschlecht der Mädchen oder Knaben, die für die heilbringende Fahrt zum Gral bestimmt sind . . .[19]

Wir erkennen, daß sich in Wolframs Gral eine vielschichtige Symbolik verschränkt hat. Die einzelnen Symbolzüge lassen sich nicht leicht zusammenschließen. Kann uns die äthiopische Sabalegende weiterhelfen? Ein Stück vom paradiesischen Lebensbaum, Wurzel und Zweig, unsterbliches Leben und Heilung stiftend, erschließt sich uns als erste Bedeutung. Von der äthiopischen Königin von Saba erfuhren wir, daß sie wegen ihrer Fußverstümmelung nach Jerusalem pilgerte und geheilt wurde, geheilt durch die Berührung und Begegnung mit dem paradiesischen Lebensbaumholz, an das später Jesus gekreuzigt werden wird. Der Einsiedler Trevizent hält diesen Zusammenhang ebenfalls fest, wenn er berichtet, daß der Gral am Karfreitagstag von einer Oblaten bringenden Taube besucht wird.

Ein Gegenstand, der immerwährenden Speis und Trank aus sich ließ, ist übrigens auch aus Äthiopien bekannt. Wir müssen zu einem Werk greifen, das unter dem Titel *Polyhistor* weit verbreitet war und auf den spätrömischen Geographen C. Julius Solinus zurückgeht. Vieles spricht dafür, daß Wolfram den *Polyhistor* benutzt hat. Folgenden Text mag er gekannt haben:

> Jenseits von Meroe, im äußersten Osten, führen die Äthiopier den Namen Macrobier. Ihr Leben ist tatsächlich um die Hälfte länger als das unsere. Sie üben Gerechtigkeit und Gleichheit. Sie sind von bemerkenswerter Kraft und Schönheit; sie verwenden Kupfer für ihren Schmuck und stellen die Ketten der Übeltäter in Gold her. Im Lande ist eine Stelle, die »Helios trapeza« (Tisch der Sonne) genannt wird, wo sich immer im Überfluß Speisen finden, mit denen sich jeder nach Belieben nähren kann. Diese Speisen, so sagt man, vervielfältigen sich, dank dem besonderen Willen der Götter.[20]

Dieses äthiopische »Tischleindeckdich« erinnert an den Gral, doch wir können direkt in die äthiopische Sabalegende einsteigen, um einen ähnlichen Zusammenhang herzustellen. Wir hatten vom »Raub der Bundeslade« gelesen und festgestellt, daß darin nicht allein die Gesetzestafeln, sondern auch die Mannaspeise eingestellt wurde. Das Manna war einst für die hungernden Israeliten die rettende Speise gewesen. Die Ähnlichkeit zwischen der Bundeslade und dem Gral ist nicht zu übersehen.

Lebensbaum und Tischleindeckdich: das sind die beiden Bedeutungen, die sowohl den Gralserzählungen als auch den äthiopischen Traditionen entsprachen. Doch damit nicht genug! Der Gral, auf dem die Taube eine Oblate niederlegt, wird mit dem merkwürdigen Namen *lapsit exillis* bezeichnet. Phantastische Deutungen haben sich an die Erklärung dieses Namens angeschlossen.[21] Wir können sie hier nicht alle präsentieren, obwohl wir es wagen, eine von der äthiopischen Legende inspirierte Deutung vorzuschlagen. Wir erinnern uns: die Bundeslade war – das erzählt das *Kebra Nagast* – ein Kasten aus unverweslichem Holz, mit lauter Gold überzogen.[22] Doch diese »irdische« Bundeslade ist nur ein »Abbild« der »himmlischen« Bundeslade. Was erfahren wir über dieses »himmlische« Modell? Sie ähnele dem »Jaspis, dem Glanerz (?), dem Topas, dem Edelstein, dem Kristall, dem Licht«, sei also nicht aus Holz, sondern aus Steinen gefertigt. Diese »himmlische« Bundeslade sei dann abbildhaft auf Erden erschienen, nun in Holz gefertigt.

Bringt uns das weiter in unserer Frage nach dem »lapsit exillis«? Die meisten wissenschaftlichen Parzival-Ausgaben verwenden tatsächlich diesen Ausdruck, und die meisten Ausleger haben hinter dem Ausdruck *lapsit exillis* ein Wortspiel vermutet. Hinter *lapsit* stehe das Wort *lapis*, der »Stein«, von dem weiterhin die Rede ist. Und *exillis* wird als *ex coelis*, aus den Himmeln, gelesen. Der aus dem Himmel gefallene Stein: das wäre eine mögliche Deutung des Grals. Doch einige ältere Handschriften – im ganzen immerhin vier – haben weder *lapsit* noch *lapis*, sondern schreiben *iaspis exillis*.[23] Die Rede wäre dann vom »Jaspis aus den Himmeln«; ein Jaspis war es jedoch auch gewesen, der uns im *Kebra Negast* als Baustein der »himmlischen Zion« begegnet war. Beide also, der Heilige Gral des Wolfram und auch die Bundeslade der äthiopischen Legende stehen bei dieser Deutung mit dem himmlischen Jaspis in einer geheimnisvollen Beziehung. Und noch andere merkwürdige Parallelen lassen sich aufweisen:

In jeder äthiopischen Kirche wird, wie wir gesehen haben, eine Nachbildung der Bundeslade aufbewahrt. Diese *Tabots* werden bei Prozessionen mitgeführt. Dasselbe geschieht auch mit dem Gral, der von Reponse de Schoye im Zuge einer ausführlich beschriebenen Prozession getragen wird. Noch wichtiger ist, daß die *Tabots* als Altarplatten verwendet werden, über denen das eucharistische Opfer stattfand. Und was berichtet Trevizent über den Gral? Karfreitags bringe eine Taube eine eucharistische Oblate – der Gral ist also auch ein Symbol des heiligen Abendmahls. Und schließlich umlaufen den Gralsstein Buchstaben; Namen werden gebildet von denen, die der Gralsritterschaft gewürdigt werden. Von den äthiopischen *Tabots* hatten wir gehört, daß auf ihnen der Name von Kirchenheiligen eingegraben wurde, den Heiligen also, denen die Kirchen geweiht waren.[24]

Die Parallelen sind also in der Tat frappierend: Der Wolframsche Gral hat als »Jaspis aus dem Himmel« (iaspis exillis) sein Gegenstück in der »himmlischen Bundeslade« der äthiopischen Sabalegende; er fungiert wie die äthiopischen *Tabots* als eucharistisches Symbol;[25] als »Tischleindeckdich« wurde er gepriesen wie der »Helios trapeza« (= Tisch der Sonne) aus Äthiopien und der Mannakrug in der Bundeslade; und als »Wurzel und Zweig« des Paradiesbaumes erinnert er an die Heilung der äthiopischen Königin von Saba, als sie in Berührung kam mit dem paradiesischen Kreuzesholz im Palast Salomos.

Ob wir aus den Parallelen auf eine Bekanntschaft Wolframs mit dem äthiopischen Epengut schließen dürfen, muß jedoch offen bleiben. Zu wenig wissen wir über die Quellen Wolframs, zu unsicher ist die Kenntnis der notwendigen Zwischenglieder, was vor voreiligen Behauptungen warnen sollte. Der »Jaspis aus den Himmeln« verbindet Wolfram und die äthiopische Legende vielleicht über eine Tradition, die — eingewurzelt im christlichen Traditionsgut — beiden gemeinsam war. In der *Apokalypse des Johannes* ist schließlich auch schon vom Jaspis die Rede gewesen. Da erscheint das »Neue Jerusalem«, das hemiederfährt. »Und ihr Licht war gleich dem alleredelsten Stein, einem Jaspis, klar wie Kristall.«[26] Vielleicht war diese Bibelstelle die gemeinsame Quelle sowohl für die Phantasie Wolframs wie für die Theologie des *Kebra Negast*. Wenn wir trotzdem eine Beziehung Wolframs zur äthiopischen Legende nicht ausschließen wollen, dann denken wir mit aller gebotenen Vorsicht an die Fülle der weiteren Parallelen, insbesonders auch an die Parzival-Feirefiz-Geschichte und an die schwarze Belakane, in der uns ein Hauch der Königin von Saba hatte anrühren wollen.

15. SEELENBRINGERIN UND FRIEDENSBRAUT

Das faszinierende Bild der Königin von Saba ist uns bisher vor allem im Fernblick auf jüdische, islamische und äthiopische Überlieferungen vermittelt worden. Sicher, wir konnten auch erleben, wie die Königin aus der Ferne »einwandern« konnte in den europäischen Kulturraum und sich in durchweg fremdartigen Wesen verkörpert hatte, ob wir es nun mit der Reine Pédauque (Königin Gänsefuß) in der Bourgogne und Toulouse, mit der eselsfüßigen Königin im apulischen Otranto, mit der männermordenden Königin auf dem Teinacher Antonia-Altar, mit der Rätselkönigin auf alemannischen Minneteppichen oder mit dem Geheimnis des Heiligen Gral zu tun bekamen. Enträtseln konnten wir all diese rätselhaft fremdartigen Verkörperungen nur durch den Ausgriff auf uns exotisch anmutende Überlieferungskomplexe. Diese Traditionen waren es, die uns bisher nachhaltig gefesselt haben, die uns durch den Zauber einer untergründig wirkenden Frauenkultur ergreifen konnten.

Bisher sind wir einer spezifisch christlich geprägten Königin von Saba kaum begegnet, was zunächst nicht überrascht, denn das erste Jahrtausend christlicher Kulturgeschichte hat sich sehr spröde der Königin von Saba gegenüber verhalten. Ein selbständig aufblühendes Eigenleben blieb der Königin von Saba zunächst versagt. Weder konnte sie zur Stammutter oder zur Integrationsgestalt eines ganzen Volkes wie in Äthiopien noch zur modellhaften Figur einer frommen Gläubigen wie in der islamischen

Bilqis-Frömmigkeit avancieren, dafür blieb ihr allerdings auch die monumentale Dämonisierung erspart, die ihr in der jüdischen Legendentradition widerfahren war. Die christliche Frömmigkeit entdeckte die Königin von Saba erst ganz allmählich; zunächst war man ausschließlich geleitet von dem Interesse, auch sie, die Königin aus exotischer Ferne, in das theologische Lehrgebäude einzuordnen. Gänzlich uninteressiert war man an ihr als historischer Gestalt. Auch ihre sabäische Heimat sowie ihre Rätselfragen blieben unbeachtet. Für die mittelalterliche Königin von Saba galt eine besondere, uns heute befremdende Auslegungspraxis.

Kaum interessiert an historischen Fragen, überführten mittelalterliche Kommentatoren sie wie andere Gestalten und Ereignisse des *Alten Testaments* in symbolische Bedeutungen.[1] Auf den historischen Schriftsinn, den sensus literalis, baute sich in der Regel ein dreistufiges Symbolgebäude auf: In der allegorischen Betrachtungsweise versuchte man das Alte Testament in Richtung auf die Mysterien des christlichen Glaubens hin zu interpretieren, mit der tropologischen Auslegung sollte eine moralische Belehrung vorgenommen werden, in der anagogischen Interpretation schließlich kamen die »letzten Dinge« in den Blick.

Was darüber hinaus am Alten Testament interessieren konnte, war allein die Entsprechung von Gestalten und Situationen mit solchen des Neuen Testaments. Dabei verfuhr man auf den ersten Blick recht schematisch: Eine Gestalt, ein Ereignis aus dem Alten Testament bildeten den Typus, das entsprechende neutestamentliche den Antitypus. Solche Entsprechungen erscheinen heute oft gewaltsam, willkürlich oder gesucht, denn meist waren Veränderungen der alttestamentlichen Begebenheit unumgänglich.

So wurde die Königin konsequent und in mehrfacher Weise auf die Christusgeschichte hin befragt und entsprechend gedeutet. Man las ihre Geschichte nicht buchstabengetreu, sondern versuchte mit Hilfe zahlreicher Interpretationen in ihr ein Urbild für die Christusgeschichte zu erarbeiten und darzustellen. Das allerdings geschah mit viel Phantasie und war immer von einem positiv angelegten Deutungswillen bestimmt. Von Abwertung und Diskriminierung also keine Spur.

Eine wichtige Rolle spielten für die mittelalterliche Königin von Saba die Texte, in denen ihr als »Regina austri«, Königin des Südens, von Jesus selbst eine wichtige Rolle zuerkannt wird. Diese Texte sind immer apokalyptisch und handeln von der Königin von Saba als einer Zeugin beim Jüngsten Gericht:

Die Königin des Südens wird auftreten beim Jüngsten Gericht gegen dieses Geschlecht und wird es verdammen; sie kam vom Ende der Erde, um Salomos Weisheit zu hören. Und siehe, hier ist mehr als Salomo.[2]

Diese »Rolle« der Königin hat der unbekannte französische Meister eines *Heilsspiegels* im Sinn, wenn er die Begrüßung der Herrscherin durch Salomo mit Christus als Richter zusammenstellt (Abb. 51).

Wie eng sich Jesus selbst mit der Königin von Saba verbunden hat, wird deutlich, wenn wir uns klarmachen, daß er das Jüngste Gericht nicht in eine ferne Zukunft verbannte, sondern den Anbruch der »letzten Zeit« als unmittelbar bevorstehend betrachtete. Mit der Ankunft der Königin von Saba mußte also schon bald gerechnet werden. Doch die Naherwartung des Jüngsten Tages und damit das Erscheinen der Königin von Saba verschob sich zeitlich in eine immer fernere Zukunft, und diese Verzögerung der Vollendung hatte wichtige Folgen. Aus der endzeitlichen Gestalt der Königin wurde das Symbol der »Völker«, die sich dem christlichen Glauben anschließen sollten. Diesen Gedanken hatte einst der Prophet Jesaja geäußert, als er über die Sabäer sagte: »Sie alle werden aus Saba kommen, Gold und Weihrauch bringen und des Herrn Lob verkünden.«[3] Der Besuch der Königin von Saba bei Salomo wurde deshalb zum Symbol für die Heidenvölker, die heraufziehen, um Jesus anzubeten. Auch der 72. Psalm begünstigte diese Auslegung, wenn es über den messianischen Friedensfürsten hieß:

> Er soll herrschen von einem Meer bis ans andere und von dem Strom Euphrat bis zu den Enden der Erde. Vor ihm sollen sich neigen die Söhne der Wüste, und seine Feinde sollen Staub lecken. Die Könige von Tarsis und auf den Inseln sollen Geschenke bringen, die Könige aus Saba und Sheba sollen Gaben senden. Alle Könige sollen vor ihm niederfallen und alle Völker ihm dienen.[4]

So verkörpert die Königin von Saba mit ihren Geschenken die vielen Heidenvölker, die aus der Ferne kommen, um sich der friedlichen Herrschaft des messianischen Königs zu unterwerfen.

Die Rolle der Königin von Saba als »Seelenbringerin« bestimmt in hohem Maße das christliche Bild der Königin im Mittelalter.

Der spätantike Dichter Prudentius hat diese Auffassung in seinem Programm zur Ausmalung christlicher Kirchen nachdrücklich festgehalten:

Weisheit baut einen Tempel durch Salomos gehorsame Hände, und die Königin aus dem Süden häuft ein großes Gewicht an Gold. Die Zeit ist nahe, wenn Christus bauen wird seinen Tempel in den Herzen der Menschen, und Griechen werden ihn verehren, und nichtgriechische Länder werden ihn bereichern.[5]

Der frühchristliche Gelehrte Isidor von Sevilla erweiterte und vertiefte die Bedeutung der Königin von Saba noch, wenn er schrieb:

> Salomo präfiguriert das Bild Christi, der das Haus Gottes zum himmlischen Jerusalem erhob, nicht mit Stein und Holz, sondern mit allen Heiligen. Die Königin aus dem Süden, die kam, um die Weisheit Salomos zu hören, muß verstanden werden als die Kirche, die sich sammelt von den äußersten Grenzen der Welt, um die Stimme Gottes zu hören.[6]

Nicht nur als Symbol der bekehrten Völker, sondern als Sinnbild der Kirche selbst erscheint die Königin von Saba. Das bedeutete eine unerhörte Steigerung ihres Ansehens — sie trat nämlich damit auf eine Stufe mit Maria.[7]

In einer schönen Handschrift sind beide Figurationen der Königin — als Seelenbringerin und als Kirche der Völker — zusammengefaßt. Es handelt sich um ein Zeugnis der mittelalterlichen Frauenfrömmigkeit, um den *Hortus deliciarum*, den »Garten der Freuden« von der Mystikerin Herrad von Landsberg, die dem elsässischen Kloster Hohenberg auf dem Odilienberg als Äbtissin vorstand.

Ein Bild zeigt den König Salomo und die Königin von Saba gemeinsam auf einem Thron sitzend. Das scheint an persische Bildminiaturen, auf denen die Könige als vorbildliches Herrscherpaar figurieren, zu erinnern. Doch Herrad von Landsberg gibt dieser Thronszene eine ganz andere Wendung: »Die Königin aus dem Süden — das ist die Kirche — kommt, um die Weisheit des wahren Salomo, Jesus Christus, zu hören.«[8]

Eine andere Federzeichnung zeigt die Königin als Seelenbringerin: Die Herrscherin reitet auf einem Pferd voraus, gefolgt von drei männlichen Gestalten, während die Geschenke auf einem Kamel transportiert werden. Die Erklärung der Herrad von Landsberg: »Die Königin des Ostens bezeichnet die Kirche der Heiden [*ecclesiam gentium*], die, nachdem sie den Namen des Gottessohnes gehört hatte, zu ihm kam . . .«[9]

Die Doppelbedeutung als Kirche der Völker und als Seelenbringerin

Salomo und die Königin von Saba. Aus dem Hortus deliciarum

wurde jedoch noch um eine dritte Facette bereichert. Die Königin von Saba zog ein in die Liebesmystik des *Hohenliedes* und stieg auf zur geliebten und liebenden *sponsa Christi*, der Braut Christi. Das *Hohelied* der Liebe, dieses ursprünglich rein weltliche Liebeslied der Bibel, wurde im Mittelalter immer wieder tiefsinnig ausgelegt, Braut und Bräutigam ziehen sich auf unnachahmliche Weise an und fliehen sich wiederum, vereinigen und trennen sich voller schmerzhafter Sehnsucht, die Trauer der Abwesenheit des Geliebten bedauernd oder die Fülle seiner Gegenwart beschwörend – keiner der großen Denker des Mittelalters ließ es sich nehmen, dieses Liebeslied als höchsten und innigsten Ausdruck der Gottesliebe zu ergründen und auszulegen. Da war die Braut des Hohenliedes eins mit der Gottesmutter Maria oder mit der erwählten Kirche, und schließlich durfte sich auch die liebende und geliebte »Einzelseele« in ihr wiedererkennen.[10]

Eine der tiefsinnigsten Auslegungen des Hohenliedes verdanken wir dem weitgehend unbekannten, im Mittelalter jedoch vielgelesenen Honorius von Augsburg, der das Geheimnis der Braut umfassender zu durchdringen suchte. Er stellte aufs engste die Verbindung her zwischen der Braut des *Hohenliedes* und der *Regina austri,* der Königin des Südens. Und das lag ja auch nahe! Als Verfasser des Hohenliedes galt Salomo, und gleich im ersten Kapitel wird die Geliebte besungen:

> Dunkel bin ich, aber doch lieblich,
> ihr Töchter Jerusalems,
> wie die Zelte Kedars,
> schön wie die Zeltdecken Salmas.
> Verachtet mich nicht, weil ich so dunkel bin,
> weil die Sonne mich gebräunt hat.[11]

Um eine schwarze Geliebte handelt es sich also, der Gedanke an eine afrikanische Königin lag nahe. An eine schwarze Äthiopierin hatten vor Honorius schon andere Kommentatoren gedacht;[12] Honorius hingegen hat nicht nur die Äthiopierin mit der Königin von Saba identifiziert, obendrein hat er ihr drei weitere Frauen zur Seite gestellt, und damit eine vielschichtige Symbolik der Liebe entfaltet, die sowohl die verschiedenen Erdteile sinnbildlich einbezieht als auch alle Zeiten umschließt. Da gibt es die »Tochter Pharaos«, das ist die Kirche, die einst von Mose aus Ägypten ins gelobte Land entführt wurde. Da blüht auf Sulamith, die Verkörperung des Judentums, und schließlich die wohl merkwürdigste Gestalt, die Mandragora. Mandragora, das ist der Name einer menschenähnlichen Pflanze, der Alraune, die noch heute als Liebespflanze durch Märchen und Sagen

Die Reise der Königin von Saba zu Salomo. Aus dem Hortus deliciarum

geistert. Allerdings fehlt ihr der Kopf; sie repräsentiert nämlich die »kopflose Kirche« zur Zeit des Antichristen, kurz bevor ihr das Haupt Christi aufgesetzt wird.

Tochter Pharaos, Königin von Saba, Sulamith und Mandragora, das sind Verkörperungen der Kirche, aus vier Himmelsrichtungen dem Bräutigam zugeführt. Sie stellen gleichzeitig die vier Zeitalter der Kirche vor: Die Tochter Pharaos aus dem Orient versinnbildlicht die Kindheit der Kirche; die Königin aus dem Süden verkörpert die Jugendzeit; Sulamith vertritt die jüdische alternde Kirche, und Mandragora repräsentiert das abgelebte Alter der Kirche kurz vor der Vollendung der Zeiten.[13]

Was in der »vierfältigen Braut« zusammengeführt wird, verkörpert das »einfältige« Sinnbild eines Friedensreiches, in dem nationale, religiöse, historische und kulturelle Grenzen aufgehoben sind, ein wahrhaft kosmopolitisches Reich, in dem unter dem Sinnbild der hochzeitlichen Gemeinschaft die Menschheit zusammengeschlossen ist. An dieser Vision hat die Königin von Saba bedeutenden Anteil, allerdings auf überaus kämpferische Weise. Der kriegerische Zug, den wir schon oft an ihr beobachtet hatten, wir erinnern uns an die Tyrannenmörderin in der arabischen und an die mordende Lilith in der jüdischen Legende, ist auch an der »geliebten« Königin des Südens im *Hohenlied* nicht untergegangen. In drei Kriege wird sie verwickelt. Doch die Divisionen, die sie befehligt, sind reine Friedenstruppen. Honorius beschreibt sie zu Beginn seines dritten *Traktates zum Hohenlied*:

> Unter dem Banner der Morgenröte in blutroter Farbe die »Schlachtreihe« der Märtyrer; unter dem Zeichen des Mondes in schneeweißer Farbe die Reihe der Bekenner; unter dem Bild der Sonne in feurigem Glanz das Heer der Weisen.[14]

Mag das Vokabular auch noch so »militärisch« klingen, die »Truppen« aus Märtyrern, Bekennern und Weisen tragen in jeder Hinsicht die Merkmale der Gewaltlosigkeit.

Mit dem Bild der hochzeitlichen Braut aus Saba gelingt Honorius von Augsburg auch eine Pazifizierung der kriegerischen Züge. Keine andere Gestalt des Alten Testaments konnte die friedlich-verbindliche Einbeziehung »fremder« Welten – Heidentum, Islam, Judentum – in die christliche Welt überzeugender darstellen als die Königin von Saba, der die Züge einer fanatischen Kreuzzugsmentalität, die Härte und Unbeugsamkeit eines schwertführenden Bekehrungskampfes immer fremd geblieben sind.

Die Königin von Saba vermochte es, als Königin aus der Ferne eine innige Nähe zum Geheimnis der Einheit aller Menschen zu stiften und erscheint deshalb als versöhnendes Gegenbild in einer Welt, die aufgewühlt war von christlichem Eroberungswillen.

Den Hoheliedkommentar des Honorius illustrieren einige schlichte Federzeichnungen, die, so unbeholfen sie künstlerisch erscheinen mögen, zu den rätselhaftesten Darstellungen der Königin von Saba überhaupt gehören. Eine etwas eingehendere Betrachtung einer dieser Zeichnungen eröffnet uns möglicherweise eine Erkenntnis, die uns wieder hinaustragen wird in die äthiopische Aura der Königin von Saba. Das Bild zeigt die Königin des Südens auf einem turmartigen Streitwagen, der von einem Pferdegespann gezogen und von Aposteln begleitet wird. Dem Wagen folgen die mit überlangen Hüten kenntlich gemachten Juden, die allerdings nicht – wie oft – diskriminierend gezeichnet sind, sondern dem friedlichen Zug der »Seelenbringerin« folgen. Auffällig sind die Räder des Streitwagens mit den Symbolen der Evangelisten, merkwürdig auch die Umschrift der Zeichnung, die von der Sunamitis (Sulamith) handelt, also von der jüdischen Geliebten, die als »Sanfte«, mansueta, zurückkehrt aus der Gefangenschaft des Unglaubens.

Honorius kommentiert am Ende des zweiten Traktates: »Dann, am Ende der Zeiten, wird Sunamith mit der Königin des Südens zusammengeführt werden.«[15] Sunamith und die Königin von Saba, Judentum und Heidentum werden mit dem Streitwagen zusammengeführt; dieser Wagen ist wegen der Evangelistensymbole der Wagen des Christentums, zugleich der Wagen des Heidentums, denn die Königin von Saba lenkt ihn, und, vom Illustrator nicht in ein Symbol gefaßt, der Wagen Sunamiths, also des Judentums – die Mystik der Liebe trennt nicht, sondern verbindet, sie grenzt nicht aus, sondern fügt zusammen, was in der Wirklichkeit getrennt und verfeindet war, nicht nur im Mittelalter.

Die Weite von Honorius' Deutung dokumentiert darüber hinaus seine Bezeichnung des Sunamith-Wagens als »Quadriga Aminadabis«, als Wagen des Aminadab. Die Bibel gibt uns Auskunft über seine Person.[16] Aminadab war der Priester, in dessen Haus die von den Philistern geraubte Bundeslade nach Israel zurückgebracht worden war. Nun wird der Wagen der Bundeslade im Kommentar und auf der Zeichnung von der Königin von Saba gelenkt und gefahren. Wir erkennen die Parallele zur äthiopischen Sabalegende. Denn es war der Sohn der äthiopischen Königin von Saba gewesen, der einst die Bundeslade geraubt und nach Äthiopien in die heilige Stadt Aksum entführt hatte. Sind das zufällige Parallelen?

Die Königin von Saba auf dem Weg zu Salomo. Aus dem Hohelied-Traktat des Honorius von Augsburg

Eine bis heute unbeachtete Textpassage im Hoheliedkommentar öffnet uns die Augen. Sie lautet: »Aminadab war der Priester, in dessen Wagen die Lade zurückgeführt worden ist nach Jerusalem, (die Lade), die von fremden Völkern erbeutet worden war.«[17] Soweit entspricht der Text der Ladegeschichte des Alten Testaments, doch dann folgt: »Die Lade kam von Judäa zu den Heidenvölkern, als sich Christus von der Synagoge zur Kirche begeben hat.« Die Rede ist von der Bundeslade, die symbolisch mit Jesus Christus identifiziert wird. Doch was uns interessiert, ist die Rede vom »Kommen« der Lade von den Juden zu den Heiden. Eine solche Übertragung, die als Entführung inszeniert wurde, war auch das Hauptthema der äthiopischen Sabalegende, ja die Fortführung der Lade aus Jerusalem ins

»heidnische« Äthiopien ist das Kernstück der Staatstheologie des *Kebra Nagast*, das schriftlich allerdings erst im 14. Jahrhundert niedergelegt wurde, jedoch schon eine lange mündliche Traditionsgeschichte besaß.

Schauen wir jetzt noch einmal auf die Zeichnung zum Text des Honorius, so wird die Parallele zur äthiopischen Legende noch augenfälliger. Lenkerin der »Quadriga Aminadabis«, des Wagens also, der einst die Bundeslade transportiert hatte, ist die Königin von Saba; nur ist der Wagen vom Zeichner »christlich« umgetauft worden, denn er repräsentiert jetzt das christliche Evangelium, erkennbar an den vier Rädern, die allegorisch für die vier Evangelisten stehen. Während jedoch in der äthiopischen Legende die Bundeslade mit List und Engelhilfe aus Jerusalem entführt wird, fährt jetzt die Königin von Saba zu »Salomo«/Christus, mit der jüdischen »Kirche im Gefolge«. Die Lade wird nicht durch Überrumpelung erbeutet, die Juden werden zugunsten der Kirche nicht »enteignet«. Was bei Honorius und seinem Illustrator aufleuchtet, ist die Vision einer Versöhnung von Judentum, Heidentum und Christentum. Einmal mehr fungiert die Königin von Saba als Vermittlerin der getrennten Religionen. Welch utopische Hoffnung angesichts der geschichtlichen Realität des 12. Jahrhunderts, in der sich immer noch militante Kreuzzugsgesinnung und religiöser Abgrenzungsfanatismus behaupteten!

In ihrer Verkörperung als Ecclesia bringt die Königin von Saba Christus als Geschenk die Seelen der Gläubigen, die oft als jugendliches Paar von Mann und Frau dargestellt sind wie auf unserem Beispiel aus einer Wiener *Bible moralisée*. Das obere Medaillon zeigt die alttestamentliche Szene; das Medaillon darunter stellt ihre Übertragung in einen neutestamentlichen Zusammenhang dar (Abb. 40).

Hervorgegangen aus der gelehrten theologischen Spekulation hat sich das Bild der Königin von Saba dreifach verzweigt: als Seelenbringerin, als Kirche der Völker und als Braut Christi. Da mochte auch ihrer monumentalen Aufrichtung nichts mehr im Wege stehen. So kam es, daß sie als lebensgroße Portalfigur an mittelalterlichen Kirchen zu Ehren kam. Etwa fünfzehnmal hat man sie eingefügt in großartige Portalprogramme. Einige Beispiele lohnt es genauer anzuschauen.[18]

Die wohl älteste Darstellung um 1150/60 befindet sich an der Kollegiatskirche Notre-Dame in Corbeil. Die Königin erscheint beinah unkörperlich schmal, eingepreßt in eine Gewandung, die den Körper der Königin gleichsam auflöst. Spürbar wird die ursprüngliche Funktion als Säulengestalt: dem Strebend-Fließenden der Säule wird die Körperlichkeit der Figur geopfert. Ganz anders die wohl schönste Darstellung im Portalprogramm der Kathedrale von Chartres[19], entstanden zwischen 1200 und 1220 (Abb. 41). Die Königin, hier der hinter ihr stehenden Säule vorgelagert, ist nicht mehr gebunden an die strenge Vertikalität eines schmalen Säulenkörpers. Ein Baldachin über ihr festigt ihre Bedeutung als Standfigur, und ihr Körper wird durch die leichte Drehung der Gestalt betont. Das Gewand verdeckt ihre Figur nicht mehr, sondern akzentuiert sie besonders an der Taille. Daß es sich um die Königin von Saba handelt, wird an der afrikanischen Dienerin erkennbar, die sich im Konsolstein des Sockels in zusammengekrümmter Gestalt findet. Streng eingeordnet ist die Königin trotz ihrer Körperlichkeit in das theologisch genau durchdachte Portalprogramm, aus dem sie nicht zu lösen ist. Links neben ihr befindet sich der Seher Bileam, der einst den »Stern aus Jakob«, also Christus, vorausverkündigte.[20] Doch die Königin hat sich ihm ab- und dem rechts neben ihr stehenden König Salomo zugewandt. Alle Figuren finden ihren Fluchtpunkt in der Heiligen Anna. Mag auch die bewegte Gestaltung den Körper der Königin aus allzugroßer Starre befreien, zur »Eigengestalt« ist sie noch nicht geworden. Ein merkwürdiges Detail fällt uns noch abschließend auf: Während die Füße der anderen Portalfiguren sichtbar abgebildet sind, fällt das Gewand der Königin, fast mutwillig verlängert, über ihren rechten Fuß. Ist das ein Zufall, oder hatten sich Erinnerungen gehalten an die »Königin Gänsefuß«, die wir schon an Portalen burgundischer Kirchen kennengelernt hatten? Eine gänsefüßige Königin von Saba hätte jedoch bestimmt nicht in das Portal der Kirche von Chartres gepaßt.

Noch weiter hat sich die Königin von Saba in Reims zur Selbständigkeit herausgearbeitet. An der Westfassade der dortigen Kathedrale befand sich einst ihr Bildnis, allerdings nicht mehr eingeordnet, sondern herausgelöst aus der Reihe der Portalfiguren. Dort posiert sie frontal vor dem breiten Portalpfeiler, ihr Pendant zur anderen Seite ist König Salomo. Eine Säule ist ihr im Unterschied zur Königin von Chartres nicht hinterlegt. Statt dessen wird sie denkmalsartig durch einen Sockel herausgehoben, als ob sie uns freiplastisch entgegentreten würde. Erinnern wir uns: die Kathedrale von Reims hatte als Krönungskathedrale der Könige von Frankreich jahrhundertelang eine besondere Stellung eingenommen. Das hat auch die Präsentation der Königin von Saba maßgeblich bestimmt. Sie erscheint in Reims als Vorbild königlicher Lebensart, durchdrungen vom Geist höfischen Lebens. Verglichen mit der Figurensäule in Corbeil hat die Königin von Saba damit ein faszinierendes Eigengewicht erhalten. Allerdings gingen nicht alle Kathedralbaumeister so weit: am Marienportal von Amiens

(Abb. 42) z. B. ordnet sich die Königin eindeutig der Gottesmutter unter, hat sie doch demutsvoll ihre Königskrone abgesetzt und sie untertänigst auf ihren Händen dargeboten.

Liebenswert und so gar nicht majestätisch begegnet uns die Königin von Saba, wenn wir uns von der monumentalen Kathedralkunst abwenden. Da überrascht im Chorgestühl des Bamberger Domes, also dort, wo die Domgeistlichen zu sitzen pflegen, eine wundervoll handgeschnitzte Königin von Saba. Von vorn gesehen (Abb. 45), scheint die Königin hoheitsvoll auf ihrem Sitz zu thronen; ihre Rückenansicht (vgl. Abb. 46) läßt jedoch viel normalerweise Verschleiertes sehen, nämlich ein geflochtenes Zopfpaar. Die offene, freifallende Haartracht war Zeichen der Verlobten. Erst die verheiratete Frau steckte ihre Zöpfe hoch. Die Königin von Saba also als Verlobte Christi in einer durchaus weltlichen und modisch-modernen Aufmachung dargestellt, das bedeutet eine Sprengung der ernsten und getragenen Gestaltungsweisen, die uns bisher in der christlichen Kunst begegnet waren, zugunsten einer fast freizügig zu nennenden.

Dabei ist uns eine der wichtigsten und schönsten Präsentationen der Königin von Saba noch gar nicht zu Gesicht gekommen. Gemeint sind die Darstellungen ihres Besuchs bei Salomo, auf denen sie weniger als »Bringerin der Seelen« vorgestellt wird, als vielmehr in den Bannkreis der wohl berühmtesten Besuchsgeschichte gerät, die in der Bibel erzählt wird, des Besuchs der Heiligen Könige beim neugeborenen Jesuskind.[21] Die sinnbildliche Verknüpfung beider Erzählungen lag auf der Hand, waren sie doch über die Motive des Besuchs und der Beschenkung miteinander verbunden.

Im Psalm 72 war die Rede gewesen von Königen, die Geschenke aus Arabien und Saba bringen sollten. Und bei Jesaja hat es geheißen: »Sie werden aus Saba alle kommen, Gold und Weihrauch bringen und des Herrn Lob verkünden.« Wie leicht konnte man diese Verse auf den Besuch der drei Könige bei Jesus beziehen! Wohlgemerkt, die Besuchsgeschichte des Matthäus[22] war sehr zurückhaltend gewesen: Nur von Magiern, nicht von Königen ist die Rede; ihre Herkunft liegt irgendwo im Osten; ihre Zahl wird nicht angegeben, und überliefert werden auch nicht ihre Namen. Doch schon bald hatte sich die Dreizahl eingebürgert, wahrscheinlich wegen der drei Geschenke, (Gold, Weihrauch, Myrrhe), auch als Könige gelten sie seit dem sechsten Jahrhundert.[23] Und daß sie aus Saba gekommen seien, wollte man ebenfalls wissen. Wenn es nicht alle drei gewesen waren, so doch zumindest einer, der später Balthasar genannte König, der ein Schwarzer gewesen sein soll. Weiter noch gingen jemenitische Christen. Sie wußten davon zu berichten, daß sich ihre Reliquien in Saba befunden hätten.

Noch Christoph Columbus muß von dem sabäischen Ursprung eines der drei Magier gewußt haben. In einem Brief vom 28. Oktober 1495 berichtet der Expeditionsbegleiter Michele de Cuneo, wie Columbus während seiner zweiten Seereise nicht allein Indien erreichen wollte, sondern auch den Ort, »von wo aus einer der drei Magier aufgebrochen war, um Christus anzubeten, welcher Ort Saba genannt wird«.[24]

Überaus deutlich erscheint diese sinnbildliche Beziehung auf dem Klosterneuburger Altar des Nikolaus von Verdun von 1181 (Abb. 34), einem der bedeutendsten Emailleschmiedewerke der Kunstgeschichte, aufgestellt im Zentrum der Klosterneuburger Stiftskirche unweit von Wien, ursprünglich als Verkleidung einer Lettnerkanzel, der Ambo, gedacht, die den Kirchenraum der Domgeistlichen von der Laienkirche trennt.[25] Auf drei Schauseiten überwältigt uns eine Bilderflut zum Thema des Glaubens: vor dem Gesetz, ante legem, unter dem Gesetz, sub lege, und unter der Gnade, sub gratia. Von der rechten Seite aus werden wir hineingezogen in eine dynamische Bilderfolge mit den verschiedensten Gestalten, und unser Auge kommt erst an dem abschließenden Medaillon mit der Königin von Saba zur Ruhe. Über ihr findet sich die Anbetung der Könige, die Königin mit zwei knienden Dienern ist als Parallele zum Dreikönigsbild gestaltet.

Das umstürzend Neue besteht jedoch darin, daß die Königin zum ersten Mal in der abendländischen Kunst als Schwarze dargestellt wird. Wie ist dies zu erklären?

Wir wissen, daß Nikolaus aus Lothringen stammt und tief beeindruckt war von den neuen Strömungen, die in Frankreich Theologie und Kunst bewegten. In Paris hatte sich die Domschule von Saint-Victor etabliert, welche die gelehrte Frühscholastik pflegte und die auch weitreichende Impulse in Kirchenmusik und Liturgik gab. Im altbayerisch-österreichischen Kulturraum wurden diese Anregungen begierig aufgenommen, und damit mag auch die Vergabe eines Auftrags an den Lothringer Nikolaus zusammengehangen haben. Hervorzuheben ist nun, daß Nikolaus sein Gesamtprogramm auch in enger Beziehung zu den liturgischen Festzeiten entwickelt hat, wieder Anregungen aufnehmend, die besonders in Paris gepflegt wurden. Hier ragt Adam von St.-Viktor hervor, der sich darum bemühte, die katholische Meßfeier durch neue musikalische Formen lebendiger zu gestalten. Er komponierte deshalb Sequenzen, freimusikalische Formen, die an besonderen Festtagen eingeführt wurden. In einer dieser Sequenzen, aufgeführt im Meßfeierformular der Kirche von Saint-Victor zum Dreikönigsfest, wird die Königin von Saba als schwarze Königin erinnert.

Hierher ist gekommen des Ostens Königin,
Salomos göttliche Weisheit
stellt sie fest.
Schwarz ist sie, aber lieblich,
von Myrrhe und Weihrauch geschwärzt,
eine schwarze Jungfrau.[26]

Den Zauber dieser Verse kann die Übersetzung nicht vermitteln, doch verbindet die lateinische Sequenz in Versen: das Liebliche (*formosa*) mit der Schwärze (*fumosa*), und die Weisheit König Salomos (*sapientia*) reimt sich auf die Dunkelhäutigkeit der Königin (*pigmentaria*). Wir erinnern uns an die schwarze Geliebte des Hohenliedes, die jetzt im Medium der Musik als Königin von Saba gepriesen wird.

Die Musikalität des Adam von Saint-Victor mag Nikolaus so tief inspiriert haben, daß er jetzt eine schwarze Königin von Saba gestaltet. Majestätisch aufgerichtet steht sie in der Bildmitte, ihr schwarzes Antlitz im Scheitelpunkt einer Pyramide, ihre schwarze Hand auf Salomo weisend. Die Umschrift erklärt: »Die Königin von Saba deutet hin auf den Glauben an Salomo«. Saba ist zum Eigennamen der Königin geworden, und auf geheimnisvoll-symbolische Weise wird der Glaube an Jesus Christus in Salomo vorausbezeichnet. Ihre Geschenke sind nicht allein Gold und Edelstein, sondern Werke der Barmherzigkeit (*misericordia*) und Ehrfurcht (*timor*), beide in den Zwickeln des Medaillons genannt. Die Schönheit ihrer Gestalt, die Anmut ihres Antlitzes, die verhaltene Eleganz ihrer Gestik vereinigen sich mit der Bedeutung höchster Geistigkeit. Wann jemals wurde eine schwarze Frauengestalt so großartig in einem mittelalterlichen Altarwerk eingekörpert? Sicher, im selben Jahrhundert wird auch einer der Heiligen Drei Könige zum Schwarzen befördert − Balthasar −, und schon seit langem gab es die Verehrung des schwarzen Mauritius, eines Kriegerheiligen, der im dritten Jahrhundert den Märtyrertod erlitten haben soll. Aus dem Maurenlande sollte er gekommen sein, als Mohr (Maurus = Mauritius) überlebte er in Prozessionen und Umzügen. Und Balthasar, der schwarze König, geriet zur beliebten Volksfigur und machte im Puppentheater eine Karriere, die auch vor derberen Scherzen nicht zurückschreckte. Sie alle werden jedoch überstrahlt von der schwarzen Königin des Klosterneuburger Altars, ein auch im Mittelalter seltenes Sinnbild sinnlich-geistiger Schönheit.

Noch weiter als Nikolaus von Verdun ging eine Bilderhandschrift der *Armenbibel (Biblia pauperum)* von 1330.[27] Armenbibeln waren im Mittel-

Kölner Heilsspiegel

alter weitverbreitet, mochten sie als Bilderbücher den oft des Lesens unkundigen Gläubigen dienen, oder frommen Betern mit kurzen Schriftzitaten Meditationsstoff bieten. Auf einer Miniatur erscheint wieder die Dreiergruppe (Abb. 31), jetzt jedoch werden alle drei als elegante Afrikanerinnen dargestellt.

Als schwarze Königin erscheint die Herrscherin von Saba auch in einem Freskenzyklus in der Liebfrauenkirche in Brixen (Abb. 29). Allerdings befindet sie sich in ungewöhnlicher Umgebung, ordnet sie sich doch ein in die Schar der Töchter Jerusalems, die sinnbildlich für einzelne Tugenden stehen. Die Königin von Saba verkörpert die Tugend der Weisheit, was uns an ihre Rolle in der äthiopischen Legende erinnert und auch in der abendländischen Tradition nicht untergegangen ist.

Eine weitere interessante Wendung bietet eine Art der Bibelbearbeitung, die zuerst im Elsaß geschaffen wurde und reiche Nachgestaltung fand, das *Speculum humanae salvationis*, wörtlich: Abbild des menschlichen Heils. Für diese Art Bibel bürgerte sich die Kurzform Heilsspiegel ein. Wie die Armenbibeln waren sie weit verbreitet, boten sie doch an geeigneten Beispielen und in geschickter Auswahl Gegenüberstellungen von Szenen aus dem Alten und dem Neuen Testament.

Auf dem hier gezeigten Kölner Heilsspiegel befindet sich unten rechts die Königin von Saba am Fuße von Salomos Löwenthron. Über diesen heißt es in dem elsässischen Heilsspiegel: »Der Thron des wahren Salomo ist die höchst gesegnete Jungfrau Maria, auf und in ihm Jesus, die wahre Weisheit.«[28] Die Königin von Saba befindet sich also in Wahrheit vor der thronenden Gottesmutter und ihrem göttlichen Sohn; um Salomo selbst geht es eigentlich nicht mehr. Neben der Thronszene die Sternvision, darüber die Anbetung der Heiligen Drei Könige — die Zusammenfügung macht die wechselseitige Bedeutung der Szenen deutlich. Einer der Heiligen Drei Könige ist offensichtlich nach der Königin porträtiert worden. Wie bei ihr wallen aufgelöste Haare hinab, sein Antlitz, ja sogar seine Lippen gleichen denen der Königin, Fleisch von ihrem Fleische, so will es uns scheinen. Enger konnte in der Tat die Königin von Saba kaum noch mit den Heiligen Drei Königen zusammengeschlossen werden.

Der Zusammenhang von Dreikönigsgeschichte und Sabalegende kommt auch sehr schön in einer Buchillustration aus dem 15. Jahrhundert zum Ausdruck, die dem *Stundenbuch* des Herzog von Berry beigegeben wurde, nach Bayern gelangte und in einem flämischen Atelier vollendet wurde (Abb. 44). Das Manuskript ist zum größten Teil vernichtet, einige Blätter befinden sich noch in der Bibliotheca Trivulziana in Mailand. Eine wunderschön aufgemalte Initiale präsentiert die drei diskutierenden Könige, einer von ihnen zeigt auf den Stern von Bethlehem. Darunter auf einer größer ausgestalteten Miniatur die Königin von Saba mit Gefolge, in fremdländisch-orientalischer Tracht gewandet, Salomo Geschenke überreichend. Betend mochte sich der Leser und Betrachter des Stundenbuches dem Text anvertrauen, der von göttlicher Führung handelt.

Und auch in der Kleinkunst wurde der Zusammenhang bewahrt. In Brüssel befinden sich zwei »Gebetsnüsse« aus dem 15. Jahrhundert (Abb. 43), deren eine den Besuch der Königin, deren andere den der Heiligen Drei Könige darstellt. Die Königin von Saba und die Drei Könige waren über Jahrhunderte ein überaus beliebtes Motiv, nicht nur in Heilsspiegeln. Dreimal befinden sich allein im Kölner Dom diese Gegenbilder. Die älteste Darstellung aus den Jahren 1250/60 erscheint in der Dreikönigskapelle, die jüngste, wahrscheinlich vom Meister der Hl. Sippe um 1520 geschaffen, im nördlichen Seitenschiff. Um 1280 entstand wohl das jüngere Bibelfenster in der Stephanus-Kapelle (Abb. 33). Die Figuren erscheinen beweglicher, lebendiger als auf Fenstern der gleichen Zeit.

König und Königin erscheinen jetzt einander zugewandt, das Gesicht der Königin ist in Blau gehalten, Hinweis darauf, daß die Königin als Schwarze aufgefaßt wurde. Zwei Dienerinnen tragen Schatzkästlein, die jedoch verschlossen bleiben. Was mag darin gewesen sein?

Eine Antwort finden wir, wenn wir den Drei Königen in die Schatztruhe schauen. Diesen Eindruck gewinnen wir jedenfalls, wenn wir uns der »Geschichte der Drei Könige« zuwenden, die der Hildesheimer Bischof Johannes II. im Jahre 1364/5 verfaßte[29], ein viel gelesenes Legendenbuch, besonders in Köln populär, wo seit 1164 die Reliquien der Könige im Dom verehrt wurden. Es wird dort behauptet, die Goldgeschenke der Heiligen Drei Könige hätten aus dem Jerusalemer Tempelschatz gestammt, der wiederum auf die Geschenke der Königin von Saba zurückgehe. Melchior, einer der drei, König von Nubien und Arabien, habe dreißig Goldtaler gebracht und insbesondere »einen goldenen Apfel, den man in einer Hand halten konnte«.

Wie die Könige an diese Geschenke gekommen waren, wurde im Mittelalter gern und in immer neuen Versionen erzählt. Daß die Geschenke aus dem Schatz der Königin von Saba gestammt hatten, ließ der Phantasie keine Ruhe. Da taucht z. B. niemand geringeres als Alexander der Große auf, der an den Schatz herankam und einen Teil in Chaldäa, einen anderen in Indien und den dritten Teil in Persien versteckt haben soll. Nach syrischen Legenden fanden die drei Könige dann diese Preziositäten auf wunderbare Weise in einer Schatzhöhle. Durch die Annahme der Gaben erweise Christus sich als König (Gold), Arzt (Myrrhe) und Gott (Weihrauch).[30]

Prudentius schrieb bereits im 4. Jh. n. Chr. folgende Fassung:

An den Ufern des Persischen Golfes, wo die Sonne aufgeht, erblickten die Magier, gelehrte Ausleger, das göttliche Zeichen. Sobald es leuchtet, weichen die anderen Sterne, und der glänzende Luzifer wagt es nicht, gegen es zu streiten. Wer ist, fragen sie, der Herr, der mächtig genug ist, den Sternen auf diese Weise zu befehlen? Wer ist der, vor dem die himmlischen Körper erbeben, dem dienstbar sind Sonne und Äther? Das ist der König der Länder, der König des jüdischen Volkes, Abraham und seinem Volk verheißen. Denn er wußte, daß die Samen, ausgegangen von ihm, den Sternen gleichen . . . Hier schon erhebt sich die Blüte Davids, entsprossen der Wurzel Jesse. Voller Kraft hält sie das Zepter und besitzt alle Macht. Die Magier, auf diese Weise erregt, wenden ihre Augen gen Himmel, folgend der Bahn des Sterns und seiner lichtvollen Spur. Aber er hält an über dem Kinde, und durch seinen Glanz offenbart er das heilige Antlitz. Sobald die Magier alles gesehen haben, öffnen sie die Schätze, beigebracht aus dem Orient, fallen nieder und bieten dar Weihrauch, Myrrhe und königliches Gold.

»Erkenne diese leuchtenden Zeichen deiner Macht und dein Königtum, Kind! Das Gold, der Duft des sabäischen Weihrauchs künd̃igen an den König und Gott; der Staub der Myrrhe jedoch zeigt an sein Grab.«[31]

So schlägt sich ein geheimnisvoller Bogen vom sabäischen Weihrauch bis hin zu Geburt und Tod Jesu. Vermittler waren die Königin von Saba und die Heiligen Drei Könige gewesen.

Auffällig ist auf einigen Bildern ein besonderes Geschenk der Königin – sie überreicht einen Kelch. Beinahe pompös ist dieser dimensioniert auf einem Kirchenfenster in der Straßburger Kirche St. Urban (Abb. 47). Eindrucksvoll gestaltet Konrad Witz die Übergabe auf einer Bildtafel des Heilsspiegel-Altars, der ursprünglich in der Basler Kirche Sankt Leonhard aufgestellt war (Abb. 36). Auf der Innenseite der Altarflügel waren einem Heilsspiegel gemäß alttestamentliche Themen angebracht, neben anderen auch Salomo und die Königin von Saba.[32] Die Königin reicht einen Kelch dar, wie er bei der christlichen Meßfeier verwendet wurde. Sie erscheint sitzend in einem blauen Gewand, der König hingegen in einer grünen Satinrobe. Merkwürdig, wie gedrungen, ja beinahe geduckt beide erscheinen, niedergelassen auf einer niedrig abgesenkten Bank. Die Darstellung konzentrierte sich ganz auf die Darbietung des Kelchs, der die Bildmitte beherrscht.

Hatte es mit diesem Kelch etwas Besonderes auf sich? Gab es etwa eine tiefere Beziehung zwischen der Königin von Saba und dem eucharistischen Geheimnis der Meßfeier? Oder handelt es sich beim Kelch nur um ein traditionelles Attribut, das der Königin als Kirche der Heiden übereignet wurde? Eine bemerkenswerte Geschichte sei in diesem Zusammenhang berichtet, die uns wieder in den Kreis der äthiopischen Sabalegende führt. Die Abendmahlsschale Christi sei – so lautet eine Tradition, die aus dem kleinasiatischen Caesarea überliefert wird – von der Königin von Saba bei ihrer Sonnenanbetung benutzt worden. Diese Schale wurde dann von ihr nach Jerusalem gebracht und dem König Salomo zum Geschenk gemacht. Der soll sie in der königlichen Schatzkammer aufbewahrt haben, wo sie bis zur Zeit des Königs Herodes verblieben sein soll. Dann soll sie in die Hände des Joseph Nikodemus gelangt sein. Der wiederum reichte sie weiter an Jesus, und so wurde die äthiopische Schale der Königin von Saba als Kelch beim letzten Abendmahl Jesu verwendet. Danach gelangte sie in die Hände des Joseph von Arimathia, der sich unter dem Kreuz Jesu befand. In der Abendmahlsschale soll er das heilige Blut Jesu aufgefangen haben. Seitdem sprach man vom »Heiligen Gral« (Krater, Becher?), dessen wundersame

Geschichte das ganze Mittelalter hindurch immer wieder die Geister aufs lebhafteste faszinierte und fesselte, wie es uns der *Parzival* Wolframs gezeigt hat.[33] Bei Wolfram ging es jedoch um einen heiligen Gralsstein, in der äthiopischen Legende ist dagegen eindeutig von einem Kelch bzw. von einer Schale die Rede.

Doch unsere Geschichte ist noch nicht zu Ende. Der heilige Gral gelangte in die Hände des Jüngers Philippus, der ihn der Gemeinde von Caesarea übergeben haben soll. Damit war die Irrfahrt des Kelchs jedoch noch nicht abgeschlossen. Die Moslems kamen und eroberten die Stadt. Der Kelch blieb zwar zunächst in der Kirche, die freilich in eine Moschee verwandelt wurde. Während des ersten Kreuzzugs erbeuteten dann christliche Ritter aus Genua die Schale (1101), die von ihnen in ihre Heimatstadt gebracht wurde. Dort befindet sie sich heute noch, im Domschatz der Kirche San Lorenzo. Es handelt sich um eine Schale aus grünem Glas mit einem Durchmesser von 40 Zentimetern. Über die zeitliche Einordnung der Gralsschale gibt es unter Forschern keine Einigung. Einige datieren sie in die römische Kaiserzeit, andere später; einige vermuten, daß sie nach der Gründung des oströmischen Reiches, also im 4./5. Jahrhundert entstand. Die Stilmerkmale weisen in syrische oder palästinensische Werkstätten, wo die schwierige Handhabung der Buntglasherstellung bekannt war.[34]

Was bedeutet das alles für die spätmittelalterlichen Darstellungen, auf denen die Königin von Saba einen eucharistischen Kelch überreicht? Handelt es sich um eine freie Schöpfung oder liegen Erinnerungen an die äthiopische Sabalegende vor, die von der Überreichung des Abendmahlkelches an Salomo zu berichten weiß? Zumindest wissen wir, daß in Jerusalem lange ein äthiopisches Kloster existiert hat. Es befand sich seit dem 4. Jahrhundert über der Grabkirche Jesu und führte sein Platzrecht auf die Königin von Saba zurück, die es als Geschenk von König Salomo erhalten habe.[35] Wir dürfen vielleicht davon ausgehen, daß hier spezielle äthiopische Legenden erzählt wurden. So mag es gekommen sein, daß die Königin von Saba mit dem letzten Mahl Jesu in Verbindung gebracht wurde, ja die Königin in einen tiefen, inneren Zusammenhang mit dem Christusgeschehen gestellt wurde.

Endgültiges wird man über mögliche äthiopische Ursprünge der den Kelch überreichenden Königin von Saba nicht sagen können, klarer jedoch kann erfaßt werden, was die Kelchbringerin für das allgemeine Bild der Frau im Mittelalter bedeuten konnte. Ob als Seelenbringerin oder als Symbol der Kirche der Völker, ob als mystische Braut oder als Portalkönigin: in all diesen Bedeutungen läßt sich für uns gleichsam hinter dem

Rücken der theologischen Programmatik ein wachsendes Selbstbewußtsein der Frauen im Mittelalter ablesen. Sicher, die tatsächliche Stellung der Frau blieb im Mittelalter bis weit in die Neuzeit hinein hinter der des Mannes zurück, doch im religiösen Bewußtsein blieb ein Freiraum ausgespart, in dem sich das wachsende Selbstbewußtsein der Frauen darstellen konnte. Die Bilder der Königin von Saba und ihre vielschichtigen Inkarnationen spiegeln diese Entwicklung wider. In ihr mochte sich, ob als gelehrte Spekulation erarbeitet oder in bildhaft-poetischer Phantasie verklärt, ein Erfahrungsschatz sammeln, der weit über die faktische Rolle der Frauen im Mittelalter hinausging.

Dieser »Überschuß« an religiöser Phantasie den realen gesellschaftlichen Mächten gegenüber wird besonders eindrucksvoll in den Bildern von der kelchtragenden Königin von Saba. War es doch den Frauen im Mittelalter allgemein verwehrt, geweihte Gegenstände wie den Meßkelch überhaupt zu berühren.[36] So hatte es das kirchlich-kanonische Recht festgelegt. Doch der Königin von Saba gelang es, als Kirche der Heiden dieses Verbot souverän zu überschreiten, so wurde sie Sinnbild einer Entwicklung, in denen Frauen auch verlangen konnten, was ihnen die mittelalterliche Männerwelt und die katholische Kirche bis heute hartnäckig verweigert.

16. PROPHETIN DES KREUZES

Kaum ein anderes Phänomen hat für den christlichen Gläubigen eine so zentrale Bedeutung wie die Botschaft von Kreuz und Auferstehung Jesu Christi. Handeln und Denken, Fühlen und Wollen ringen bis heute um die Entschlüsselung des Geheimnisses, das einst auf der Schädelstätte Golgatha geschah, jedoch weit hinabreicht in die tiefsten Empfindungen vieler Jahrhunderte und in immer neuen Bildern und Gedanken seinen Ausdruck fand. Heute vollzieht sich die Beschäftigung mit diesen Vorstellungen eher im verborgenen, in der Sphäre privater Gläubigkeit, im Mittelalter jedoch konnte es gar nicht anschaulich und konkret genug zugehen, wollte man das Geheimnis von Golgatha enträtseln. In immer neuen Variationen erzählte man sich die Kreuzlegende, an der sich die religiöse Phantasie entzündete; eine wollen wir etwas genauer kennenlernen, denn darin spielt die Königin von Saba eine wichtige, aber heute leider fast vergessene Rolle.

Wir müssen zunächst zurückblenden in das Jahr 320 n. Chr. Am 14. September dieses Jahres soll es Helena, der Mutter des ersten christlichen Kaisers, vergönnt gewesen sein, das Heilige Kreuz, an dem Jesus gehangen hat, wiederzufinden. Der erste, der davon zu berichten weiß, ist der Kirchenvater Ambrosius, der eigentliche Biograph Konstantins, der Kirchenvater Eusebius weiß noch nichts von dieser Geschichte zu berichten. Die Kreuzauffindungslegende ließ sich sehr schön mit der Person des Kaisers verbinden, hatte doch der junge Konstantin es dem Kreuz zu verdanken, seinen letzten Widersacher Maxentius besiegt zu haben. Vor der historischen Schlacht an der Milvischen Brücke im Jahre 312 soll Konstantin − so berichtet Eusebius − ein Kreuzzeichen erblickt haben, verbunden mit der Verheißung: *Hoc signa vinces*, in diesem Zeichen wirst du siegen! Das Kreuzzeichen wurde deshalb zum Feldzeichen erhoben; der Sieg ließ nicht auf sich warten. Seitdem war das Kreuzzeichen im Christusmonogramm überall zu sehen; aus dem Leidenssymbol der frühen Christengemeinde wurde ein Lebens- und Siegessymbol. Es hatte auch seine politisch bewegende Macht offenbart − so schien es den Zeitgenossen Konstantins −, und zunehmend fragte man, was mit dem historischen Kreuz Jesu geschehen war. Konstantin ließ diese Frage nicht ruhen. Er schickte seine Mutter Helena nach Jerusalem, und ihr gelang es tatsächlich, einen gewissen Judas ausfindig zu machen, der den verborgenen und vergessenen Ort unter der Androhung von Foltern und Tod aufdeckte.[1] Im 13. Jahrhundert las sich das Ereignis bei dem Dominikaner Jacobus de Voragine so:

> Und er [Judas] ging an die Stätte und betete daselbst. Da bewegte sich alsbald die Erde, und ein Rauch breitete sich aus von köstlichem Geschmack, also daß Judas vor Verwunderung in seine Hände schlug und rief: Wahrlich, Christus, du bist der Welt Heiland. Es war aber an demselben Ort . . . ein Tempel der Venus, den hatte der Kaiser Hadrian daselbst gebaut, auf daß, so ein Christ daselbst anbetete, es alsdann erschiene, als ob er der Göttin Venus diene; darum ging niemand mehr zu der Stätte, und sie war fast vergessen. Den Tempel ließ die Königin [Helena] bis auf den Grund zerstören und ließ die Stätte ackern und pflügen. Danach gürtet sich Judas und hub an, mit Kraft zu graben, und fand zwanzig Schritt unter der Erde drei Kreuze liegen; die brachte er alsbald herauf zu der Königin . . .[2]

Diese Legende blieb nicht eine beliebige Geschichte, sondern führte zur Stiftung eines Kreuzauffindungsfestes, das jährlich am 14. September begangen wurde. Es fiel zusammen mit dem Kirchweihfest für die große Doppelbasilika des Konstantin in Byzanz. In Rom wurde das Fest erst seit dem 8. Jahrhundert gefeiert, allerdings im Jahre 1960 aus dem römischen Festkalender gestrichen.[3]

Um der Königin von Saba in der Kreuzlegende zu begegnen, müssen wir uns der Vorgeschichte der Kreuzauffindung zuwenden. Es war nämlich beileibe nicht so, daß die Kaiserin Helena die erste gewesen wäre, die das Heilige Kreuz aufgefunden hatte! Das Kreuzesholz hatte eine Geschichte aufzuweisen, die viel weiter reicht — bis in das paradiesische Zeitalter! Wir lesen wieder in der *Legenda aurea* des Jacobus de Voragine:

> Als Adam krank war, ging sein Sohn Seth an das Tor des irdischen Paradieses und begehrte Öl vom Baume des Mitleidens, daß er den Leib seines Vaters damit salbe und gesund mache. Da erschien ihm der Erzengel Michael und sprach: Trachte nicht, das Öl vom Baume des Mitleidens zu erhalten und weine nicht darum, denn das mag dir nicht werden, ehe denn vergangen sind fünftausend und fünfhundert Jahre . . . Man liest auch, daß der Erzengel dem Seth ein Zweiglein gab, und ihm gebot, daß er es pflanze auf dem Berg Libanon. In einer griechischen Geschichte . . . findet man, daß der Engel dem Seth ein Zweiglein gab, daran Adam gesündigt hatte.[4]

Was Jacobus de Voragine eher lakonisch berichtet, hat im Mittelalter kräftige Ausmalungen erfahren.[5] Seth etwa darf im Paradies einige Dinge sehen. Das gestattet ihm der Erzengel. So steckt er seinen Kopf durchs Paradiestor. Er sieht Bäume mit schönen Früchten und wunderbare Blumen; Gesänge ertönen, und er sieht eine Quelle, aus der die Paradiesflüsse entspringen. Auch erblickt er einen Baum ohne Laub und Rinde, den Baum der Erkenntnis, an dem einst Adam und Eva gesündigt hatten. Ein zweites Mal darf er schauen. Diesmal entdeckt er eine Schlange, die sich am kahlen Stamm emporgeringelt hat. Wie von Sinnen flieht er zum Erzengel Michael, der ihm aufträgt, ein drittes Mal in den Garten zu schauen. Jetzt erblickt er einen Baum, dessen Wipfel in den Himmel ragen. Oben liegt ein neugeborenes, in Windeln gewickeltes Kind, ein Hinweis auf Jesus. Die Wurzeln des Baumes reichen bis in die Unterwelt, dort sieht Seth in einer Spalte die erschlagene Seele seines Bruders Abel. Der Erzengel übergibt dem Adamssohn Seth drei Apfelkerne, die er, so lautet die Weisung, seinem gestorbenen Vater Adam in den Mund legen solle. Als Adam erfährt, was Seth im Paradies gesehen hat, lacht er zum ersten Mal seit der Vertreibung aus dem Paradies und ist bereit zum Sterben. Seth legt dem toten Adam die Apfelkerne unter die Zunge.

Aus dem Grab in Hebron jedoch wachsen drei Reiser auf, eine Zeder, eine Pinie und eine Zypresse. Bis zur Zeit des Mose blieben sie dort, nie höher als eine Elle, doch mit immergrünen Zweigen. Als Mose das Grab besucht, löst er die Kerne aus dem Munde des Leichnams, und wickelt die Reiser in ein Tuch, überströmt vom aromatischen Duft, der ihn in einen besinnungslosen Rausch versetzt. Mose pflanzt die Reiser am Berg Horeb, wo sie bis zur Zeit Davids stehen. Der läßt sie nach Jerusalem transportieren, wobei ihnen wieder ein köstlicher Wohlduft entströmt. Musikinstrumente ertönen, und der König beginnt zu tanzen. Kranke genesen. In einer Zisterne auf der Davidsburg werden sie angepflanzt, schlagen tiefe Wurzeln und blühen üppig auf. Zur Zeit Salomos messen sie beinah dreißig Ellen. Salomo beginnt mit dem Tempelbau und benötigt einen Baum, der größer ist als alle anderen. Die Paradiesbäume werden nacheinander gefällt und sollen in den Bau eingefügt werden. Obwohl sie kurz vor dem Einpassen immer eine Elle länger als nötig sind, erscheinen sie beim Einfügen immer eine Elle zu kurz. Die Bauleute ergrimmen und verwerfen das »unpassende« Paradiesholz. Als Brückensteg wird es über den an Jerusalem vorbeifließenden Kidron gelegt.

Soweit die Legende, kurz bevor die Königin von Saba endlich auftritt. Bei Jacobus de Voragine heißt es:

> Da aber die Königin von Saba von Salomos Weisheit gehört hatte und zu ihm fahren wollte über den See, da sah sie im Geist, daß der Welt Heiland einst an diesem Holz hängen sollte. Darum wollte sie über das Kreuz nicht gehen, sondern kniete nieder und betete es an . . . Salomo nahm das Holz und ließ es tief im Schoß der Erde vergraben. Über derselben Statt ward nach langer Zeit der Schafteich [Bethesda] gemacht, darin die Nathinäer ihre Opfertiere wuschen. Und also geschah die Bewegung des Wassers und die Heilung der Kranken nicht allein durch die Ankunft des Engels, sondern auch durch die Kraft des Kreuzes. Da nun nahte das Leiden Christi; da schwamm das Holz empor: als das die Juden sahen, nahmen sie es und bereiteten davon das Holz . . .[6]

So kurz und knapp Jacobus von Voragine wieder berichtet, die Position der Königin von Saba in der Kreuzauffindungslegende ist außerordentlich wichtig. Bis zu ihrem Erscheinen ist das Holz »lediglich« ein wundertätiges Lebensholz, entweder vom Lebens- oder vom paradiesischen Erkenntnisbaum, in der Vision der Königin wird es jedoch als lebensspendendes

Kreuzesholz erkannt. Das Wissen vom paradiesischen Kreuzesholz zeichnet — und das ist eben wichtig — nicht die Herren der Schöpfung aus; weder den Adamssohn Seth, der immerhin dreimal durchs Paradiestor schauen darf, noch Mose, weder David noch Salomo, der den Tempel zu Jerusalem baute und dabei Kenntnis vom »querliegenden« Paradiesholz erhielt, wurden der Gnade teilhaftig, das große Geheimnis zu entdecken; allein die Königin aus der Fremde war es, die in dieses Geheimnis eingeweiht ward. Das bedeutet eine eminente Auszeichnung der Königin von Saba; sie allein wird vorab in das Christusgeschehen hineingezogen, ihr allein wird die Offenbarung des Kreuzesgeheimnisses zuteil. Daß eine Frau in dieses Wissen eingeweiht wird, kann nicht zufällig sein, denn in anderen Kreuzlegenden findet sich nur noch eine andere Person, die des Kreuzeswissens gewürdigt wird. Es ist wieder eine Frau — Maximilla, die bei der zufälligen Berührung des Paradiesholzes anfing, das Kommen Jesu zu prophezeien. Das machte sie zur ersten Märtyrerin des Kreuzes.[7]

Während Maximilla allein als Prophetin des Kreuzes auftritt, ist die Königin von Saba in einem Visionärin, Prophetin und Beterin. Damit trägt sie die Züge, die in etwa das ausschöpfen, was allgemein die religiöse Stellung der Frau im Mittelalter ausmachen konnte.[8] Der Frau blieb es verwehrt, das Sakrament der Priesterweihe zu erhalten; vom Altardienst war sie ausgeschlossen. In der Gemeinde zu reden, war ihr ebenfalls verboten, getreu der Weisung des Paulus, der diese Auffassung verbindlich gemacht hatte, galt die Frau doch als Verführerin des Mannes.[9] Sogar das nichtpriesterliche Amt der Diakonissin, schon seit dem 3. Jahrhundert eingerichtet, verfiel im Laufe des Mittelalters immer mehr. Richterliche Aufgaben durften von Frauen ebensowenig wahrgenommen werden wie andere öffentliche Ämter in der Stadt- oder Feudalverwaltung. Ihr Zeugnis vor Gericht galt als minderwertig.[10] Trotz der Verwehrung wesentlicher Rechte im gesellschaftlichen und kirchlichen Leben, war es Frauen dennoch erlaubt, gewisse Funktionen des religiösen Lebens wahrzunehmen. Die Gabe der Prophetie etwa wurde als besondere Geisteskraft auch Frauen zugebilligt. Sie begründete sich nicht aus der priesterlichen Amtsautorität, sondern wurde als persönliches Gottesgeschenk betrachtet. Es ist interessant, daß große Mystikerinnen des Mittelalters wie Hildegard von Bingen oder Elisabeth von Schönau vor allem als Prophetinnen über ihren Anhängerkreis hinaus respektiert wurden.[11]

In dieser Hinsicht erscheint die Königin als Urbild der Prophetin. Ihr prophetisches Wissen erhebt sie über das Wissen der Männer, die in den Bannkreis des paradiesischen Lebensholzes getreten waren. Und nicht nur das: Sie wird ausdrücklich als »Anbeterin« des Kreuzes/Lebensholzes vorgestellt. Aus Ehrfurcht vor dem heiligen Kreuzesholz weigert sie sich, ihren Fuß auf den Brückensteg zu setzen und durchwatet das Wasser des Kidron. Von »Betern« ist ansonsten in der Kreuzauffindungslegende nicht die Rede. Seth etwa ist eher überrascht, verwirrt und entsetzt über das, was ihm im Paradies offenbart wird; Adam erscheint erfreut und zum Sterben bereit. Mose und David schwinden die Sinne, und die Tempelarchitekten sind nur erbost über das »unpassende« Bauholz. Allein die Königin von Saba betet das Holz an. Das ist aufschlußreich, denn der Status der Beterin gewährte den Frauen im Mittelalter eine beträchtliche Rangerhöhung. Beter besetzten im mittelalterlichen Wertsystem den höchsten Rang. Wer dem Gebet sein Leben weihte und sich deshalb einem Leben in Mönchs- oder Nonnengemeinschaften oder auch dem Einsiedlertum verschrieb, verwirklichte die vollkommenste Lebensform. Die betende Nonne war »Braut Christi«, sie trug den Ring der mystischen Verlobung mit dem Heiland.[12] In der betenden Königin von Saba spiegelt sich die Hochschätzung der betenden Frau allgemein wider.

Auch der Inhalt ihrer Prophetie und der Gegenstand ihrer Anbetung dürfen nicht unberücksichtigt bleiben. Eingebunden werden Prophetie und Anbetung der Königin in eine Spielart der Frömmigkeit, die besonders im Spätmittelalter aufblühte. Gemeint ist die Passionsfrömmigkeit,[13] deren faszinierende Geschichte bis heute noch nicht geschrieben ist.

Das Früh- und Hochmittelalter hatte sich vor allem am imperialen, herrscherlichen Christus orientiert. Bis ins 6. Jahrhundert hinein wagte man es nicht einmal, den Körper Jesu am Kreuz abzubilden. Zu eng war das Kreuz mit der Erfahrung der Schmach und der Erniedrigung verbunden. Und selbst auf späteren Kreuzigungsdarstellungen erscheint Christus durchweg als siegender Triumphator, nicht als gemarterter und leidender Menschensohn. Kreuz und Kreuzigung Jesu wurden im Verklärungsglanz erlebt; die Kirche sprach in ihrer gottesdienstlichen Liturgie entsprechend von der *passio beata*, der glücklichen Passion.

Realistischer wurde das Kreuzesgeschehen im späteren Mittelalter bedacht. Verantwortlich dafür waren vor allem neue religiöse Bewegungen, die zunächst neben der offiziellen Kirche entstanden. Passionsfrömmigkeit charakterisiert vor allem die mönchische Ordensbewegung der Zisterzienser des 12. Jahrhunderts, die in den Schriften des Bernhard von Clairvaux ihren leidenschaftlichen Ausdruck fand. Die tiefste Ausbildung der Passionsfrömmigkeit blieb jedoch den Franziskanern vorbehalten, die ein Jahrhundert später mit ihrer bettelnden Wanderpredigt tätig wurden.

Dem hl. Franziskus ging es nicht um gelehrte theologische Spekulation, sondern um tätige Christusnachfolge, um das schlichte Nachleben des Evangeliums. Radikale Armut und Wanderpredigt machten ihn zu einem lebendigen Gegenbild zur herrscherlichen Kirche, der es eher um Macht und Glanz als um das Leidenskreuz Christi ging. Franziskus vertiefte sich so intensiv in die Mysterien des Christuslebens, daß ihm als erstem Mystiker des Kreuzes die Gnade der Stigmatisation zuteil wurde. Die glühende Innigkeit, die aus dem Lebenswerk des Franziskus sprach, hatte ungeahnte Folgen. Besonders in den Städten, deren Bedeutung seit den Kreuzzügen stark gewachsen war, fiel die franziskanische Kreuzespredigt auf fruchtbaren Boden. Ein tiefes Bedürfnis nach dem Hören der christlichen Botschaft, nach persönlicher Gotteserfahrung und einfacher Jesusnachfolge hatte in der franziskanischen Kreuzespredigt ihren Ausdruck gefunden.

Neben den Franziskanern waren es die religiös begeisterten Frauen, welche die Passionsfrömmigkeit pflegten. Einer Frauenbewegung nicht unähnlich, hatte sich im Spätmittelalter eine weibliche Frömmigkeitsbewegung ausgebreitet, die, von kirchlichen Stellen oft mißtrauisch beobachtet, Züge von starker Emotionalität und mystischer Innigkeit in sich vereinigte. Ursprünglich von adligen Frauen gegründet, öffneten sich die Frauenklöster immer stärker auch bürgerlichen Schichten, in denen das Bedürfnis nach Gottesminne und Askese unaufhörlich wuchs, doch vor allem die »Nachfolge des armen und nackten Christus« eine leidenschaftliche Laienfrömmigkeit von Frauen inspirierte. Angeschlossen wurden die religiösen Frauengemeinschaften vor allem den Franziskanern und den Dominikanern, welche die neuartigen Frömmigkeitsbewegungen kontrollierten.[14] Die hl. Clara etwa war noch von Franz von Assisi der »argen Welt« entrissen worden; der Klarissenorden band bald einen Großteil der freischweifenden religiösen Energien in Italien. In Deutschland kamen die Frauen vor allem unter die Aufsicht der Dominikaner, die sich ursprünglich der Ketzerbekämpfung verschrieben hatten. Die nicht institutionalisierten Frauengemeinschaften waren ständig dem Verdacht der Irrlehre ausgesetzt.

Das galt besonders für die Beginen, die sich, von Lüttich aus, vor allem im Niederrheingebiet ausbreiteten, zunächst ungebunden, dann jedoch nur noch in beaufsichtigten Gemeinschaftshäusern geduldet wurden. Neben den tiefen, religiösen Impulsen war die wirtschaftliche und soziale Notlage von unverheirateten und arbeitslosen Städterinnen ein wesentlicher Grund für die Einrichtung von Beginenhäusern; die Beginen waren nicht dem

Zunftzwang ausgeliefert und brauchten bei Eintritt in ein Gemeinschaftshaus auch keine Mitgift miteinzubringen.[15]

In den Kreisen dieser religiös bewegten Neugründungen gewannen neue Ideen und Leitbilder an Einfluß. Predigttätigkeit und Armut, Gottesminne und Brautmystik, Demutstheologie und praktische Jesusnachfolge waren Grundzüge einer Frömmigkeit, die sich in Gegensatz zur verschulten scholastischen Theologie, zur institutionalisierten Amtskirche, zum Pomp, Reichtum und Machtbewußtsein der Herrscherkirche stellte oder sich als deren Ergänzung begriff. Eine theologica crucis entwickelte sich gegen die theologia gloriae – das Kreuz gegen die Herrlichkeit. Daß in dieser leidenschaftlichen Religiosität dem Drama des Kreuzes ein besonderer Platz eingeräumt wurde, versteht sich von selbst. Obwohl die Legende von der Kreuzauffindung in ihren Wurzeln bis ins 4. Jahrhundert zurückreicht, gewann sie ihre überwältigende Popularität erst in der Zeit der enthusiastisch aufbrechenden Laienbewegung des Spätmittelalters. Die Geschichte von der Kreuzauffindung wurde nicht nur in der geistlichen Dichtung erzählt, sondern auch in eindrucksvollen geistlichen Schauspielen vergegenwärtigt.

Die Königin von Saba war nun keineswegs von Anfang an in der Legende der Kreuzauffindung verankert. Schriftlich bezeugt wird sie zum ersten Mal im 12. Jahrhundert bei Gelehrten wie Gotfried von Viterbo und Petrus Comestor.[16] Bei dem Pariser Universitätslehrer Jean Beleth liegt die Gestalt der prophezeienden und anbetenden Königin von Saba dann in allen Zügen vor: Da kommt sie an den Kidron, weigert sich, das Kreuzesholz zu betreten, und watet durchs Wasser, um zu Salomo zu gelangen.[17] Das späte Auftreten der Königin in dieser Legende hängt offensichtlich mit den neu aufbrechenden Frömmigkeitsbewegungen zusammen.

Dafür spricht auch, daß die Verbildlichung der kreuzprophezeienden Königin in diesem Umkreis zu finden ist. Das älteste Beispiel der kreuzanbetenden Königin von Saba befindet sich im Chor von Santa Croce in Florenz, geschaffen von Agnolo Gaddi um 1390 (Abb. 49).[18] Diese Kirche ist die größte aller bekannten Franziskanerkirchen; wir sehen uns bestätigt, daß die Legende vom Kreuz besonders in franziskanischen Frömmigkeitskreisen gepflegt wurde – und damit auch die Darstellung der kreuzanbetenden Königin von Saba. Die Anbetung des Heiligen Kreuzes wird eingeordnet in ein Bildprogramm, das mit dem Tod Adams beginnt und mit einem Bild des oströmischen Kaisers Heraclius abschließt. Damit wird die Königin in ein breites Geschichtspanorama eingeordnet, zurückweisend in den Beginn der Menschheit (Adam) und ausgreifend in die politische

Weltgeschichte. Heraclius war es gewesen, der den aus dem Osten andrängenden Persern nicht nur standgehalten hatte, sondern sie nach dem Sieg bei Ninive (627 n. Chr.) zurückgeworfen hatte.[19]

Doch Gaddi stellt Heraclius nicht wegen seiner politischen Bedeutung dar, sondern weil er aufs engste mit der Geschichte des Heiligen Kreuzes verbunden ist. Die Perser hatten bei der Einnahme Jerusalems die kostbare Reliquie des Heiligen Kreuzes weggeführt (614 n. Chr.), wurden jedoch von Heraclius gezwungen, dieselbe wieder herauszugeben. Im Jahre 629 n. Chr. kam es dann zur Wiederaufrichtung des Heiligen Kreuzes in Jerusalem. Seitdem nahm die Kreuzesfrömmigkeit einen beachtlichen Aufschwung.

Doch in welch eine Atmosphäre wird die Königin auf Gaddis Gemälde eingetaucht! Eine düstere Landschaft präsentiert sich uns, ein dunkler Wald überzieht eine schroffe Berglandschaft. Nur der Kidron scheint sich einen Weg durch die Gebirgsblöcke zu bahnen. Die düstere Landschaft muß uns erschrecken, denn das Karfreitagsgeschehen – von Gaddi ebenfalls gestaltet – wirft seinen Schatten auch auf die Anbetung der Königin. Gaddi hat jedoch auch die andere Seite der Königin gezeigt. Ihr Gefolge – insbesondere vier Hofdamen –, angetan mit kostbaren Gewändern, vermitteln den Eindruck exotischer Ferne. Hinter ihnen sind ein Fackelträger und ein schwarzer Stallknecht zu sehen, letzterer führt stolz aufgezäumte Pferde herbei. Auf der anderen Seite des Kidron wird gerade auf Befehl Salomos das Kreuzesholz vergraben, das Holz, das sich nicht in den Tempelbau einfügen ließ. Und die Königin – gekrönt und kostbar gewandet – kniet hoheitsvoll nieder, um den Kreuzesbalken anzubeten. Der Zauber orientalischer Fremde ist also trotz des Schattens von Golgatha nicht untergegangen. Kein Wunder, daß Gaddis Bild der Königin für künftige Darstellungen zum Vorbild wurde.

Eine besonders schöne Darstellung der betenden Königin von Saba befindet sich auf einem Chorfresko in der Kirche des Heiligen Franziskus in Arezzo. Im Jahre 1452 von der adeligen Familie der Bacci in Auftrag gegeben, wurde dieses grandiose Werk im Jahre 1464 fertiggestellt. Dem Maler Piero della Francesca gelang eine Bildschöpfung, die einen Höhepunkt der Frührenaissance in Italien darstellt.[20] Wie bei Gaddi beginnt der Bildzyklus mit dem Tod Adams, schließt jedoch im Unterschied zu dessen Werk mit dem im Zeichen des Kreuzes stehenden Sieg Konstantins an der Milvischen Brücke. Ein Legendenmotiv – das Vergraben des Kreuzes – gestaltet er im Unterschied zu Gaddi neben anderen Szenen in einem besonderen Fresko. Landschaft und Architektur ergänzen sich in einem monumentalen Doppelbild, das der Königin von Saba gewidmet wird. Der Kreuzesbalken, angebetet von der knienden Königin (Abb. 31 und Umschlag), befindet sich genau an der Schnittstelle einer offenen Naturlandschaft und des Palastes von Jerusalem. Er trennt den offenen Teil der Naturlandschaft, unterstützt von Figurengruppen, die auseinandergezogen sind und der freien Landschaft ein bisher nicht gesehenes Gewicht verleihen. Ganz im Gegensatz dazu die geschlossene Architektur des Palastes, vor dem der König Salomo mit männlichem Gefolge seinen von weiblichen Begleitern umgebenen Gast empfängt. Die Kreuzanbetungsszene findet dagegen unter freiem Himmel statt. Die kühle Farbgebung der blauen Gewänder und die durchsichtige Modellierung der Gesichter scheinen die anbetende Königin und ihr Gefolge zu entrücken, doch die in warmen Brauntönen gehaltene Landschaft gibt irdisches Gewicht zurück. Die offene Landschaft mit ihren weich und willkürlich fließenden Bergrücken kontrastiert mit der statuarischen Anordnung des Gefolges. Im Bildzentrum sehen wir das paradiesische Kreuzesholz. Die Königin selbst erscheint im Profil, scharf abgegrenzt – ein vollkommenes Sinnbild betender und andächtiger Versenkung. Ganz anders Salomo, der vor dem festgefügten Palastbau in beherrschender Körperfülle und fast frontal auftritt, ein Gegenbild zu der auch hier im Profil abgebildeten Königin, die jetzt in einem weißgrauen Gewand ihre Erdenschwere ganz verloren hat: Sie ist Sinnbild mittelalterlich-entrückter Religiosität; Salomo dagegen erscheint als selbstbewußter Renaissancefürst; zwei Welten scheinen aufeinanderzutreffen.

Etliche weitere Freskenzyklen zeugen für die große Popularität der Legende, immer in der Nachfolge Gaddis oder Pieros, so der von Cenni di Francesco im Oratorium der Kreuzgesellschaft zu Volterra aus dem Jahre 1410. Die Königin verliert im Lauf der Zeit zunehmend ihre demütige, innige Haltung. Vollends herausgelöst aus der demütigen Anbetungssituation erscheint die Königin von Saba auf einem Gemälde in der Kirche San Alviso in Venedig. Da wollen sie zueinander kommen, der lockende König Salomo und die widerstrebende Königin, beide unköniglich barhäuptig dargestellt. Da geht es den Schwänen besser, die unterhalb der Kreuzesbrücke zueinander gefunden haben. Der Bezug zur Passionsfrömmigkeit ist hier verloren gegangen, eine Begegnung zweier Individuen ist übriggeblieben; unter dem Kreuz findet sie nicht statt.

Soweit ist man in Deutschland nicht gegangen. Jörg Styrlin etwa stellt die Königin von Saba mit dem Kreuzesbalken dar, angebracht am Chorgestühl im Ulmer Münster (Abb. 50).

Anders wieder erscheint die anbetende Königin von Saba im Norden Europas. Da tritt sie nicht in großformatigen Kirchenfresken auf, sondern ist neben anderen Darstellungen in die Volkskunst eingegangen. In der *Geschiedenis van het heylighe Cruys*, einer holländischen illustrierten Legende von 1483, erscheint sie auf einigen Holzschnitten[21]; entsprechend gröber als auf den eleganten Fresken erscheint ihre Gestalt. Aber welch ein Zeichen der Popularität dieser Legende und der Königin, wenn sie sich in einem zu weiter Verbreitung bestimmten Andachtsbuch wiederfindet!

Die gesamte Kreuzauffindungslegende passiert Revue, erläutert in niederdeutschen Reimen. Das erste Bild zeigt, wie dem toten Adam die Kerne des paradiesischen Baumes unter die Zunge gelegt werden. Drei Bäume wachsen (Bild 2), die später als Brückensteg verwendet werden. Die Königin weigert sich, über den Steg zu schreiten und durchwatet das Wasser des Kidron (Bild 3). Sie tadelt den König, der das Paradiesholz, an dem einst Jesus hängen wird, als Brückensteg mißbrauchte (Bild 4). Aus der anbetenden ist eher eine belehrende Königin von Saba geworden.

Ein seltenes Zeugnis für die Verbreitung der Legende findet sich in der Barbara-Kirche in der böhmischen Stadt Kuttenberg (Abb. 48).[22] Die Königin durchschreitet den Kidron königlich selbstbewußt, die Krone würdevoll auf ihrem Haupt, Salomo erwartet sie als jugendlicher König. Eine Dienerin hält die Schleppe des königlichen Gewandes. Auf dem Bild ist der religiöse Hintergrund kaum noch erkennbar. Das paradiesische Kreuzesholz, einst Mittel- und Zielpunkt der Legende, ist ganz in den Bildhintergrund getreten. Legendenfremd wird der Brückensteg von Bediensteten betreten, ein Bedienstetenschuh klappert nach. Die Königin von Saba dominiert das Bild, das »Lebensholz« beinah verdeckend. Sie prophezeit nicht mehr und betet auch nichts mehr an. Die Kreuzauffindungslegende dient der Präsentation einer Königin und keineswegs mehr der Verehrung des Heiligen Kreuzes.

In der Kreuzauffindungslegende scheint die Königin von Saba ein Gewicht zu gewinnen, das ihr sonst im Mittelalter kaum zugewachsen war. Als Prophetin und Anbeterin des Kreuzes wuchs sie gegenüber ihren Verkörperungen als Seelenbringerin, Kirche der Völker, Braut Christi und Kelchbringerin in eine neue Rolle. Wir haben ihre Bedeutung in der Kreuzauffindungslegende in Beziehung gesetzt zu den im späteren Mittelalter aufblühenden Frömmigkeitsbewegungen, in denen auch die Rolle der Frau neu bedacht wurde. Wir erkannten, daß sich die Legende in franziskanischen Kreisen besonderer Popularität erfreut hatte und tief eingedrungen war in das alltägliche Frömmigkeitsleben, wie es in Stundenbüchern und

Hier be grauet seth sinen vaer
Ende hi neemt die drye tweynen claer
Ende hi beefese onder sijn tonghe gheleyt
Als hem die enghel hadde gheseyt

Hier sijn nv ghewassen drye roeden claer
Vt adams graf ende was seths vader
Ende die sijn daer bliven staen
Tot dat se moyses van daer heeft ghedaen

Hier coemt als wy verstaen
Die coninghinne van saba ghegaen
Ende si maecte haer barvoet
Beneven den houte dat si ouerwoe

Hier coemt van saba die coninghinne claer
Ende si berispede salomon al opnbaer
Vpe dat hem maecte alsoe stout
Dat hi ouer een ryuiere leyde dat hout

Die Geschehnisse vom Heiligen Kreuz. Niederländische Holzschnitte, 1483

Heiligenlegenden zum Ausdruck kam. Daß diese Rolle der Königin von Saba sich erst im 13. Jahrhundert in der Kreuzauffindungslegende durchsetzen konnte, erklärten wir aus der wachsenden Bedeutung der Passionsfrömmigkeit, der besonders Frauen anhingen.

Doch wir haben mit diesen Antworten das Schicksal der Königin von Saba im christlichen Lebensraum noch nicht erschöpfend beantwortet, da bisher ein wichtiger Bezugspunkt ausgeklammert wurde, der mit dazu beigetragen haben muß, die Legende und die Rolle der Königin darin zu popularisieren. Es ist das religiöse Klima der späten Kreuzzugszeit, in dem die Kreuzauffindungslegende besonders üppig aufblühte. Die Königin von Saba konnte als weiblicher Prototyp eines friedlichen Kreuzfahrers gelten. Wie die Königin von Saba einst zum Heiligen Kreuz nach Jerusalem »pilgerte«, so machten es ihr die Pilgerreisenden nach. Obendrein konnte man der islamischen Frömmigkeit, in der die Königin von Saba als Königin Bilqis zu hohen Ehren gekommen war, ein Gegenbild entgegensetzen.

Die Faszinationskraft, welche die Kreuzzüge auf die Geister des Mittelalters ausübte, kann kaum überschätzt werden. Selbst ein Franziskus, der den Fischen und Vögeln gepredigt hatte und mit den Wundmalen Christi stigmatisiert war, setzte in seinen jungen Jahren alles daran, an einem Kreuzzug teilzunehmen. Dasselbe gilt für die Heilige Klara, Gründerin des franziskanischen Klarissenordens. Schließlich sind besonders die zahlreichen Bruderschaften des Heiligen Kreuzes zu nennen. Sie hatten sich in der erregten Zeit der Kreuzzüge gebildet, übernahmen sehr oft die Organisation des Pilgerwesens, errichteten und betreuten Pilgerspitäler und spielten eine nicht unwichtige Rolle in der kirchlichen Armenpflege. Es überrascht nicht, daß die mittelalterlichen Bildnisse der Königin von Saba nicht allein in franziskanischen Kirchen zu finden sind, sondern auch bei Kreuzbruderschaften besonders beliebt waren.

Allein die mystische Innigkeit der Passionsfrömmigkeit ist für die Popularität der Königin von Saba also nicht verantwortlich zu machen. Die nach innen gerichtete Intensität der Kreuzzugspredigt und Passionsfrömmigkeit, die nach außen ausgreifende Militanz der Kreuzzugsmentalität und die polemische Etablierung einer Gegenbiographie zur Bilqis-Frömmigkeit sind ebenso Gründe für ihre Bekanntheit und weite Verbreitung dieser Epoche.

Niemals jedoch trat die Königin von Saba im Kontext der militant-fanatischen Kreuzzugsstimmung auf. Allein die Berichte von Pilgerreisenden des Spätmittelalters erwähnen sie als Prophetin und Anbeterin des Kreuzes. Pilger wie Johannes Poloner (1422), Dietrich von Schachten

(1491), Peter Faßbender (1492) und Martin Ketzel (1476)[23] waren nicht mehr Repräsentanten einer militanten Kreuzzugsgesinnung. Friedfertig wallfahrten sie zur Heiligen Stadt, kamen an den Bach Kidron und erinnerten sich der Geschichte der Königin von Saba, die aus Ehrfurcht vor dem Heiligen Kreuz das Wasser durchwatete. Nachdem im Jahre 1291 die Stadt Akka endgültig den Moslems in die Hand gefallen war, blieb den christlichen Pilgern auch nichts anderes übrig, als friedlichen Pilgerreisen den Vorzug zu geben.

17. Die sibyllinische Seherin

Unser Blick in die orientalisch-christliche Welt vermag nun noch eine weitere faszinierende Facette am Bild der Königin von Saba zu zeigen. Denn unaufgeklärt blieb bisher, woher die prophetische Begnadung der Königin von Saba gekommen sein mochte. Wo die das Kreuz prophezeiende Königin von Saba auftrat, war sie immer schon mit der Kreuzauffindungslegende verbunden gewesen. Doch es gab noch andere Traditionsstränge, die von der Königin als Prophetin zu künden wußten, unabhängig von der Kreuzauffindungslegende.

Die Antwort auf diese Frage entführt uns in einen Bereich, in dem sich griechische Traditionen, christliche Geistigkeit und islamische Legendenphantasie miteinander verbinden konnten: Im byzantinischen Kulturraum taucht zum ersten Mal die Königin von Saba mit der Gabe der Prophetie auf. Prophetische Eigenschaften wurden ihr zugesprochen, weil sie – und darin besteht das fesselnde Neue – mit einer antiken Seherin, der griechisch-römischen Sibylle, identifiziert wurde.

Der byzantinische Chronist Georgios Monachos, der unter dem oströmischen Kaiser Michael III. (842–867) lebte, war der erste, der die biblische Königin von Saba in die sibyllinische Welt der griechisch-römischen Antike einführte. Er spricht ausdrücklich von der Königin Saba – Saba gilt also als ihr Eigenname –, »die genannt wird Sibylle von den Griechen ...« Und diese Sibylle war es, die berühmt war wegen ihrer Weisheit und Erfahrung und nach Jerusalem ging, um den König Salomo mit Rätseln zu prüfen. Sie präsentierte ihm – wir kennen das Rätsel schon – verkleidete Jungen und Mädchen, deren Geschlecht Salomo zu erraten hatte. Nach Gregorios Monachos sprechen in fast identischen Worten auch Georgius Cedrenus und im 12. Jahrhundert noch Michael Glycas von der Königin als einer Sibylle.[1]

Wer waren die Sibyllen, zu denen die Königin von Saba im byzantinischen Kulturkreis gerechnet wurde?[2] Die Ur-Sibylle stammt sicherlich aus dem Osten und tritt zum ersten Mal in den griechischen Kolonien Kleinasiens auf. Ergriffen von göttlichem Geist, verkündet die Ur-Sibylle in religiöser Verzückung Unheil und Katastrophen. Ursprünglich an kein festes Orakel gebunden, ungezügelt und priesterlicher Kontrolle entzogen, offenbart sie Gesichte, z. B. den Untergang Trojas und die Vernichtung Karthagos. Diese Ur-Sibylle hat sich in etliche Einzelgestalten geteilt, die verstreut im ganzen Mittelmeerraum Unheil kündeten. Der spätantike Schriftsteller Varro zählt als erster zehn Sibyllen. Die wohl älteste Sibylle hauste im kleinasiatischen Erythrai nahe bei Smyrna in einer Felsengrotte, aus der eine Quelle hervorströmte. Auch die Bewohner der benachbarten Stadt erhoben den Anspruch auf die Heimat der Sibylle. Im Jahre 1891 fand sich in der Orakelgrotte zu Erythrai eine Inschriftentafel:

Ich bin Sibylle, des Phoibos weissagende Dienerin, erstgeborene Tochter einer Flußnymphe; meine Heimatstadt ist Erythrai, und Theodoros ist mein sterblicher Vater. Der Kissotas war meine Geburtsstätte, wo ich Orakel gleich nach der Geburt den Sterblichen gegeben. Hier auf dem Felsen sitzend, hab ich den Menschen Prophezeiungen verkündet von wiederkommenden Leiden. In einem Leben von drei mal dreihundert Jahren bin ich als reine Jungfrau über die ganze Erde gewandert.[3]

Diese Inschrift läßt aufhorchen. Ein menschlicher Vater und eine Flußnymphe, also eine dämonische Mutter: Das galt auch in der arabischen Sage für die Königin von Saba!

Auch die Nähe zum Wasser läßt uns aufmerken. War doch die Königin von Saba in der islamisch-jüdischen Legende über einen glasgedeckten Palastbach geschritten. In der christlichen Legende hatte sie den Kidron durchschritten – es scheint nicht ganz zufällig zu sein, wenn die prophetischen Eigenschaften der Sibyllen und auch der Königin von Saba mit dem freifließenden, unfaßbaren Wasser in Verbindung gebracht wird.

Die Sibyllen traten von Kleinasien aus ihren Siegeszug über Griechenland nach Rom an. Eine Kultlegende behauptet, die Sibylle von Erythrai sei im Alter von siebenhundert Jahren ins römische Cumae gekommen. Ihre Weissagungen habe sie auf Palmblättern geschrieben, die am Morgen in alle Winde verstreut wurden. Im Laufe der Zeit entstand so die berühmte Orakelsammlung von Cumae, die dann zum Teil vom römischen König Tarquinius Priscus erworben wurde. Die sibyllischen Orakelbücher galten seitdem als Staatsorakel und wurden in einem unterirdischen Gewölbe des Kapitols in Rom aufbewahrt. Bei schrecklichen Ereignissen, Erschütterungen der politischen Ordnung und wichtigen »Vorzeichen« wurden sie befragt. Und so blieb es bis in christliche Zeiten — ja, die Kirchenväter setzten alles daran, die Sibyllen in den Dienst der Kirche zu nehmen. Das war ganz einfach, ließen sich doch etliche der sibyllinischen Weissagungen auf Jesus Christus beziehen. Nach dem Vorbild der alttestamentlichen Propheten wurde die Zahl der Sibyllen sogar von zehn auf zwölf erhöht. Die heidnisch, jüdisch und christlich durchsetzten Prophezeiungen wurden im 6. Jahrhundert n. Chr. gesammelt und blieben als Sibyllinische Orakel während des ganzen Mittelalters in hoher Geltung. Gesammelt und kodifiziert wurden diese Orakel jedoch in Byzanz, also dort, wo auch der Königin von Saba die Ehre zuteil wurde, den Sibyllen beigesellt zu werden. Im 13. Jahrhundert wurde die Königin von Saba sogar als 13. Sibylle gezählt, eine Rangerhöhung, die ihre ausgezeichnete Stellung als christliche Prophetin dokumentiert.[4]

Manche Deuter vermuten einfach die Weisheit der Königin als Ursache für diese Identifizierung mit der »weisen« Sibylle. Das scheint aber etwas zu einfach gedacht! Auffällig ist der Name von einer chaldäischen und hebräischen Sibylle[5], den der antike Geograph und Historiker Pausanias mit Sabbe überliefert. Diese Sibylle soll bei den Hebräern in Palästina aufgekommen sein, einige jedoch sollen sie mit der babylonischen, persischen oder ägyptischen Sibylle in eins gesetzt haben. Wie leicht war es, die hebräische Sibylle namens Sabbe mit der fast namensgleichen Königin von Saba zu identifizieren. Der Historiker Suidas nennt die Sabbe des Pausanias allerdings Sambethe, und er liefert gleich die Erklärung dazu: Er läßt die hebräische Sibylle nämlich aus der Nachkommenschaft Noahs abstammen. In der sogenannten *Völkertafel*[6] taucht neben einem Enkel namens Saba ein Sabetha auf. Die Sibylle aus Saba namens Sambethe, so las vielleicht Suidas und hatte es dann mit einer Enkelin Noahs zu tun. Wer sollte bei der Sibylle Saba/Sambethe nicht auch an die Königin von Saba denken?

Die Sibyllen waren heidnische Wahrsagerinnen, ausgestattet mit einer unberechenbaren, charismatischen Autorität, die weder amtlich beglaubigt noch priesterlich legitimiert war. Daß ausgerechnet die »ungezügelten« Sibyllen mit der Königin von Saba zusammengeschlossen wurden, erscheint geradezu atemberaubend. Allerdings: Die Sibyllen waren schon in der römischen Welt institutionalisiert, indem sie in das Staatsorakelwesen eingefügt wurden.

Rechts) Szenen aus
eschichte Salomos und
esuch der Königin von
(rechts unten).
tur aus einer
e historiale«, Frank-
15. Jh.

Unten) Die Königin
aba mit Geschenken
alomo; Ecclesia mit den
n vor Christus (rechte
illons). Miniatur. Bible
isée, Paris (?), um
30.

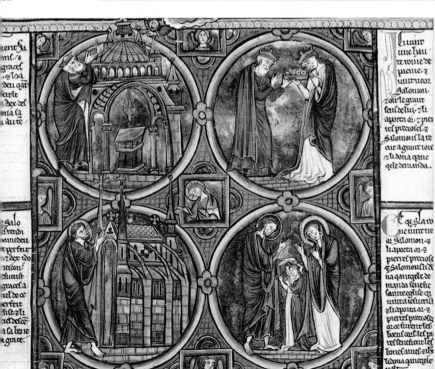

41 (Linke Seite) Die Königin von Saba zwischen Bileam (links) und Salomo. Chartres, Notre-Dame, Annenportal, 1200/1220.

42 (Links) Die Königin von Saba und Salomo. Amiens, Notre-Dame, Nordportal, 1220/36.

43 (Rechts) Die Anbetung der Könige und die Königin von Saba vor Salomo. Gebetsnuß. Holz. Antwerpen (?), 16. Jh.

44 (Unten) Die Königin von Saba vor Salomo und die Heiligen Drei Könige in der Initiale. Aus dem niederländischen Stundenbuch »Très Belles Heures de Notre-Dame«, nach 1415.

45, 46 (Oben) Die Königin von Saba. Chorgestühl im Bamberger Dom, Parler-Werkstatt, 1380.

47 (Links) Die Königin von Saba mit dem Kelch vor Salomo. Glasfenster. Straßburg, St. Urban, um 1270.

48 (Oben) Die Königin von Saba beim Überschreiten des Baches Kidron. Fresko in der Smišekkapelle von St. Barbara. Kutná Hora/Kuttenberg, ČSSR, um 1490.

49 (Oben) Die Anbetung und Vergrabung des Kreuzholzes. Fresko. Agnolo Gaddi. Florenz, S. Croce, 1394.

50 (Unten) Die Königin von Saba mit dem Kreuzesbalken zwischen der Pharaotochter Thermut und Abigail. Chorgestühl im Ulmer Münster, Jörg Styrlin, 1469/1474.

51 Christus als Weltenrichter und die Königin von Saba vor Salomo. Heilsspiegel. Frankreich, um 1465/1475.

52 (Unten) Der Besuch der Königin von Saba bei Salomo. Apollonio di Giovanni. Cassone (Hochzeitstruhe), um 1460.

53 (Links) Salomo empfängt die Königin von Saba und ihr Gefolge. Relief der Paradiesespforte am Baptisterium in Florenz. Lorenzo Ghiberti, 1425/1452.

54 (Oben) Salomo und die Königin von Saba. »Hochzeitstablett« eines unbekannten umbrischen Malers, um 1475.

55, 56 (Rechte Seite) Die Königin von Saba zieht mit ihrem Gefolge in Jerusalem ein. Cassone. Anonymer Meister, Siena, 15. Jh.

57 (Linke Seite oben) Salomo empfängt die Königin von Saba. Fresko. Raffaelo Santi. Vatikan, Loggien, 1517/1519.

59 (Oben) Die Königin von Saba vor Salomo. Zeichnung auf Pergament. Hans Holbein D. J., 1535.

58 (Linke Seite unten) Salomo empfängt die Königin von Saba. Radierung. Marcantonio Raimondi, um 1518.

60 Heinrich von Grote und seine Frau Sibilla Maria als Salomo und Königin von Saba. Öl auf Leinwand. Dietrich Pottgießer, 1626.

61 Die Königin von Saba. Illustration zu Gustave Flauberts »Versuchung des heiligen Antonius«. Lithographie von Odilon Redon. 1888.

62 Die Ankunft der Königin von Saba. Julius Kronberg. Öl auf Leinwand. 1888.

Auch die christliche Kirche hat es sich nicht nehmen lassen, die sibyllinischen Frauengestalten zu zügeln und ihrer ursprünglich eruptivrasenden Prophetie Schranken zu setzen. Die byzantinischen Chronisten allerdings, die als erste von der sibyllinischen Königin von Saba sprechen, haben allein die Identifizierung von Königin und Sibylle vorgenommen. Bei ihnen lag die Gefahr nahe, die Königin von Saba im unberechenbaren Bannkreis heidnisch-ungezügelter Wahrsagerei untergehen zu lassen. Auch ein christlicher Pilger mit Namen Ernoul, der, wohl im Jahre 1231, einen Pilgerbericht über seine Fahrt nach Jerusalem schrieb, berichtet lakonisch nur von »der Königin, die Sibylle genannt wurde«.[7] Worin die sibyllinische Weissagung der Königin bestanden haben soll, weiß keiner der obengenannten Zeugen anzugeben. Da bot sich die Kreuzauffindungslegende an. Sie band die Prophetie der sibyllinischen Königin von Saba an die christliche Botschaft vom paradiesischen Kreuzesholz. Dem sibyllinischen Enthusiasmus waren damit Zügel angelegt worden. Aus der heidnischen Sibylle wurde eine christliche Kreuzesprophetin. Das allerdings war so weit hergeholt nicht! Befand sich doch im 6. *Buch der Sibyllinischen Orakel* ein berühmtes Wort, das der Sibylle in den Mund gelegt wurde und das offensichtlich auf das Kreuz hinwies:

O glückliches Holz, an welchem Gott ausgespannt war, nicht wird die Erde dich halten, sondern den weiten Himmel wirst du schauen, wenn einst das neue feurige Antlitz Gottes erstrahlt.[8]

Es war einfach, diesen Spruch auf die Prophetie der Königin zu beziehen. Die Einbindung der sibyllinischen Königin von Saba in die Kreuzauffindungslegende vollzog sich allein in der »abendländischen« Kirche des Westens. Die byzantinischen Geschichtsschreiber sprechen zwar von der Königin Sibylle, jedoch fehlt bei ihnen die Verbindung mit der kreuzprophezeienden Saba, die wir aus der Kreuzauffindungslegende kennen.

Mit der Verchristlichung der heidnischen Sibylle zur Königin von Saba verändert sich jedoch auch der Charakter der sibyllinischen Prophetie. In der antiken Welt hatten die Sibyllen vor allem als Ansagerinnen von Unheil und Katastrophen gegolten. Die sibyllinische Königin von Saba jedoch beschränkt sich keineswegs auf die Unheilsprophetie.

Auf tiefsinnige Weise schlossen sich in der Kreuzprophetie der Königin von Saba Unheil und Heil, Tod und Leben in eins zusammen. Das Kreuz Christi, in dem der Tod verschlungen war – das hieß nicht Unheil und Katastrophe, sondern Zuspruch von Leben und Erlösung.

Die sibyllinische Königin von Saba ist vor allem in deutschen Texten zur Geltung gekommen. Um 1275 schreibt ein Dichter, wahrscheinlich Heinrich von Freiberg, eine *Legende vom Heiligen Kreuz*, in der nicht mehr von der Königin von Saba, sondern von Königin Sibylle die Rede ist.

So lag der Balken lange Zeit
als Brücke über jenem Bach,
bis in der Jahre Lauf danach
der Morgenlande Königin
Sibilla zu dem Stege hin
gelangte auf der Fahrt zu dem
Beherrscher von Jerusalem,
daß sie von seiner Weisheit lerne,
die hochgerühmt war in der Ferne.
Und auf der Wandrung trat sie vor
Jerusalem zum Eingangstor.
Doch ehe sie zur Pforte kam,
bemerkte sie den heilgen Stamm.
Da beugte sich die Herrscherin,
kniefällig betend fiel sie hin,
und lüftete den Saum der Kleider
mit bloßem Fuß, den sie enthüllt.
Darauf sprach sie, vom Geist erfüllt,
demütiglich das Haupt gesenkt,
und zu sich selbst das Wort gelenkt:
Das Zeichen des Gerichtes ward
vor meinen Blicken offenbart,
davon wird alles auf der Erden
in seinem Schweiß gebadet werden.
Und als sie mit dem König viel
verhandelt und der Wandrung Ziel
erreicht, nahm Abschied sie und wandte
zurück sich nach dem Heimatlande.[9]

Doch in deutschen Kreisen blieb man nicht allein bei der Verbindung der Königin von Saba mit der Seherin Sibylle und beider mit der Kreuzauffindungslegende stehen. Endlich fand auch in deutschen Überlieferungen das seit jeher die Phantasie beflügelnde und abstoßende Motiv der Fußverstümmelung der orientalischen Legenden Eingang.

Ausgerechnet aus dem fränkisch-bayrischen Kulturraum erhalten wir Nachrichten von der sibyllinischen und gänsefüßigen Königin von Saba. Nehmen wir noch einmal den Hinweis auf, den der älteste Text uns darbietet. Er befindet sich in dem Werk *De imagine mundi*, Über das Bild der Welt, und steht dort innerhalb eines anonymen Manuskripts, das Honorius von Augsburg noch vor dem Ende des 12. Jahrhunderts überliefert hat.[10] Saba wird als Eigenname der Königin verstanden, und Honorius weiß zu berichten, daß die Königin eine Äthiopierin und Sibylle und mit Gänsefüßen bestückt gewesen ist. Als sie an den Kidron gelangt und über die Holzbrücke schreiten möchte, erkennt sie im Brückenholz das künftige Kreuzesholz Christi. Sie weigert sich über die Brücke zu schreiten, und durchwatet den Bach. Und was geschieht? Auf wundersame Weise wird ihr Gänsefuß in einen unversehrten Menschenfuß verwandelt.

Honorius hatte jedoch noch eine andere merkwürdige Nachricht. Er hatte der Königin von Saba nicht allein Gänsefüße zugesprochen, sondern auch ihre Augen erwähnt, die »wie Sterne leuchteten«. Wie mag die Königin von Saba zu leuchtenden Sternenaugen gekommen sein? Zu erinnern ist nun an das wohl berühmteste Wort der heidnischen Sibylle, in dem vom Kreuz prophezeit wird. Das Kreuz wird erscheinen, wenn »das neue feurige Antlitz Gottes erstrahlen wird«, so hieß es im 6. Buch der *Sibyllinischen Orakel*. Beide also, die heidnische Sibylle ebenso wie die Königin von Saba sind Prophetinnen des Kreuzes Jesu, Sibylle erschaut das Kreuzereignis im Lichtglanz des göttlichen Antlitzes, der Königin von Saba leuchten die Augen wie Sterne, Vorschein einer unvergleichlichen Erfahrung.

Die Legende von der gänsefüßigen Sibylle aus Saba muß sich höchster Popularität erfreut haben. Pilgerreisenden ist sie jedenfalls vertraut gewesen wie z. B. dem Martin Ketzel aus Augsburg, der 1476 eine Jerusalemreise unternahm und folgendes in seinem Pilgerbericht schrieb:

... daselbst der Bach Cedron zu seinen Zeiten flüst, daselbst ist das Kreuz zu aim Steg übergelegen, daraus das haylig Creutz gemacht ist worden, daran unser Herr Jesus Christus gestorben ist, wan Sibila davon geweissagt hett, und pey Kung Salomons Zeiten nit darüber gan (gehen) wolt, und sy durch den Bach gieng, und ain Gensfus, den sy hett, ward ir ein Menschen fus.[11]

In Nürnberg war die gänsefüßige Sibylle aus Saba sogar in ein Anleitungsbuch für Maler gelangt. In Papieren des Klaraklosters aus dem 15. Jahrhundert finden sich die Regeln, wie die Legende vom Kreuzesholz gemalt werden sollte:

> Item darnach mal ein fliessenden michelen (kleinen) pach, und mal, wie daz man den selben verwüsten stamen, den pavm (Baum) mit sey dreyen esten cze obersten vnd oben mit dem roten krewczleyn (Kreuzlein), als er dan vor gemalt ist, wie das der vber den pach gelegt ist czv einem steg, vnd mach eyn glenter (Geländer) vber dem steg, als ob man darauf vber das wasser gen mag . . . Item vnd mal den kvnigk Salaman, wie der mit etwe (einigen) sein dinern an dem steg ste vnd hin über gen wöll; vnd mal, wie das Sibilla vnterhalb des chunigs sich aufgeschürczt hab, und als ob sie durch den pach waten woll, vnd nicht vber den steg gen wöll, vnd mal yr auch eyn gensfuss. Item vnd mal den kvnigk vnd Sibilla, wie das sie paide (beide) mit den henden poren, als ob sie mit eynander reden von dez stegs und des holcz herlikeit.[12]

In zwei Kölner Drucken von 1513 und 1515 findet sich eine niederdeutsche Fassung der Legende:

> und die frouwe was schoin und rich.
> sie hadde einen voeiz (Fuß) der stont gelich
> of it ein gensevoeiz were:
> des schamde si sich sere,
> doch gink si dair mit und stont
> als ander lude (Leute) mit iren voezen doint.

[Als sie mit ihren beschämenden Gänsefüßen aus Scheu vor dem Kreuzesholz durch das Wasser watete, da]

> umb die ere van godes gewalt
> wart der gensevoiz gestalt
> eines minschen voiz dem andern gelich (gleich):
> des erfreude do Sibille sich.[13]

In der *Schedelschen Weltchronik* von 1493 schließlich ist die Königin auf einem Holzschnitt neben Salomo explizit als »Sibilla Saba« abgebildet. Der nebenstehende Text lautet:

> Als die Königin Saba das gerüchte oder den rum von Salomone gehört

Salomo und die Königin von Saba als Sibylle. Schedelsche Weltchronik. 1493

het do komme sie vonn den enden des ertreichs zu hörn sein weißheit. Und er tet ir genug von allen dinge die sie fraget. Und do sie die ordnung deß haus un gesinds sahe und sein weißheit höret do lobet sie in fast und sie raichten einander große gabe. Salomon machet einen helffenpay und thron zu dem müst man sechs staffeln aufsteigen darumb begerten alle menschen allenthalben auff erden ze sehen sein Antlitz. Nun was Saba ein prophetin darumb wurde sie ein Sibilla genant. Dann sie weissaget vom holtz des heiligen creutz und von zerstörung der Juden. Und was ein ererin eins warn gottes. (Blatt XLVII)

An dieser Fassung fällt auf, daß die Königin zwar als Sibylle genannt wird, der fabulöse Hintergrund − die Gänsefußgeschichte − wird jedoch übergangen. Dafür erscheint sie nicht allein als eine Sibylle des Kreuzes, sondern als Unheilsprophetin der Juden. Das ist ein Zug, der bisher nicht hervorgetreten war.

Die Chronik zählt auch − mit Porträts − Davids Söhne auf: Ihm [David] wurden zu Jerusalem geboren die Söhne Salma, Saba, Nathan, Salomo von Bersabea, dem freien Weibe. Die Bibel weiß allerdings nur von Salomo, der aus der Verbindung Davids und Bathseba hervorging. Was uns verblüfft, ist ein Bruder Salomos mit Namen Saba, der in der Bibel sonst nicht bezeugt ist. Mit der Königin von Saba können wir ihn nicht in Verbindung bringen.

Eine ganz fabulöse Fassung hat die Legende in Dänemark erhalten. Sie stammt aus dem 17. Jahrhundert und erfreute sich großer Verbreitung und Beliebtheit. Sie weicht zwar in einigen Einzelheiten und besonders in der zeitlichen Ordnung von der Kreuzauffindungslegende ab, sei jedoch wegen ihres volkstümlichen Kolorits mitgeteilt:

> Zu Christi Zeit lebte eine Frau, die Sibylle hieß. Sie folgte oft Christus nach, blieb bei seinem Kreuz, als er starb, und lebte noch manche Jahre, nachdem er gekreuzigt war. Sie hatte sich aber einer großen Sünde schuldig gemacht — es ist unbekannt, was für eine —, und zur Strafe dafür war ihr einer Fuß wie ein Gänsefuß geworden. Christi Kreuz wurde, nachdem er herabgenommen war, als Steg über ein fließendes Wasser gelegt. Einst kam nun Sibylle mit einer anderen Frau gegangen. Diese ging auf dem Kreuzesholz über das Wasser, aber Sibylle weigerte sich, auf das Holz zu treten, das den Erlöser getragen hatte — ja sie wäre nicht einmal würdig, es anzurühren, sagte sie. Sie watete deshalb neben dem Steg durch den Fluß, aber als sie hinüber auf die andere Seite gekommen war, war das Wunder geschehen, daß der Gänsefuß ein schöner Menschenfuß geworden war. Das war dafür, daß sie sich so demütigte vor dem Herrn.[14]

Die Königin von Saba erscheint in der dänischen Erzählung ganz auf die gänsefüßige Sibylle reduziert, doch eine wahrsagende Sibylle ist sie nicht mehr. Ihre Begegnung mit dem Kreuzesholz findet nach der Kreuzigung Jesu statt.

Geradezu phantastische Ausmaße gewann die sibyllinische Königin von Saba durch ihre Verbindung mit dem Volksbuch *Von der Sibyllen Weissagung*.[15] Die älteste deutsche, gereimte Fassung stammt aus dem Jahr 1321. Die Prosaversion fand eine erstaunliche Verbreitung bis ins 17. Jahrhundert hinein. Und das nicht ohne Grund! Denn keineswegs beschränkt sich die Königin von Saba auf die Prophezeiung und Anbetung des Kreuzes Christi, und auch die Heilung des Gänsefußes dürfte kaum als Grund für die anhaltende Popularität dieses Volksbuches ausgereicht haben. Sicher, der erste Teil des Buches hält sich in etwa an eine Rekapitulation der Kreuzauffindungslegende. Die Weissagung beginnt mit der Erschaffung der Welt und leitet über zur Geschichte des Paradieszweigs, der dem sterbenden Adam gebracht wird, auf seinem Grab aufblüht, zum Tempelbau Salomos eingesetzt wird, weil er aber nicht paßt, zu einem Brückensteg »verworfen« wird. Das alles ist uns ebenso bekannt wie die Geschichte der nahenden Königin, die sich beim Übergang über den Kidron weigert, auf das Kreuzholz zu treten.

Neu an der sibyllinischen Königin ist jedoch, daß sie in einem Wechselgespräch Weissagungen verkündet, die weit über die Kreuzesprophetie hinausgehen. Insbesondere – und das mag den Erfolg des Buches hervorgerufen haben – schaut sie in die Zukunft hinaus und läßt das Schicksal deutscher Könige und Kaiser Revue passieren, wobei sie nach alter Sibyllenart allein die Anfangsbuchstaben der Herrschernamen nennt: Aus der Sibylle des Kreuzes wird eine politische Sibylle. Hoffnungen und Ängste einer gärenden Epoche werden heraufbeschworen; ein apokalyptisches Zeitalter wird prophezeit. Visionen des Untergangs und der Vollendung der Welt, religiöse und politische Prophetie schieben sich untrennbar ineinander.

Einen guten Eindruck der erregten und erregenden Prophetie gewinnen wir aus einer Donaueschinger Handschrift des 15. Jahrhunderts,[16] in der die »Königin Sibylla aus Saba« sogar nach Rom gelangt und dort eine Weltzeitenprophetie der acht Sonnen verkündet. Jede Sonne repräsentiert ein Zeitalter, beginnend mit der Zeit des Augustus und der Geburt des Christuskindes. Themen sind jedoch vor allem die Schrecken der Zeit. Die kaiserlos-schreckliche Epoche nach dem Untergang der Hohenstaufen wird ebenso heraufbeschworen wie die Wirren des 14. Jahrhunderts. Die kaiserlichen Machtkämpfe zwischen Ludwig dem Bayern und Friedrich von Österreich scheinen die sibyllinische Phantasie besonders angeregt zu haben. Der »Herbst des Mittelalters« wird in den Farben der apokalyptischen Endzeit beschrieben. Zu den Kriegen treten die Endzeitschrecken von Pestilenz und Hungersnot. Doch prophezeit wird auch ein goldenes Zeitalter, die Wiederkehr der hohenstaufischen Universalmonarchie, für die Kaiser Friedrich Barbarossa und Friedrich II., König von Sizilien, stehen; übrigens scheint die Sibylle beide Kaisergestalten in eins zu verschmelzen. Höhepunkt der Kaiservision ist die Aufrichtung der christlich-kaiserlichen Universalmonarchie in Jerusalem, wenn der Kaiser seine Krone in die Hände Christi übergeben wird, das Ende aller Zeiten erwartend:

Danach wird ein König auftreten von großartiger Statur und edlem Aussehen und schöner Gestalt. In jenen Tagen werden große Reichtümer sein, und die Erde wird ihre Früchte im Übermaß geben, so daß ein

Faß Weizen für nur einen Denar verkauft wird, ebenso auch ein Krug Wein nur für einen Denar. Er selbst wird der mächtigste sein und er wird die Königreiche machtvoll beherrschen, natürlich die der Heiden, der Juden und der Christen. Und er wird die Heiden zur Taufe rufen, und er wird alle Götzenbilder zerstören . . . Und dann wird er kommen nach Jerusalem, und er wird ablegen dort die Krone, und er wird das Königsamt der Christen Gott, dem Vater, und seinem Sohn Jesus Christus zurückgeben und es fahren lassen . . .[17]

So glorreich die Kaiserprophetie der sibyllinischen Königin von Saba am Ende auch scheint, es ist die versunkene Welt des kaiserlichen Mittelalters, die noch einmal, viel zu spät, beschworen wird. Der Sibylle wird als Prophetin in den Mund gelegt, was im 14. Jahrhundert schon längst zur uneinholbaren, rückwärts gerichteten Utopie geworden war.

Die Kaiserherrlichkeit der Hohenstaufen war längst zerbrochen – spätestens als der Kopf des letzten Hohenstaufen, Konradin, in den Sand gerollt war (1268). Die Kreuzfahrerstaaten existierten ebenfalls schon längst nicht mehr. Und selbst die feste Stütze des Papsttums hatte sich entzweit, seitdem sich Päpste und Gegenpäpste in Avignon gegenseitig bekriegten. Im Deutschen Reich war eine friedlose, fehdenreiche Zeit angebrochen; rivalisierende Territorialherren machten sich die Herrschaft streitig; eine zentrale Gewalt fehlte, die Entwicklung zu souveränen Staaten war unübersehbar. Es versteht sich, daß ein Landfriede erhofft, ein ewiger Friede ersehnt und ein einheitsstiftendes Kaisertum erträumt wurde. Was die sibyllinische Königin von Saba als Zukunft prophezeite, war nur der Traum von einer vergoldeten Vergangenheit. Das Fluidum der Kreuzesprophetie mußte sich angesichts solcher politischer Prophetie verflüchtigen. Es erscheint überaus hintergründig, daß die Königin von Saba in der Sibyllen Weissagung zur dreizehnten Sibylle erhöht wurde. Ob diese Zahl Glück oder Unglück bedeutete, bleibe dem Urteil des Lesers überlassen.

Überblicken wir noch einmal die christlich inspirierten »Lebensläufe« der Königin von Saba, so hat sich uns ein fesselnd vielschichtiges Bild ergeben. Zunächst kaum beachtet und als historische Gestalt überhaupt niemals berücksichtigt, gewinnt sie allein im Blick auf Christus eine gewisse Persönlichkeit. Als Seelenbringerin blieb sie dem Christusgeschehen untergeordnet, als vorausweisende Kirche der Heiden wurde sie nachdrücklich in ihrer Bedeutung erhöht, um als Braut Christi in der verinnerlichten Liebesmystik gesteigerte Schönheit zu gewinnen. Mochte sie als Kelchbringerin aufblühen oder als lebensgroße Portalfigur dominieren, den Höhepunkt ihrer Karriere erreichte sie als Prophetin und Anbeterin des Kreuzes in der Kreuzauffindungslegende. Durch die Identifizierung der Königin von Saba mit der weissagenden Sibylle wurde ihre Bedeutung ausgeweitet. Gebunden durch die Prophetie des Kreuzes, verwandelt sich die Königin von Saba jedoch zunehmend in eine politische Sibylle, die das Friedensreich versunkener Kaiserherrlichkeit noch einmal seherisch beschwört. Was sich als vorzeitige Prophetie gibt, schlägt um in zeitgeschichtliche bedingte Träumerei. In großen Worgebärden wird gepredigt, was an Not und Unglück den mittelalterlichen Menschen beschweren mochte. Die Königin von Saba, aufgebrochen einst zum König Salomo, wurde zu einer Zeugin des untergehenden Mittelalters und seiner Lebensformen. Mit dieser letzten Station war der mittelalterliche Lebensgang der Königin von Saba an ein Ende gelangt, aber die Lebenskraft der Königin von Saba war noch nicht erschöpft. Nur eine Inkarnation der Königin war an ihr Ende gelangt.

18. Mittelpunkt höfischer Pracht

Die mittelalterliche Königin von Saba war einem dramatischen Schicksal entgegengeeilt – von der Seelenbringerin und Kirche der Völker bis zur Prophetin von Unheil und Katastrophen, aber auch von politischen Utopien. Das Scheitern der politischen Kaiserprophetie hätte die Königin von Saba in anderer Zeit eigentlich dem Abgrund der Vergessenheit überantworten müssen. Sie lebte jedoch in Renaissance und Barock erneut auf – in Zusammenhängen, die mit dem Geist des Mittelalters so gut wie nichts mehr zu tun hatten.

Renaissance und Barock gewannen in den einzelnen europäischen Ländern ein ganz unterschiedliches Gesicht und entsprechend vielgestaltig wurde auch die Königin von Saba porträtiert. In Italien etwa verschwisterte sich die aufblühende Herrschaft zahlloser Stadtfürsten mit dem erstarkten Selbstbewußtsein der katholischen Kirche, während sich in Frankreich das Machtbewußtsein der nationalen französischen Könige in stärkerer Spannung zur katholischen Kirche ausprägte. Deutschland jedoch war durch die Reformation tief gespalten und erfuhr durch den Dreißigjährigen Krieg (1618–1648) eine heillose Schwächung. Die Macht des Kaisers wurde nachhaltig beschnitten; die Verteilung der Macht auf zahllose Territorialfürsten war die Folge.

Überall, auch in England, brachen weltliche Machtansprüche auf, ausgedrückt auf vielfältige Weise. Da wurde das Gottesgnadentum der weltlichen Herrscher proklamiert, die Theorie und Praxis des absolutistischen Herrschertypus fand Zustimmung und prägte das Zeitalter, ja in Italien wurde sogar eine rein technische Macht- und Herrscherauffassung entwickelt, für die der florentinische Gelehrte Niccolò Machiavelli die theoretische Grundlage lieferte. In Frankreich und insbesondere in England wurde der politische Primat der Herrscher über die Kirche durchgesetzt, mochte die katholische Kirche auch nachhaltigen Widerstand leisten. Im katholischen Italien schließlich präsentierten sich die Päpste selbst wie absolute Fürsten, wobei ihnen Prunk und Pracht mehr am Herzen lagen als die demütige Christusnachfolge.

In all diesen Bewegungen spielte auch die Königin von Saba eine Rolle, allerdings nicht mehr als demütige Kreuzesprophetin oder als hochzeitliche Braut Christi, sondern als Repräsentantin höfischen Lebens. Nicht zuletzt der Selbstdarstellung absoluter Regenten hatte sie zu dienen, und so wurde sie eine nicht unwichtige Figur feierlicher höfischer Spektakel. Es war ein Zeremoniell für die Augen, das sich abspielte in Palastbauten mit riesigen Treppenaufgängen, einzig und allein errichtet, um den Moment des prunkvollen Herrscherempfangs zu verewigen. Und auch auf die Kirchenkunst übertrug sich dieser Geist. Dies ermöglichte der Königin von Saba eine hundertfältige Aktualität.

Aufschlußreiche Entwicklungen gingen dem voraus. In Frankreich scheint z. B. anläßlich triumphaler Königseinzüge sogar das »Begrüßungsschauspiel« der Königin durch den König nachgespielt worden zu sein. Im Jahre 1485 etwa fand in Rouen ein Empfang für Karl VIII. statt. Die Salbung des Königs wurde vorgenommen und Karl schlüpfte in die Rolle des Königs Salomo, der einst von seinem Vater David gesalbt worden war. Im Jahre 1486 gab es in Paris den triumphalen Einzug einer neuen Königin. Anna von Britannien wurde feierlich begrüßt. Was wurde gespielt? Die *Hochzeit Salomos!* Als König Ludwig XII. seine Gunst Maria von England zuwandte, kam es wiederum zu einem feierlichen Einzug einer Königin. Ludwig kam seiner künftigen Frau bei Abbéville entgegen und begleitete sie nach Paris, wo sie am 6. November 1514 eintrafen. Dort kam es in der Trinitätskirche zu einem feierlichen Schauspiel, und aufgeführt wurde der Empfang der Königin von Saba durch den König Salomo. Die Königin von Saba, so heißt es in einem zeitgenössischen Bericht, trug »den Frieden, um zu küssen den König, der ihr demütig Dank sagte.«[1] Jahrzehnte später preist der Dichter Clément Marot die am Hof erwartete Königin von

Ungarn überschwenglich als »Saba, kluge und fromme Königin, die du verlassen hast dein Volk und deine Bleibe; gekommen bist du, um in reichem und edlem Gefolge, den Salomo von Frankreich zu sehen, unseren König...«[2] Auch bei Clément Marot geht es letztlich um die Beschwörung des Friedens, und die Königin von Saba wurde aufgeboten, um die flüchtige Szenerie eines Empfangs festzuhalten als Zeichen der Hoffnung auf die Verwirklichung des Friedens. Dabei war Marot keineswegs ein billiger Schönschreiber und Klugredner; seine Offenherzigkeit und Freimütigkeit hatten ihn immer wieder in Konflikt mit der Obrigkeit gebracht.

Die Begrüßung der beiden Herrscher als Sinnbild des Friedens war jedoch schon vorher in einem der größten Meisterwerke der Renaissance gestaltet worden. Am Ostportal des Baptisteriums in Florenz, der Domfassade gegenüber, befindet sich die von Lorenzo Ghiberti geschaffene Flügeltür, die *Paradiestür*.[3] Schon im Jahre 1401 erfolgte die Ausschreibung für die erste Ghiberti-Tür, die zwischen 1403 und 1424 geschaffen wird. Wegen ihrer Qualität erhält Ghiberti den Auftrag für die dritte Tür des Baptisteriums. Daran arbeitet er bis 1452.

Ein Meisterwerk war endlich vollendet, vor dem sich Michelangelo zu dem Ausbruch hinreißen ließ, hier seien die »Pforten des Paradieses« entstanden. Diesen Namen trägt die Tür bis heute.

Auf zehn in Bronze gegossenen Bildfeldern finden sich Szenen aus dem Alten Testament; neben Josef in Ägypten, Davids Kampf mit Goliath auch der Empfang der Königin von Saba (Abb. 53). Dazu schrieb Ghiberti in einem Kommentar: »Wie die Königin von Saba kommt, um Salomo mit seinem großen Gefolge zu besuchen. Sie ist reich geschmückt, und hat viel Volk um sich.« Das Gefolge der Königin füllt die untere Hälfte des Vordergrundes. Da tragen die Bediensteten der Königin Turbane, die ihre fremdländisch-orientalische Herkunft sichtbar machen. Links außen steht ein Diener mit einem Falken auf dem Arm.

Ein älterer Salomo und eine reife Königin begrüßen sich auf den Stufen einer gotischen Kirche. Das Faszinierende der Darstellung besteht darin, daß die Königin in nichts dem König untergeordnet wird. Weder kniet sie vor dem König, noch steigt sie zum Thronsitz des Königs empor. Beide stehen auf gleicher Höhe, sich gleichberechtigt zugewandt. In einer gleichsam »verewigten« Geste haben sie sich die Hände gereicht, nicht allein ein Sinnbild von Eintracht und Frieden, sondern darüber hinaus ein Merkmal der hochzeitlichen Trauung. Nie wieder sollte es einem Künstler vergönnt sein, die friedvoll-gleichberechtigte Stellung einer Frau im Begrüßungszeremoniell überzeugender auszudrücken.

Inspiriert wurde Ghiberti vielleicht durch die Zeitumstände. Florenz befand sich in den 30er Jahren in nicht unwichtigen Vorbereitungen für ein mit Spannung erwartetes Konzil, auf dem es um die Wiedervereinigung der römisch-katholischen und der griechischen Kirche ging. Die Christenheit war damals von dem Gedanken geradezu beflügelt, die seit Jahrhunderten bestehende Entzweiung der beiden Kirchen aufzuheben. Als das Konzil im Jahre 1438 zusammentrat, waren anwesend: der römische Papst, der griechische Patriarch, der deutsche Kaiser Sigesmund und der oströmische Kaiser von Byzanz.

Auch Ghiberti scheint von den Friedens- und Verständigungshoffnungen beseelt gewesen zu sein. Das Treffen zwischen Salomo und der Königin von Saba hält sinnbildlich fest, worum es damals ging: um die Vereinigung beider Kirchen. Äthiopische Delegierte, seit jeher besondere Behüter und Beschützer der Königin von Saba, verglichen Salomo mit der lateinischen Kirche, während sie die Königin von Saba der griechisch-morgenländischen Kirche zuordneten. Die Gleichberechtigung der beiden entzweiten Kirchen gab den weltgeschichtlichen Hintergrund für eine Darstellung ab, in der auch die Gleichberechtigung der Frau ausgestaltet werden konnte. Der Reife dieser großangelegten Friedensdarstellung von unterschiedlichen Glaubensrichtungen, von verschiedenen Rassen und den beiden Geschlechtern Mann und Frau stand jedoch die »Unreife« eines »kleinen Geschlechts« im Wege. Weder kam es zu einer Versöhnung der gespaltenen Kirche, noch konnte der Gegensatz von Mann und Frau mehr als nur symbolisch aufgehoben werden. Ghiberti jedoch kommt das Verdienst zu, das Bild einer heilen und unbeschädigten Zukunft offengehalten zu haben, ein Vermächtnis, an dem auch die Königin von Saba nicht unbeteiligt ist.

Der italienische Maler Apollonio di Giovanni[4] gestaltete die Begrüßungsszene auf mehreren Hochzeitstruhen. Doch die prunkvolle Präsentation droht das Geschehen zu überlagern. Welche Pracht und Fülle eröffnet sich uns, wenn wir uns in die zahllosen Einzelszenen im Gefolge der Könige versenken (Abb. 52). Orientalisches Gepränge entfaltet sich in den Gewändern, Gruppen stehen zusammen, ganz in ihre Gespräche vertieft, ein Zwerg ordnet die Straßenverhältnisse, ein Affe reitet auf einem Pferd in entgegengesetzte Bildrichtung, alles durcheinanderbringend. Überall verweilt das Auge, und die Begrüßung der Könige, in hochzeitlicher Handverschränkung vorgeführt, scheint, trotz der Zentrierung, nur eine Szene unter vielen anderen.

Die Darstellung auf dem Hochzeitsteller eines unbekannten umbrischen Meisters um 1475 gibt eine Ghiberti vergleichbare Atmosphäre wieder (Abb. 54).[5] Doch während Ghiberti die »Gleichberechtigung« von Mann und Frau privat und öffentlich-politisch auszudrücken vermochte, dominiert auf dem Hochzeitsteller ein innerlicher Charakter.

Einen ganz anderen Zugang eröffnet die Sienenser Malerei. Wieder geht es um die Bemalung eines cassone, einer Hochzeitstruhe (Abb. 55, 56); Sano di Pietro schuf das Bild, das in seiner Konzeption einmalig geblieben ist, etwa um 1460.

Die Königin thront gemeinsam mit ihrem weiblichen Gefolge auf einem Hochzeitswagen, der von zwei Schimmeln gezogen wird; ein zweiter Wagen durchfährt gerade das Stadttor. Es handelt sich um den Haremswagen des Königs Salomo, auf dem seine unzähligen Frauen Platz genommen haben. Die Königin wird von den Haremsdamen gründlich begutachtet, eine in der Tat bisher ungesehene Begrüßungsanbahnung, spielt doch der König dabei keine Rolle. Während der Wagen der Königin schnurstracks vorangezogen wird, erscheint der Haremswagen ungelenkt: ziehende Pferde oder schiebende Diener sind nirgends zu sehen. Kommt es vielleicht zum Zusammenstoß der Königin von Saba mit den Haremsdamen des Königs? Oder wird vielleicht eine sexuell-erotische Begegnung von Königin und König angedeutet? Wundern sollte uns das nicht, mochte doch die erotische Phantasie des Meisters und die der Betrachter besonders mobilisiert werden angesichts einer Hochzeitstruhe, die schließlich dem Brautschatz zugeschlagen wurde.[6]

Andere Darstellungen der Besuchsszene erreichen weder das »gleichberechtigte« Niveau der Ghiberti-Schöpfung noch die hintergründig-anspielungsreiche Präsentationsweise des Sienenser Meisters, abgesehen vielleicht von Raffael,[7] der zwischen 1516 und 1519 die Loggien des Vatikans mit zweiundfünfzig monumentalen Fresken ausgestaltete, die seitdem als Bibel Raffaels studiert und als Vorbild für viele Bildwerke genutzt wurden.[8] In einem Fresko wurde die Besuchsszene (Abb. 57) dargestellt. Die Königin, übrigens als Schwarze, drängt über die Thronstufen heran, der König, als Hohepriester gekleidet, beugt sich hoheitsvoll zu ihr herab. Wird es der Königin gelingen, dem mächtigen Herrscher standzuhalten, wird ihr Sturm auf den »höher« stehenden König von Erfolg gekrönt sein, oder wird sie sich schließlich unterwerfen und unterordnen? Erstaunlich ist die Darstellung deshalb, weil sich bei Raffael trotz aller Monumentalität immer eine auf maßvolle Abstimmung und harmonischen Ausgleich bedachte Bildkonzeption findet. Die explosive Spannung in der Begegnung steht dazu in schärfstem Kontrast, auch zum biblischen Bericht.

Raffael zog seit 1510 den Kupferstecher Marcantonio Raimondi in seinen Bann, der die Bilder des Meisters in Kupfer stach und weit verbreitete. Von Raimondi liegt ein Kupferstich vor, angefertigt 1518, der ein Saba-Motiv Raffaels aufnimmt. Der König sitzt auf einem Stufenthron (Abb. 58), die Königin naht mit ihrem Gefolge, in schwungvoller, beinah mitreißender Bewegung. Salomo scheint eher überrascht, den temperamentvollen Bewegungssturm abzuwehren. Um das zu erreichen, bedarf es jedoch nicht allein der besänftigenden Bewegung des Königs. Er wirkt monumental auf seinem Stufenthron, hinter dem riesige Säulenstümpfe aufragen, seit jeher symbolische Attribute seiner Weisheit und der Macht. Hinter ihnen scheinen sich die Berater des priesterlich gekleideten Salomo zu verstecken, als ob sie sich ängstlich vor der Königin verkriechen möchten. Was ist aus der Weisheit Salomos geworden? Tote Säulenstümpfe, die ruinenhaft aufragen und ein schmaler unzugänglicher Thronsitz! Vermochten diese »toten« Requisiten etwa der vitalen Königin standzuhalten? Waren die materiellen, aber toten Monumente der Männerwelt noch mächtig genug, um der Lebendigkeit einer aufstrebenden Frau zu trotzen? Das Bild bleibt letztlich unentschieden und damit auch die Frage, wie das Verhältnis von Mann und Frau zu bestimmen war.

Die Besuchsszene blieb ein Thema, das viele der großen Meister anregte[9], z. B. die Venezianer Paolo Veronese und Tintoretto − er gestaltete die Szene allein siebenmal − wie die Flamen Scorel und Rubens. Die meisten Bilder folgen im Aufbau Raffaels Fresko.

Einen neuen und einmalig gebliebenen Akzent setzte jedoch der deutsche Maler Hans Holbein der Jüngere.[10] Der König Salomo sitzt auf seinem steil aufsteigenden Stufenthron (Abb. 59), er starrt den Betrachter an, hat die Beine auseinandergebreitet, die Arme kraftstrotzend in die Seite gestemmt, hinter ihm ragt eine leere Palastarchitektur auf: ein absoluter Monarch par excellence. Die Königin von Saba, auf der unteren Stufe stehend, eng verbunden mit ihrem herbeidrängenden Gefolge, spricht den König von fern an, das Gesicht hat sie im Unterschied zum König vom Betrachter abgewandt. Wohl keine andere Darstellung hat den Unterschied zwischen beiden Königsgestalten härter und kompromißloser gestaltet. Unterstrichen wird der Höhenunterschied noch durch die beigegebenen Inschriften, auf denen zurückgeblickt wird auf die biblische Saba-Geschichte. Über Salomo steht der Königssegen, den die Königin einst ausgesprochen hatte: »Gesegnet sei dein Gott, dem es gefallen hat, dich auf seinen Thron zu setzen«, auf »seinen« Thron heißt es, als ob Salomo den Thron Gottes bestiegen hätte. Im biblischen Text war dagegen nur vom

»Thron Israels« die Rede gewesen. Salomo wird gleichsam zu einem gottunmittelbaren Renaissanceherrscher befördert. Und auch seiner Tugendhaftigkeit wird gedacht; auf den Thronstufen steht in Anlehnung an 2. Chron. 9, V. 6: »Du hast übertroffen die Kunde deiner Tugenden.«
Eine besondere Qualität gewinnt die Zeichnung jedoch durch ihren Bezug zur Zeitgeschichte. Denn unverkennbar trägt der König Salomo die Züge eines der farbigsten Herrscher seiner Zeit, des englischen Königs Heinrich VIII. (1491–1547). Kein Wunder deshalb, daß die Königin von Saba in eine untergeordnete Position absinken mußte, schließlich gilt Heinrich VIII. als einer der größten Frauenverächter aller Zeiten. Seine erste Gemahlin, Katharina von Aragon, verstieß er; seine zweite und fünfte Gemahlin Anne Boleyn, und Catherine Howard, ließ er enthaupten, seine Ehe mit Anna von Cleve wurde für ungültig erklärt. Wenn deshalb die Königin von Saba »gesichtslos« dargestellt wird, entbehrt das nicht einer gewissen Hintergründigkeit, sie könnte für alle Frauen stehen, die entrechtet, enthauptet und verstoßen worden waren.

Doch es fehlt dem Bild Holbeins alles Anklägerische und Empörte, so daß dieses Bild sicher nicht in die Reihe »aufgeklärter« Darstellungen der Königin von Saba gehört. Das überrascht uns nicht, denn Holbein hatte nicht umsonst zum Zeichenstift gegriffen. Schließlich erstrebte er das Amt eines Hofmalers in der Nähe des Königs. Das Entrée bei Hofe ist ihm tatsächlich gelungen, für die Königin von Saba bedeutete dieser Erfolg Holbeins jedoch einen selten erreichten Tiefpunkt ihrer »Karriere«.

Auch in anderen Kreisen ist der Königin von Saba ein zwiespältiges Schicksal zuteil geworden. In süddeutschen Humanistenkreisen etwa erschien 1539 eine Holzschnitt-Illustration von Mathias Apiarius zu einem Buch von Giovanni Boccaccio: *De claris mulieribus*, Von berühmten Frauen.[11] Der Charme einer jugendlichen Braut, der uns auf italienischen Hochzeitstruhen anzog, die leidenschaftliche Erregung, die auf den Bildern seit Raffael so nachhaltig beeindruckte, ist verschwunden. Eine ältere Frau erscheint vor einem gealterten König. Die neben ihr auf dem Boden liegenden Folianten verweisen auf das Wesentliche: Die Königin überzeugt als gelehrte Disputantin, die mit knochigen Fingern unterstreicht, was sie mit gelehrten Worten vorträgt. Als knochentrockene »Gelehrtin« wird sie gestaltet, die sich bar jeglich exotischer Attitüde in eine Disputation des 16. Jahrhunderts verwickelt sieht. War das die humanistische Interpretation der »Rätsel«, die die Königin gestellt haben sollte, jetzt jedoch vorgeführt im gelehrten Disputationsstil? Es geht ganz sicher nicht mehr um erotische Spielereien, auch nicht um Heiratsabsichten und auch nicht mehr um eine

Die Königin von Saba stellt Salomo Rätselfragen. Holzschnitt von Mathias Apiarius. 1539

»verewigende« Begrüßungsszene barocken Stils; alles wird konzentriert auf ein Streitgespräch, aus dem jeder Anflug von Heiterkeit und Schlagfertigkeit verschwunden ist, im Hintergrund lodert ein Scheiterhaufen. Eine Bücherverbrennung findet statt, unübersehbarer Hinweis auf die Auseinandersetzungen zwischen Protestanten und Katholiken. Findet etwa ein finsteres Theologengezänk zwischen beiden Königsgestalten statt? Die Königin von Saba dabei in der Rolle einer eifernden Protestantin? Die Illustration läßt solches vermuten, Boccaccio selbst jedoch hatte als Zeitgenosse des 14. Jh. bestimmt nichts Reformatorisches im Sinn. Merkwürdig jedoch seine Mitteilung, die Königin sei nicht in »weiblicher Weichmütigkeit« gefunden worden.[12] Das mag den Illustrator dazu veranlaßt haben, die Königin in die fanatischen Glaubenskämpfe des Reformationszeitalters hineinzuziehen. Den Text hatte er damit generös uminterpretiert. Bei Boccaccio bleibt sie eine Königin, dem ägyptischen Pharaonenhaus entstammend, Herrscherin über Äthiopien, Arabien und auch über Ägpyten, insbesondere über das südägyptische Meroe, weshalb ihr auch der Titel einer *Candaze* zugesprochen wird. Aber auch der Reichtum und die Schenkfreude der Königin werden nicht verschwiegen.

Ein facettenreiches Bild der Königin von Saba wurde uns in der Kunst von Renaissance und Barock präsentiert, durchweg festgemacht an der Begrüßung der Königin. Die Verewigung eines flüchtigen Momentes ließ jedoch auch etwas durchschimmern vom ungelösten Drama des Verhältnisses von Mann und Frau. Viele Variationen dieses Verhältnisses werden vorgeführt, selten im Sinne der Gleichberechtigung aufgelöst, oft in spannungsvollem Gegeneinander offengehalten und leider oft genug die Unterwerfung der Frau in Szene setzend. Niemals jedoch scheint die Königin von Saba dominierend aufgeblüht zu sein. Der Bann einer patriarchalischen Gesellschaftsordnung vermochte von ihr offensichtlich kaum gebrochen zu werden. Doch eine wichtige Ausnahme darf nicht verschwiegen werden. Begeben wir uns nach Spanien in die Aura der hochgestimmten Frömmigkeit des Dramatikers Calderón de la Barca, der gleich in zwei Dramen die Königin von Saba verewigte. Wohl erst nach 1660 erschien *Die Sibylle aus dem Orient*,[13] auf den ersten Blick eine Zusammenschau aller uns bekannten Motive. Als Herrscherin über Indien, Äthiopien und Saba ist ihr Herrschaftsraum weiter ausgedehnt denn jemals zuvor; als wahrsagende Sibylle offenbart sie in einer grandiosen Abschlußvision das Geheimnis des Kreuzes, wie wir es aus der Kreuzauffindungslegende des Mittelalters kennen. Als prunkvolle Königin paßt sie jedoch auch bestens hinein in das barocke Zeremoniell des Hofes.

Ihr erster Auftritt wird dramatisch geschickt nur indirekt angekündigt durch einen chorischen Gesang:

> Die erhabene Prophetin
> von dem großen Morgenland,
> Kaiserin von Äthiopien
> und Monarchin von Saba,
> hat von hoher Glut begeistert,
> so vom Himmel wallt herab,
> sich in sich zurückentzogen,
> daß Geheimes werde klar.

Als Künderin des paradiesischen Lebensbaums wird sie gleich bei ihrem ersten wirklichen Auftreten vorgestellt, ja präsentiert wird sie, da ist unser Bewußtsein geschärfter als in früheren Zeiten, als »Philosophin des Baumes«. Was weiß sie nicht alles über das »himmlische Holz« zu sagen, »das [alles] Leiden heilt«. Der Stamm, die Zweige, die Blätter, sie fassen Geheimnisse, die sich »nur schauen und nicht begreifen lassen«. Und sogar der Wind, der linde oder schwellend die Blätter durchstreift, gibt Kunde von Verbrechen und Erlösung der Menschen. Es sind Palmblätter, auf die die Visionen der Königin niedergeschrieben werden. Vom Winde werden sie zerstreut, als die Königin in ekstatische Ohnmacht versinkt. Wer vermag das Geheimnis von Baum und Blättern zu entziffern?

Ein Chor begleitet die in tiefe Meditation versunkene Königin, und wieder wird vom himmlischen Holz gesungen. Und wie ein Menetekel auf die heutige Zeit mag uns erscheinen, was bei der Fällung des paradiesischen Lebensbaumes geschieht. Himmlische Zeichen, Donner, Blitz und Stürme erheben sich, als sich die Leute daranmachen, den Nachkömmling des Lebensbaumes für den Tempelbau in Jerusalem zu fällen. Die schönen Blätter kehren sich im Blut, »fallen rot, die grün gewesen«. Hier ist nicht allein vom Paradiesbaum die Rede, an dem einst Jesus zur Erlösung der Menschen leiden wird, nein, ein »leidender und sterbender« Baum selbst wird unvergeßlich vorgeführt. Und vom »sterbenden« Baum weiß die Königin selbst zu künden, nicht mehr nur eine Seherin des heiligen Kreuzes, sondern Anwältin einer bedrohten Natur. Wer im Baume die Natur tötet, vernichtet den Menschen: das ist die Wahrheit, die im Zwiegespräch aufgedeckt wird:

> (Der Baum fällt. Donnerschläge)
> *Saba:*
> Siehst du nicht, wie mit der Pflanzen
> Seele, welche in ihm lebet,
> er sich krümmt und furchtbar schüttelt
> wie zur drohenden Gebärde?
> *Candases:*
> Weil die Erde sieht den schönen
> Sohn für sich verloren gehen,
> will sie ihren Schoß eröffnen,
> grause Wunder zu gebären.
> *Saba:*
> Wie die hohe Stirn er senket,
> muß die Welt in Wahnsinn träumen,
> wie die Sonn in Nacht ersterben.
> *Candases:*
> Baum, des Seel und Leben weinet
> nun in Blut und leidet Schmerzen,
> Baum, was bist du?

Prophetin des Kreuzes und Anwältin einer tief empfundenen Naturfrömmigkeit, schon diese beiden Eigenschaften machen die Königin von Saba dem König Salomo weit überlegen. Doch zunächst scheinen beide aufs herrlichste zusammenzugehören:

Saba und Salomon
scheinen eins zu sein;
an Geist und Schönheit
ist sie ein göttliches Zeichen,
und er ein menschliches Wunder
an Ruhm und Weisheit,
auf daß erhaltend
Ruhm und Weisheit
die beiden eins zu sein scheinen.
Sie in den Ländern des Ostens
hält die Sonne im Gleichgewicht,
wie er auf den Gipfeln des Südens
ein noch größeres Königreich beherrscht,
auf daß darbietend
Ehre mit Ehre
beide eins zu sein scheinen.

Doch täuschen wir uns nicht, die Vereinigung beider war keineswegs eindeutig, schließlich wird die Königin als »Göttliches Vorzeichen« charakterisiert, während von Salomo allein Weltliches verlautbart. Mögen auch sein Tempelbau, sein Herrschaftsrecht und seine Gerechtigkeit im Vordergrund stehen, werden auch alle negativen Aspekte am König Salomo – sein grausamer Kampf um die Thronnachfolge, seine extreme Polygamie und seine Abgötterei – nach Möglichkeit ausgeblendet, überboten wird sein weltlich-friedvolles Auftreten von der Königin, die allein der »göttlichen Wahrheit« gewürdigt wird. Und diese »göttliche Wahrheit«, ekstatisch ausgesprochen, umkreist immer wieder das »Geheimnis des Kreuzes«, dessen majestätische Würde alle Worte der Königin durchstrahlt. Dieses von der Königin offenbarte Wissen erweist sich als das geheime Zentrum des ganzen Dramas, auf das Rettung und Erlösung aller Personen bezogen wird. Gemessen an dieser Rolle der Königin verkleinert sich Salomos Herrlichkeit beträchtlich. Sicher, auch Salomo wird am Ende der Offenbarung des Kreuzesgeheimnisses gewürdigt, doch es war eben die Königin von Saba, die als Werkzeug Gottes den Geist Salomos »reif« machte.

Als Mystagogin und Initiantin erscheint die Königin, wie einst, als sie durch ihre Rätselfragen in die Welt weiblichen Wissens einführte. Auch Calderón hat sich mit den Rätseln der Königin beschäftigt, allerdings nur eins, das uns schon bekannte Blumenrätsel, gestaltet er aus. In dieser Art von Wissen darf sich Salomo unangetastet darstellen. Doch was bedeuten die weltlichen Rätsel gegenüber der Enthüllung des göttlichen Geheimnisses, wenn vom »Holz des Lebens« gekündet wird?

Und noch eine bisher niemals akzentuierte Seite an der Königin von Saba wird von Calderón dramatisiert. An einem »Salomonischen« Urteil ist die Königin entscheidend beteiligt. Da begegnen der Königin zwei verstoßene Größen aus der Frühzeit des israelischen Königtums. Joab, einst bedeutender Feldherr unter David, hatten gegen dessen ausdrücklichen Willen Absalom, den rebellierenden Königssohn, getötet, und Simei hatte den bedrängten David einst verflucht und ihn mit Steinen beworfen. Jetzt ist ihnen die Rache Salomos sicher. Die Königin bittet für beide um Gnade. Salomo jedoch entscheidet »salomonisch«: einer von beiden soll begnadigt, einer hingerichtet werden, damit beiden Prinzipien, der Gerechtigkeit und der Gnade, Genüge getan wird. Die Königin entscheidet sich für die Begnadigung Joabs, der einst im Affekt gehandelt habe, Salomo jedoch entscheidet sich für den »Flucher« Simei. Die weltliche Klugheit Salomos scheint die um Gnade flehende Königin zu besiegen, doch was mochte das bedeuten angesichts des »Erlösungswissens« der Königin, dem sich am Ende auch Salomo unterwerfen muß. Mit der Degradation des Königs Salomo und der eindeutigen Überordnung der Königin von Saba weist Calderón, dieser Meister einer kaum noch steigerungsfähigen Barockfrömmigkeit, den Weg in die »Zukunft« der Königin von Saba in der Moderne.

So schließt sich der Kreis: die hoheitsvolle Begegnung von Königin und König auf Ghibertis Paradiestür und die überragende Rolle der Königin in Calderóns Schauspiel — Inszenierungen, die herausragende Beispiele für die Bedeutung der Sabagestalt sind.

Um Inszenierung, freilich ganz anderer Art, geht es auch auf einem Bild eines fast unbekannten Malers des 17. Jahrhunderts, Dietrich Pottgießer. Sein bedeutendstes Bild ist eine Präsentation der Familie Heinrich de Groote (Abb. 60).

Der Hausherr hat sich als Salomo kostümiert und seine Gemahlin erscheint als Königin von Saba. Mitgespielt haben mag bei dieser Kostümierungsszene der Vorname der Ehefrau, Sibilla. Drei Buben und sechs Mädchen dokumentieren das bürgerliche Eheglück, ein Familienreigen wird eröffnet, in den eine weissagende Sibylle kaum hineingepaßt hätte. Die Besuchsgeschichte ist auf die Ebene eines Kostümspektakels herabgesunken; Salomo und die Königin dienen gerade noch zum exotischen Verkleidungsspaß.

In ganz anderer Weise zeigt eine der berühmtesten Bildgestaltungen der Königin von Saba aus der Barockzeit die Verflüchtigung ihrer Bedeutung ins Beliebige. 1648 malt Claude Lorrain die *Einschiffung der Königin von Saba* (Abb. 37).[14]

Die Königin ist kaum noch erkennbar und ohne Titel des Bildes würde man kaum erraten, daß es sich um eine Saba-Darstellung handelt. Obendrein hat sich Lorrain weit von der biblischen Vorlage entfernt, denn eine Karawanenreise ist sein Thema nicht mehr, sondern der Aufbruch der Königin zu einer Seereise. Die Königin verläßt den Palast, der an venezianische Bauten erinnert. Kästen und Truhen mit orientalischen Schätzen werden auf gondelartige Boote transportiert. Doch die Menschen, eingeschlossen die Königin, sind mitsamt ihrem Handel und Wandel fast miniaturhaft verkleinert. Lorrain ging es kaum um eine malerische Erzählung, die »Einschiffung der Königin« gilt ihm als Anlaß, ein großartiges Naturschauspiel zu entfalten: den Aufgang der Sonne, das Dunkel der Nacht behutsam aufhellend. Goldener, warmer Glanz beginnt die dunkle Patina einer nächtlichen Landschaft zu überziehen. Zwei monumentale Bauten unterstützen diesen Eindruck. Während der Tempel auf der linken Seite noch im Dunkeln verharrt, spiegelt der Königspalast den Lichtglanz der aufgehenden Sonne.

Die »Königin aus dem Orient« hat damit eine bisher nie gesehene Realisierung gefunden. Ihre persönliche Wirklichkeit hat sich gleichsam »entpersönlicht«, aufgelöst in die Ankunft der aufgehenden Sonne. »Aufgegangen« scheint auch die Königin in den Kampf von Licht und Finsternis, doch das Drama hat sich beruhigt. Im geschäftigen Hin und Her vollzieht sich der Anbruch des Alltags, in Dunkel gehüllt die einen, vom Lichtglanz behutsam erfaßt die anderen. Da wird geschritten und verweilt, begrüßt und verabschiedet, Lasten werden getragen, gedrückt und geschoben, ein bürgerlich behütetes Leben bricht an. Und doch, eine leichte Spannung durchzieht diese Morgenlandschaft: da erscheinen stabil und unverrückbar Palast und Tempel am Rande, doch Truhen, Kisten und Menschen wagen sich weit hinaus auf das trügerische Element des Meeres, verlassen den sicheren Hafen. Bald ist es soweit, dann liegt der bewehrte Hafen im Rücken, und es droht das unendliche Meer. Behütetes Leben und sehnendes Fernweh, geordnete Nähe und weitab ungesicherte Ferne, fest gefügte Mauern und unergründlich spielende Wellen, Abschied und Aufbruch sind eingetaucht in die beginnende Herrschaft des Lichtes.

Was ist mit der Königin von Saba geschehen, daß sie sich als wirkliche Person entzieht, um sich in ein Stimmungsbild des zwiespältigen Lebens aufzulösen? Einem »romantischen« Schicksal erliegend, hat sie verloren, was in Legenden verfestigt, in Mythen geformt war. Einen »Charakter« hat sie nicht mehr, doch Stimmung verbreitend, gewinnt sie an Zauber wie niemals zuvor. Die bisher verpflichtenden Deutungstraditionen spielen keine Rolle mehr, die Königin wird dabei zur Spielperson frei vagabundierender Phantasien.

Das scheint das Ende ihres »Lebenslaufs« zu sein: Kostümgestalt und Staffagefigur. Tatsächlich hat die kommende Zeit − die Epoche von Aufklärung, Klassik und Revolution − kein Interesse an ihrem Mythos. Erst das 19. Jahrhundert entdeckt die Königin wieder, mit − wen überrascht es − noch einmal neuen »Eigenschaften«.

19. Die Verführerin

Der französische Romancier Gustave Flaubert ließ sich sein schriftstellerisches Leben lang von der Königin von Saba begleiten, doch ist seine Gestalt nicht wie bei Lorrain in Lichtglanz getaucht, sondern in schwarzen Phantasmen verdichtet. Dreimal setzte er an, um die Königin literarisch zum Leben zu erwecken. Eine seiner Figuren, in die er sich selbst hineinvertiefte, war der Heilige Antonius, jener Einsiedlermönch, der im 4. Jahrhundert n. Chr. in der ägyptischen Wüste sein Leben der Askese und Entsagung geweiht hatte. Die Absage an die Welt und alles, was das Leben erhöht, ob Reichtum und Macht, Freundschaft und Liebe, das war die eine Seite, die Flaubert am Heiligen Antonius faszinierte, die andere Seite war das ausschweifend Phantastische, was den Mönch bedrängte und auch Flaubert »versucht« haben mag.[1]

Da sitzt der Heilige Antonius und liest die Bibel, und aus der Lektüre steigen Gesichte empor, die, obwohl Phantasmagorien einer ausgehungerten Seele, Fleisch und Blut anzunehmen scheinen. Da überfallen ihn die sieben Todsünden, und eine der bedrängenden Gestalten ist die Königin von Saba. Sie, die einst den König Salomo aufsuchte, erscheint dem Einsiedler Antonius, und was sie ihm anbietet, hat mit heilsbringenden Gaben nicht das Geringste zu tun. Sie ist Luxuria und Unzucht in einem und lockt den Asketen, ihn beschwörend, was ihm entgehe, wenn er sie verschmähen sollte.

Ein weißer Elefant führt sie heran, sie sitzt »auf blauen, wollenen

Kissen mit untergeschlagenen Beinen, halb gesenkten Lidern und wiegendem Kopf . . ., so herrlich gekleidet, daß Strahlen von ihr ausgehen.« Als lasziver Vamp gleitet sie vom Rücken des Elefanten. Doch auch mit höheren Mächten steht sie im Bunde. »Ihre Taille wird von einem engen Mieder umschlossen, das mit Applikationen, die zwölf Tierkreiszeichen darstellend, verziert ist. Ihre Schuhe sind sehr hoch: schwarz, mit Silbersternen und einem Halbmond verziert der eine – weiß, mit Goldtröpfchen und einer Sonne in der Mitte der andere.« Da schillert ihre Beschreibung offensichtlich ins Marianische hinein, ein Vamp, mit den Attributen einer apokalyptischen Strahlenmadonna, soweit hat es die Königin von Saba in der Phantasie des Heiligen Antonius bei Flaubert gebracht. Doch »ihre ringbeladenen Hände enden in so spitzen Nägeln, daß sie Nadeln gleichen«, das erinnert uns fatalerweise an die mit Krallen ausgestattete männermordende Lilith/Saba der jüdischen Legende. Und damit nicht genug: »Ihre Augen sind schwarz getuscht. Sie hat auf der linken Wange einen Leberfleck, und sie atmet mit leicht geöffnetem Mund, als beenge sie das Mieder.« Ein Leberfleck war es auch gewesen, der schon in der persischen Phantasie des Hafis auftauchte, und von ihren »Sternenaugen« wußte schon im 12. Jahrhundert Honorius zu berichten. Doch bei Flaubert wurden all diese Einzelzüge, die uns schon längst bekannt sind, eindeutig in erotischen Zusammenhang gebracht.

Ein »synthetischer« Vamp, mit dieser Charakterisierung läßt sich das Erscheinungsbild der Königin am besten bezeichnen, denn synthetisch erscheint sie schließlich in mehrfacher Hinsicht, wenn sie noch einmal bekannte Einzelzüge in sich versammelt, doch andererseits alles in das künstliche Fluidum einer entfesselten Phantasie gesteigert wird. So künstlich diese Königin von Saba auch erscheinen mag, dem Einsiedler kommt sie nahe wie keine andere Versuchergestalt. »Sie zupft ihn am Bart, sie zieht ihn am Ärmel, sie nimmt sein Gesicht in beide Hände, sie hebt verlangend die Arme.« Alles möchte sie ihm werden, ihm alles aufzählend an irdischen Schätzen; sogar der Glaspalast, den wir schon kennen, darf nicht fehlen. Doch das alles verfängt nicht, deshalb bleibt ihr nichts anderes übrig, als sich selbst anzubieten, das allerdings wieder in merkwürdig künstlicher Weise. Antonius möge ihr doch in die Augen schauen, damit sie werde, wie er es wolle, ein Scheingebilde eher, nicht Wesen mehr und nicht Erscheinung.

Alle, denen du je begegnet bist, vom singenden Straßenmädchen unter der Laterne bis zur Patrizierin, die Rosen aus ihrer Sänfte blättert, alle

Formen, alle Wunschbilder deiner Phantasie, begehre sie! Ich bin keine Frau, ich bin eine Welt. Meine Kleider brauchen nur zu fallen, und du wirst die Mysterien meines Leibes finden.

Antonius jedoch bleibt standhaft, und die Königin verflüchtigt sich »unter krampfhaftem, stoßweisem Schluchzen, das wie Seufzen oder Hohngelächter klingt . . .« Wie auch anders: Eine Frau, die eine Welt ist, verliert sich als Person, eine Geliebte, die dem Geliebten alles werden will, die löst sich auf in Nichts; die Königin von Saba als Phantasma, das wirklich werden will, kann nur sich selbst vernichten.

Der zwiespältig wirklich-unwirkliche Charakter, den Antonius berückend erfahren hat, fand einen kongenialen Illustrator. Im Jahre 1888 schuf Odilon Redon eine seiner unheimlichsten Lithographien (Abb. 61). Ein feingeschnittenes Gesicht, spielerisch gerahmt mit feinst ziselierten Löckchen, die Augen, schwarzen Schattenlöchern gleichend, das ist für ihn die Königin von Saba. Doch neben ihr stößt ein fratzenartiges Ungeheuer herab, ein in groben Schnitten gefaßter Vogeldämon mit einem männlichen Antlitz, grausig und unbestimmbar zugleich anzusehen – das ist aus dem uns so vertrauten Hudhud, dem Wiedehopf, geworden. In der Geschichte Flauberts hatte ihn die Königin als »Boten meines Herzens« mit einem schrillen Pfiff herbeizitiert. Jetzt ist er dabei, sich herabzustoßen, um sich auf der Königin niederzulassen. Wohl selten ist der rätselhafte Kontrast brutaler Unheimlichkeit und feinster Erscheinung geheimnisvoller dargestellt worden; ein tiefes Sinnbild einer in Ausschweifung bedrohten Phantasie, deren Produkte ebenso anziehend wie furchterregend waren.

Diese extrem »schwarze« Romantisierung der Königin von Saba verlangte nach einem genauen Gegenbild. Diese ganz andere Königin tritt uns bei dem französischen Dichter Gérard de Nerval entgegen. Wie Flaubert mag auch er sich vieles angelesen haben aus dem damals beliebten Handbuch, das der Gelehrte Herbelot unter dem Titel *Orientalische Bibliothek* herausgegeben hatte. Nerval war obendrein selbst der hebräischen und arabischen Sprache mächtig, hatte sich mit den Mysterien der Kabbala beschäftigt und sich anregen lassen durch zahlreiche Studienreisen, die ihn tief in den Orient geführt hatten.

Im 2. Band seiner *Reise in den Orient* (1851) findet sich die *Geschichte der Königin des Morgens;*[2] sie enthält zahllose Informationen und Reflexionen, die Nerval seinen religiösen und volkskundlichen Studien verdankte, jedoch zu einer ganz neuen Legende fügte, in welcher die Königin von Saba als kokette Frau Salomo in seine Schranken weist. Wie auf persischen Miniaturen thronen sie nebeneinander, sich in kostbaren Gewändern darstellend, sich gegenseitig ihren Reichtum präsentierend. Doch unlebendig erscheint der König, einer steinernen Statue gleichend, geziert von einem Haupt, das einer Elfenbeinmaske ähnlich sieht. Ihm zur Seite jedoch die »weiße Tochter des Morgens«, von flüchtig durchscheinender Gaze umhüllt. »Ihr seid ein großer Poet«, ruft die Königin von Saba und spielt an auf das von Salomo verfaßte *Hohelied der Liebe*, doch den voreilig geschmeichelten Salomo zählt sie vor versammelter Mannschaft aus. Da wird er zu einem Sklavenherrscher degradiert, da wird seine frauenfeindliche Grausamkeit gegen »unser Geschlecht« gegeißelt, hatte doch Salomo seine besungene Geliebte, Sulamith, verstoßen. Die Königin verzeiht ihm nicht, daß er zu sagen wagte: »Die Frau, sie ist bitterer als der Tod!« Und aufs charmanteste hält sie ihm die Falten des Alters vor und bezichtigt ihn der rachsüchtigen Intransingenz eines Greises. Das macht sie mit glitzerndem Lächeln und vernichtender Koketterie. Da wird ein König bloßgestellt von einer Frau, deren »Gazellenaugen« der Erzähler nicht zu vergessen vermag. Die Altersklugheit Salomos erscheint nur noch als altklug, seine Weisheit trägt Züge von Borniertheit und Enge.

Doch das ist noch nicht das Schlimmste: Ihm, dem alternden König, widerfährt außerdem das Schicksal des verschmähten Liebhabers. In der Gestalt des Tempelbaumeisters Adoniram erwächst ihm ein Nebenbuhler, eine faustisch zerrissene und prometheisch schaffende Künstlergestalt, in vielem wohl ein Abbild des Dichters Nerval. Da treffen sie sich eines Tages, er, der rasende und rastlose Künstler, und sie, die Königin. Beide entdecken sich, und enthüllt wird eine geheime Verwandschaft: beide sind nomadische Wüstengesandte, beide stehen im Widerspruch zu ihrer satten und selbstgefälligen Zeitgenossenschaft, beide entstammen den abgründigen Wesen des Feuers, suchen ihren Platz in einer zukünftigen Welt und verfehlen ihn in der Gegenwart. Nerval hat es geschickt arrangiert, läßt er doch beide dem Geschlecht Kains, des Brudermörders entstammen, und beide gehören damit der ausgestoßenen und verfemten Sippe des kainitischen Stammes an, den, wie schon die Bibel berichtet, Städtebauern und Goldschmieden, den Sängern und Sehern. Glück bedeutet das nicht, behagliche Zufriedenheit ist ihnen nicht vergönnt. Adoniram erliegt einer von Altersbosheit inszenierten Intrige; er wird ermordet, und die Königin entkommt gerade noch in die Weiten der Wüste.

Doch auch Salomo sollte nicht glücklich werden. An den Füßen des Thrones beginnt unaufhörlich der »Ciron« zu nagen, ein Insekt, das ansonsten in Abfallhaufen sein Leben fristet. Einst wird der Thron und mit ihm das Königtum Salomos zusammenbrechen. So stehen Thron und Herrlichkeit des Königs auf wahrhaftig »wackeligen Füßen«! Nachgeschaut hat Nerval bei dieser Stelle offensichtlich in der islamischen Saba-Legende. Hatte nicht einst die Königin eine Perle präsentiert, die durchbohrt werden sollte? Hatte Salomo nicht einen Käfer herbeizitiert, der das leistete und obendrein durch eine schon durchbohrte Perle einen Zwirnsfaden hindurchgefädelt hatte?[3] Bei Nerval ist aus dem sagenhaften Königskäfer ein »Abfallinsekt« geworden, das dem Königtum Salomos ein Ende bereiten wird. Also: Adoniram getötet, Salomo seiner Würde beraubt und in seinem Königsamt gefährdet und die Königin von Saba in den Weiten der Wüste verschwunden! War das das letzte Wort des Dichters Nerval?

Keineswegs! War die Königin dem König schon so eindrucksvoll abspenstig gemacht, so sollte wenigstens der Dichter sich noch enger mit ihr zusammenschließen. Und das auf bestürzende Weise! Schon im Jahre 1841 war Nerval in eine Pariser Heilanstalt eingewiesen worden, ab 1850 verdüsterte sich sein Zustand zunehmend. Seine geistige Verwirrung verband sich jedoch mit luzidester Klarheit. Während eine »Ergießung des Traumes in das wirkliche Leben stattfand«, ihn mit immer neuen Gesichten bedrängend und bedrückend, während sich seine Persönlichkeit zunehmend auflöste und aufspaltete, richteten sein Gedächtnis, sein Scharfsinn und seine wunderbare Sprachkraft die ihn überfallenden Visionen. Festgehalten hat er, woran er zerbrechen sollte; er schrieb ein Verfallsprotokoll, in dem sich Wahn und Wahrheit aneinander steigerten. Seine Novelle *Aurelia*[4], das letzte Werk, bevor sich Nerval in einer dunklen Gasse in Paris erhängte, gibt uns das Dokument dieses Lebens.

Aurelia, das ist die Schauspielerin Jenny Colon, durch deren Verlust Nerval möglicherweise unheilbar verletzt wurde, deren Tod ihn dazu trieb, sie, die verlorene Geliebte, durch erinnernde Phantasie unsterblich neuzuschaffen. In immer neuen Projektionen überfällt sie ihn, verbunden und durchdrungen mit dem Erinnerungsbild seiner Mutter, aber auch die Züge eines »Engels der Melancholie« tragend. Da schaut er einen Garten, der die Züge seiner geliebten Lichtgestalt annimmt, doch das Bild des Lebens schlägt um in die Leichenstarre einer Friedhofslandschaft. Schrecken überfällt ihn, mag auch Aurelia auferstehen als apokalyptische Strahlenmadonna mit dem Antlitz der Göttin Isis, Sinnbild aller Gestalten, die der Dichter einst und immer geliebt hatte. Doch die Bilder verflüchtigen sich immer fassungsloser in Traumfragmente, und siehe da, die letzte Erscheinung der Aurelia steht uns bevor:

... Meine große Freundin hat sich auf ihrer weißen Stute mit silberner Decke neben mich begeben. Sie hat mir gesagt: Mut, Bruder! Das ist die letzte Strecke! Und ihre großen Augen verschlangen die Weite, und sie ließ ihr langes Haar, durchdrungen von den Düften des Yemen, im Winde flattern. Ich erkannte die göttlichen Züge von XXX wieder. Wir flogen im Triumph dahin, und unsere Feinde lagen uns zu Füßen. Der Wiedehopf geleitete uns als Bote in den höchsten Himmel, und der Lichtbogen strahlte in den Händen Appolyons. Das Zauberhorn des Adonis klang in den Wäldern wieder.

Diese Himmelfahrt Nervals, Umkehrung der seelischen Höllenfahrt des Dichters, vollzieht sich in Begleitung Aurelias/Sabas; und zwischen beiden reitet der siegreiche Messias. Für uns, die das lange Leben der Königin von Saba durch die Jahrhunderte begleitet haben, ein erschütterndes Dokument. Wir erkennen wieder: die Weihrauchlandschaft ihrer jemenitischen Heimat, die nomadische Existenz der Königin, die Augen, von denen schon Honorius Unergründliches berichtete, das lange Haar, das uns an die bedrohliche Lilith/Saba erinnert. Auch als Seelenbringerin erscheint sie wie im Mittelalter. Dies alles ist aufs abgründigste versetzt in die »Privatphantasien« eines abstürzenden Dichtergenies. Mit Fug und Recht dürfen wir behaupten: Die Königin des Gérard de Nerval ist das ungewöhnlichste Bild dieser Gestalt, das bisher auf uns gekommen ist.

Daneben verblassen andere Kreationen romantischer Geistesverwandter, etwa der Roman *Le Fée aux Miettes*, den Charles Nodier noch vor den Romanen Flauberts und Nervals geschrieben hatte, und erst recht die englischen »Romantiker« Lascelles Abercrombie mit dem Roman *Emblems of Love* und John Freeman mit *Balkis and Solomon*. Arthur Symons schrieb ein Versepos, *Der Geliebte der Königin von Saba*,[5] erschienen 1899, stark beeinflußt vom Genius des Gérard de Nerval: Eine Dreiecksgeschichte wird entfaltet, Salomo erscheint im alten Glanz; kein Adoniram wird ihm gefährlich. Sicher, Symons spürt dem Verhältnis von Weisheit und Liebe recht unkonventionell nach und läßt Salomo unerhörte Dinge sagen. Die Weisheit sei die »Krankheit« der Liebe, so hören wir, angesichts der Prüderie des Viktorianischen Zeitalters wohl verständlich. Doch die Königin hält weiterhin das Panier der Weisheit hoch, so daß sich am Ende, wenn auch ein wenig »unverständlich«, Liebe und Weisheit aufs Glücklichste vereinen. Da ist nichts von der Zerrissenheit eines Antonius oder eines Gérard de Nerval zu spüren. Was sich poetisch ins Werk setzt, kann sich mit bürgerlichem Fühlen und Denken harmonisch verbinden.

Das gilt auch für die Gedichte von William Butler Yeats, welcher der Königin von Saba immerhin drei Gedichte widmete.[6] Im Jahr 1919 küßt Salomo Antlitz, Knie und Augen der Königin, und beider zahlreiche Gespräche kreisen endlos und unaufhörlich um das Mysterium der Liebe. Das war offensichtlich der Weisheit letzter Schluß, wie »ein Pferd in der Koppel« der Liebe herumzutraben; das jedoch poetisch so unbegrenzt, daß die Welt selbst zur engen Koppel wurde. Weiter ging Yeats in dem Gedicht *An eine Frau* (1919). Salomo mag seine Weisheit nur zu erringen, wenn er mit seinen Frauen spricht; sie sind es, die für den Zuwachs an Weisheit verantwortlich zeichnen. Doch was heißt »Weisheit«? Ein harmloses Irgendwas schwebt Yeats nicht vor, im Gegenteil, was ihm gelingt, ist eine ungeheuer indirekte und dennoch eindeutige »Erotisierung« dessen, was der Königin von Saba bis dahin zugeeignet wurde.

Als Saba war sein Mädchen,
als sie das Eisen zwang,
als es vom Schmiedefeuer
ins Wasser schäumend überdrang:
Schärfe ihrer Sehnsucht,
sie weit und leer gemacht,
Glück kommt im Schlaf,
Zittern, das in eins sie bracht.[7]

In einem rätselhaften Gedicht von 1921, *Salomo und die Hexe*, gelingt Yeats das Bild von »Öl und Docht, die in eins brennen«, wieder eine unverhohlene Anspielung auf Erotisch-Sexuelles. Doch mag die Zeit stillstehen, mag die Welt in der Liebesumarmung enden, der Hintergrund bleibt dunkel und gefährdet. Denn »Grausamkeiten« bringt die Liebe, einem »Spinnenauge« gleich fängt sie neben allen Freuden auch Schmerz und Leiden ein. »Vielleicht das Brautbett bringt Verzweiflung«, seufzt der Dichter, doch sein letztes Wort heißt: »O Salomo, laß es uns wieder versuchen«. Das große »Ja« und das »Vergeblich« ranken sich empor an der Königin von Saba, die, gebettet auf »grasigen Matten«, »wilde« Mondminuten schenkt.

Was an »romantischer« Vieldeutigkeit aufgedeckt werden konnte, gilt auch für den norwegischen Dichter Knut Hamsun, der seine Geliebte die »Königin von Saba« nannte. Am 9. Dezember 1888 erschien von ihm im *Göteborger Tageblatt* eine Kunstkritik, in der er ein Saba-Gemälde von Julius Kronberg (Abb. 62) besprach:

Sie ist eine moderne Äthiopierin, neunzehn Jahre als, schlank, verlokkend schön, Majestät und Weib in einer Person . . . Mit der linken Hand hebt sie gerade den Schleier vom Gesicht und richtet ihre Augen auf den König. Sie ist nicht dunkel, selbst ihre schwarzen Augen sind ganz von dem silberhellen Diadem das sie trägt, verdeckt; sie sieht wie eine Europäerin aus, die im Orient gereist ist und einen Hauch von der heißen Sonne bekommen hat. Aber ihre Augen haben die dunkle Farbe, die ihre Heimat verrät, diesen zugleich schweren und feurigen Blick, der den Beschauer zusammenfahren läßt . . .[8]

Auch Hamsun – selbst kein Romantiker – bleibt bei der Königin ganz »romantisch«, er läßt sie in ihrer Zweideutigkeit bestehen, als schillernde Figur, schwankend zwischen reizvollem Zauber und unheilvollem Dämonismus.

20. Schwarze Befreiungskönigin

Die Königin von Saba wurde mitunter als »schwarze Königin porträtiert – hat ihre Schwärze allein als Besonderheit einiger »weißer« Theologen, Dichter und Maler zu gelten? Was mochten »schwarze Menschen« über sie denken? Mit dieser Frage eröffnet sich eine letzte Wendung ihrer erstaunlichen Geschichte.

Waren es bisher Stationen eines »Lebensweges«, der uns historisch in vergangene Zeiten und z. T. weit entfernte Kulturen versetzte, so sind es jetzt gegenwärtige Spuren, denen wir nachzugehen haben. In unserer Zeit wächst sie auf zur befreienden Identifikationsgestalt des »schwarzen Bewußtseins«. Blieb sie im Zeitalter der mittelalterlichen Romanik und Gotik eine exotische Gestalt, die aus äußerster Ferne den mittelalterlichen Menschen anrührte, so vermochte sie jetzt, in der Umgebung »schwarzer« Menschen in Afrika und Amerika, ganz unmittelbar einzudringen in die Befreiungsphantasien unterdrückter Schwarzer und Farbiger, sollte dieselben zum Befreiungskampf begeistern und beflügeln.

Lange hat es gedauert, bis es den Schwarzen gelang, mit eigener Stimme zu sprechen, sich eine eigene Identität zu erkämpfen. In Afrika dem Kolonialismus ausgeliefert; vor allem seit dem 18. Jahrhundert aus westafrikanischen Staaten nach Amerika transportiert und der Heimat entwurzelt, zu Millionen als Sklaven auf Plantagen des Südens in Amerika arbeitend, seit dem Bürgerkrieg zwar formal gleichberechtigt, doch in der sozialen und kulturellen Entwicklung immer noch behindert und zurückgeworfen, als »minderwertige« Rasse den Vorurteilen lebenslang ausgeliefert! Das jedoch nicht allein in Afrika und Amerika, sondern auch bei den Schwarzafrikanern, die auf den Antillen, in Jamaika und Haiti der spanischen und französischen Herrschaft ausgesetzt waren.

Und dennoch: schwarzes Bewußtsein ist an der Unterdrückung nicht zerbrochen, hat sich unter unvorstellbar grausamen Belastungen nicht auslöschen lassen. Ein »schwarzes« Selbstbewußtsein auszubilden, war dennoch unendlich schwierig, denn es fehlte ja eine übergreifende schwarze Identität, und es herrschte Mangel an gemeinsamer kultureller Erfahrung. Allein in Gesang, Tanz und Erzählen mochte sich Ursprüngliches erhalten.

Im Jahre 1748 wurde auf der Insel Barbados ein gewisser Prince Hall geboren, Sohn eines Engländers und einer »freien« Schwarzafrikanerin.[1] 1765 kam er nach Amerika und ließ sich in Boston nieder. Tagsüber arbeitete er, nachts studierte er und ließ sich zum Prediger ausbilden. Zehn Jahre später war Prince Hall der anerkannte Führer der schwarzen Gemeinschaft in Boston. Er nahm am Unabhängigkeitskampf gegen die Engländer teil und zeichnete sich in der legendären Schlacht von Bunker Hill aus. Ein Pionier der Befreiung der Schwarzen wurde er jedoch vor allem dadurch, daß er zum Begründer des »farbigen« Freimaurerordens in Amerika wurde. 1784 wurde er nach vielen Widerständen zum »Meister vom Stuhl« der »Afrikanischen Loge« ernannt. Schnell breitete sich die Freimaurerbewegung unter den Schwarzen aus; hier herrschten tatsächlich Kameradschaft und Brüderlichkeit.

Im Juni 1797 hielt Prince Hall eine Rede vor den Freimaurern in Menotomy/Massachusetts, in der er auf eindrucksvolle Weise den Geist schwarzer Brüderschaft beschwor. Nicht umsonst gilt diese Rede als ein erstes und bedeutendes Zeugnis der »schwarzen« Stimme Amerikas. Prince Hall stand unter dem Eindruck des Freiheitskampfes, den die Farbigen 1791 in Haiti führten. Hall versicherte den Schwarzen Haitis die Solidarität aller farbiger Amerikaner. Dabei geißelte er den Rassenhochmut der Weißen und berief sich auf biblische Beispiele:

> Jethro, ein Äthiopier, gab seinem Schwiegersohn Moses gute Ratschläge bei der Errichtung einer Regierung. . . . Also, Moses, scheute sich nicht, von einem schwarzen Menschen belehrt zu werden . . . Der Großmeister Salomon scheute sich nicht, ein Gespräch mit der Königin von Saba zu führen . . .[2]

Die Rede ist ein erstes Zeugnis für den Versuch, die Königin von Saba als Vorfahrin in der schwarzen Befreiungsgeschichte einzuordnen. Die Hochachtung, mit der der weiße König Salomo der schwarzen Königin begegnete, bildete ein leuchtendes Beispiel für die weiteren Versuche, biblische Gestalten für den Befreiungskampf der Schwarzen zu mobilisieren und grundlegend eine nur weiße Interpretation der Bibel zu bekämpfen.

Seit jeher hatten weiße Theologen und Politiker einschlägige Bibelstellen herangezogen, um die Ungleichheit und Verworfenheit der schwarzen Menschen zu untermauern. Eine wichtige Rolle spielte z. B. die Geschichte von Noahs Söhnen Sem, Ham und Jafet. Ham galt als Stammvater der Schwarzen. Sein Sohn Kanaan war zur ewigen Dienstbarkeit unter die Nachkommen Jafets verflucht worden – Jafet war der Stammvater der Weißen.[3] Diese rassistische Auslegung ließen sich schwarze Theologen nicht gefallen. Die Königin von Saba galt schließlich als Nachfahrin der Hamiten, getreu der Völkertafel im 1. *Buch Mose*, wo Saba über die Kuschiten auf Ham zurückgeführt wurde.[4]

Das betonte auch Gilbert Haven in seinen Reden gegen die Sklaverei, die 1869 in Boston erschienen.[5] Dort war zu lesen, wie Salomo die Königin von Saba behandelt hatte, mit »Ehrfurcht und Höflichkeit« nämlich, und daß sich hier in der königlichen Begegnung die Gleichberechtigung aller Rassen ausdrücke.

Zu der Hochschätzung der Königin von Saba mag auch die englische *King-James-Übersetzung* der Bibel aus dem Jahre 1611 beigetragen haben. In ihr wurden die hebräischen und griechischen Worte für »Kusch« und »Äthiopien« mit *Ethiopia* wiedergegeben; Saba galt als Nachkömmling von Kusch. Die Bedeutung des Begriffs erweiterte sich deshalb beträchtlich – im 16. und 17. Jahrhundert bezeichnete *Ethiopia* ganz Schwarzafrika.[6] Kein Wunder, daß sich die schwarzen Christen besonders mit der äthiopischen Königin von Saba identifizierten.

Ende des 19. Jahrhunderts bildeten sich erstmals unabhängige schwarze Kirchen. Sie nannten sich, ob in Südafrika oder in Amerika, »Äthiopische Kirche«. Im Jahre 1892 gelang es dem Geistlichen Mangena Mokone in Pretoria/Südafrika, diese »Äthiopische Kirche« zu einer stammesübergreifenden, nationalen, schwarzen Kirche zu erheben, die bei den südafrikanischen Befreiungsbewegungen eine wichtige Rolle spielte. Die Kirche gewann schnell viele Anhänger, mußte jedoch dauernd die burische und englische Intoleranz fürchten. »Afrika den Afrikanern«, so lautete das Schlagwort der schwarzen Kirche; doch wo gab es im kolonialen Afrika außer dem kleinen Staat Liberia einen schwarzafrikanischen Staat? Mit größter Spannung sah man daher nach Äthiopien, dem ältesten schwarzafrikanischen Staat, der nie in koloniale Abhängigkeit geraten war. Im Jahr 1895 war es einem der »Nachkommen« der Königin von Saba, dem Kaiser Menelik II., gelungen, die italienische Invasionsarmee zurückzuschlagen.

Daraufhin setzte sich der bedeutendste Führer der schwarzen Kirche Südafrikas, James Mata Dwane, mit Menelik II. in Verbindung — Äthiopien sollte Ausgangspunkt eines befreiten Afrika werden.[7] Auch in afroamerikanischen Kreisen wurde das afrikanische Kaiserreich zum Land der Hoffnung. 1903 reiste der Afro-Amerikaner Henry Ellis nach Äthiopien, um die Rückkehr der schwarzen Amerikaner ins Werk zu setzen. Doch genausowenig wie Dwane war ihm ein Erfolg beschieden. Ellis wurde zwar freundlich von Menelik II. empfangen, doch eine Heimkehr der amerikanischen Schwarzen wurde vom Kaiser nicht unterstützt. Noch schlimmer erging es Dwane. Dessen Brief an Menelik wurde nicht einmal beantwortet.[8]

Auch in Jamaika entstand eine Äthiopien-Bewegung. Sehnsüchtig erwartete man hier einen schwarzen Messias; gebannt schaute man nach Äthiopien, als im Jahre 1930 Ras Tafari, uns besser als Haile Selassi bekannt[9], die Regierung übernahm, er, der 225. Nachfahre der Königin von Saba. Ihn begrüßten die sich jetzt Rastafaris nennenden Farbigen als schwarzen Messias. Doch Haile Selassi verhielt sich merkwürdig spröde diesen Hoffnungen gegenüber. Allein in der suggestiven Musik der Rastafaris, dem Reggae, mochte vieles nachschwingen von der Hoffnung auf Erlösung aus den Fesseln der Diskriminierung und Sklaverei.

Auch dem südafrikanischen Theologen J. G. Xaba ging die Geschichte der Königin von Saba nicht mehr aus dem Kopf, besonders der Satz: ». . . es stellt sich heraus, daß mir nicht einmal die Hälfte mitgeteilt worden ist«.[10] Xaba versuchte, die andere Hälfte dessen zu enthüllen, was die Königin von Saba für sich behalten hatte. Für Xaba bestand diese in einer Prophezeiung, die sich im 68. Psalm findet: »Aus Ägypten werden Gesandte kommen; Äthiopien wird seine Hände ausstrecken zu Gott« (V. 32). Dieser Psalmvers sollte zum schwarzen Evangelium schlechthin werden. In dieser Heilausage sah Xaba das Geheimnis, das die Königin von Saba nicht enthüllt hatte. Voller Begeisterung schrieb er am 26. 10. 1896 an Bischof Turner, der die schwarzafrikanischen Befreiungsbewegungen nachhaltig unterstützte:

> Es ist vielleicht schamlos von mir, mein Bischof, daß ich die Worte gebrauche, die die Königin des Südens an den König Salomo gerichtet

hat, doch ich sage immer wieder: Siehe, es ist mir nicht die Hälfte gesagt . . .

Die Prophezeiung, die vom Psalmisten in Psalm 68 ausgesprochen wurde, nähert sich ihrer Erfüllung, und eine schwache zukünftige Erscheinung des Christentums ist in der nahen Umgebung der heidnischen Kraale oder Städte zu erkennen. Ich spreche im besonderen vom südlichen Teil des Kontinents, auf dem das Herannahen des Evangeliums spürbar ist . . . Hier und dort ist ein Feuer, das schwach glimmt, aber der heiligste Herrscher, der die Nationalität nicht ansieht, wird diese Arbeit segnen, damit sie zunimmt. Möge der Herr, der Friedensfürst, sein Königreich von der Westküste durch den gesamten Kontinent hindurch vermehren und ausdehnen, so daß die Ausbreitung des Evangeliums die Herrschaft der Unwissenheit, der Finsternis und Sünde vernichtet, und der König von Israel und der Löwe vom Stamme Juda allein herrscht.[11]

Die Königin von Saba dient nicht mehr nur als Beispiel einer schwarzen Königin, sondern sie steht als schwarze Prophetin der Heilsgeschichte an der Schwelle der Befreiungszusage an die Schwarzen in aller Welt. Sicher, was hier an schwarzem Bewußtsein aufbrach, ließ sich politisch nicht verwirklichen, doch die Befreiungshoffnung, die im enthüllten Geheimnis der Königin von Saba lag, geriet nicht in Vergessenheit.

Andere Anführer der Schwarzen vermieden eine genaue geographische Festlegung, nur eins war vielen von ihnen immer deutlicher geworden: Ein würdiges Leben schien in Amerika kaum möglich zu sein. Trotz ihres Einsatzes im Unabhängigkeitskrieg gegen England und im amerikanischen Bürgerkrieg, trotz der Aufhebung der Sklaverei und der Gewährung von Bürgerrechten — die Schwarzen blieben Menschen zweiter Klasse.

Im Oktober 1877 hielt der schwarze Journalist John E. Bruce eine Rede, in der er die Rückkehr nach Afrika als einzige Lösung der schwarzamerikanischen Probleme empfahl.[12] In Bruce's Rede tritt auch die Königin von Saba auf:

Zuerst sollte er [der farbige Amerikaner] nach Afrika emigrieren, weil es sein Vaterland ist. Afrika ist ein Land, reich an Erzeugnissen, und jedem Pionier, der dorthin gehen möchte, ungeahnte Schätze anbietend. Es besteht ein besonderer Anspruch des farbigen Amerikaners auf dieses Land, und dieser Anspruch ist ebenso recht wie billig. 150 Millionen unserer Leute leben auf der anderen Seite des Atlantiks und vegetieren dahin in Finsternis und Aberglauben; 5 Millionen leben auf dieser Seite, umgeben von allen Vorteilen, die beim Marsch in die Zivilisation ersehnt werden können. Es ist unsere Pflicht, jenen umnachteten, verdunkelten Geistern ein Licht zu bringen, um sie auf dem Weg in die Zivilisation zu führen. Jahrhundertelang ist die schwarze Rasse nicht ausgebildet worden. Das ist nicht immer so gewesen, und die Geschichte, die zeigt, was getan worden ist, beweist, was heute sein könnte. Die Afrikaner besaßen das südliche Ägypten, als geschrieben wurde: Äthiopien wird bald seine Hände ausstrecken zu Gott, und als die Königin von Saba riesigen Reichtum zu den Schätzen Salomos fügte . . .

Die Rasse, der der wunderbare Kontinent Afrika geschenkt wurde, kann erzogen und erhoben werden zu Reichtum, Macht und Rang unter den Nationen der Erde.[13]

Der unermeßliche Reichtum der sabäischen Königin wird zum Unterpfand für den künftigen Reichtum Afrikas; Macht und Würde der schwarzen Königin leuchten aus der Vergangenheit in eine visionär geschaute Zukunft — wie selbstverständlich wird ihre Gestalt verknüpft mit der Heilszusage des Psalmverses.

Ungleich rigorosere, ja radikale Forderungen stellte der Negerführer Marcus Garvey auf, eine der widersprüchlichsten Gestalten im schwarzen Befreiungskampf Amerikas.[14] Er wurde 1887 auf Jamaika geboren, absolvierte eine Druckerlehre und siedelte 1907 nach Kingston über, wo er einen Druckerstreik anführte. Anschließend reiste er nach Amerika, kam 1912 nach London, kehrte zwei Jahre später nach Jamaika zurück und gründete die *UNIA*, die *Universal Improvement Association*. Zwei Jahre später propagierte er in Harlem mit großer Wirkung die Befreiung der Schwarzen. In den zwanziger Jahren wuchs die *UNIA* zur machtvollsten Organisation der Schwarzen heran, mit einer Mitgliederzahl von angeblich sechs Millionen bereits im Jahre 1923. Selbst Kritiker, die diese Zahl für weit überzogen hielten, schätzten aber die Zahl der eingeschriebenen Mitglieder in der Glanzzeit der *UNIA* auf gut eine Million.

Was diese Massenbewegung so attraktiv machte, war der Appell an den »Rassenstolz« der Schwarzen. Garvey ließ sich sogar dazu hinreißen, einen »schwarzen Rassismus« zu proklamieren, der in vielem seinem »weißen« Schreckbild ähnelte. Unermüdlich arbeitete Garvey an der Rückkehr der Schwarzen nach Afrika, verhandelte mit dem Völkerbund, um eine Kolonie in Afrika zu gründen, und ließ eine schwarze Armee ausbilden, die die weißen Usurpatoren aus Afrika vertreiben sollte. 1921 verkündete er die Gründung des »Afrikanischen Reiches« und ernannte sich selbst zum ersten provisorischen Präsidenten. In Harlem nahm er im prunkvoller Uniform grandiose Paraden ab. Bei der Ausrüstung einer Überseeflotte, deren Geschäftsführer er war, verstrickte sich Garvey angeblich in undurchsichtige Finanzgeschäfte. Sein kometenhafter Aufstieg nahm ein jähes Ende; er wurde angeklagt und zu fünf Jahren Zuchthaus verurteilt. Vom amerikanischen Präsidenten Coolidge wurde er 1927 begnadigt, aber nach Jamaika ausgewiesen. Seine letzten Lebensjahre verbrachte er in London. Der Vision eines »schwarzen Nationalismus« schwor er niemals ab.

Garvey ist zweifellos einer der aggressivsten Führer der Schwarzen gewesen. Seinem Rassenfanatismus wäre beinahe auch die Königin von Saba zum Opfer gefallen. Denn Anhänger Garveys ließen sich dazu hinreißen, den »jüdischen« Salomo gegen die »schwarze« Königin auszuspielen:

> Der neue Neger gibt nicht zwei Pfennige für die Abstammung von Salomo. Salomo war ein Jude. Der Neger ist kein Jude. Der Neger hat seinen rassischen Ursprung in der Königin von Saba bis zur Gegenwart, worauf er stolz ist. Er ist stolz auf Saba, aber er ist nicht stolz auf Salomo.[15]

Dieser Rassismus galt jedoch nicht überall im »Garveyismus«. Der bedeutende Theologe dieser Bewegung, George Alexander McGuire, verfaßte einen »schwarzen« Glaubenskatechismus. Ein »schwarzer Gott« wurde proklamiert, und die Königin von Saba eingeordnet in die illustre Reihe schwarzer Protagonisten, neben dem schwarzen Magier Balthasar und dem schwarzen Simon von Kyrene, der das Kreuz Christi trug. Andererseits behauptete McGuire die Gleichheit aller Rassen vor Gott.[16]

Auch unter schwarzen Juden gewann die Königin von Saba beachtliche Popularität. Schwarze Juden, vielleicht Nachkommen der äthiopischen Feladschen, die nach Amerika ausgewandert waren, betonen im Unterschied zu den radikalen »Garveyiten« die Abstammung der Schwarzen von den Juden, wie z. B. der bedeutende Führer der schwarzen Juden in Harlem, Rabbi Matthew:

> Der Schwarze ist ein Jude, weil er ein direkter Nachkomme Abrahams ist. Isaak, der Sohn Abrahams, war der Vater von Esau . . . und Jakob, dessen Haut glatt war wie die eines Schwarzen. Jakob, bekannt auch als

Israel, war der Vater der zwölf Stämme, und König Salomo, der Sohn Davids, war Urenkel des Stammes Juda. König Salomo war verheiratet mit der Königin von Saba, die nach Afrika zurückkehrte, wo sie einen Sohn gebar, der in der biblischen Geschichte als Menelik I. bekannt ist . . .[17]

Rabbi Matthew wiederholt dann die äthiopische Legende der Königin von Saba, die, wie dieses Zeugnis beweist, auch für die schwarzen Juden eine bedeutende Gestalt war. Trotzdem ist dies ein zwiespältiges Ergebnis. Was beide »Bilder« der Königin von Saba miteinander verbindet, ist ihre Funktion im Zeichen eines erwachenden Bewußtseins schwarzer Identität. Dieses hatte es schwer, sich zu entwickeln und zu behaupten; schwerer fiel noch, den Irrweg eines schwarzen Rassismus zu vermeiden; am schwersten fiel aber, an der Gestalt der schwarzen Königin Befreiung und Humanität zu erkennen. Konnte das gelingen? Ließen sich überhaupt politische Befreiung und aggressionsfreie Menschlichkeit harmonisch vereinigen?

Tatsächlich ist uns ein einzigartiges Dokument der Königin von Saba geschenkt, daß scheinbar Unvereinbares in sich aufgehoben hat. Gemeint ist die Bildcollage des schwarzen Malers Romare Bearden (Abb. 38). Dieses Bild ist kaum einem Zufall zu verdanken, lebte der Maler doch lange Zeit in Harlem und begegnete hier den bedeutenden Vertretern der »Harlem-Renaissance«, einer kulturellen Aufbruchsbewegung, die ihresgleichen in der schwarzen Kulturgeschichte sucht. Romare Bearden, sicher einer der bedeutendsten schwarzen Künstler der Gegenwart, erlebte in Harlem alle Spielarten »schwarzen« Bewußtseins. Von schwarzen Themen leidenschaftlich berührt, gehört er zu den Künstlern, die sich auch von der fortgeschrittenen Kunst der »Weißen« beeinflussen ließen. Mochte er zeitweise auch seine Palette auf Schwarz und Weiß reduzieren — als Ausdruck des Rassenkonflikts —, was ihm letztlich vorschwebt, ist die Transformation surrealistischer Visionen in die Lebens- und Gefühlswelt der Schwarzen. Seit 1967 gewannen seine Kompositionen wieder an Farbigkeit, und 1970 schuf er die großartige »Königin von Saba«.[18]

Die Königin sitzt in schwarzem Profil auf einem Thron, einer ägyptischen Pharaonin vergleichbar, in einer statuarisch-hieratischen Haltung. Schwarz sind Antlitz und Körper, großzügige Farbflächen bilden den Hintergrund. Ihr Herrscherstab, eher einem bunten und zierlichen Zauberstab vergleichbar, erhebt sich spielerisch tanzend vor dem Hintergrund, der geheimnisvoll offen und verschlossen zugleich wirkt. Was wird sie aus dem Hintergrund hervorzaubern? Was vermag sie ihm zu entlocken?

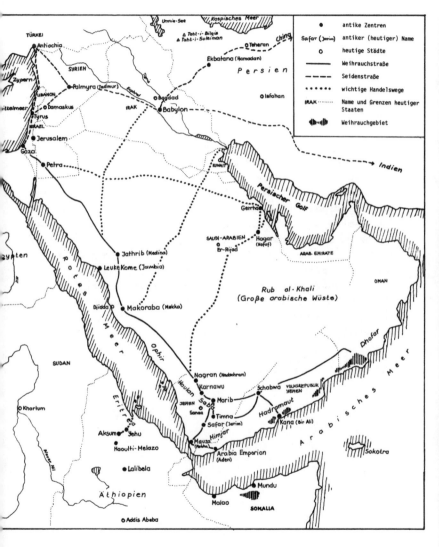

Der vordere Orient und das nördliche Ostafrika im Altertum

Die spielerische Heiterkeit des zauberischen Herrschaftssymbols steht zu der monumentalen Körperlichkeit der Königin ebenso in Kontrast wie die bunt collagierte Kleidung der Königin, ihr malerisch bohèmehaftes Hütchen, ein prächtig umgeworfener Schal. Die Musterformen ihres Rockes spiegeln mexikanische Ornamente und westafrikanische Modeformen wider. Hinter ihr, ebenfalls im Halbprofil dargestellt, sitzt eine um Kopfgröße verkleinerte Dienerin, doch im Unterschied zur klar gegliederten Körperlichkeit und malerischen Schmuckfreudigkeit der Königin verfließt ihr Körper ins Konturenlose, verwischen sich die Ornamente in unbestimmte, formenlose Linienzeichen, unentzifferbar, in kindlicher Handschrift aufgetragen. Nur eine festgefügte Hand scheint sich an der Köngin festzuhalten. Eine merkwürdige Spannung durchzieht das Bild: die majestätisch thronende Königin, bekleidet in den Farben der Lebensfreude, heiter mit ihrem Herrschaftsstab spielend, doch ihr Gefolge unentschlossen und hilflos zugleich. Ein grandioses Bild, in dem sich schwarze Vergangenheit und Zukunft, schwarzes Selbstbewußtsein und Unsicherheit, schwarzer Machtanspruch und spielerische Machtausübung unüberbietbar ineinanderspiegeln, eine widersprüchliche Chiffre schwarzer Bewußtwerdung.

Romare Bearden hat seine Collage anspielungsreich »She-ba« betitelt, ein Wortspiel, in dem sich das englische »Sie« mit dem hebräischen Wort »kommen« (ba) verbindet. Wie einst die Königin zum König Salomo kam, so mag heute die Königin von Saba angekommen sein im Zeichen der schwarzen Befreiungsgeschichte. Oder wird sie erst kommen? Wird sie aus ihrer jahrtausendealten Geschichte, aus dem unendlichen Wechsel von Ikonisierung und Dämonisierung einer neuen Geschichte entgegengehen?

ANMERKUNGEN

Die hinter den Verfassernamen in Klammer stehenden Ziffern verweisen auf das Literaturverzeichnis.

1. Kap.: Eine namenlose Königin (S. 18 ff.)

1 Z. B. A. France: La Rôtisserie de la Reine Pédauque. Paris 1893; J. Dos Passos: Three Soldiers. New York 1932; R. Kipling: The Butterfly That Stamped (Just So Stories, 1902); Ph. A. Crutch: The Queen of Sheba. Her Life and Times. New York/London 1922; G. Holmsten: Die Königin von Saba. Wiesbaden o. J.; A. Colin-Simard: Au Nom de la Reine de Saba. Paris 1986; B. Russell: The Nightmares of Eminent Persons. London 1954. Vgl. auch 19. Kap.
2 G. F. Händel: Salomo. 1749; Ch. Gounod: La Reine de Saba, 1862; K. Goldmark: Die Königin von Saba, 1875.
3 Vgl. auch: La Reine de Saba, Taurus-Film. München 1975.
4 *1. Buch der Könige 10*, V. 1–13; der jüngere Parallelbericht in *2. Buch der Chronik 9*, V. 1–12.
5 Siehe 7. Kap., S. 100 ff.
6 Vgl. u. a. *1. Mose 19*, V. 31 ff.; *1. Mose 16*, V. 2; *1. Mose 30*, V. 3; *1. Mose 38.*, V. 8; *5. Mose 22*, V. 13; *5. Mose 25*, V. 5; *2. Samuel 16*, V. 21.
7 Siehe 10.–13. Kap., S. 127 ff.
8 Siehe 3. Kap., S. 39 ff.
9 Siehe 5. Kap., S. 49 ff.
10 Siehe 15. Kap., S. 190 ff.
11 Siehe 5. Kap., S. 49 ff.
12 Siehe 3. Kap., S. 31.
13 Siehe 12. Kap., S. 162 ff.
14 Siehe 4. Kap., S. 41 ff.
15 Siehe 5. Kap., S. 49 ff.
16 Siehe 13. Kap., S. 175 ff.
17 Siehe 16. u. 17 Kap., S. 209, 222.
18 Siehe 15. Kap., S. 190 ff.
19 Siehe 5. Kap., S. 57 ff.
20 Siehe 5. Kap., S. 55 ff. und Abb. 26.
21 Siehe 13. Kap., S. 175 ff.
22 U. a. in *2. Mose 14*, V. 28; *2. Mose 15*, V. 4; *2. Könige 18*, V. 17; *Jeremia 32*, V. 2; *Jeremia 37*, V. 5 ff.
23 Siehe 15. Kap., S. 190 ff.
24 *1. Könige 5*, V. 15 ff.
25 *1. Könige 9*, V. 26.
26 Vgl. J. Schreiden (17), S. 587 ff.
27 Siehe 3. Kap., S. 33 ff.
28 Siehe 15. Kap., S. 206 ff.
29 Siehe 5. Kap., S. 57 ff.
30 *2. Chronik 9*, V. 1–12.
31 Vgl. R. B. Y. Scott (16), S. 262 ff.; G. v. Rad (15), S. 421 ff.
32 *1. Könige 3*, V. 16–28.
33 Vgl. *Matthäus 12*, V. 42; *Lukas 11*, V. 31

2. Kap.: Das goldene Saba (S. 14)

1 Vgl. zur Geographie und Kulturgeschichte P. Wald (20); H. v. Wissmann (26); H. v. Wissmann/M. Höfner (27); C. Rathjens (32).
2 Vgl. Art. *Paradies* in: *Die Religion in Geschichte und Gegenwart*, 5. Bd., 3. Aufl. Sp. 95 ff.
3 Vgl. einige antike Quellen (Herodot, Theophrast, Agatharchides, Diodor von Sizilien, Strabo) übersetzt nach G. Mandel (21), S. 32 ff.
4 Vgl. P. Wald (20), S. 25 ff.; G. Mandel (21), S. 32 ff.
5 Übersetzt nach G. Mandel (21), S. 46 f.
6 Vgl. *Johannes 19*, V. 39 f.
7 Vgl. G. W. v. Beek, in (1), S. 35.
8 Siehe *Esther 2*, V. 12.
9 Siehe 8. Kap., S. 110 ff.
10 Vgl. G. Mandel (21), S. 61.
11 Vgl. P. Wald (20), S. 27 f.; G. W. v. Beek, in (1), S. 45.
12 Vgl. A. Jamme (29).
13 Vgl. G. Mandel (21), S. 61.
14 Vgl. die Berichte von W. Phillips (30); P. Wald (20), S. 21 ff.; G. Mandel (21), S. 133 ff.

15 Vgl. N. Abbott (33), S. 1 ff.
16 Vgl. hierzu und zum folgenden G. Mandel (21), S. 31 f.
17 Vgl. P. Wald (20), S. 33.
18 *Hiob 1*, V. 14 f.
19 Siehe 3. Kap.
20 Vgl. C. Bezold (183), S. 23 f., 46.
21 Vgl. G. Mandel (21), S. 22 ff.
22 Vgl. A. Sprenger (36).
23 Siehe 5. Kap., S. 84
24 *1. Könige 9*, V. 18.
25 M. Höfner (38), S. 492 ff., 528 ff.
26 Siehe 5. Kap., S. 81 ff.
27 Vgl. G. W. v. Beek, in (1), S. 49 ff. G. Mandel (21), S. 171 ff.
28 Vgl. R. G. Stiegner (125), S. 68.
29 Vgl. W. Phillips (30).
30 Vgl. C. Rathjens (31), S. 40 ff.
31 Nach C. Rathjens (31), S. 42, 50.
32 Vgl. P. Wald (20), S. 44 ff.; W. M. Watt, in: (1), S. 85 ff.
33 Vgl. Ad-Damiri (103), S. 690.
34 Siehe 5. Kap., S. 82 ff.
35 Vgl. C. Rathjens (31), S. 9.
36 Vgl. P. Wald (20), S. 77 f. W. W. Müller (127).
37 Vgl. A. v. Kremer (109), bes. S. 66 f.
38 Vgl. At-Ta'alabi (102), S. 238 f.
39 Vgl. A. v. Kremer (109), S. 60 f.
40 Vgl. Al-Mas'oudi (107), S. 153, 173.
41 Nach A. v. Kremer (109), S. 67.
42 Vgl. R. G. Stiegner (125), S. 60.
43 Übersetzung nach R. Paret (99), S. 300.
44 Vgl. zum folgenden G. Mandel (21), S. 205 ff.
45 Vgl. R. G. Stiegner (125), S. 16 ff.
46 Josephus Flavius (55), Buch VIII, 6.2, 5–6. Dazu J. B. Pritchard, in (1), S. 11.
47 Siehe 10.–13. Kap.; als »schwarze« Königin 20. Kap., S. 269 ff.
48 Vgl. C. Rathjens (31), S. 90.
49 Siehe Kap. 5. u. 6.
50 Nach A. v. Kremer (109), S. 80 f.

3. Kap.: Die Dämonin Lilith (S. 27)

1 Vgl. L. H. Silberman, in (1), S. 67 f.; R. G. Stiegner (125), S. 20 ff.
2 Als Targume werden aramäische Übersetzungen aus dem Hebräischen bezeichnet.
3 Vgl. L. H. Silberman, in (1), S. 65 f.
4 Nach M. Grünbaum (42), S. 211 ff.; vgl. auch L. Ginzberg (43), Bd. 4, S. 142 ff.
5 Vgl. L. H. Silberman, in (1), S. 71.
6 K. Sprigade: Das Abschneiden des Königshaares und die kirchliche Tonsur bei den Merowingern, in: Die Welt als Geschichte, 1962, Heft 3/4.
7 *Richter 13*, V. 5 f; 16, V. 17 ff.;
8 Vgl. *1. Samuel 1*, V. 11.
9 Vgl. *Jeremia 35*, V. 6.
10 Vgl. *Apostelgeschichte 18*, V. 18.
11 Y. Aviad (46); dazu L. H. Silberman, in (1), S. 71.
12 M. Steinschneider (52), S. 21 b; dazu L. H. Silberman, in (1), S. 71, 76 ff.
13 Vgl. eine Parallele bei Ezechiel 28, V. 12: Nicht Eva, sondern Adam wird als »über alle Maßen schön« besungen.
14 Vgl. G. Scholem (56), S. 245 ff.
15 *Gilgameschepos* (61), S. 118.
16 Vgl. W. Bacher (62), S. 187 ff.; L. H. Silberman, in (1), S. 67; R. G. Stiegner (125), S. 24 f.; 121, 126 ff.
17 Vgl. R. G. Stiegner (125) S. 10, 121, 126, 141; S. Krauss (59), S. 28, 248.
18 Vgl. A. v. Kremer, (109) S. 68 ff.
19 Vgl. W. Caskel (104), Bd. 2, S. 69.
20 Vgl. F. C. Conybeare (13).
21 Vgl. G. Salzberger (44), S. 10; K. Metzger, in: Biblisch-historisches Wörterbuch, Bd. 3, 1966, Sp. 1653.
22 Vgl. F. C. Conybeare (13), S. 39.
23 Vgl. G. Graf (53), S. 210.
24 Vgl. C. G. Jung (14), Bd. 14/3, S. 136.
25 J. Grasseus: Arca arcani, in: Theatrum chemicum, Bd. 6. Straßburg 1661, S. 314. Übers. v. Verf.
26 P. a Portu: Quaestiones et responsiones philosophicae, in: Theatrum chemicum, Bd. 2. Ursel 1662, S. 149. Über. v. Verf.
27 Vgl. C. G. Jung (48), Bd. 14/1, S. 96 ff.
28 Vgl. C. G. Jung (48), Bd. 14/3, S. 46, 48, Übers. v. Verf.
29 *Apokalypse des Johannes 12*.
30 Vgl. *Honorius (228)*, Sp. 834.
31 Erwähnt bei M. Grunwald (64) und L. H. Silberman, in (1), S. 83 f.
32 Vgl. G. Scholem (57), S. 165 ff.
33 Vgl. L. H. Silberman, in (1), S. 84.
34 Vgl. G. Scholem (56), S. 245 ff.
35 Vgl. R. v. Ranke-Graves (54), S. 8 f.
36 Vgl. *Jesaja 34*, V. 11.
37 Vgl. G. Scholem (58), S. 203 ff.
38 Erwähnt bei M. Grunwald (64); dazu L. H. Silberman, in (1), S. 82 f.

39 Vgl. Geschichte der poetischen . . . (63), S. 586 f.; zu den Amuletten J. Trachtenberg (66); T. Schrire (67); M. R. Josephy (68).
40 Vgl. G. Scholem (57), S. 165 ff.; L. H. Silberman, in (1), S. 79 f.
41 1. *Buch Mose 1*, V. 26 f.; 2, V. 21 ff.
42 Vgl. auch zum folgenden G. Scholem (56), S. 246.

4. Kap.: Königin Gänsefuß (S. 41)

1 Vgl. H. Leclercq (83), Sp. 2929.
2 Vgl. J. Mabillon (84), S. 51 f.
3 Vgl. J. Lebeuf (82), S. 227 ff.; P. Quarré (92), S. 281 ff.
4 Basilissa votou bzw. regina austri. Matthäus 12, V. 42; Lukas 11, V. 31. Siehe auch 1. Kap., S. 13 ff. und Abb. 52.
5 Vgl. M. Anfray (71), S. 240.
6 Vgl. J. Mabillon (84), S. 51 f.; B. v. Montfaucon (86), S. 192 f.; J. Lebeuf (82), S. 227 ff.; J. Vanuxem (93), S. 45 ff.
7 Vgl. J. N. Morellet (87), S. 124 f.
8 Der lateinische Text: Saba quoque Ethiopissa et regina quoque Sibilla habens pedes aserinos et oculos lucentes ut stellae. Nach Ms. lat. 22225 und 3387 a, Staatsbibliothek München; erwähnt bei W. Hertz (147), S. 23 f.
9 Nach P. F. Watson, in (1), S. 136.
10 Nach P. F. Watson, in (1), S. 236 f.; Übers. v. Verf.
11 Siehe 16. Kap.
12 Vgl. J. B. Bullet (75); dazu P. Quarré (92), S. 286.
13 Vgl. R. Dévigne (77), S. 227 ff.; Übers. v. Verf.
14 Vgl. A. Coutet (76), S. 142 ff.
15 Vgl. M. Labrousse (80), S. 394 f.; A. Coutet (76), S. 142 ff.
16 Vgl. A. Coutet (76), S. 143 f.
17 Vgl. H. Leclercq (83), Sp. 2927 f.
18 Vgl. D. Opitz: Die vogelfüßige Göttin auf den Löwen, in: Archiv für Orientforschung 11. 1936/37, S. 350 ff.; E. D. v. Buren: A further note on the terra-cotta-relief, ebenda, S. 354 ff.; R. Opificius: Das altbabylonische Terracottarelief. Berlin 1961, S. 205 ff.
19 Nachweise bei M. Frankfort: The Burney-relief, in: Archiv für Orientforschung 12. 1937/39, S. 128 ff.

5. Kap.: Bilqis, die islamische Herrscherin (S. 49)

1 Siehe 2. Kap., S. 14
2 Vgl. R. Paret (100), S. 12 ff., 113 ff.
3 Vgl. At-Ta'alabi: *Kitab*, S. 196; dazu R. G. Stiegner (125), S. 12.
4 Übersetzung nach R. Paret (99), S. 264 f.
5 Nach Djalalo'd-Din Rumi (108), S. 903 ff.
6 Übers. nach E. Schabinger (102), S. 238.
7 Vgl. G. E. v. Grunebaum: *Der Islam*. Bd, II. Frankfurt/M. 1971, S. 167 ff.
8 Vgl. I. Stchoukine (115).
9 Vgl. A. Chastel (226), S. 99 ff.
10 Vgl. B. W. Robinson (114), S. 97 f.; T. W. Arnold (113), S. 108. A. Chastels (226), S. 105 Deutung scheint nicht plausibel: christliche Prägung der Szene am persisch-moslemischen Hof.
11 Vgl. I. Stchoukine (116).
12 Nach E. Fitzgerald (119); Übers. v. Verf.
13 Vgl. I. Stchoukine (115), S. 20, 198.
14 Vgl. I. Stchoukine (115), S. 42 f.
15 Vgl. J. M. Rogers (118), S. 69.
16 Vgl. Djalalo'd-Din-Rumi (108), S. 303–323; Texte nach E. Fitzgerald (119). Übers. v. Verf.
17 Rumi, Vers 574 ff.
18 Rumi, Vers 664 ff.
19 Rumi, Vers 799.
20 Rumi, Vers 863 ff.
21 Rumi, Vers 1042 f.
22 Aus einer Gedichtsammlung des 18. Jahrhunderts. Der Text wurde aus dem Persischen freundlicherweise von Herrn Dr. Tabatabai übersetzt.
23 Nacherzählung nach At-Ta'alabi, unter Einbeziehung von Erzählungen Ibn-Malmunes und Abu-Hureiras; nach E. Schabinger (102), S. 231.
24 Vgl. *Judith*, Kap. 12 und 13.
25 Dazu und zu dem Folgenden vgl. E. Harnischfeger (124), S. 42 ff.
26 Vgl. R. G. Stiegner (125), S. 128 ff.
27 Vgl. R. G. Stiegner (125), S. 123 f.; L. H. Silberman, in (1), S. 67.
28 Vgl. R. G. Stiegner (125), S. 50 ff.
29 Al-Bakri, zit. in: D. H. Müller (126), Bd. II, S. 20 ff.; R. G. Stiegner (125), S. 54 ff.
30 Vgl. M. Höfner (38), S. 492 ff.
31 Vgl. R. G. Stiegner (125), S. 66 ff.; vgl. 2. Kap., S. 19 ff.
32 Vgl. Al-Bakri, der sich auf Al-Hamdani beruft; vgl. R. G. Stiegner (125), S. 56 f.

33 Vgl. M. Höfner (38), S. 492 f.
34 Vgl. R. G. Stiegner (125), S. 54, 56 f.
35 Zum Tempel siehe 2. Kap., S. 19 ff.
(Abb. 3); vgl. G. W. v. Beek, in (1), S. 49 ff;
G. Mandel (21), S. 171 ff.
36 Vgl. R. G. Stiegner (125), S. 68 f.
37 R. G. Stiegner (125), S. 71 f.; dort die Nachweise zu Al-Hamdani, At-Ta'alabi, Naswan und Jaqut.
38 Vgl. R. G. Stiegner (125), S. 71.
39 Al-Hamdani nach D. H. Müller (126), S. 88, 90; vgl. R. G. Stiegner (125), S. 75.
40 Salhin meint wahrscheinlich den Bilqis-Palast in Marib; siehe 2. Kap., S. 21 ff.
41 Wahrscheinlich im heutigen Sana; siehe 2. Kap., S. 21 ff.
42 At-Ta'alabi: *Kitab*, S. 201; vgl. R. G. Stiegner (125), S, 79.
43 Al-Hamdani, nach D. H. Müller (126), S. 8.
44 Vgl. R. G. Stiegner (125), S. 94.
45 Vgl. R. G. Stiegner (125), S. 94.
46 Vgl. R. G. Stiegner (125), S. 95.
47 Vgl. W. F. Ainsworth (130), S. 304.
48 Vgl. R. G. Stiegner (125), S. 94.
49 Vgl. R. Naumann (134), S. 116 ff.
50 Vgl. W. O. Douglas (133), S. 110 f.
51 Vgl. J. Grewlich-Suchet (132), S. 110 f.
52 Siehe 2. Kap., S. 18; vgl. R. G. Stiegner (125), S. 91 ff.
53 Vgl. R. G. Stiegner (125), S. 91 ff.
54 Vgl. L. Ginzberg (43), Bd. VI, S. 291.
55 Vgl. Pauly's Realencyclopädie, Art. *Zenobia*, 2. Reihe, Halbbd. XIX A 1, Sp. 1 ff.

6. Kap.: Die Herrin der Tiere (S. 85)

1 Vgl. E. Schabinger (102) S. 231; R. G. Stiegner (125), S. 141.
2 Belami zu At-Tabari (105), S. 443; W. Hertz (147), S. 6.
3 Übers. nach G. Mandel (21), S. 58 f.
4 Vgl. G. Rösch (135), S. 537, der aus Ibn al-Atir und Belami zusammenzieht.
5 Vgl. E. Schabinger (102), S. 230.
6 Vgl. M. Grünbaum (42), S. 212.
7 Im *Korankommentar* des Zamahsari wirft er den Brief in den Schoß der Bilqis, vgl. M. Grünbaum (42), S. 217.
8 Vgl. M. Grünbaum (42), S. 232 f.
9 Kazwini nach M. Grünbaum (42), S. 230.
10 Vgl. M. Grünbaum (42), S. 180 f; R. G. Stiegner (125), S. 33 ff, 167.
11 Vgl. M. Grünbaum (42), S. 229 f.
12 Nach W. Hertz (147), S. 7.
13 Vgl. W. Hertz (147), S. 9.
14 Vgl. G. Rösch (135), S. 535.
15 Vgl. W. M. Watt, in (1), S. 99 f.
16 Vgl. M. Höfner (38), S. 533 f.
17 Zeichnung aus R. G. Stiegner (125).
18 Vgl. M. Höfner (38), S. 542 ff; M. Höfner (139), S. 145 ff; (38), S. 536 f; dagegen W. Daum (24), S. 67 ff; M. Höfner (38), S. 497 ff; M. Höfner (38), S. 494.
19 Vgl. K. Sälzle (137), S. 66 ff.
20 Vgl. W. Haug (140); G. Gianfreda (141).
21 Auch zum folg. W. Haug (140), S. 11 f.
22 Vgl. W. Haug (140), S. 11 ff.
23 Siehe Kap. 17.
24 Vgl. Art. *Kranich*, in: D. Forstner: *Die Welt der christlichen Symbole*. Innsbruck/Wien/München 977, 3. Auflage, S. 229.
25 H. v. Wissmann/W. Höfner (27), S. 128 ff.
26 M. Höfner (38), S. 539 f.
27 R. R. Beer (136).

7. Kap.: Frauenrätsel (S. 100)

1 Nach A. Wünsche (149), S. 15 ff.
2 Vgl. S. Schechter (144), S. 349–358; L. Ginzberg (43), 4. Bd., S. 147; 6. Bd., S. 290.
3 Vgl. E. Schabinger (102), S. 238; G. Rösch (135), S. 570; W. Hertz (147), S. 220; Für die Deutung habe ich Herrn Dr. Zeeb, Univ. Freiburg, zu danken.
4 Vgl. 1. *Mose* 19, V. 30–38.
5 Vgl. L. Ginzberg (43), S. 148.
6 1. *Mose* 38.
7 *Matthäus* 1, V. 3.
8 Vgl. L. Ginzberg (43), S. 148; so Zamahsari, vgl. M. Grünbaum (42), S. 218; Baidwawi, vgl. W. Hertz (147), S. 9.
9 Vgl. W. Hertz (147), S. 7.
10 Nach Diodor von Sizilien (212), S. 166; vgl. auch 9. Kap.
11 Vgl. W. Hertz (147), S. 10.
12 So Belami, vgl. W. Hertz (147), S. 9.
13 Vgl. B. Bettelheim (150), S. 22 ff, 28 f, 59 ff.
14 Vgl. B. Bettelheim (150), S. 147 ff.
15 Vgl. B. Bettelheim (150), S. 135 ff.
16 Vgl. B. Bettelheim (150), S. 123 ff, 149 f.
17 Vgl. B. Bettelheim (150), S. 121 ff.
18 Vgl. B. Bettelheim (150), S. 27 f.
19 Vgl. Geschichte der poetischen . . . (63), S. 586 f.
20 Vgl. B. Bettelheim (150), S. 125 ff.

21 2. *Mose* 4, V. 24—26.
22 Vgl. B. Anderes (153), S. 199.

8. Kap.: Die unbeschuhte Dämonin (S. 109)

1 Aus *Targum Scheni zum Buch Esther*, nach A. Wünsche (149), S. 22 ff.
2 Vgl. A. Wünsche (149), S. 22 f.
3 Vgl. P. F. Watson, in (1), S. 136; W. Hertz (147), S. 23.
4 *Jeremia* 4, V. 30.
5 Vgl. 2. *Könige* 9, V. 30—37.
6 Vgl. I. Ebeling (155), S. 71 ff.
7 Vgl. L. H. Silberman, in (1), S. 76.
8 Vgl. A. Wünsche (149), S. 23.
9 Vgl. A. Wünsche (149), S. 23 f.
10 Vgl. L. Ginzberg (43), S. 147 ff.
11 Vgl. L. Ginzberg (43), S. 148.
12 Vgl. *Richter*, Kap. 14—16.
13 Vgl. G. Scholem (57); L. H. Silberman, in (1), S. 80 f.
14 Vgl. R. v. Ranke-Graves (154), S. 8.
15 Vgl. Art. *Rätsel*, in: *Pauly's Realencyclopädie*, 2. Reihe, 1. Halbband, I, 1, Sp. 62 ff.
16 Vgl. B. Kurth (159), (160); H. Göbel (161); V. K. Ostoia (162); J. Schneider (163).
17 vgl. V. K. Ostoia (162), S. 73 ff.
18 Zusammenfassung nach S. Hertzstein (165), S. 21 f und 58.
19 G. de Lorris/J. de Meung (164), S. 44, Übers. v. Verf.
20 Art. *Garten*, in: E. Kirschbaum (225), 2. Bd., Sp. 77 ff.
21 Vgl. Art. *Rose*, in: E. Kirschbaum (225), 3. Bd., Sp. 563 ff.
22 *Paradies*, 30. u. 31. Gesang.
23 Vgl. J. Schneider (163), S. 151 f.
24 Vgl. V. K. Ostoia (162), S. 89 f.

9. Kap.: Semiramis (S. 121)

1 Vgl. W. Eilers (211), S. 1 ff.
2 Vgl. W. Eilers (211), S. 37 f.
3 Vgl. A. v. Kremer (109), S. 67 f; G. Rösch (135), S. 560.
4 Vgl. Diodor von Sizilien (212), S. 186.
5 Vgl. Diodor von Sizilien (212), S. 170.
6 Vgl. Diodor von Sizilien (212), S. 162; G. Rösch (135), S. 569 f.
7 Vgl. G. Rösch (135), S. 269 f.
8 Vgl. Diodor von Sizilien (212), S. 162 f.
9 Vgl. Diodor von Sizilien (212), S. 188.
10 Vgl. Art. *Semiramis*, in: *Pauly's Realencyclopädie*, Bd. III, A, Sp. 1208 f; Diodor von Sizilien (212), S. 187 f; G. Rösch (135), S. 571.
11 Vgl. Diodor von Sizilien (212), S. 168 ff.
12 Vgl. Diodor von Sizilien (212), S. 173.
13 Vgl. W. Hertz (147), S. 14; W. F. Ainsworth (130), S. 304.
14 Vgl. R. G. Stiegner (125), S. 94.
15 Vgl. Diodor von Sizilien (212), S. 179.
16 Vgl. R. G. Stiegner (125), S. 122.
17 Vgl. Diodor von Sizilien (212), S. 177.
18 Vgl. L. Ginzberg (43), 1, Bd., S. 300 und 6. Bd., S. 389.
19 Vgl. Diodor von Sizilien (212), S. 166.
20 Vgl. W. Eilers (211), S. 34 ff.
21 Vgl. Diodor von Sizilien (212), S. 187.
22 Vgl. G. Rösch (135), S. 570 f; R. G. Stiegner (125), S. 120 ff.

10. Kap.: Makeda, die Äthiopierin (S. 127)

1 Nach E. Ullendorff, in (1), S. 105 f.
2 Vgl. H. Helfritz (166). S. 39.
3 Vgl. H. Helfritz (166), S. 13 ff.
4 Vgl. H. Helfritz (166). S. 33 ff.
5 Vgl. *Koran*, Sure 27.
6 Vgl. H. Helfritz (166), S. 82 ff.
7 Vgl. H. Helfritz (166), S. 78.
8 Vgl. H. Helfritz (166), S. 81.
9 Vgl. zum Folgenden H. Helfritz (166), S. 37 ff.
10 Siehe 13. Kap., S. 178 ff.
11 Das *Kebra Nagast* wurde von C. Bezold (183) übersetzt.
12 Vgl. H. Helfritz (166), S. 39 ff.
13 Vgl. H. Helfritz (166), S. 53 f.
14 Vgl. H. Helfritz (166), S. 54.
15 Vgl. H. Helfritz (166), S. 49.
16 Vgl. H. Helfritz (166), S. 50 f.
17 Vgl. H. Helfritz (166), S. 51.

11. Kap.: Das honigschleckende Mädchen (S. 135)

1 Vgl. E. Ullendorff (170), S. 74 f.
2 Alle Texte werden nach C. Bezold (183) zitiert. vgl. C. Bezold (183), KN 21, S. 10.
3 Vgl. C. Bezold (183), KN 23, S. 12.
4 Vgl. C. Bezold (183), KN 24, S. 13.
5 Vgl. *Buch der Sprüche*, Kap. 8 f.
6 *Sprüche* 8, V. 22 ff.
7 *Sprüche* 8, V. 30.
8 Vgl. C. Bezold (183), KN 26, S. 15.

283

9 Vgl. C. Bezold (183), KN 27, S. 16 f.
10 Vgl. C. Bezold (183), KN 29 f., S. 19 ff.
11 Vgl. E. Ullendorff (170), S. 41.
12 Vgl. C. Bezold (183), KN 30, S. 21.
13 Vgl. E. Littmann (193), S. 5 ff.
14 Vgl. C. Lévi-Strauss (191), S. 108 ff.
15 Vgl. C. Lévi-Strauss (191), S. 52, 67 ff.
16 Vgl. C. Lévi-Strauss (191), S. 128 f.

12. Kap.: Der Sohn der Königin (S. 162)

1 Vgl. C. Bezold (183), KN 32, S. 22.
2 Vgl. C. Bezold (183), KN 32, S. 22.
3 Vgl. B. Bettelheim (150), S. 139 ff.
4 Vgl. W. Staude (224), S. 21.
5 Vgl. C. Bezold (183), KN 33, S. 23.
6 Zum folg. W. Hirschberg (167), S. 84 f.
7 Vgl. W. Hirschberg (167), S. 84.
8 Vgl. W. Hirschberg (167), S. 85.
9 Vgl. C. Bezold (183), KN 29, S. 19.
10 Vgl. E. Haberland (188), S. 163 ff.
11 Vgl. E. Haberland (188), S. 134 ff.
12 Vgl. W. Hirschberg (167), S. 93 ff.
13 Vgl. C. Rossini (196), S. 614 ff; E. Littmann (192), S. 9.
14 Vgl. E. Haberland (188), S. 200 ff.
15 Vgl. E. Haberland (188), S. 56 ff.
16 Vgl. C. Bezold (183), KN 34, S. 24 f.
17 Vgl. C. Bezold (183), KN 35, S. 26.
18 Vgl. C. Bezold (183), KN 36, S. 27.
19 Vgl. C. Bezold (183), KN 37, S. 29 f.
20 Vgl. C. Bezold (183), KN 39, S. 31.
21 Vgl. C. Bezold (183), KN 43, S. 37.
22 Vgl. C. Bezold (183), KN 45, S. 39 f.
23 Vgl. C. Bezold (183), KN 46, S. 40.
24 Vgl. 4. *Mose* 10, V. 33 ff.
25 Vgl. 5. *Mose* 10, V. 1–5.
26 Vgl. 2. *Mose* 33, V. 7–11; 34 V. 33 f.
27 Vgl. 2. *Mose* 16, V. 32–36; Hebräer V. 4.
28 Vgl. C. Bezold (183), KN 53, S. 47.
29 2. *Samuel* 6, V. 5.
30 Vgl. W. Staude (224), S. 21.
31 Vgl. H. Helfritz (166), S.191 f.
32 Vgl. C. Bezold (183), KN 84, S. 87.

13. Kap.: Der Schlangenkampf (S. 175)

1 Folgende Erzählung stellt die Nacherzählung einer eriträischen Bilderfolge dar, die sich im Besitz des Instituts für äthiopische Forschungen in Addis Abeba befindet. Die Übersetzung wurde mir von Dr. A. Frh. v. Blomberg zugänglich gemacht.

2 Vgl. A. Jankowski (202), S. 484; Handschrift in Berlin, Staatsbibliothek Preußischer Kulturbesitz.
3 Vgl. A. Jankowski (202), S. 486; G. Lanczkowski (203) S. 360 ff.
4 Vgl. L. Frobenius (204), S. 259, 291 f.; E. Baratelli (199); K. Arnott (201); D. McCall (200).
5 Vgl. K. Oberhuber (22), S. 160 ff.
6 Vgl. 4. *Mose* 21, V. 4–9.
7 Nach E. Littmann (192), S. 1 ff.
8 Vgl. A. Caquot (195), S. 141 f.
9 Vgl. E. Littmann (192), S. 5.
10 Vgl. 1. *Mose* 15, V. 15.
11 Vgl. 2. Kap., Anm. 2.
12 Vgl. E. Littmann (192), S. 5 f.
13 Siehe 16. Kap.
14 Vgl. E. Hammerschmidt (208), S. 164 ff; M. Griaule (205), S. 9 ff; W. Staude (209), S. 3 ff.
15 Vgl. W. Staude (209), S. 154 ff.
16 Bilderläuterung siehe S. 296 ff.

14. Kap.: Auf den Spuren Parzivals (S. 181)

1 Vgl. Wolfram von Eschenbach (213), 1. Bd., S. 387 f.
2 Vgl. Wolfram von Eschenbach (213), 1. Bd., S. 393.
3 Vgl. Wolfram von Eschenbach (213), 2. Bd., S. 687.
4 Vgl. Wolfram von Eschenbach (213), 2. Bd., S. 39 f.
5 Vgl. Wolfram von Eschenbach (213), 1. Bd., S. 27.
6 Vgl. Wolfram von Eschenbach (213), 1. Bd., S. 35.
7 Vgl. Wolfram von Eschenbach (213), 1. Bd., S. 78.
8 Vgl. Wolfram von Eschenbach (213), 1. Bd., S. 101.
9 Vgl. Wolfram von Eschenbach (213), 1. Bd., S. 163.
10 Vgl. Wolfram von Eschenbach (213), 1. Bd., S. 173.
11 Vgl. Wolfram von Eschenbach (213), 1. Bd., S. 209 ff.
12 Vgl. Wolfram von Eschenbach (213), 1. Bd., S. 219.
13 Vgl. Wolfram von Eschenbach (213), 2. Bd., S. 663 f. (Nachwort).
14 Vgl. W. Staude (224), S. 49.
15 Vgl. W. Staude (224), S. 29.

16 Vgl. Wolfram von Eschenbach (213), 1. Bd., S. 407 ff.
17 Vgl. Wolfram von Eschenbach (213), 1. Bd., S. 400 f.
18 Vgl. Wolfram von Eschenbach (213), 1. Bd., S. 406 f.
19 Vgl. Wolfram von Eschenbach (213), 2. Bd., S. 66 ff.
20 Vgl. W. Staude (224), S. 51.
21 Vgl. J. Bumke (214), S. 83 ff.
22 Vgl. C. Bezold (183), KN 19, S. 96.
23 Vgl. J. Bumke (214), S. 84.
24 Vgl. W. Staude (224), S. 47 f.
25 Vgl. H. Adolf (219), S. 306 f.
26 *Apokalypse* des Johannes 21, V. 11.

15. Kap.: Seelenbringerin und Friedensbraut (S. 190)

1 Vgl. Art. *Hermeneutik*, in: *Die Religion in Geschichte und Gegenwart*, 3. Bd., 3. Auflage, Sp. 247 ff.
2 Vgl. 1. Kap., Anm. 33.
3 *Jesaja* 60, V. 6.
4 *Psalm* 72, V. 8–11.
5 Übers. nach P. F. Watson, in (1), S. 116.
6 Übers. nach: Migne: *Patrologia Latina*, 83. Bd., Kap. 112.
7 Deutungen von Beda, Walafried Strabo, Hrabanus Maurus gehen in dieselbe Richtung, vgl. P. F. Watson, in (1), S. 117.
8 Vgl. Herrad von Landsberg (227), S. 40 f.
9 Vgl. Herrad von Landsberg (227), S. 40 f.
10 Vgl. Art. *Hoheslied*, in: E. Kirschbaum (225), 2. Bd., Sp. 308 ff.
11 *Hoheslied* 1, V. 5–6.
12 Z. B. Bernhard von Clairvaux in der 3. Ansprache über die beiden ersten Kapitel des Hohenliedes Salomos.
13 Vgl. Honorius (228), Sp. 351 ff.
14 Vgl. Honorius (228), Sp. 453.
15 Vgl. Honorius (228), Sp. 453.
16 1. *Samuel* 7, V. 1; 2. *Samuel* 6, V. 3.
17 Vgl. Honorius (228), Sp. 351.
18 Vgl. É. Mâle (231), S. 189 f; L. Réau (230), 2. Bd., S. 294 ff.
19 Vgl. A. Katzenellenbogen (232).
20 4. *Mose* 24, V. 17.
21 Vgl. H. Kehrer (239).
22 Vgl. *Matthäus* 2, V. 1–12.
23 Vgl. Art. *Drei Könige*, in (225), 1. Bd., Sp. 541.
24 Vgl. A. Chastel (2), S. 163 f.; H. Kehrer (239), S. 82; S, E. Morison: Journals and other Documents on the Life and Voyages of *Christopher Columbus*. New York, S. 227 (diesen Hinweis verdanke ich Herrn Dr. F. Reichart, Hist. Sem., Univ. Heidelberg).
25 Vgl. H. Buschhausen: Der Verduner Altar. Wien 1980.
26 Vgl. H. Buschhausen: a. a. O., S. 120 f.
27 Vgl. E. Soltesz (233); F. Unterkircher/G. Schmidt (234); G. Schmidt (235); P. Kristeller (236).
28 Vgl. P. F. Watson, in (1), S. 119, übs. v. Verf., vgl. auch J. Lutz/P. Pedrizet (237).
29 Vgl. H. E. Del Medico (238), S. 185 f; U. Monneret de Villard (240), S. 19 ff.
30 Vgl. Art. *Drei Könige*, in: *Theologische Realenzyklopädie*, 9. Bd., S. 166 ff.
31 Vgl. Art. *Mages*, in: F. Cabrol/H. Leclercq: *Dictionnaire d'archéologie chrétienne et de liturgie*, Bd. 10,1, 1931, Sp. 987 f., Übers. v. Verf.
32 Vgl. P. F. Watson, in (1), S. 119 f.
33 Vgl. mündliche Mitteilung von M. Grünebaum, Jerusalem; P. F. Watson erwähnt in (1), Bildseite 145 diese Tradition, die zurückgehen soll auf Wilhelm, Bischof von Tyros. Danach fängt Nikodemus das Blut in der Schale auf.
34 Vgl. P. F. Watson, in (1), S. 145.
35 Vgl. Stern Nr. 5 (1982).
36 Vgl. S. Shaher (252), S. 36 ff.

16. Kap.: Prophetin des Kreuzes (S. 209)

1 Vgl. Jacobus de Voragine (242), S. 321 f.
2 Vgl. Jacobus de Voragine (242), S. 355.
3 Vgl. Art. *Kreuz*, in: *Lexikon für Theologie und Kirche*, 6. Bd., 2. Auflage, Sp. 614.
4 Vgl. Jacobus de Voragine (242), S. 349 f.
5 Vgl. etwa Jean des Preis (d'Outremeuse) nach A. Wünsche (246), S. 28 ff.
6 Vgl. Jacobus de Voragine (242), S. 350.
7 Vgl. A. Wünsche (246), S. 29.
8 Vgl. S. Shahar (252), S. 42 ff.
9 1. *Korinther* 14, V. 34 f.
10 Vgl. S. Shahar (252), S. 24 ff, 36 ff.
11 Vgl. S. Shahar (252), S. 68 ff.
12 Vgl. S. Shahar (252), S. 43.
13 Vgl. L. Bouyer (251).
14 Vgl. S. Shahar (252), S. 42 ff.
15 Vgl. S. Shahar (252), S. 65 ff.
16 Vgl. J. L. Herr (244), S. 21; Petrus Comestor in: Migne: *Patrologia Latina*, 198. Bd., Sp. 1370.

17 Vgl. Migne: *Patrologia Latina*, 202. Bd., Sp. 152.
18 Vgl. P. F. Watson, in (1), S. 124.
19 Vgl. Anm. 3.
20 Vgl. L. Schneider (248), S. 23 ff.
21 Vgl. P. F. Watson, in (1), S. 122.
22 Vgl. R. Köhler (256), S. 87 ff.
23 Vgl. R. Köhler (256), S. 89 f; R. Röhricht/H. Meisner (261), S. 201 und 271.

17. Kap.: Die sibyllinische Seherin (S. 222)

1 Vgl. S. Krauss (254), S. 120 ff.
2 Vgl. A. Kurfess (257), S. 5 ff; A. Rosenberg (259), S. 42 ff.
3 nach A. Rosenberg (259), S. 42 f.
4 Vgl. Art. *Sibyllen*, in: *Pauly's Realencyclopädie*, 2. Reihe, 4. Halbband, II, 2, Sp. 2073 ff.
5 Vgl. S. Krauss (254), S. 122 ff.
6 *Mose* 10.
7 Vgl. J. L. Herr (244), S. 20.
8 Übers. nach A. Kurfess (257), S. 148 f.
9 Nach A. Wünsche (246), S. 68 f.
10 Vgl. Kap. 4, Anm. 8.
11 Vgl. R. Köhler (256), S. 89.
12 Vgl. R. Köhler (256), S. 90.
13 Vgl. W. Hertz (147), S. 24.
14 Vgl. R. Köhler (256), S. 93.
15 Vgl. F. Vogt (260), S. 48 ff.
16 Vgl. F. Vogt (260), S. 85 ff.
17 Vgl. F. Vogt (260), S. 87.

18. Kap.: Mittelpunkt höfischer Pracht (S. 249)

1 Vgl. J. Chartrou (263), S. 22 ff.
2 Vgl. C. Marot (265), S. 109, übers. v. Verf.
3 Vgl. R. Krautheimer (266).
4 Vgl. P. F. Watson, in (1), S. 126 f.
5 Vgl. P. F. Watson, in (1), S. 127 f.
6 Vgl. dagegen P. F. Watson, in (1), S. 127.
7 Vgl. P. F. Watson, in (1), S. 128.
8 Vgl. Staatl. Kunstsamml. Dresden: Raffael zu Ehren, Dresden 1983, S. 71 ff.
9 Vgl. P. F. Watson, in (1), S. 129 ff.
10 Vgl. P. F. Watson, in (1), S. 131.
11 Vgl. P. F. Watson, in (1), S. 130.
12 Vgl. G. Boccaccio (267), S. 154.
13 Alle Übersetzungen nach E. v. d. Malsburg (269).
14 Vgl. Watson, in (1), S. 134.

19. Kap.: Die Verführerin (S. 262)

1 Vgl. G. Flaubert (271).
2 Vgl. G. de Nerval (272).
3 Vgl. Kap. 6, S. 90
4 G. de Nerval (273).
5 Vgl. A. Symons (276).
6 Vgl. W. B. Yeats (277), S. 150, 164, 199.
7 Vgl. W. B. Yeats (277), S. 164, übs. v. Verf.
8 Vgl. K. Hamsun (283), übers. v. Verf.

20. Kap.: Schwarze Befreiungskönigin (S. 269)

1 Vgl. Ph. S. Foner (285), S. 13 ff.
2 Übers. v. Verf.
3 *1. Mose* 9, V. 25–27.
4 *1. Mose* 10.
5 Vgl. M. Duberman (292), S. 158.
6 Vgl. E. Kamphausen (286), S. 140 ff.
7 Vgl. E. Kamphausen (286), S. 146.
8 Vgl. E. Kamphausen (286), S. 146 f.
9 Vgl. D. Jenkins (288), S. 122 f.
10 *1. Könige* 10, V. 7.
11 Vgl. E. Kamphausen (286), S. 442 f.
12 Vgl. Ph. S. Foner (285), S. 459 ff.
13 Übers. v. Verf.
14 Vgl. D. Jenkins (288), S. 111 ff.
15 Vgl. D. Jenkins (288), S. 121, Übers. v. Verf.
16 Vgl. R. K. Burkett (287), S. 82 ff.
17 Vgl. R. Ottley (293), S. 143 ff.
18 Vgl. M. B. Washington (295); C. Greene (296); R. Bearden/C. Holty (297).

LITERATURVERZEICHNIS

Im Literaturverzeichnis werden kapitelweise die Titel aufgeführt, die unmittelbar im Text verarbeitet wurden. Das literarische Material ist hauptsächlich in englischer, französischer und italienischer Sprache abgefaßt und ist zum Teil nur schwer zugänglich. Einige Titel wurden deshalb kommentiert.

Allgemeine Einführungen

1 *James B. Pritchard* (Hg.): Solomon and Sheba. London 1974. Das mit Abstand vollständigste und umfangreichste Sammelwerk zur Königin von Saba, verfaßt von sechs bedeutenden Fachgelehrten. J. B. *Pritchard* behandelt die Archäologie z. Zt. Salomos (S. 17–39), G. W. *van Beek* das Land Saba (S. 40–63). Erst danach kommt die Königin von Saba in ihren Legenden in den Blick. Lou H. *Silberman* behandelt auf exzellente Weise die jüdische (S. 65–84), W. M. *Watt* die islamische (S. 85–103), E. *Ullendorff* die äthiopische (S. 104–114), P. F. *Watson* die christliche Tradition (S. 115–145). Die historische Frage wird jedoch nur am Rande behandelt, die Gestalt der Lilith wird nur sehr blaß kommentiert, Bemerkungen zur Königin von Saba in der alchemistischen Literatur fehlen überhaupt, die Ausführungen zur südarabischen Sage, insbesondere zum Tierstammbaum, zur Balmaqa Bilqis und zur Tyrannenmörderin, bleiben unscharf, die persischen Miniaturen werden überhaupt nicht behandelt, das Mosaik von Otranto und der Teinacher Antonia-Altar fanden keine Aufnahme. Die Rätseltraditionen werden nicht zusammenhängend dargestellt, die Rätselteppiche überhaupt nicht erwähnt. Die Beziehungen zur Königin Semiramis und zum »Parzifal« Wolframs von Eschenbach bleiben unaufgedeckt, auch eine mögliche Bekanntschaft des Honorius von Autun mit der äthiopischen Legende kommt nicht in den Blick. Die Kelchtradition wird nicht untersucht und die Ausführungen zur Sibylle/Saba bleiben an der Oberfläche. Ganz unbefriedigend sind die Ausführungen zur Königin von Saba in den afro-amerikanischen Bewegungen der Neuzeit.
2 *A. Chastel:* La légende de la reine de Saba. In: Revue de l'histoire des religions, Bd. 119 (1939), S. 204 ff., Bd. 120, S. 27 ff., S. 160 ff. Die bis zum Sammelwerk von J. B. Pritchard beste und vollständigste ältere Einführung.
3 *A. v. Blomberg:* Die Königin von Saba bei Salomo: Ein galantes Abenteuer? In: Expertise, April 4 (1980), S. 28 ff.
4 *A. v. Blomberg:* Die Königin von Saba. In: Die Waage, 14 (1975), S. 146 ff.
5 *J. Deramay:* La reine de Saba. In: Revue de l'histoire des religions, 29 (1894), S. 296 ff.
6 *J. Halévy:* La légende de la reine de Saba. In: École des 'Hautes Études, section des sciences historiques et philologiques, Paris 1905.

Zum biblischen Text

7 *M. Noth:* Könige. Biblischer Kommentar Bd. 2, Neukirchen 1968.
8 *J. Gray:* 1. and 2. Kings. A Commentary. Philadelphia 1963.
9 *J. A. Montgomery:* A critical and Exegetical Commentary of the Books of Kings. New York 1951.
10 *J. M. Myers:* 1. Chronicles. Introduction, Translation and Notes. The Anchor Bible, New York 1965.
11 *E. L. Curtis/A. A. Madson:* A Critical and Exegetical Commentary on the Books of Chronicles. New York 1960.
12 *B. Porten:* The Structure and Theme of Solomon Narrative. (1. Kings 3–11). In: Hebrew Union College, Annual 38 (1967), S. 93 ff.
13 *F. C. Conybeare:* The Testament of Solomon. In: The Jewish Quarterley Review, 11 (1898), S. 1 ff.

14 E. H. *Maly:* The world of David and Solomon. New York 1966.
15 G. v. *Rad:* Theologie des Alten Testaments, Bd. 1, München 1957.
16 R. B. Y. *Scott:* Solomon and the Beginnings of Wisdom. In: Suppl. to the Vet. Test., 3 (1955), S. 262 ff.
17 J. *Schreiden:* Les entreprises navales du roi Salomon. In: Ann. Inst. Phil. Hist. Or. Sl, 13 (1955), S. 587 ff.
18 J. B. *Pritchard:* The ancient Near East in pictures relating to the Old Testament. Princeton 1969.
19 J. B. *Pritchard* (Hg.): Ancient Near Eastern Texts relating to the Old Testament. Princeton 1969.

Zur Geschichte Sabas (2. Kap.)

20 P. *Wald:* Der Jemen. Köln 1980.
21 G. *Mandel:* Das Reich der Königin von Saba. Bern/München 1976.
22 K. *Oberhuber:* Die Kultur des Alten Orients. Frankfurt/Main 1972.
23 B. *Doe:* Südarabien. Antike Reiche am Indischen Ozean. Bergisch Gladbach 1970.
24 W. *Daum:* Ursemitische Religion. Stuttgart, Berlin, Köln, Mainz 1985.
25 H. v. *Wissmann:* Zur Geschichte und Landeskunde von Alt-Südarabien. Wien 1964.
26 H. v. *Wissmann:* Zur Archäologie und antiken Geographie von Südarabien. Hadramaut, Qatabān und das Aden-Gebiet in der Antike. Istanbul 1968.
27 H. v. *Wissmann/M. Höfner:* Beiträge zur historischen Geographie des vorislamischen Südarabien. Mainz 1952.
28 A. *Grohmann:* Arabien. München 1963.
29 A. *Jamme:* Sabean Inscritions from Mahram Bilqis (Marib). Baltimore 1962.
30 W. *Phillips:* Kataba und Saba. Entdeckung der verschollenen Königreiche an den biblischen Gewürzstraßen Arabiens. Frankfurt/Main 1955.
31 C. *Rathjens:* Sabaeica. Hamburg 1953 f.
32 H. *Helfritz:* Im Lande der Königin von Saba. Wiesbaden 1953.
33 N. *Abbott:* Pre-Islamic Arab Queens. In: American Journal of Semitic Languages and Literatures, 58 (1941), S. 1 ff.
34 H. *Philby:* Das geheimnisvolle Arabien. Entdeckungen und Abenteuer. 2 Bde. Leipzig 1925.
35 E. *Glaser:* Reise nach Marib. Wien 1913.
36 A. *Sprenger:* Die Post- und Reiserouten des Orients. Leipzig 1864.
37 O. V. *Volkoff:* D'ou vint la reine de Saba? Kairo 1971.
38 M. *Höfner:* Südarabien. Saba', Qataban und andere. In: Wörterbuch der Mythologie, Hg. v. H. W. Haussig, Bd. 1. Stuttgart 1965, S. 483 ff.
39 J. *Henninger:* Zum Problem der Venusgottheit bei den Semiten. In: Anthropos, 71 (1976), S. 129 ff.
40 J. *Lewy:* The late Assyro-Babylonian cult of moon and its culmination at the time of Nabonidus. In: Hebrew Union College Annual, 19 (1945/6), S. 405 ff.

Die jüdische Legende (3. Kap.)

41 Lou H. *Silberman:* vgl. Nr. 1 (beste Darstellung!)
42 M. *Grünbaum:* Neue Beiträge zur Semitischen Sagenkunde. Leiden 1893 (gute ältere Darstellung!).
43 L. *Ginzberg:* The legends of Jews, translated from the German manuscript. Bd. 3, 4, 6, Philadelphia 1911 – 1938.
44 G. *Salzberger:* Die Salomo-Sage in der semitischen Literatur. Berlin 1907.
45 The *Babylonian Talmud:* Tractate Baba Bathra. London 1935.
46 Y. *Aviad:* 'Maase Malkath Sheba. In: Sefer Asaf, Jerusalem 1953.
47 S. *Gelbhaus:* Die Targumliteratur. In: Das Targum Scheni zum Buch Esther. Frankfurt 1893.
48 C. G. *Jung:* Mysterium Coniunctionis. In: Gesammelte Werke. Bd. 14/1–3. Zürich/Stuttgart 1968 ff.

49 P. *Cassel:* Zweites Targum zum Buch Esther. Leipzig 1885.
50 P. *Cassel:* Aus Literatur und Geschichte. Berlin 1885.
51 A. *Sulzbach:* Targum Scheni zum Buch Esther. Frankfurt/Main 1920.
52 M. *Steinschneider (Hg.):* Alphabetum Siracidis. Berlin 1858. (hebr.)
53 G. *Graf:* Geschichte der christlichen arabischen Literatur. Bd. 1, Rom 1944.
54 S. *Schechter:* Midrasch ha-Godol to Genesis. Cambridge 1902.
55 *Josephus:* Jüdische Altertümer Bd. 5–8. Übs. v. H. St. J. Thackeray und R. Marcus. Cambridge/London 1966.

Zur Lilithgestalt (3. Kapitel)

56 G. *Scholem:* Art. Lilith. In: Enzyklopaedia Judaica. Jerusalem. Bd. 11, S. 245 ff. (beste Übersicht!).
57 G. *Scholem:* Peraqim hadashim me'inyane Ashmodai v-Lilit. In: Tarbiz, 19 (1947/8), S. 165 ff. (unerläßlicher Artikel, leider nur hebr.)
58 G. *Scholem:* Zur Kabbala und ihrer Symbolik. Baden-Baden 1960.
59 S. *Krauss:* Griechische und lateinische Lehnwörter im Talmud, Midrasch und Targum. Bd. 2. Hildesheim 1964. (Reprint)
60 W. *Ewing/J. E. H. Thomson:* The Temple Dictionary of the Bible. New York 1910.
61 *Das Gilgameschepos:* Übs. und komment. v. A. Schott, neu hg. v. W. v. Soden. Stuttgart 1958.
62 W. *Bacher:* Lilith Königin von Smargad. In: Monatsschrift für Geschichte und Wissenschaft des Judentums, 19 (1870), S. 187 ff.
63 Geschichte der poetischen, kabbalistischen, historischen und neuzeitlichen Literatur der Juden. Trier 1896. (Auf diese Note zur Wachnacht S. 586 f. machte dankenswerter Weise Prof. S. Heimann, Kopenhagen, aufmerksam.)
64 M. *Grunwald:* Mitteilungen der Gesellschaft für Jüdische Volkskunde. Bd. 2, 1898, Bd. 5, 1900 (wichtig für Lilith/Saba in Worms).
65 L. *Blau:* Das altjüdische Zauberwesen. Strassburg 1898.
66 J. *Trachtenberg:* Jewish Magic and Superstition. A Study in Folk Religion. New York 1939.
67 T. *Schrire:* Hebrew Amulets. Their Decipherment and Interpretation. London 1966.
68 M. R. *Josephy:* Magic and Superstition in the Jewish Tradition. Chicago 1975.
69 M. J. *bin Gorion:* Die Sagen der Juden. Bd. 1–5. 2. Aufl. Frankfurt/Main 1914 ff.
70 *Zohar:* Sepher ha-Zohar (Le Livre de la splendeur); doctrine ésotérique des Israélites übs. v. Jean de Pauly, Paris 1970.

Die Königin Gänsefuß (4. Kap.)

71 M. *Anfray:* La cathedrale de Nervers et les églises gothiques du Nivernais. Paris 1964.
72 *Abbé Auber:* Vie des saints de l'Église de Poitiers. Poitiers 1858.
73 G. **Baccrabère:** L'aqueduc de la »Reine Pédauque« à Toulouse. In: Mémoires de la Société archéologique du Midi de la France, 30 (1964), S. 59 ff.
74 L.-B. *Baudot:* Bulletin Mun. de Dijon. ms. 1147. Fol. 80.
75 J. B. *Bullet:* Dissertations sur la mythologie française et sur plusieurs points curieux de l'histoire de France. Paris 1771.
76 A. *Coutet:* Toulouse. Ville artistique, plaisante et curieuse. Toulouse 1926.
77 R. *Dévigne:* Le légendaire des provinces françaises à travers notre folklore. Paris 1978.
78 F. *Eygun:* Art des pays d'Ouest. Arthaud 1965.
79 M. *Genermont/P. Pradel:* Les églises de France. Allier-Paris. Letouzey 1938.
80 M. *Labrousse:* Toulouse antique. Des origines à l'établissement des Wisigoths. Paris 1968.
81 J. *de Lahondès:* La reine Pédauque. In: Express du Midi, 12. Sept. 1909.
82 J. *Lebeuf:* Conjectures sur la reine Pédauque: ou l'on recherche quelle pouvait etre cette reine. Mémoires de 'Academie des Inscriptions et des Belles-Lettres, 23 (1756). S. 227 ff.
83 H. *Leclercq:* Art. La Reine Pédauque. In: Dictionnaire d'archéologie chrétienne et de liturgie, Bd. 13 (1938).

84 *J. Mabillon:* Annales ordinis Benedicti. Bd. 1. Paris 1703, Sp. 227 ff.
85 *J.-P. Migne* (Hg.): Honorius Augustodunensis: Opera omnia. De Imagine Mundi. In: Patrologia Latina, Bd. 172, Paris 1854.
86 *B. de Montfoucon:* Monuments de la Monarchie. Bd. 1, Paris 1729.
87 *J. N. Morellet* u. a.: Le Nivernois. Album historique et pittoresque. Nervers 1838–1840.
88 *A. Noguier:* Histoire tolosaine. Toulouse 1556.
89 *U. Plancher:* Histoire générale et particulière de Bourgogne, Bd. 1. Dijon 1739.
90 *P. Pradel:* L'apparition de l'art gothique en Bourbonnais. In: Bulletin monumental, 95 (1936), S. 412.
91 *P. Pradel:* Saint-Pourcain-sur-Soule. Allier 1939.
92 *P. Quarré:* L'abbé Lebeuf et l'interprétation du portail de Saint-Benigne de Dijon. In: L'abbé Lebeuf et le jansenisme. Auxerre 1962.
93 *J. Vanuxem:* The Theories of Mabillon and Montfoucon on french sculpture of the twelfth century. In: Journal of Warburg and Courtauld Institutes, 20 (1952), S. 45 ff.
94 *Rabelais:* Gargantua und Pantagruel. 2 Bde. Frankfurt/Main 1982.
95 *A. Parrot:* Assur. München/Paris 1961.

Die islamische Legende (5. Kap.)

96 *W. M. Watt:* vgl. Nr. 1 (etwas knapper Übersichtsartikel).
97 *B. Carra de Vaux:* Art. Bilkis. In: Enzyklopädie des Islam. Leiden 1924.
98 *W. Crooke:* The Queen of Sheba. In: Journal of the Royal Asiatic Society, 1913, S. 685 f.
99 *R. Paret:* Der Koran. Stuttgart 1962.
100 *R. Paret:* Mohammed und der Koran. 5. Aufl. Stuttgart/Köln/Mainz 1980.
101 *D. Sidersky:* Les Origines de légendes musulmanes dans le Coran. Paris 1933.
102 *E. Schabinger:* Salomo in der arabischen Literatur. In: Augsburger Postzeitung, 1895, S. 229 ff.
103 *Ad-Damiri:* hayat al-hayawan. (A Zoological Lexicon). Übers. v. A. S. G. Jayakar, Bd. 1. London 1906.
104 *W. Caskel:* Gamharat am-nasab. Das genealogische Werk des Hisam ibn Muhammad al-Kalbi. 2 Bde. Leiden 1966.
105 *At-Tabari:* Chronique de Tabari. Übers. nach der persischen Version des Mohammed Belami von M. H. Zotenberg, Teil 1. Paris 1867.
106 *Al-Biruni:* The Chronlogy of Ancient Nations. Übs. v. E. Sachau. London 1879.
107 *Al-Masudi:* Muruj adh-dhahab. Übs. ins Frz. von C. B. de Meynard/P. de Courteille, Bd. 3. Paris 1864.
108 *Jalal-ad-din-Rumi:* The Mathnawi. Übs. v. R. A. Nicholson. Bd. 4. London 1930.
109 *A. v. Kremer:* Die südarabische Sage. Leipzig 1866.

Die persischen Miniaturen (5. Kap.)

110 *A. Bausani:* Drammi populari inediti persiani sulla leggenda di Salomone e della Regina di Saba. In: Atti del Convegno Internazionale di Studi Ethiopici. Accademia Nazionale dei Lincei, Nr. 48, Rom 1960.
111 *H. Ethé:* Catalogue of Persian Manuscripts in the Library of the India Office, 2. Bde, Oxford 1903.
112 *N. M. Titley:* Miniatures from Persian Manuscripts. London 1977.
113 *T. W. Arnold:* Painting in Islam. A Study of the Place of Pictorial Art in Muslim Culture. Oxford 1928.
114 *B. W. Robinson:* A Desricitve Catalouge of the Persian Paintings in the Bodleyan Library. Oxford 1958.
115 *I. Stchoukine:* Les Peintures des Manuskrits Safavis de 1502 à 1587. Paris 1959.
116 *I. Stchoukine:* Les Peintures des Manuskrits de la »Khamseh« de Nizami au Topkapi Sarayi Müzesi d'Istanbul. Paris 1974.

117 A. Welch/St. C. Welch: Arts of the Islamic Book. The Collection of Prince Sadruddin Aga Khan. Ithaca, London 1982.
118 J. M. Rogers: Islamic Art and Design 1500–1700. London 1983.
119 Jami: Salámán and Absál. An Allegory. Übs. v. E. Fitzgerald, London 1904.

Der Teinacher Antonia-Altar (5. Kap.)

120 J. V. Andreae: Die Chymnische Hochzeit des Christian Rosenkreutz Anno 1459, Straßburg 1616.
121 J. Beck: Die Lehrtafel der Prinzessin Antonia von Württemberg. Calw 1958.
122 M. Schüz: Dreifaltigkeitskirche Bad Teinach. Führer für Kirche und Lehrtafel. Bad Teinach 1973.
123 F. Häussermann/R. Breymayer (Hg.): Die Lehrtafel der Prinzessin Antonia, 2 Bde. New York 1977.
124 E. Harnischfeger: Mystik im Barock. Das Weltbild der Teinacher Lehrtafel. Stuttgart 1980.

Balmaqa Bilqis (5. Kap.)

125 R. G. Stiegner: Die Königin von Saba in ihren Namen. Dissertation. Graz 1977. (Wegweisende Arbeit!)
126 D. H. Müller: Die Burgen und Schlösser Südarabiens nach dem Iklil des Hamdani. Wien 1881.
127 W. W. Müller: Ergebnisse der deutschen Jemen-Expedition. In: Archiv f. Orientforschung, 24 (1973).
128 R. Boulanger: Die Blauen Führer: Türkei. Paris 1968.
129 G. E. Bean: Kleinasien II. Türkische Südküste von Antalya bis Alanya. Stuttgart 1970.
130 W. F. Ainsworth: Travels in Asia Minor I. London 1842.
131 C. Rathjens: vgl. Nr. 31.
132 J. Grewlich-Suchet: Ritt zum Thron der Königin von Saba. In: Die Zeit v. 3. 3. 1978.
133 W. O. Douglas: Gärender Orient. Vorderasien zwischen Ost und West. Zürich 1954.
134 R. Naumann: Die Ruinen von Tacht-e Suleiman und Zendan-e Suleiman und Umgebung. Berlin 1977.

Die Herrin der Tiere (6. Kap.)

135 G. Rösch: Die Königin von Saba als Königin Bilqis. In: Jahrbuch für Protestantische Theologie, 6 (1880), S. 524 ff. (Immer noch wichtigste Arbeit neben R. G. Stiegner, vgl. Nr. 125.)
136 R. R. Beer: Einhorn. Fabelwelt und Wirklichkeit. München 1972.
137 K. Sälzle: Tier und Mensch. Gottheit und Dämon. München 1965.
138 W. Dostal: Über Jagdbrauchtum in Vorderasien. In: Paiduma, 8 (1962), S. 85 ff.
139 M. Höfner: Ta'alab und der »Herr der Tiere« im antiken Südarabien. In: Festschrift J. Henninger. St. Augustin 1976, S. 145 ff.

Das Mosaik von Otranto (6. Kap.)

140 W. Haug: Das Mosaik von Otranto. Darstellung, Deutung und Bilddokumentation. Wiesbaden 1977.
141 G. Gianfreda: Basilica Cattedrale di Otranto. Architettura e mosaico pavimentale. Galatina 1975.
142 A. Schulte: Das Mosaik von Otranto und ein Vergleich mit dem Mosaik von Teurnia. In: Küppers-Sonneberg/Haiden/Schulte: Flecht- und Knotenornamentik. Klagenfurt 1972. S. 155 ff.

Die Rätsel der Königin (7. Kap.)

143 S. Buber: Midrasch Mishle. Wilna 1893.
144 S. Schechter: Midrasch ha-Hefiz. In: Folklore: a Quarterley Review, I. London 1890.
145 L. Ginzberg: vgl. Nr. 43.

146 G. Rösch: vgl. Nr. 135.
147 W. Hertz: Die Rätsel der Königin von Saba. In: Zeitschrift für Deutsches Altertum, 27 (1883), S. 1 ff. (immer noch unverzichtbare Arbeit)
148 J. v. Hammer-Purgstal: Rosenöl. I. Stuttgart, Tübingen 1813.
149 A. Wünsche: Die Rätselweisheit bei den Hebräern. Leipzig 1883.
150 B. Bettelheim: Die symbolischen Wunden. Pubertätsriten und der Neid des Mannes. Frankfurt/Main 1982.
151 R. B. Serjeant: Sex, Birth, Circumcision: Some notes from South-West Arabia. In: Festschrift H. v. Wissmann. Tübingen 1962.
152 E. Schiele: Arabiens Pferde, Allahs liebste Kinder. München 1972.
153 B. Anderes: Glasmalerei im Kreuzgang Muri. Bern 1974.
154 R. v. Ranke-Graves: Griechische Mythologie, 2. Bd. Reinbek 1969.
155 J. Ebeling: Masken und Maskierung. Köln 1984.
156 F. Dirlmeier: Der Mythos von König Ödipus. Mainz 1948.
157 G. Hüsing: Die iranische Überlieferung. In: Mythologische Bibliothek 2,2 (1909).
158 C. Robert: Die griechische Heldensage. Berlin 1920–1926.
159 B. Kurth: The Riddles of the Queen of Sheba in Swiss and Alsatian Tapestries. In: The Connoisseur, 106 (1940/1), S. 234 ff.
160 B. Kurth: Die deutschen Bildteppiche des Mittelalters. 3 Bde. Wien 1926.
161 H. Göbel: Wandteppiche. Teil 3. Berlin 1933.
162 V. K. Ostoia: Two Riddles of the Queen of Sheba. In: Metropolitan Museum Journal, 6 (1972). (exzellente Arbeit)
163 J. Schneider: Die Weiberlisten. In: Zeitschrift f. schweiz. Archäol. u. Kunstgesch., 20 (1960), S. 147 ff.
164 G. de Lorris/J. de Meung: Le Roman de la Rose,. Hg. v. C. Marot. Paris 1814.
165 S. Herzstein (Hg.): Tractatus de Diversis Historiis Romanorum . . . In: Erlanger Beitr. zur Engl. Phil. u. Vergl. Lit. gesch., 14 (1893).

Zur Äthiopischen Geschichte (10. Kap.)

166 H. Helfritz: Äthiopien-Kunst im Verborgenen. Köln 1972.
167 W. Hirschberg: Die Kulturen Afrikas. Frankfurt/Main 1974.
168 E. Ullendorff: vgl. Nr. 1.
169 E. Ullendorff: The Ethiopians. 3. Aufl. Oxford 1973.
170 E. Ullendorff: Ethiopia and the Bible. Oxford 1968. (fundamentale Arbeit)
171 E. Ullendorff: Candace (Acts VIII, 27) and the Queen of Sheba. In: New Testament Studies, 2 (1955).
172 . Haberland: Die Galla Süd-Äthiopiens. Stuttgart 1963.
173 C. Rathjens: Die Juden in Abessinien. Hamburg 1921.
174 H. Dabbert: Die monolithischen Kirchen Lalibelas in Äthiopien. Berlin 1938.
175 H. Neubacher: Die Festung des Löwen. Äthiopien von Salomon bis zur Gegenwart. Olten 1959.
176 F. Alvarez: Narrative of the Portuguese Embassy to Abyssinia during the years 1520–1527, hg. v. Lord Stanley of Alderley 1881. rev. Ausg. Cambridge 1961.
177 J. Velikowsky: Vom Exodus zu König Echnaton. Frankfurt/M. 1981.
178 E. Hammerschmidt: Symbolik des orientalischen Christentums, Tafelband. Stuttgart 1966.
179 E. Hammerschmidt: Äthiopien. Christliches Reich zwischen Gestern und Morgen. Wiesbaden 1967.
180 G. Sellassié: Chronique du Règne de Ménélik II. Bde. Paris 1932.
181 C. Clapham: Haile-Selassie's Government. London 1969.
182 J. Doresse: Au pays de la Reine de Saba: L'Éthiopie Antique et Moderne. Paris 1956.

Zur äthiopischen Sabalegende (10—13. Kap.)

183 C. *Bezold:* Kebra Nagast. Herrlichkeit der Könige. In: Abhandlungen der Königlich-Bayrischen Akademie der Wissenschaften. München, Bd. 23 (1905).
184 F. *Praetorius:* Fabula de regina Sabea apud Aethiopes. Halle 1870.
185 E. A. W. *Budge:* The Queen of Sheba and her only son Menyelek. London 1932.
186 G. *D'Aubarede:* Makeda. Reine vierge. Roman de la Reine de Saba. Paris 1940.

Zum afrikanischen Königsritual (12. Kap.)

187 A. *Caquot:* La royauté sacrale en Éthiopie. In: Annales d'Éthiopie, 2 (1957).
188 E. *Haberland:* Untersuchungen zum äthiopischen Königtum. Wiesbaden 1965.
189 H. *Baumann:* Afrikanische Plastik und sakrales Königtum, In: Bayr. Akad. d. Wissensch., Jahrg. 1968, Heft 5. München 1969.
190 L. *Frobenius:* Erythräa. Berlin/Zürich 1931.
191 C. *Lévi-Strauss:* Mythologica II. Vom Honig zur Asche. Frankfurt/Main 1976.

Zum Schlangenmythos (13. Kap.)

192 E. *Littmann:* The Legend of the Queen of Sheba in the Tradition of Axum. In: Bibliotheca Abessinica I. Leyden, Princeton 1904.
193 E. *Littmann:* Deutsche Aksum Expedition, 4. Bde. Berlin 1913.
194 J. *Kolmodin:* Traditions du Tsazzega et Hazzega. Annales et documents. In: Archiv d'Études orientales, Upsala, 5,3 (1904).
195 A. *Caquot:* La Reine de Saba et la bois de la croix. In: Annales d'Éthiopie, 1 (1955), S. 137 ff.
196 C. *Conti Rossini:* Studi su Populazione dell' Ethiopia II. La seconda migrazione Agau dell'Eritrea. In: Rivista degli studi orientali, 4 (1911/12), S. 599 ff.
197 C. *Conti Rossini:* Il Libro della Leggenda e Tradizione abissine dell »Ecciaghié Filpos«. In: Rendiconti della Reale Academia dei Lincei, Classe di Scienze morali, storiche e filologiche. Rom, Serie 5, 26 (1917), S. 699 ff.
198 C. *Conti Rossini:* L'Omilia di Yohannes, vescovo d'Aksum in onore di Garima. Actes du 11. Congrès international des Orientalistes, Paris. Sec. 4 (1897), S. 139 ff.
199 E. *Baratelli:* La Leggenda del Re Serpente in Ethiopia. In: Atti del Terzo Congresso die Studi Coloniali. Florenz, Rom 6 (1937), S. 7 f.
200 D. *McCall:* Dragon slayers and kingship. In: Ethiopia Observer. London, Addis Ababa 12 (1969), S. 34 ff.
201 K. *Arnott:* Auta the giantkiller and other Nigerian folkstories. London 1971.
202 A. *Jankowski:* Eine amharische Schlangenerzählung aus dem 20. Jahrhundert. In: R. Voßen/U. Claudi (Hg.): Sprache, Geschichte und Kultur in Afrika. Hamburg 1983, S. 481 ff.
203 G. *Lanczkowski:* Die Geschichte des Schiffbrüchigen. In: Zeitschrift der Deutschen Morgenländischen Gesellschaft. Berlin 103 (1953), S. 360 ff.
204 L. *Frobenius:* Kulturgeschichte Afrikas. Frankfurt/Main 1933.

Äthiopische Volksmalerei (13. Kap.)

205 M. *Griaule:* Légende illustrée de la reine de Saba, In: Documents. Bd. 2 (1930), Doctrines archéologie, beaux-arts, ethnographie. Paris, S. 9 ff.
206 W. *Raunig:* Katalog »Religiöse Kunst Äthiopiens«. Stuttgart 1975.
207 G. *Fisseha/W. Raunig:* Mensch und Geschichte in Äthiopiens Volksmalerei. Innsbruck, Frankfurt/Main 1985.
208 E. *Hammerschmidt/O. A. Jäger:* Illuminierte äthiopische Handschriften. Wiesbaden 1968.
209 W. *Staude:* Die Profilregel in der christlichen Malerei Äthiopiens und die Furcht vor dem »Bösen Blick«. In: Archiv für Völkerkunde, 9 (1954), S. 154 ff.

Zur Königin Semiramis (9. Kap.)

210 G. *Rösch:* vgl. Nr. 135.
211 W. *Eilers:* Semiramis. In: Sitzungsber. d. österr. Akad. der Wissensch. Phil.-hist. Kl. Wien 274, 2 (1971).
212 *Diodor's* von Sizilien Historische Bibliothek. Übs. v. J. F. Wurnm. Bd. 2. Stuttgart 1827.

Zum »Parzifal« (14. Kap.)

213 *Wolfram von Eschenbach:* Parzifal. Übs. v. W. Spiewok, 2 Bde. Stuttgart 1981.
214 J. *Bumke:* Wolfram von Eschenbach. Stuttgart 1981.
215 A. *Faugère:* Les origines orientales du Graal chez Wolfram Eschenbach, État des recherches 1979.
216 C. *Lofmark:* Zur Interpretation der Kyotstellen im »Parzifal«. In: Wolfram-Studien, 4 (1977), S. 33 ff.
217 P. *Kunitzsch:* Die Arabica im »Parzifal« Wolframs von Eschenbach. In: Wolfram-Studien, 2 (1974), S. 9 ff.
218 B. *Mergell:* Der Gral in Wolframs »Parzifal«? Entstehung und Ausbildung der Gralssage im Hochmittelalter, Beiträge 73 (1951), S. 1 ff.; 74 (1952), S. 77 ff.
219 H. *Adolf:* New Light in Oriental Sources for Wolfram's Parzival and other Grail Romances. In: Publication of Modern Language Association of America, 42 (1947), S. 306 ff.
220 G. *Ehrismann:* Er heizet lapsit exillis. In: Zeitschrift für deutsches Alterum, 65 (1928), S. 62 ff.
221 J. F. D. *Blöte:* Zum lapsit exillis. In: Zeitschrift für deutsches Altertum, 47 (1907), S. 101 ff.
222 S. *Singer:* Wolfram und der Gral. Neue »Parzival«-Studien. 1939.
223 S. *Gelbhaus:* Mittelhochdeutsche Dichtung in ihrer Beziehung zur biblisch-rabbinischen Literatur. Frankfurt/Main 1893.
224 W. *Staude:* Die äthiopische Legende von der Königin von Saba und die Parzifal-Erzählung Wolfram von Eschenbachs. In: Archiv für Völkerkunde, 12 (1957), S. 1 ff.

Die mittelalterlichen Traditionen (15. Kap.)

225. E. *Kirschbaum:* Lexikon der christlichen Ikonographie. Rom, Freiburg, Basel, Wien 1968 ff.
226 A. *Chastel:* La Recontre du Salomon et de Reine de Saba dans l'iconographie médiévale. In: Gazette des Beaux-Arts, 2 (1949), S. 99 ff.
227 *Herrad von Landsberg:* Hortus Deliciarum. Hg. v. A. Straub/G. Keller. Straßburg 1901.
228 J.-P. *Migne* (Hg): Honorius Augustodunensis: Opera Omnia, Expositio in Cantica canticorum. In: Patrologia Latina, Bd. 172, 1854.

Die Kirchenportale (15. Kap.)

229 W. *Sauerländer:* Gotische Skulptur in Frankreich 1140–1270. München 1970.
230 L. *Réau:* Iconographie de l'art chrétien. Bd. 2, 3 Paris 1956–1958.
231 E. *Mâle:* L'art religieux du XIIe siècle en France. 3. Aufl. Paris 1928.
232 A. *Katzenellenbogen:* The Scultural Programs of Chartres Cathedral. New York 1964.

Andere mittelalterliche Quellen (15. Kap.)

233 E. *Soltesz:* Biblia Pauperum. The Eszergom Blockbook of Forty Leaves. Budapest 1967.
234 F. *Unterkircher/G. Schmidt:* Die Wiener Biblia Pauperum, 3 Bde. Graz, Wien, Köln o. J.
235 G. *Schmidt:* Die Armenbibeln des XIV Jahrhunderts. Graz, Köln 1959.
236 P. *Kristeller:* Biblia Pauperum: Unicum der Heidelberger Universitätsbibliothek. Berlin 1906.
237 J. *Lutz/P. Perdrizet:* Speculum Humanae Salvationis. 2. Bde, Leipzig 1907.
238 H. E. *Del Medico:* Zahab Parwayim. L'or fructifère dans la tradition juive. In: Vetus Testamentum, 13 (1963), S. 158 ff.

239 H. *Kehrer*: Die Heiligen Drei Könige in Literatur und Kunst. Leipzig 1908/9.
240 U. *Monneret de Villard*: Le leggende orientali sui Magi evangelici. Vatican 1952.
241 M. *Grünebaum*: Jerusalem, mündliche Mitteilung über äthiopische Kelchtradition.

Die Kreuzholzlegende (16. Kap.)

242 *Jacobus de Voragine*: Die Legende aurea. Übs. v. R. Benz. Heidelberg 1969.
243 A. *Mussafia*: Sulla leggenda del legno della croce. In: Sitzungsberichte der kaiserl. Akad. der Wissensch. Wien, phil.-hist. Kl., 63 (1869), S. 165 ff.
244 J. L. *Herr*: La Reine de Saba et le bois de la croix. In: Revue archéologique, Serie 4, 23 (1914), S. 1 ff. (wichtiger Aufsatz)
245 J. *Straubinger*: Die Kreuzauffindungslegende. Paderborn 1913.
246 A. *Wünsche*: Die Sagen vom Lebensbaum und Lebenswasser. In: Ex oriente Lux, 4 (1905).
247 W. *Meyer*: Die Geschichte des Kreuzholzes vor Christus. In: Abh. d. könig. bayr. Akad. d. Wissensch. München 16, 2 (1883), S. 103 ff.
248 L. *Schneider*: The Iconography of Piero della Francesca's Dealing With the Story of The True Cross in the Church of San Francesco at Arezzo. In: Art Quarterley, 32 (1969), S. 23 ff.
249 R. *Bauerreiß*: Arbor Vitae. München 1938.
250 W. W. *Seymour*: The Cross in Tradition, History and Art. London 1898.
251 L. *Bouyer*: Histoire de la spiritualité chrétienne II, Paris 1961.
252 S. *Shahar*: Die Frau im Mittelalter. Königstein/Taunus 1983.

Zu Sibylle/Saba (17. Kap.)

253 S. *Krauss*: Die Namen der Königin von Saba. In: Festschrift J. Freimann, Berlin 1937. S. 119 ff.
254 S. *Krauss*: Die Königin von Saba in den byzantinischen Chroniken. In: Byzantinische Zeitschrift, 11 (1902), S. 120 ff.
255 E. *Nestle*: Zur Königin von Saba als Sibylle. In: Byzantinische Zeitschrift, 13 (1904), S. 492 ff.
256 R. *Köhler*: Zur Legende von der Königin von Saba oder der Sibylla und dem Kreuzholze. In: Kleinere Schriften, Bd. 2. Berlin 1902, S. 87 ff. (wichtiger Aufsatz)
257 A. *Kurfess*: Sibyllinische Weissagungen. 1951.
258 E. *Sackur*: Sibyllinische Texte und Forschungen. Halle 1898.
259 A. *Rosenberg*: Sibylle und Prophetin. Weilheim 1960.
260 F. *Vogt*: Über Sibyllen Weissagung. In: Beiträge zur Gesch. der deutsch. Spr. u. Lit., Hg. v. H. Paul/W. Braune, 4 (1877), S. 48 ff.
261 R. *Röhricht/H. Meisner*: Deutsche Pilgerreisen nach dem heiligen Lande. Berlin 1880.

Im Barock (18. Kap.)

262 A. *Pigler*: Barockthemen I. Budapest,Berlin 1950.
263 J. *Chartrou*: Les Entrées solenelles et triomphales à la Renaissance (1484–1551). Paris 1928.
264 G. *Cohen*: Histoire de la Mise en Scéne dans le Théâtre Religieux français du moyen âge. Paris 1926.
265 C. *Marot*: Oeuvres II. Paris 1868.
266 R. *Krautheimer*: Lorenzo Ghiberti. 2. Aufl. Princeton 1970.
267 G. *Boccaccio*: De claris mulieubus. Übs. von Heinrich Steinhöwel. 1473.
268 P. *Calderón de la Barca*: El árbor del mejor fruto. In: Ombras completas. Hg. v. A. Valbuena Prat. Bd. 3. Aquila, Madrid 1952. S. 985 ff.
269 P. *Calderón de la Barca*: Die Seherin des Morgens, Übs. v. E. F. G. O. Frh. v. d. Malsburg, Bd. 4. 1821.
270 E. *Glaser*: Calderón de la Barca's »La Sibila del Oriente y Gran Reina de Saba«. In: Romanische Forschungen, 72 (1960), S. 381 ff.

Die romantische Saba (19. Kap.)

271 G. *Flaubert:* Die Versuchung des Heiligen Antonius, Übs. v. B. und R. Picht. Frankfurt/Main 1979.
272 G. *de Nerval:* Le voyage en orient. Bd. 2. Paris 1980.
273 G. *de Nerval:* Aurelia. Sylvia. Stuttgart 1971.
274 C. *Nodier:* Contes. Paris 1979.
275 F. *Constans:* Deux Enfants du feu: la Reine de Saba et Nerval. In: Mercure de France, CCCII (1948), S. 623 ff., S. 43 ff.
276 A. *Symons:* The Lover of the Queen of Sheba. Images of Good and Evil. London 1899. S. 30 ff.
277 W. B. *Yeats:* The Collected Poems. London, New York 1963.
278 A. *France:* La Rôtisserie de la Reine Pédauque. Paris 1893.
279 J. *Dos Passos:* Three Soldiers. New York 1932.
280 K. *Goldmark:* The Queen of Sheba. Libretto v. S. Ritter von Mosenthal. Hamburg 1881.
281 C. *Gounod:* La Reine de Saba, Libretto v. J. Barbier/M. Carré. Paris 1862.
282 R. *Kipling:* The Butterfly That Stamped. In: The Collected Works. Bd. 12. New York 1970. S. 197 ff.
283 K. *Hamsun:* Kunstkritik zu Saba-Gemälde von J. Kronberg. In: Göteborger Dagbladet v. 9. 12. 1888.
284 M. *Praz:* Liebe, Tod und Teufel. Die schwarze Romantik. 2. Aufl. München 1981.

Die schwarze Befreiungskönigin (20. Kap.)

285 Ph. S. *Foner:* The Voice of Black America. New York 1972.
286 E. *Kamphausen:* Anfänge der kirchlichen Unabhängigkeitsbewegung in Südafrika. Geschichte und Theologie der äthiopischen Bewegung, 1872–1912. Frankfurt/Main 1976.
287 R. K. *Burkett:* Garveyism as a Religious Movement. New York, London 1978.
288 D. *Jenkins:* Black Zion. 1975.
289 T. *White:* Bob Marley, Reggae, Rastafari. München 1984.
290 O. R. *Dathorne:* Dark Ancestors. The Literature of the Black Man in the Caribbean. Baton Rouge, London 1976.
291 G. *Haven:* Nationale Sermons, Speeches, and Letters on Slavery and Its War. Boston 1869.
292 M. *Duberman* (Hg.): The Antislavery Vanguard. New Essays on the Abolitionists. Princeton, New Jersey 1965.
293 R. *Ottley:* New World a-coming. New York 1968.
294 S. *Lewis:* Art. African American. New York 1978.
295 M. B. *Washington/J. A. Williams:* The art of Romare Bearden. The prevalence of Ritual. New York 1973.
296 C. *Greene:* Romare Bearden. The prevalence of Ritual. Museum of Modern Art. New York 1970.
297 R. *Bearden/C. Holty:* The Painters Mind. New York, London 1981.

Erläuterungen zu Afawarq Mangescha:
Die Saba-Legende aus dem Buch der Könige.

Erste Reihe:

1. Ein Mann [Adam] und eine Frau [Eva] schlafen zusammen.
2. Eine Schlange mit zwei Hörnern »spuckt« an einem Fluß ihren Samen.
3. Eva kommt zum Fluß, um sich zu waschen. Sie wird schwanger, von ihrem Mann und der Schlange.
4. Sie bringt ein Mädchen und einen Drachen zur Welt. Der Vater ist so erstaunt, daß er seine Hand vor den Mund hält.
5. Er hebt den Zeigefinger und meint: Jemand hat sie besucht.
6. Der Drache frißt Menschen und zwar in Ägypten, worauf die Pyramiden im Hintergrund verweisen.

7. Das Volk unterhält sich mit überlangen Zeigefingern, wie dem menschenfressenden Ungeheuer zu begegnen sei.
8. Einmal im Jahr entrichten sie dem Drachen ihren Tribut.
9. Der Drache frißt eine Ziege.
10. Sie unterhalten sich noch einmal. Agabus tritt auf und bietet an, die Schlange zu töten. Seine Forderung: die Erhöhung zum König!
11. Agabus und seine Frau bereiten Gift aus den Blättern und dem Saft eines Baumes.
12. Die Frau zerstampft die Blätter mit einem Mörser.

Zweite Reihe:
13. Agabus' Frau backt einen vergifteten Brotfladen, wobei sie ihre Tochter Makeda auf dem Arm hält.
14. Eine Ziege wird mit dem vergifteten Brot gefüttert. Agabus hält sich ein Tuch (Schamma) vor den Mund, um die giftigen Gase nicht einatmen zu müssen.
15. Agabus, gefolgt von seiner Frau und seiner Tochter Makeda, begibt sich mit der vergifteten Ziege zur Schlange.
16. Die Schlange verschlingt die vergiftete Ziege.
17. Agabus tötet die Schlange mit dem Schwert und zeigt dem Volk den Kadaver.
18. Agabus wird König. Er sitzt auf dem Thron mit Szepter und Schwert, den Königsinsignien.
19. Ein Krönungsbankett findet statt.
20. Agabus präsentiert seine Tochter Makeda als Amtsnachfolgerin.
21. Agabus liegt auf dem Sterbebett. Sein letzter Wille: Er deutet mit dem Zeigefinger auf Makeda.
22. Die in Tüchern eingehüllte Leiche des Agabus liegt auf dem Totenbett.
23. Makeda mit entblößtem Oberkörper, Zeichen der Trauer.
24. Ein Grab wird ausgehoben.

Dritte Reihe:
25–27. Die Totenfeier für Agabus.
28. Makeda »fragt«; die Würdenträger verweigern die Inthronisation.
29–30. Makeda steht am Grab ihres Vaters. Die Schlange wird wiedererweckt und verschlingt wieder Menschen.
31. Das Volk bittet Makeda, den Drachen zu töten.
32. Sie erschlägt die Schlange mit einem Stein.
33. Makeda wird Königin.
34. Das Krönungsmahl.
35. Der Kaufmann Tamrin überquert das Rote Meer. Er trägt einen Turban wie ein Muslim.
36. Eine Dienerin gibt ihm »Parfum«, nachdem Makeda von König Salomo gehört hat.

Vierte Reihe:
37. Der Kaufmann auf dem Weg nach Jerusalem.
38. Er erreicht den Palast Salomos.
39. Tamrin überreicht dem König Salomo das Geschenk.
40. Die Rückreise Tamrins mit einem Einladungsbrief Salomos an die Königin Makeda.
41. Tamrin übergibt den Brief.
42. Makeda verabschiedet sich von ihrem Volk.
43. Sie durchquert die Wüste auf einem Kamel.
44. In einem Binsenboot wird der Nil oder das Rote Meer überquert. Binsenboote finden sich noch auf dem Tanasee.
45. Vor dem Palast Salomos.
46. Der König empfängt sie.
47. Das Bankett.
48. Das Abendessen mit stark gewürzten Speisen.

Fünfte Reihe:
49. »Er hat sie gefragt«, ob sie mit ihm schlafen wolle. Sie weigert sich. Das Abkommen über die gegenseitige Nichtverletzung des Eigentums wird geschlossen.
50. Salomo »ertappt« die Dienerin beim Wassertrinken.
51. Er schläft mit ihr.
52. Salomo ertappt die Königin beim Wassertrinken.
53. Auch mit ihr schläft er.
54. Salomo schenkt der Königin zwei Ringe, einen silbernen und einen goldenen.
55. Die Abreise der Königin.
56. Ankunft in der Heimat.
57. Die Dienerin und die Königin gebären einen Sohn.
58. Die Jungen spielen das Ghenna-Spiel.
59. Menelik wird »beleidigt«, indem er nach seinem Vater gefragt wird.
60. Die Königin gibt ihrem Sohn einen Spiegel, damit er den ihm ähnlichen Vater erkennen kann.

Sechste Reihe:
61. Abreise Meneliks und seines Halbbruders zum Vater.
62. Tamrin führt sie in einem Boot über das Rote Meer.
63. Ankunft im Palast Salomos.
64. Bankett.
65. Die beiden Jungen werden »in der Schule« unterrichtet.
66. »Abschluß der Schulzeit«. Die Jünglinge haben die Krone von Salomo empfangen. Das steht nicht im Kebra Nagast!
67. Menelik fragt, ob er die Gesetzestafeln nach Äthiopien mitnehmen dürfe, was der König verweigert.
68. Die Gesetzestafeln werden »gestohlen«.
69. Die Flucht im Windwagen.
70. Die Überfahrt über das Rote Meer.
71. Die Begegnung mit der Mutter.
72. Abschließendes Inthronisationsbankett mit der Königin.

Bildnachweis Königin von Saba

ACL, Brüssel 39, 43
ADEVA, Graz 32
Bayerische Denkmalpflege, Außenamt Bamberg 45, 46
Bibliothèque Nationale, Paris 13 (Suppl. persean. 1559, fol. 188v°), 27, 28 (7249 E sp. 30f. 3v°−4)
Bibl. Trivulziana, Mailand 44 (fol. 13v)
Jean Dieuzaide, Toulouse 19
Dombauhütte, Köln 33
Foto Marburg 50
Hirmer Verlag 41, 42
Israel Museum, Jerusalem 6
Kantonale Denkmalpflege Aarau 15
Landesdenkmalpflege Baden-Württemberg, Stuttgart 12, 14
Metropolitan Mus., New York 17
Musée Condy Chantilly 24
Musée de l'homme, Paris 23
Musées Nationaux, Paris 22
Museum of Fine Arts, Boston 54
National Gallery, London 37
Werner Neumeister, München 48
Niedersächsische Staats- und Universitätsbibliothek Göttingen 35 (cod. ms. 63, fol. 1223)
Österreichische Nationalbibliothek, Wien 40
Photographie Giraudon, Paris 47, 55, 56, 57
Rhein. Bildarchiv, Köln 60
Rijksmuseum, Amsterdam 58
Royal Library, Windsor Castle 59
Scala, Florenz 30
Schweizerisches Landesmuseum, Zürich 18, 21
Stadtmuseum Trebova ČSSR 16
Stiftsbibliothek Klosterneuburg 34
The freer Gallery of Art, Washington 26
Wadsworth Atheneum Hartford, Conn., USA 38
Wolfson Museum, Jerusalem 5
Yale University Art Gallery, New Haven 52

Bildnachweis Textabbildungen:

VEB Edition Leipzig S. 41
Zeichnung von Roland Winkler nach einem Terrakotta-Relief, Warburg Institute, London S. 48
The Warburg Institute, London (Vol. 36.1979) S. 194 f.
Zeichnung von Roland Winkler nach einem Mosaik aus Otranto S. 97
Historisches Archiv der Stadt Köln (MsW 105*) S. 204
British Library, London (48300) S. 220
Germanisches Nationalmuseum, Nürnberg (Bibl. 2°Inc. 266) S. 245
Stadtbibliothek, Bern S. 256

Register

Abbas. Schah von Persien (1588–1629)
Abbéville 250
Abel 211
Abercrombie, Lascelles 267
Abraham 112, 206, 275
Abraham und Jafuda Cresques. Geographen 27
Abraheh. Sabäischer König 22
Absalom 260
Abo-Huraira 86
Adadniari III. 122
Adam 10, 39, 40, 48, 59, 211, 216
Adam von St. Viktor 202 f
Aden 14, 25, 88
Adoniram 265
Adonis 267
Adelius Gallus. Römischer Feldherr 25
Afawarq Mangescha. Äthiop. Maler 181
Agabos 175 ff.
Ahasver (Xerxes). Persischer König 16, 28
Ahmed el-Ghasi 134
Aiotos und Boiotos 185
Akaba 12
Akka 222
Aksum 129 f. 132, 172 ff. 197
Al-A'sa. Arabischer Schriftsteller 26
Al-Bakri. Islamischer Gelehrter 19
Al Baun/Bainun 21, 82
Albright, Frank 19
Alexander d. Große 64
Alexander. Äthiop. König 167
Alexandria 183
Alfons von Portugal 134
Al-Hamdani. Arab. Schriftsteller 81 f
Al-Kisa'i. Arab. Schriftsteller 89
Allah 23, 51 f.
'Almaqa 19 f., 81 f., 91, 98, 129
Al-Mas'udi. Arabischer Schriftsteller 22
Ambrosius. Biograph Konstantins 210
Amiens 200
Aminadab 197 f
Amir 98
Ammon 102
Amorbach 182
'Amre-Salomo. Sabäischer Herrscher 26
Andreae, Johann Valentin 61, 63
Ankara 83
Anna, Hl. 200
Antonia. Prinzessin von Württemberg 61 ff, 181
Antalya 83

Apiarius, Mathias 255
Apollonia di Giovanni 252
Arezzo 217
Arnold, Sir Thomas 55
Asad. Sabäischer König 22
Asaf, Sohn des Bacharia. Wesir 52, 54 f
At-Ta'alabi. Arab. Schriftsteller 50, 53, 63, 82, 85 f., 88
At-Tabari. Persischer Geschichtsschreiber 90
Attar. Sabäische Gottheit 20, 91
Aura. Afrik. Volk 177
Aurelian. Röm. Kaiser 84
Augustus, Kaiser 247
Ayzur. Aksomistischer König 166
Babylon 123 f, 125
Bad Teinach 14, 61, 181, 190
Bagdad 183
Baidwawi. Schriftsteller 90
Bala-Zadi-areja 162
Balmaga s. Bilqis
Balthasar 201, 203
Bamberg 201
Baruch, Arab. König 183
Basel 207
Bathseba 245
Bearden, Romare 276 f
Belakane 183, 185, 190,
Belami. Persischer Wesir 90, 104
Benajahu 29 ff, 140
Ben Joseph 30
Benz, Friedrich 37
Bernhard von Clairvaux 214
Berry, Herzog von 40
Bertha von Burgund 44 ff
Bethlehem 205
Bettelheim, Bruno 106 f
Bileam. Prophet 101, 200
Bilqis 11, 19, 21 ff, 26, 31, Kap. 5, 85 ff, 88, 91 f, 94, 96, 98, 124, 134, 191, 221
Bira 124
Blancheflor 45
Boccaccio, Giovanni 255 f
Bodhisattva 93 f
Bologna 116
Boston 271
Brixen 204
Buddha 93
Bullet, J. 44
Byzanz 14, 44, 210, 224, 252
Caesar 25, 64

300

Caesarea (Kleinasien) 207 f
Calderón de la Barca 257, 260
Calw 61
Canterbury 14
Cenni di Francesco 218
Chartres 200
Chlodwig. Merowingischer König 42
Clothilde. Merowingische Königin 42
Chrétien de Troyes 182
Clara. Hl. 215
Claudius, äthiop. König 134
Colon, Jenny 266
Coolidge, Calvin 275
Columbus, Christoph 202
Corbeil 199
Cuneo, Michele de 202
Danakil. Afrik. Volk 129
Damaskus 83, 183
Daniel. Prophet 112
Dante Alighieri 119
David 82, 84, 169, 172, 206, 212 ff, 245, 251, 260
Davids Söhne 245
Dawas Dhu Thaluban. Himjaritischer Fürst 26
Dawra. Afrik. Volk 177
Dhu Nuwas. Himjaritischer König 26
Dhu Raydan (Kataban) siehe Katabanen
Dijon 42 ff.
Diodor von Sizilien 122, 125
Djalalód-Din Rumi. Persischer Schriftsteller 57
Djami. Persischer Schriftsteller 55
Du Taba (Manheb-El). Sabäischer König 21 f
Dwane, James Mata 272
Earl Granville 135
Ekbatana 124
Elisabeth von Schönau 213
Ellis, Henry 272
Ernoul 241
Esau 185, 275,
Esther 16, 28, 109, 140
Etiye Azieb (Makeda) 175, 178
Eusebius 210
Eva 39 f, 119
Ezana. Äthiopischer König 130
Faßbender, Peter 222
Feirefiz 183 ff, 190
Feladscha. Afrik. Volk 129
Flaubert, Gustave 262 ff, 267
Flegetanis 182
Florenz 216, 251 f
Franz von Assisi 215
Freeman, John 267
Friedrich Barbarossa 247

Friedrich von Österreich 247
Friedrich II. von Sizilien 247
Frumentius. Äthiopischer Missionar 25, 130
Gabriel. Erzengel 40, 102
Gachmuret 183 ff
Gaddi, Agnolo 216 ff
Garvey, Marcus 274 f
Gea. Griech. Göttin 164
Genua 208
Georgius Gedrenus 222
Gers 103
Ghiberti, Lorenzo 251 ff, 260
Ghumdan 82
Glycas, Michael 222
Golgatha 209
Goliath 251
Gottfried von Viterbo 216
Grasseus, Johannes 34
Gregor V. Papst 44
Gruber, Friedrich 61
Hadhad. Vater der Bilqis 22, 90, 123
Hadhad. König 86 ff.
Hadramaut 25
Hafis. Persischer Schriftsteller 58
Haile Selassie 127 f, 272
Hall, Prince 270
Ham 271
Hamadan 83
Hamiten 128
Hammurabi (1792–1750 v. Chr.) 47
Hamsun, Knut 268 f
Haoulti-Melazo 129
Harlem 14, 274
Haug, Walter 96, 98
Harura. Mutter der Bilqis 87 f
Hatschepsut. Ägypt. Königin 16
Haven, Gilbert 271
Hebron 212
Heinrich VIII. von England 255
Helena. Mutter Konstantins 209
Heraclius. Kaiser 216 f
Herakles 185
Herodot. Griechischer Geschichtsschreiber 16
Hermes Trismegistos 33
Herrad von Landsberg 193
Herzeloyde 184 f
Hildegard von Bingen 213
Himjariten 25
Hiob 18, 32, 122
Hiram. König von Tyros 9, 11
Holbein d. J., Hans 254 f.
Honorius 36, 43, 194 f, 197, 199, 243
Husain ben Muhammed ben al-Hasan.

Biograph Mohammeds 84
Husein 104
Ibn al-Athir. Arabischer Schriftsteller 88, 122
Ibn-Maimuna 86
Ibrahim Mirza. Sultan (1540—1577) 56
Ifrikis. Sabäischer König 22
Ili-Sharha 82
Inana/Ischtar 32, 164
Iphiklis 185
Iphrite 51
Isaak 275
Isebel. Königin Israels 111
Isis. Oriental. Gottheit 164, 266
Isfahan 54
Jacobus de Voragaine 210 f
Jafet 271
Jahwe. Gott Israels 8 ff, 11 f, 39 f, 166
Jakob. Erzvater 103, 185, 275
Jakob. Äthiop. König 167
Jaqut. Arab. Schriftsteller 83
Jehu. König Israels 111
Jeremia. Prophet 111
Jerusalem 26, 174, 187, 190, 210, 221, 241 f, 245, 259
Jesus Christus 10 ff, 13 f, 36, 43, 45 f, 104, 132, 136, 169, 191, 199 f, 206 ff, 209, 211 f, 214 f, 219, 224, 243, 246 ff, 250
Jesus ben Sirach 111
Joab 260
Joas. Feldherr Salomos 16 f.
Jochanan. Rabbi 28
Johannes IV. Kassa 135
Johannes. Jünger Jesu 36
Johannes d. Täufer 30
Jona. Prophet 112
Joseph. Erzvater Israels 13, 251
Joseph von Arimathia 207
Joseph Nikodemus 207
Josephus Flavius. Jüdischer Geschichtsschreiber 25, 81, 130
Juda 103
Judas 210
Judith und Holofernes 61, 63
Judas Ischarioth 12
Julian Apostata 83
Justinian. Römischer Kaiser 26
Justus. Äthiop. Ursurpator 168
Kaleb. Äthiopischer König 26
Karibil. Mukarrib von Saba 17
Karl VIII. von Frankreich 250
Karl der Große 46
Karl der Kühne 99
Karthago 223

Kastor und Pollux 185
Katabanen. Protoarabisches Volk 25
Kazwini. Arab. Schriftsteller 89
Ketzel, Martin 222, 243
Kitor 29
Klein-Amberg 182
Kleopatra 25
Köln 204 f, 244
Konstantin d. Gr. 210, 217
Kronberg, Julius 268
Kuschiten 128 f.
Kuttenberg 219
Kybele. Altorientalische Gottheit 106
Kyeser, Konrad 63 f, 81
Kyot 182
Lalibela 133
Lebeuf, Abbé 42 ff
Lebna Dengel. Äthiop. König 167
Lévi-Strauss, Claude 161
Lilith/Lilitu 18, Kap. 3, 47 f, 114, 122, 263, 267
Littmann, Enno 144
Lollobrigida, Gina 8
London 135
Lorrain, Claude 261
Lots Töchter 101 f, 113
Ludwig der Bayer 247
Ludwig XII. von Frankeich 250
Luther, Martin 37, 99
Luzifer (Satan) 40, 51
Mabillon, Jean. Franz. Historiker 41 f
Machiavelli, Niccolo 250
Mahram. Südarab. Kriegsgott 130
Mailand 205
Makeda 26, 31, Kap. 10, 174 ff, 183 f
Malwal-Dinkla Afrik. Volk 167
Manäer 122
Mande. Afrik. Volk 177
Mansur. Sassanidischer Sultan 86
Maria von England 250
Maria. Mutter Jesu 10, 119, 170
Marib 15, 18 ff, 21, 23 ff, 49, 81 f, 86, 98, 124
Marot, Clément 117 f, 250 f.
Matthew, Rabbi 276
Mauritius, Hl. 203
Maximilla 213
McGuire, George Alexander 275
Meckenem, Israhel van 120
Melito 123
Menelik I. Äthiopischer König 10, 128, 163 ff, 168 ff, 171, 178, 183 f, 276
Menelik II. Äthiop. König (1889—1913) 134, 271
Menotomy/Mass. 270

Mercurius 35
Michael, Erzengel 211
Michael III. Kaiser 222
Medina 18, 26, 49
Mekka 18, 49, 81
Minäer. Protoarabisches Volk 25
Moab 102
Mohammed 24, 26, 49 f, 84, 86
Mose 108, 172, 213 f, 270
Moses von Cordoba 39
Movers 126
Müller, W. W. 21
Muhammed ibn-Khalid 82
Muri. Kloster 109
Nashwan Ibn Sa'id. Arabischer Gerichtsschreiber 21
Nasiräer 30
Nebo. Babylonische Gottheit 125 f
Nebukadnezar. König von Babylon 10, 12, 31, 112, 124
Nero und Poppaea 16
Nerval, Gérard de 264 ff, 267
Nesle-la-Reposte 42 f
Nevers 42 f
New York 115
Nikolaus von Verdun 202 f
Nikaule (Nikaulis) 25, 81, 130
Nikopolis 65
Ninive 125, 217
Ninos 125
Nizami. Persischer Schriftsteller 56
Noah 128, 224, 271
Nodier, Charles 267
Nürnberg 243
Nut. Ägypt. Göttin 164
Ödipus 114 f.
Onan 103
Ophir 9
Otranto 14, 95 f, 98, 181, 190
Otto II. Deutsche Kaiser 95
Palmyra. siehe Tadmur
Paolo Veronese 254
Parzival Kap. 14
Paulus. Apostel 30, 213
Paulus. Bischof von Palmyra 85
Paulus von Samosata 84
Pausanias 224
Penotos a Portu 35
Petrus Comestor 216
Philippus. Jünger Jesu 208
Phoibos Apollon 223
Piero della Francesca 217 f
Pippin. Fränkischer König 45 f

Plinius Secundus d. Ä. Römischer Schriftsteller 15
Poloner, Johannes 221
Pottgießer, Dietrich 260
Pretoria 271
Prudentius 192, 206
Quaraiziten 50
Raffaelo Santi 253 f
Raimondi. Marcantonio 254
Rais I. Seded. Sabäischer König 22
Redon, Odilon 264
Reims 200
Reine Pédauque (Königin Gänsefuß) Kap. 4, 190
Rekabiter 30
Reponse von Schoye 185, 189
Robert der Fromme. Kapetinger-König 44
Robinson, D. W. 55
Roger I. Normannischer König 95
Roger II. Normannischer König 95
Roha 133
Rouen 250
Rubens, Peter Paul 254
Sabla Wangel. Äthiop. Königin 167
Sa'di. Persischer Mystiker 55
Sakhr 55
Sahle Selassie 128
Salhin 82
Samarkand 33
Sambethe 224
Samsiadad V. Gemahl der Semiramis (824–810 v. Chr.) 122
Samuel. Prophet 30
Sana 15, 21
Sanherib. Assyrischer König 17
Sano di Pietro 253
Sargon II. Assyrischer König (722–705 v. Chr.) 17
Satan. Siehe Luzifer
Schachten, Dietrich von 221
Schams, Sabäischer Sonnengott 19 f
Schmidlin, Johannes L. 61
Scorel, Jan van 254
Sem 271
Semiramis 105, Kap. 9, 181
Semmer Ju'is 33
Seth. Sohn Adams 211, 213 f
Sibylle Kap. 17
Sigesmund. Dt. Kaiser 252
Simei. Flucher 260
Simon von Kyrene 275
Simson und Delia 30, 112 f
Sirwah/Haulan 82
Sodom und Gomorrha 102

Solinus, C. Julius 188
Somalis 129
Sphinx 113 ff.
Strabo. Antiker Schriftsteller 165
Straßburg 207
Strölin, Johann J. 61
Styrlin, Jörg 218
Suidas 224
Suleyman (Salomo) 55, 59
Sumer 47
Sunamith (Sulamith) 195f, 265
Syrmons, Simon 267
Tabrin 88
Tadmur (Palmyra) 18, 23, 84 f, 126
Täbris 83
Talab. Großvater der Bilqis 87 f.
Tamrin 136, 169
Tanger 22
Tarquinius Priscus 223
Teiresias 37
Thamar 103 ff, 113
Theben 114
Theodorus II. Äthiopischer König 169
Theodorus III. Äthiop. König (1855–1868) 133
Theophilos. Sabäischer Erzbischof 25
Thomas v. Aquin 35
Tiamat. Assyr. Göttin 164, 177
Tiglatpileser III. Assyrischer König (745–727 v. Chr.) 17
Timna 103

Timotheus. Pater 173
Tintoretto 254
Titus. Römischer Kaiser 26
Toulouse Kap. 4, 190
Trevizent 186 f.
Troja 223
Ullendorff, Edward 142
Ulm 218
Uruk 32
Venedig 218
Venus 19 f, 81
Volterra 218
Wahb-ibn-Munabbih. Arab. Erzähler 89
Wakaranga. Afrik. Volk 177
Walid I. Kalif (705–715 n. Chr.) 84, 128
Wagerom 174
Wildenberg 182, 186
Wilhelm I. Normannischer König 95
Witz, Konrad 207
Wolfram v. Eschenbach Kap. 14, 208
Xaba, J. G. 272
Xerxes. Siehe Ahasver
Yatha amar. Mukarrib von Saba 17
Yeats, William Butler 268
Yekono Amlak. Äthiop. König 133
Yemnat. Protoarabisches Königreich 25
Zago. Bruder Meneliks 168, 184
Zara Yaqob. Negus 134
Zenobia. Königin von Palmyra 84 f
Zippora. Frau des Mose 108